Gabriella Caiazza

Komplettkurs *Neu*
Italienisch

Übungsbuch
Anfängerkurs

Hueber Verlag

3. 2. 1. | Die letzten Ziffern
2018 17 16 15 14 | bezeichnen Zahl und Jahr des Druckes.
Alle Drucke dieser Auflage können, da unverändert, nebeneinander benutzt werden.
1. Auflage

Basiert auf ISBN 978-3-19-405233-8
Umschlaggestaltung: creative partners gmbh, München
Umschlagfotos: Paar in Gondel © Thinkstock/Photodisc/Jeremy Maude, Festmahl mit Mann © Thinkstock/Fuse, Eisdiele © fotolia/Ivan Floriani, alle anderen © Thinkstock/iStockphoto
Redaktion: Jürgen Frank, Hueber Verlag, München
Layout und Satz: Susanne Länge, Hueber Verlag, München
Überarbeitung: Sieveking · Verlagsservice, München
Druck und Bindung: Firmengruppe APPL, aprinta druck, Wemding
Printed in Germany
ISBN 978-3-19-109732-5 (Package)
11.9732 (Übungsbuch Anfängerkurs)

INHALT

VORWORT

Herzlich willkommen! Bitte lesen Sie diese Einleitung sorgfältig durch, bevor Sie mit der Arbeit beginnen. Sie erhalten wichtige Hinweise zur Benutzung des Kurses sowie eine detaillierte Beschreibung des Lektionsaufbaus.

▶ Da Ihnen kein/e Lehrer/in zur Verfügung steht, müssen Sie alle Hilfsmittel nutzen, die Ihnen das Übungsbuch und die Audio-CDs bieten. Im Anhang finden Sie eine Grammatik-Übersicht, die Lösungen der schriftlichen Übungen, den Text der mündlichen Übungen und das Wortschatzverzeichnis. Eine deutsche Übersetzung der italienischen Dialoge ist in den einzelnen Lektionen zu finden.

▶ Arbeiten Sie die Lektionen der Reihe nach durch. Es ist wichtig, dass Sie nichts auslassen, denn die Lektionen bauen aufeinander auf. Das Material auf den CDs folgt genau den einzelnen Schritten im Buch. Wo Sie das CD-Symbol finden, sollen Sie mit der CD arbeiten. Die erste Zahl gibt an, um welche der drei CDs es sich handelt, die zweite den Track, den Sie ansteuern können.

▶ Entwickeln Sie Ihre eigene Lernstrategie. Sie kennen sich selbst am besten und wissen, ob Ihnen das Lernen z.B. morgens oder abends leichter fällt. Ein Selbstlernkurs gibt Ihnen die Möglichkeit, Tempo, Rhythmus und Intensität des Lernprozesses selbst zu gestalten. Bedenken Sie aber, dass es sinnvoller ist, öfter und in kurzen Lernperioden zu arbeiten, statt einmal im Monat einen Lerntag einzulegen.

▶ Hören Sie sich so oft wie möglich die CDs an. Wiederholen Sie auch die Lektionen, die Sie bereits bearbeitet haben. Versuchen Sie, das von Ihnen Gesprochene aufzunehmen und vergleichen Sie es kritisch mit der Sprecheraufnahme.

▶ Finden Sie heraus, wie Sie am besten Vokabeln lernen. Sie können sich selbst testen, indem Sie die deutsche Übersetzung des Wortschatzes auf der letzten Seite jeder Lektion zuhalten. Sie können es auch umgekehrt machen und aus dem Deutschen ins Italienische übersetzen, obwohl Ihnen das wahrscheinlich etwas schwerer fallen wird.

▶ Versuchen Sie ab und zu, einen Dialog selbst zu übersetzen und erst hinterher die deutsche Version im Buch zu Rate zu ziehen.

Ziel des Kurses ist es, Ihnen so schnell wie möglich Grundkenntnisse des Italienischen zu vermitteln. Das Material ist nicht immer einfach, denn Sie haben es von Anfang an mit der gesprochenen Sprache zu tun. Einige Dialoge werden Ihnen schwerer fallen als andere, aber machen Sie sich keine Sorgen, wenn Sie etwas nicht auf Anhieb verstehen. Wenn man eine Fremdsprache lernt – ganz gleich nach welcher Methode – stößt man unweigerlich auf Hindernisse. Da Sie keine/n Lehrer/in fragen können, müssen Sie die Hindernisse selbst aus dem Weg räumen. Um Sie bei der Selbsthilfe zu unterstützen, folgt nun eine Beschreibung der einzelnen Abschnitte einer Lektion.

Lektionsaufbau

Jede Lektion (*Unità*) besteht aus den folgenden Teilen:

- **3 Dialogeinheiten** (*Dialoghi*)
  - Italienische Lehrdialoge
  - Deutsche Übersetzung
  - Übungsdialog(e)
  - Erläuterungen zu Grammatik, Wortschatz und Landeskunde

- **Grammatik** (*Grammatica*)
  - Grammatikstrukturen
  - Schriftliche Übungen *(Esercizi scritti)*
  - Mündliche Übungen (*Esercizi orali)*

- **Wortschatz** (*Vocabolario*)
  - Zusammenfassung wichtiger Ausdrücke und Redemittel
  - Zusätzlicher Wortschatz

- **Unterhaltung** (*Conversazione*) als mündliche Abschlussübung

Dialoghi

Jede Lektion besteht aus 3 *Dialoghi*. Diese sind fortlaufend durchnummeriert und bilden mit den Übungsdialogen sowie den Erläuterungen zu Grammatik, Wortschatz und Landeskunde (*Informazioni Italia*) den ersten Teil einer Lektion.

Sämtliche Lehrdialoge können Sie auf der CD hören und im Buch auf Italienisch und in der deutschen Übersetzung mitverfolgen (die wortwörtliche Übersetzung ist in eckigen Klammern angegeben, um Ihnen die italienische Konstruktion zu verdeutlichen). Unmittelbar nach einem Lehrdialog folgen ein oder zwei Übungsdialoge, die ebenfalls auf CD aufgenommen sind. Diese Dialoge dienen dazu, die in den Lehrdialogen vorgegebenen Strukturen und Wendungen zu üben, indem Sie selbst einen Teil des Dialogs sprechen. Sie finden auf den CDs und im Buch immer zunächst ein Beispiel. Der Teil, den Sie sprechen sollen, ist im Buch mit einem ♦ markiert. Den gesamten Text der Übungsdialoge finden Sie im Anhang. Der von Ihnen zu sprechende Teil ist auch dort mit einem ♦ gekennzeichnet.

Bei den Übungsdialogen finden Sie jeweils kurze Pausen, in denen Sie sprechen. Was Sie sagen sollen, ist aus den Anweisungen im Buch zu ersehen. Nachdem Sie gesprochen haben, hören Sie die richtige Antwort von einer Sprecherin oder einem Sprecher zur Kontrolle.

Sie können den Lehrdialogen auf verschiedene Weise zuhören, je nachdem wie schwierig Sie sie finden. Sie können zum Beispiel

- zuhören, ohne ins Buch zu schauen,

- zuhören und dabei den italienischen Text im Buch verfolgen (und dann später die deutsche Übersetzung zum Verständnis der neuen Wörter zu Hilfe nehmen),

- sich den italienischen und den deutschen Text durchlesen, wenn Sie einen Dialog besonders schwierig finden. Hören Sie sich aber bitte nicht die italienische Version an, während Sie den deutschen Text lesen.

Grammatica

Jede Lektion enthält einen Grammatikteil mit Übungen nach den *Dialoghi*, der folgendermaßen aufgebaut ist:

- Übersichtstabellen vor allem zur Beugung von Verben.
- Schriftliche Übungen zur Festigung der Grammatik (die Lösungen finden Sie im Anhang).
- Mündliche Übungen in Form von Verständnis- und Sprechübungen, in denen Sie das Gelernte in die Praxis umsetzen sollen. Bei den Sprechübungen hören Sie eine bestimmte Wendung auf der CD, auf die Sie nach den Anweisungen des Moderators reagieren sollen. Eine Sprecherin oder ein Sprecher sagt anschließend die richtige Version. Auch diese Übungen sind wieder komplett im Anhang des Übungsbuchs abgedruckt.

Vocabolario

Der Wortschatz bildet die letzte Einheit einer Lektion. Zunächst finden Sie die wichtigsten Wörter und Ausdrücke aus der Lektion thematisch gegliedert und ins Deutsche übersetzt. Es folgen dann zusätzliche Wörter und Wendungen, die nicht in den Dialogen und Übungen vorkommen, aber eine wichtige Ergänzung zu den behandelten Themen darstellen. Sie sind mit einem CD-Symbol gekennzeichnet; Sie können also hören, wie sie ausgesprochen werden, und sie nachsprechen. Natürlich erscheinen alle diese Wörter auch im alphabetischen Wörterverzeichnis im Anhang.

Conversazione

Am Ende einer jeden Lektion werden Sie aufgefordert, an einer Unterhaltung teilzunehmen. Die Übungen gehen wie folgt vor sich: Ein/e Sprecher/in stellt Ihnen eine Frage, die Sie nach den Anweisungen unseres deutschen Moderators beantworten sollen. Von ihm erfahren Sie, was Sie danach sagen sollen, zum Beispiel, dass Sie dem Gesprächspartner auf der CD eine Frage stellen sollen. Bitte sprechen Sie jeweils in der Pause und hören Sie sich dann die richtige Version zum Vergleich an. Es klingt etwas kompliziert, aber Sie werden sich bald an das Muster dieser Unterhaltungen gewöhnen.

Tests

Um Ihren Lernfortschritt zu überprüfen, finden Sie im Anschluss an *Unità* 5 einen Zwischentest. Hier werden die grammatischen Strukturen und der Wortschatz von *Unità* 1–5 wiederholt. Der Abschlusstest nach *Unità* 10 bietet Ihnen eine komplette Wiederholung des gesamten Kurses. Die Lösungen zum Zwischen- und Abschlusstest finden Sie im Anhang.

Und nun wünschen wir Ihnen viel Spaß und viel Erfolg.

Ciao, come stai?

In dieser Lektion lernen Sie ...

Situationen

- wie Sie jemanden begrüßen
- wie Sie sich und andere vorstellen
- wie Sie etwas über sich selbst erzählen

Grammatik

- die Verben der ersten Gruppe auf *-are*
- die reflexiven Verben (im Singular)
- *essere*
- die Verneinung
- die Adjektive (im Singular)
- die Präpositionen *a* und *in*

Wortschatz

- Begrüßungsformeln
- Berufsbezeichnungen
- Länder und Sprachen
- die Zahlen von 1 bis 10

DIALOGO 1A 1/1

An einem Strandkiosk lernt Alex (▲) eine junge Frau (●) kennen.

▲ Io sono Alex e tu come ti chiami?
● Jasmine.
▲ Sei francese, vero?
● Sì, di Parigi. E tu?
▲ Io sono tedesco, di Berlino.

▲ Ich bin Alex, und du, wie heißt du?
● Jasmine.
▲ Du bist Französin, nicht wahr?
● Ja, aus Paris. Und du?
▲ Ich bin Deutscher, aus Berlin.

DIALOGO 1B 1/2

Mario (●) und Marianne (■) treffen Silvana (▲) auf der Straße.

▲ Ciao Mario.
● Ciao Silvana. Come stai?
▲ Bene, grazie, e tu?
● Benissimo. Silvana, questa è Marianne.
▲ Piacere.
■ Piacere.
▲ Di dove sei, Marianne?
■ Sono tedesca, di Monaco.

▲ Hallo Mario.
● Hallo Silvana. Wie geht es dir?
▲ Gut, danke, und dir?
● Sehr gut. Silvana, das ist Marianne.
▲ Angenehm.
■ Angenehm.
▲ Woher bist du, Marianne?
■ Ich bin Deutsche, aus München.

Übungsdialoge 1/3

a. Und jetzt sprechen Sie! Hören Sie sich zunächst den Beispieldialog auf der CD an und übernehmen Sie dann die Rollen der angegebenen Personen nach dem Muster:

■ Come ti chiami?
◆ Janine.
■ Io sono Alessandra. Di dove sei?
◆ Sono francese, di Parigi.

1. Janine / Parigi – francese
2. Alex / Berlino – tedesco
3. Jane / New York – americana
4. Ramona / Madrid – spagnola
5. Kate / Londra – inglese
6. Manfred / Vienna – austriaco

b. Im zweiten Übungsdialog treffen Sie eine Reihe Leute. Bitte fragen Sie sie entsprechend dem Beispiel, wie es ihnen geht:

■ Ciao Marco.
◆ Ciao Maria. Come stai?
■ Bene, grazie. E tu?
◆ Benissimo.

Sie treffen

1. Maria	4. Francesco
2. Alessandro	5. Gabriella
3. Giulia	6. Susanna

c. Franco und Arianna werden uns vorgestellt. Bitte hören Sie zu:

■ Questo è Franco. Franco è di Roma.
■ Questa è Arianna. Arianna è di Venezia.

Jetzt sollen Sie die folgenden Personen vorstellen:

1. Rita aus Rom
2. Günter aus München (Monaco)
3. Fabrizio aus Florenz (Firenze)
4. Philippe aus Paris
5. John aus London

Die Adjektive (Eigenschaftswörter)

richten sich in Geschlecht (männlich/weiblich) und Zahl (Singular/Plural) nach den Substantiven (Hauptwörtern). Adjektive auf *-a* sind weiblich, auf *-o* männlich. Adjektive auf *-e* sind männlich und weiblich.

männlich	*weiblich*
bell**o**	bell**a**
interessant**e**	interessant**e**

1

Nationalitäten 1/4

Nationalitätsbezeichnungen sind im Italienischen Adjektive (Eigenschaftswörter).
Beispiele:
➔ Mario è italiano. (Mario ist Italiener.)
➔ Io sono tedesca. (Ich bin Deutsche.)
➔ una signora tedesca (eine deutsche Dame)

Germania	tedesco, -a	(Deutschland	deutsch / Deutscher, -e)
Italia	italiano, -a	(Italien	italienisch / Italiener, -in)
Spagna	spagnolo, -a	(Spanien	spanisch / Spanier, -in)
Austria	austriaco, -a	(Österreich	österreichisch / Österreicher, -in)
Svizzera	svizzero, -a	(Schweiz	schweizer / Schweizer, -in)
America	americano, -a	(Amerika	amerikanisch / Amerikaner, -in)
Olanda	olandese	(Holland	holländisch / Holländer, -in)
Francia	francese	(Frankreich	französisch / Franzose, -ösin)
Inghilterra	inglese	(England	englisch / Engländer, -in)

Personalpronomen

Im Italienischen werden die Personalpronomen (ich, du, er, sie, ...) nur dann verwendet, wenn sie hervorgehoben werden sollen. Wer gemeint ist, geht aus der Form des Verbs hervor. Die höfliche Anrede für eine Einzelperson (männlich und weiblich) ist *Lei* (3. Person Singular), für mehrere Personen in der Umgangssprache *Voi* (2. Person Plural), formeller ist *Loro* (3. Person Plural). Siehe auch Seite 70.

→ Mi chiamo Lucia. (Ich heiße Lucia.)
→ Io mi chiamo Lucia, e tu? (Ich heiße Lucia, und du?)
→ E Lei, signora? (Und Sie?)

Wie geht´s? 1/5

→ Come stai, Giorgio? (Wie geht es dir, Giorgio?)
→ (Sto) bene / molto bene / benissimo. ([Es geht mir] gut / sehr gut / hervorragend.)

→ Come sta, signora? (Wie geht es Ihnen?)
→ Non c'è male. / Così così. (Nicht schlecht. / Es geht so.)
→ (Sto) male. ([Es geht mir] schlecht.)

Nach der Herkunft fragen

→ Di dove sei? (Woher bist du?)
→ Di dov'è? (Woher sind Sie?)
→ Sono di Roma. (Ich bin aus Rom.)

→ Sei italiano? / È italiano? (Bist du Italiener? / Sind Sie Italiener?)
→ Sì. / Sì, sono italiano. (Ja. / Ja, ich bin Italiener.)
→ Sì, sono di Roma (Ja, ich bin aus Rom.)

Sich kennenlernen

→ Piacere. (Angenehm.)
→ Molto lieto. (sagt ein Mann) (Sehr erfreut. [formell])
→ Molto lieta. (sagt eine Frau)

Wenn Sie jemanden vorstellen, sagen Sie:
→ Questo è Mario. (Das ist Mario.)
→ Questa è Gabriella. (Das ist Gabriella.)

Ciao

heißt soviel wie „Servus", „Hallo" oder „Tschüss" und wird sowohl zur Begrüßung als auch zum Abschied gebraucht, allerdings nur von Personen, die sich duzen.

DIALOGO 2A 1/6

Nachdem sie sich kennengelernt haben, setzen Alex (▲) und Jasmine (●) ihre Unterhaltung fort.

▲ Dove abiti, Jasmine?
● Abito presso una famiglia italiana.
▲ E come ti trovi?
● Bene. È gente molto simpatica.

▲ Wo wohnst du, Jasmine?
● Ich wohne bei einer italienischen Familie.
▲ Und wie fühlst du dich da?
● Gut. Es sind sehr sympathische Leute.

DIALOGO 2B 1/7

Zwei Personen sitzen in einem Zugabteil. Sie unterhalten sich ein bisschen und dann stellen sie sich vor.

● Io mi chiamo Sandro Veraci, e Lei?
▲ Io sono Elsa Sander. Piacere.
● Molto lieto. Abita anche Lei a Milano?
▲ No, no. Io abito a Varese.
● Ma non è italiana, vero?
▲ No, sono tedesca.
● Ah, tedesca … e di dove?
▲ Sono di Bonn.
● E come si trova in Italia?
▲ Mi trovo molto bene.

1

- ● Ich heiße Sandro Veraci, und Sie?
- ▲ Ich bin Elsa Sander. Angenehm.
- ● Sehr erfreut. Wohnen Sie auch in Mailand?
- ▲ Nein. Ich wohne in Varese.
- ● Sie sind aber keine Italienerin, nicht wahr?
- ▲ Nein, ich bin Deutsche.
- ● Ah, Deutsche … und woher?
- ▲ Ich bin aus Bonn.
- ● Und wie fühlen Sie sich in Italien?
- ▲ Ich fühle mich sehr wohl.

Übungsdialoge 1/8

a. Stellen Sie sich ein Gespräch mit Maria Sereni vor. Auf der CD hören Sie nur Marias Teil der Unterhaltung, die entsprechenden Antworten finden Sie unten. Bitte setzen Sie die richtigen ein:

- ■ Mi chiamo Maria Sereni, e Lei?
- ◆ …
- ■ Piacere.
- ◆ …
- ■ Abita anche Lei a Roma?
- ◆ …
- ■ Ma non è italiana, vero?
- ◆ …
- ■ E di dove?
- ◆ …
- ■ E come si trova in Italia?
- ◆ …

- ● Sono Carmen Sanchez.
- ● Mi trovo benissimo.
- ● No, sono spagnola.
- ● No, no. Abito a Napoli.
- ● Molto lieta.
- ● Di Madrid.

b. Stellen Sie nun die Fragen zu den folgenden Antworten.

- ■ Sono Enrico Perfetti.
- ◆ Come si chiama?
- ■ Abito a Verona ma sono di Roma.
- ◆ Dove abita?
- ■ Mi trovo bene, molto bene.
- ◆ Come si trova a Roma?

Die Verneinung

Um einen Satz zu verneinen, setzt man unmittelbar vor das Verb die Negation *non*.
➔ Non sono italiana, sono tedesca. (Ich bin keine Italienerin, ich bin Deutsche.)

Auf dieselbe Art kann man eine negative Frage stellen, zum Beispiel:
➔ Ma Lei non è italiana, vero? (Sie sind aber keine Italienerin, oder [nicht wahr]?)

In Italia – A Roma

Bei Ländern, Provinzen und großen Inseln verwendet man: ***in*** (in / nach)
➔ Sono **in** Italia. (Ich bin in Italien.)
➔ Come si trova **in** Germania? (Wie fühlen Sie sich in Deutschland?)
➔ Abito **in** Toscana (Ich wohne in der Toskana.)
➔ Sono **in** Sicilia. (Ich bin in Sizilien.)

Bei Städten und kleinen Inseln verwendet man: ***a*** (in / nach)

→ Abito **a** Roma. (Ich wohne in Rom.)

→ Sono **a** Capri. (Ich bin auf Capri.)

La gente

La gente (die Leute / die Menschen) ist im Italienischen Singular!

→ È gente simpatica. (Es sind sympathische Leute / Menschen.)

Informazioni Italia

Italien hat etwa 60 Millionen Einwohner und eine Fläche von 301.278 Quadratkilometern. Die größten Städte sind:

Roma	2.762.000
Milano	1.324.000
Napoli	960.000
Torino	908.000
Palermo	656.000
Genova	608.000
Bologna	380.000
Firenze	372.000

In den letzten Jahren hat die Einwohnerzahl der großen Städte immer mehr abgenommen. Viele Italiener haben die Großstadt verlassen und sind in die Vororte oder kleinere Provinzstädtchen gezogen.

1

DIALOGO 3 1/9

***La storia di Petra e Roberto* (1) – Die Geschichte von Petra und Roberto (1)**

Auf einem Fest bei Freunden lernen sich Roberto (▲) und Petra (●) kennen. Sie unterhalten sich eine Weile und dann …

▲ Senti, come ti chiami?
● Mi chiamo Petra, e tu?
▲ Roberto. Sei qui in vacanza?
● No, no, abito qui. Sono di Amburgo ma adesso lavoro qui già da un anno.
▲ E che lavoro fai?
● Sono segretaria nella filiale italiana di una ditta tedesca.
▲ Io sono architetto. Ti trovi bene qui in Italia?
● Sì, benissimo. L'Italia mi piace da morire. Mi piace tutto qui: la gente, la cucina, la cultura, la lingua …
▲ Infatti parli benissimo l'italiano.
● Grazie.
▲ Senti, se ti piace tanto la cucina italiana conosco un ristorante eccezionale …

▲ Sag mal, wie heißt du denn?
● Ich heiße Petra, und du?
▲ Roberto. Bist du hier in Urlaub?
● Nein, nein, ich wohne hier. Ich bin aus Hamburg, aber ich arbeite jetzt schon seit einem Jahr hier.
▲ Und was für eine Arbeit machst du?
● Ich bin Sekretärin in der italienischen Filiale einer deutschen Firma.
▲ Ich bin Architekt. Fühlst du dich wohl hier in Italien?
● Ja, sehr. Italien gefällt mir wahnsinnig gut. Mir gefällt hier alles: die Leute, die Küche, die Kultur, die Sprache …
▲ Du sprichst in der Tat sehr gut Italienisch.
● Danke.
▲ Du, wenn du die italienische Küche so magst, ich kenne da ein tolles Restaurant …

Übungsdialoge 1/10

a. Hören Sie sich den Dialog noch einmal an. Auf demselben Fest lernen Sie Alberto kennen und stellen ihm einige Fragen. Albertos Antworten hören Sie auf der CD:

◆ …
■ Alberto Fontana. E tu?
◆ …
■ No, no, abito qui. Sono di Roma ma adesso lavoro qui già da un anno.
◆ …
■ Sono architetto.

b. Und jetzt stellen Sie sich vor!

◆ Mi chiamo / Sono …
◆ Sono di …
◆ Abito a …
◆ Sono … (Beruf)

Berufe 1/11

Sono	segretaria.	(Ich bin	Sekretärin.)
	studente / studentessa.		(Student / Studentin.)
	impiegato / impiegata.		(Angestellter / Angestellte.)
	architetto.		(Architekt / Architektin.)
	dottore / dottoressa.		(Arzt / Ärztin.)
	insegnante.		(Lehrer / Lehrerin.)
	ingegnere.		(Ingenieur / Ingenieurin.)
	commesso / commessa.		(Verkäufer / Verkäuferin.)

Übung: Was machen Sie beruflich? Und Ihre Freunde? Suchen Sie im Wörterbuch die Berufe, die für Sie interessant sind, und lernen Sie sie auswendig.

Etwas mögen

➔ Mi piace. (Es gefällt/schmeckt mir. / Ich mag es.)
➔ Ti piace. (Es gefällt/schmeckt dir. / Du magst es.)

Mi piace da morire heißt wörtlich „Es gefällt mir zum Sterben gut".

1

Senti

Senti (Du-Form) heißt wörtlich „hör zu" und wird benutzt, um die Aufmerksamkeit des Zuhörers auf sich zu lenken.

Informazioni Italia

Begrüßung
In Italien begrüßt man sich je nach Tageszeit mit *buongiorno* (guten Morgen / guten Tag) oder *buona sera* (guten Abend). Nach dem Gruß kann man *signore* (Herr), *signora* (Frau) oder *signorina* (Fräulein) hinzufügen, mit oder ohne Familiennamen. Bitte achten Sie darauf, dass vor dem Namen *signore* zu *signor* verkürzt wird:

➔ Buongiorno, signore.
aber
➔ Buongiorno, signor Bianchi.
„Gute Nacht" wünscht man sich mit *buona notte.*

Italiener sind herzliche Leute: Es ist üblich, dass sich Bekannte, Freunde und Verwandte zur Begrüßung und beim Abschied auf beide Wangen küssen.

GRAMMATICA

DAS VERB *ESSERE* (SEIN) IM PRÄSENS (GEGENWART):

(Io) **sono** insegnante.	Ich bin Lehrer/Lehrerin.
(Tu) **sei** italiano.	Du bist Italiener.
(Lui) **è** tedesco.	Er ist Deutscher.
(Lei) **è** segretaria.	Sie ist Sekretärin.
(Lei), signora, **è** molto simpatica.	Sie sind sehr sympathisch.
(Noi) **siamo** di Roma.	Wir sind aus Rom.
(Voi) **siete** di Verona.	Ihr seid aus Verona.
(Loro) **sono** di Venezia.	Sie sind aus Venedig.

VERBEN AUF *-ARE* IM PRÄSENS:

Im Italienischen gibt es drei Gruppen regelmäßiger Verben, die sich durch ihre Infinitivendungen (Grundform) unterscheiden: die Verben auf *-are*, *-ere* und *-ire*.

Die Verben auf *-are*, zum Beispiel *abitare, lavorare, parlare,* werden wie folgt im Präsens konjugiert (gebeugt):

(Io) abit**o** a Monaco.	Ich wohne in München.
(Tu) abit**i** a Roma.	Du wohnst in Rom.
(Lui) abit**a** a Berlino.	Er wohnt in Berlin.
(Lei) abit**a** a Parigi.	Sie wohnt in Paris.
(Lei) abit**a** a Stoccarda?	Wohnen Sie in Stuttgart?
(Noi) abit**iamo** a Bologna.	Wir wohnen in Bologna.
(Voi) abit**ate** in Spagna.	Ihr wohnt in Spanien.
(Loro) abit**ano** in Sardegna.	Sie wohnen auf Sardinien.

DAS VERB *STARE:*

Das Verb **stare** (sich befinden; stehen; wohnen; sich fühlen) im Singular:

(Io) **sto** bene.	Es geht mir gut [Ich fühle mich gut].
(Tu) come **stai**?	Wie geht es dir?
(Lui) Mario **sta** male.	Mario geht es schlecht.
(Lei) Monica **sta** molto bene.	Monica geht es sehr gut.
(Lei) come **sta**, signora?	Wie geht es Ihnen?

→ Haben Sie es bemerkt? Bei allen Verben, regelmäßigen und unregelmäßigen, endet die Ich-Form auf *-o* und die Du-Form auf *-i*.

GRAMMATICA

DIE REFLEXIVEN VERBEN

Nach demselben Muster werden die reflexiven (rückbezüglichen) Verben, zum Beispiel *chiamarsi* und *trovarsi*, konjugiert. Unmittelbar vor dem Verb steht ein Reflexivpronomen.

chiamarsi (heißen)

-si am Ende der Grundform bedeutet, dass es sich um ein reflexives Verb handelt. Dieses wird wie alle Verben seiner Gruppe konjugiert, aber vor das Verb wird ein Reflexivpronomen (rückbezügliches Fürwort) gesetzt.

(Io) **mi** chiam**o** Franca.	Ich heiße Franca.
(Tu) come **ti** chiam**i**?	Wie heißt du?
(Lui) **si** chiam**a** Giovanni.	Er heißt Giovanni.
(Lei) **si** chiam**a** Enrica.	Sie heißt Enrica.
(Lei), signora, come **si** chiam**a**?	Wie heißen Sie?

➔ Bitte beachten Sie, dass reflexive Verben im Italienischen nicht auch im Deutschen reflexiv sein müssen, z. B. *chiamarsi* (heißen).

1

ESERCIZI

Esercizi scritti

1. Setzen Sie bitte die richtigen Formen des Verbs *essere* ein:

a. Franco … di Roma ma abita a Londra.
b. Io e Luisa … italiane.
c. Di dove … Carlos e Carmen?
d. E tu, di dove…? – … di Milano.
e. (Voi) non … italiani, vero?

2. Finden Sie die zusammengehörigen Satzteile und verbinden Sie sie mit Strichen:

a. Carla	si chiama	benissimo in Italia.
b. Io	parli	molto bene l'italiano.
c. Alfredo	lavora	a Verona.
d. Tu	si trova	in una ditta tedesca.
e. Lei	abito	Elisabetta.

3. Lesen Sie, was Francesco Moretti über sich selbst erzählt und erzählen Sie es in der 3. Person nach:

Mi chiamo Francesco Moretti. Sono italiano, di Verona. Abito a Berlino. Lavoro nella filiale tedesca di una ditta italiana. Sono ingegnere. Mi trovo bene a Berlino. La gente è molto simpatica. Purtroppo (Leider) non parlo il tedesco ma parlo bene l'inglese.

4. Setzen Sie die passenden Verben ein:

a. Ciao, come …?
b. Io … a Napoli, e tu?
c. … Gabriella Giannini.
d. Mario … di Roma.
e. Francesco … molto bene l'inglese.

5. Welches Wort passt nicht zu den anderen in der Reihe?

a. inglese, americano, italiano, studente
b Monaco, Bonn, Roma, Stoccarda
c. impiegato, architetto, studente, ditta
d. sono, abito, siete, è

6. Übersetzen Sie die deutschen Begriffe und setzen Sie sie ein:

Waagerecht: 2. Leute – 4. Architekt – 7. (du) sprichst – 8. (ich) bin – 9. (ich) wohne

Senkrecht: 1. gut – 3. Deutschland – 5. Deutscher – 6. wie

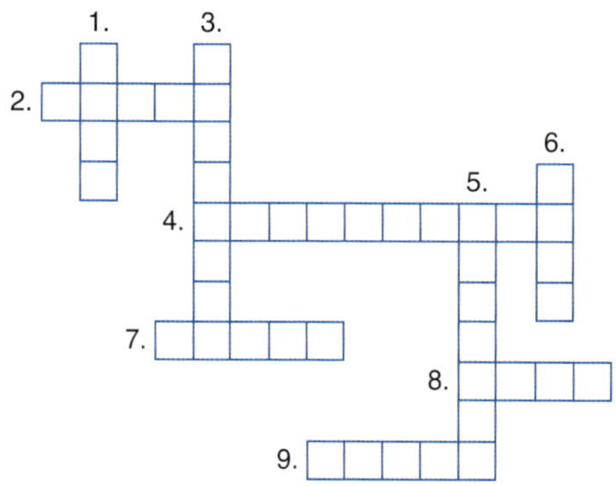

Esercizi orali 1/12-15

1. Giovanna stellt sich vor. Hören Sie sich den Text auf der CD an und beantworten Sie die Fragen:

Mi chiamo Giovanna. Sono italiana, di Verona, ma abito a Monaco, presso una famiglia tedesca. Sono studentessa ma lavoro anche in una ditta italiana. A Monaco mi trovo molto bene. Mi piace tutto qui: la gente, la cultura, la cucina … Anche il tedesco mi piace molto.

a. Di dov'è Giovanna?
b. Dove abita?
c. Che lavoro fa?
d. Si trova bene a Monaco?

2. Auf der CD hören Sie nun fünf Sätze. Welche Berufe haben die Leute?

a. Mi chiamo Maria e sono …
b. Io sono Francesco. Sono …
c. Mi chiamo Arianna. Sono …
d. Sono Marco. Io non lavoro, sono …
e. Mi chiamo Giovanna Zambelli e sono … in una ditta tedesca.

3. Laura stellt sich vor. Hören Sie sich die CD an und vervollständigen Sie den folgenden Text:

… Laura Tamaro. … italiana, di Bologna, ma … Monaco. … insegnante e … in una scuola italiana. … molto bene a Monaco. La gente … molto simpatica. Purtroppo non … bene il tedesco ma la lingua … molto.

4. Im Italienischen liegt der Unterschied zwischen Aussage- und Fragesatz häufig nur in der Satzmelodie. Hören Sie sich die folgenden Sätze an und wiederholen Sie sie. Handelt es sich um eine Aussage oder um eine Frage? Achten Sie auf die Satzmelodie und ordnen Sie dann die Sätze zu:

Fragen: …	Aussagen: …
…	…
…	…
…	…
…	…
…	…

VOCABOLARIO

Begrüßung

Ciao!	Hallo! / Servus! / Tschüss!
Come stai?	Wie geht es dir?
Come sta?	Wie geht es Ihnen?

Fragen zur Person

Come ti chiami?	Wie heißt du?
Come si chiama?	Wie heißen Sie?
Di dove sei?	Woher bist du?
Di dov'è?	Woher sind Sie?
Che lavoro fai?	Was machst du beruflich?
Che lavoro fa?	Was machen Sie beruflich?
Dove abiti?	Wo wohnst du?
Dove abita?	Wo wohnen Sie?
Come ti trovi in Italia?	Wie fühlst du dich in Italien?
Come si trova in Italia?	Wie fühlen Sie sich in Italien?

1

Zur eigenen Person

Mi chiamo Paolo.	Ich heiße Paolo.
Sono Paolo.	Ich bin Paolo.
Sono di Roma.	Ich bin aus Rom.
Sono architetto.	Ich bin Architekt.
Abito a Verona.	Ich wohne in Verona.
Mi piace …	Ich mag … / Mir schmeckt … / Mir gefällt …
Mi trovo bene a Verona.	Ich fühle mich wohl in Verona.

Jemanden vorstellen

Questa è Patrizia.	Das ist Patrizia.
Questo è Vittorio.	Das ist Vittorio.

Redewendungen

L'Italia mi piace da morire.	Italien gefällt mir wahnsinnig gut.
Senti ...	Hör zu / Hör mal ...
Purtroppo ...	Leider ...

Hören Sie sich nun die folgenden Sätze auf der CD an und achten Sie bitte gut auf die Aussprache. 1/16

Sono segretaria in una ditta tedesca.	Ich bin Sekretärin in einer deutschen Firma.
Francesco è studente.	Francesco ist Student.
Sei studentessa anche tu?	Bist du auch Studentin?
No, io sono impiegata.	Nein, ich bin Angestellte.
Giulio è architetto?	Ist Giulio Architekt?
No, è dottore.	Nein, er ist Arzt.
E Elisa? È anche lei dottoressa?	Und Elisa? Ist sie auch Ärztin?
No, Elisa è insegnante.	Nein, Elisa ist Lehrerin.
Sei ingegnere?	Bist du Ingenieur?
No, sono commesso.	Nein, ich bin Verkäufer.

Die Zahlen von 1 bis 10

1 uno	6 sei
2 due	7 sette
3 tre	8 otto
4 quattro	9 nove
5 cinque	10 dieci

CONVERSAZIONE 1/17

Tutto chiaro? Alles klar? Zum Schluss hören Sie sich die Anweisungen auf der CD an und nehmen Sie an einer kleinen Unterhaltung teil.

Andiamo al bar

In dieser Lektion lernen Sie ...

Situationen

- wie Sie etwas über sich erzählen
- wie Sie etwas in einer Bar bestellen
- wie Sie sich bedanken

Grammatik

- die Verben *avere* und *fare*
- die Verben der zweiten Gruppe auf *-ere*
- den bestimmten Artikel im Singular
- den unbestimmten Artikel
- das Geschlecht und die Pluralform der Substantive

Wortschatz

- Verabschiedungsformeln
- Verwandtschaftsbezeichnungen
- die Zahlen bis 100

DIALOGO 4 1/18

Zwei Freunde, Marco (●) und Francesco (▲), treffen sich nach einigen Jahren wieder.

▲ Ciao Marco.
● Francesco! Quanto tempo che non ci vediamo! Come stai?
▲ Bene, grazie, e tu?
● Anche bene. Che fai di bello?
▲ Ma, sai … niente di speciale. La solita vita. Ho sempre molto lavoro e poco tempo libero.
● Che lavoro fai?
▲ Faccio il programmatore all'Olivetti. E tu?
● Io sono avvocato, sono sposato da cinque anni …
▲ Davvero! E con chi?
● Ti ricordi di Valeria, la sorella di Giulio?
▲ Quella bella ragazza bionda che fa l'insegnante di tedesco?
● Sì, proprio lei. E tu, sei sposato?
▲ No, sono ancora celibe ma ho una ragazza. Ma senti, andiamo al bar, così parliamo con calma.

▲ Hallo Marco.
● Francesco! Wie lange haben wir uns nicht gesehen! Wie geht's dir?
▲ Gut, danke, und dir?
● Auch gut. Was machst du denn so [Schönes]?
▲ Ach, weißt du … nichts Besonderes. Das übliche [Leben]. Ich habe immer viel Arbeit und wenig Freizeit.
● Was machst du beruflich?
▲ Ich bin Programmierer bei Olivetti. Und du?
● Ich bin Anwalt, ich bin seit fünf Jahren verheiratet …
▲ Wirklich! Und mit wem?
● Erinnerst du dich an Valeria, die Schwester von Giulio?
▲ Die schöne blonde junge Frau, die als Deutschlehrerin arbeitet?
● Ja, genau die. Und du, bist du verheiratet?
▲ Nein, ich bin noch ledig, aber ich habe eine Freundin. Aber hör zu, gehen wir doch was trinken [in eine Bar], da können wir in Ruhe sprechen [so sprechen wir mit Ruhe].

Übungsdialoge 1/19

a. Hören Sie zunächst das Beispiel auf der CD. Sehen Sie sich dann die Angaben an und beantworten Sie die Fragen nach dem Muster:

■ Che lavoro fai?
◆ Faccio il meccanico.
■ E Marina, che lavoro fa?
◆ Lei fa la segretaria.

1. il meccanico / la segretaria
2. il medico / la commessa
3. l'impiegato / l'insegnante
4. il programmatore / l'impiegata
5. l'avvocato / la fotografa

b. Hören Sie den Beispieldialog. Beantworten Sie dann die Fragen, indem Sie die Rolle der angesprochenen Personen annehmen und die Angaben verwenden:

■ Mario, sei sposato?
◆ No, sono ancora celibe ma ho una ragazza.
■ Francesca, sei sposata?
◆ No, sono ancora nubile ma ho un ragazzo.
■ E tu Vittorio, sei sposato?
◆ No, non sono sposato.

1. Franco ist verheiratet.
2. Valeria ist nicht verheiratet, aber sie hat einen Freund.
3. Saverio ist nicht verheiratet.
4. Marina ist ledig.
5. Roberto ist ledig.
6. Piero ist nicht verheiratet, aber er hat eine Freundin.

Informazioni Italia

Il bar ist für Italiener viel mehr als nur ein Stehcafé: Es ist eine Institution. Überall in Italien gibt es an jeder Ecke eine Bar, wo man sich eine Pause gönnt, Kaffee trinkt, *un cornetto* (ein Croissant) und *un cappuccino* frühstückt, sich mit Freunden trifft oder Zeitung liest. Wer mittags keine Zeit hat, nach Hause zu gehen, kann in der Bar auch eine Kleinigkeit essen. Jede Bar hat ihre Spezialitäten: *panini* (belegte Brötchen), *tramezzini* (Sandwich) und *pizzette* (Minipizzen) in allen möglichen Varianten.

Bevor man bestellt, muss man oft an der Kasse zahlen und sich einen Kassenzettel, *uno scontrino*, geben lassen. In manchen Bars kann man auch sitzen, allerdings sind die Preise am Tisch wesentlich höher.

2

Das Substantiv (Hauptwort)

Im Italienischen gibt es nur zwei grammatische Geschlechter:
Maskulinum (männlich) und Femininum (weiblich)

Maskulinum	Femininum
il temp**o**	la sorell**a**
il programmator**e**	l'insegnant**e**

Der bestimmte Artikel im Singular (Einzahl)

il	vor männlichen Substantiven, die mit einem Konsonanten beginnen: il lavoro, il tempo, il bar
lo	vor männlichen Substantiven, die mit *s* + Konsonant oder *z* beginnen: lo studente, lo zucchero (der Zucker)
l'	vor männlichen und weiblichen Substantiven, die mit einem Vokal beginnen: l'amica, l'amico, l'insegnante
la	vor weiblichen Substantiven, die mit einem Konsonanten beginnen: la ragazza, la sorella, la segretaria

Nach dem Beruf fragen

➔ Che lavoro fai? (Was machst du beruflich?)
➔ Che lavoro fa? (Was machen Sie beruflich?)

➔ Sono ingegnere. *oder*
➔ Faccio l'ingegnere. (Ich bin Ingenieur.)

Nach dem Familienstand fragen

Sei sposato / sposata? (Bist du verheiratet?)

Mann:
➔ Sì, sono sposato. (Ja, ich bin verheiratet.)
➔ No, non sono sposato, sono divorziato / separato. (Nein, ich bin nicht verheiratet, ich bin geschieden / lebe getrennt.)
➔ Sono celibe. (Ich bin ledig.)

Frau:
➔ Sì, sono sposata. (Ja, ich bin verheiratet.)
➔ No, non sono sposata, sono divorziata / separata. (Nein, ich bin nicht verheiratet, ich bin geschieden / lebe getrennt.)
➔ Sono nubile. (Ich bin ledig.)

DIALOGO 5 1/20

Die zwei Freunde sind in einer Bar.
Der Ober (▲) kommt.

▲ Buongiorno. Mi dica!
● Per me un caffè. Tu cosa prendi?
■ Io prendo una birra. Ho una sete!
▲ Subito.
● Senta, che cos'ha da mangiare?
▲ Abbiamo panini, tramezzini, toast, pizzette …
● Mi fa un panino al prosciutto?
▲ Certo, subito.
● Mangi qualcosa anche tu?
■ No, grazie, non ho fame. Pranzo sempre alla mensa e così …
● Io invece non pranzo mai. Se ho fame faccio uno spuntino al bar e poi ceno la sera con Valeria e i bambini.
■ Quanti bambini avete?
● Tre, due bambini e una bambina. Vittorio ha quattro anni, Lucia due e Gianni solo sei mesi.

2

▲ Guten Tag. Bitte schön!
● Für mich einen Kaffee. Was nimmst du?
■ Ich nehme ein Bier. Ich habe so einen Durst!
▲ Sofort.
● Hören Sie, was haben Sie zu essen?
▲ Wir haben belegte Brötchen, Sandwiches, Toasts, kleine Pizzas …
● Machen Sie mir ein Schinkenbrötchen?
▲ Sicher, sofort.
● Isst du auch was?
■ Nein, danke, ich habe keinen Hunger. Ich esse immer in der Mensa zu Mittag und so …
● Ich dagegen esse nie zu Mittag. Wenn ich Hunger habe, nehme ich einen Snack in einer Bar und esse zu Abend mit Valeria und den Kindern.
■ Wie viele Kinder habt ihr?
● Drei, zwei Jungen und ein Mädchen. Vittorio ist vier Jahre alt [hat vier Jahre], Lucia zwei und Gianni erst sechs Monate.

Übungsdialoge 1/21

a. Hören Sie sich den Beispieldialog an. Beantworten Sie dann die Fragen nach demselben Muster, indem Sie die angegebenen Wörter einsetzen:

■ Che cosa prendi?
◆ Io prendo un caffè.

1. un caffè
2. una coca-cola
3. un cappuccino
4. un amaro
5. un'aranciata
6. un tramezzino
7. un'acqua minerale

b. Hören Sie sich den Beispieldialog an und beantworten Sie dann die Fragen, indem Sie höflich ablehnen:

■ Prendi una coca-cola?
◆ No, grazie, non ho sete.
■ Mangi un panino?
◆ No, grazie, non ho fame.

1. Prendi una coca-cola?
2. Prendi una birra?
3. Mangi una pizza?
4. Prendi un'acqua minerale anche tu?
5. Mangi un panino anche tu?

Senta

(wörtlich: hören Sie) ist die Höflichkeitsform von *senti* und wird ebenfalls verwendet, um die Aufmerksamkeit des Zuhörers auf sich zu lenken.

Che cos'ha da mangiare?

Das Auslassungszeichen ' (Apostroph) wird häufig verwendet, wenn zwei Selbstlaute aufeinander treffen:
cosa + ha → cos'ha

Der unbestimmte Artikel

un	vor männlichen Substantiven, die mit einem Konsonanten oder mit einem Vokal beginnen: un panino, un amico
uno	vor männlichen Substantiven, die mit *z* oder *s* + Konsonant beginnen: uno spuntino, uno scontrino
una	vor weiblichen Substantiven, die mit einem Konsonanten beginnen: una pizza, una birra
un'	vor weiblichen Substantiven, die mit einem Vokal beginnen: un'acqua minerale, un'aranciata

2

Die Substantive im Plural (Mehrzahl)

→ Substantive, die auf *-o* enden, sind in der Regel männlich und bilden den Plural auf *-i*: bambin**o** bambin**i**

→ Substantive, die auf *-a* enden, sind in der Regel weiblich und bilden den Plural auf *-e*: bambin**a** bambin**e**

→ Substantive, die auf *-e* enden, können männlich oder weiblich sein. Sie bilden den Plural auf *-i*: programmator**e** programmator**i**; madr**e** madr**i**

→ Substantive, die auf *-è* enden, sind männlich und bleiben im Plural gleich. caff**è** caff**è**

→ Substantive, die auf *-à* enden, sind weiblich und bleiben im Plural gleich. citt**à** citt**à**

→ Substantive, die auf einen Konsonanten enden, sind immer männlich und bleiben im Plural gleich: ba**r** ba**r**; sandwi**ch** sandwi**ch**

I numeri da 11 a 100

Die Zahlen von 11 bis 100 finden Sie auf der **Vocabolario**-Seite.

DIALOGO 6 1/22

La storia di Petra e Roberto (2)

Roberto (▲) und Petra (●) haben sich verabredet. Nach einem Spaziergang wollen sie etwas trinken.

▲ Io sono un po' stanco e ho sete. Andiamo in questo bar?
● Buona idea. Io ho voglia di un gelato.
▲ Ci sediamo qui fuori?
● Va bene.
▲ Cosa prendi?
● Un gelato misto con panna.
▲ Io prendo una birra alla spina e … ho anche fame. Vediamo che cosa hanno da mangiare. Cameriere!
■ Prego.
▲ Vorrei mangiare qualcosa. Cosa mi consiglia?
■ Abbiamo panini caldi con il formaggio e il prosciutto, con la rucola e la mozzarella, con le melanzane. Oppure tramezzini con le uova, i funghi, il tonno …
▲ Allora, io prendo una birra alla spina e un panino caldo con la rucola e la mozzarella. E per la signora un gelato misto con panna.
■ Mi dispiace ma non abbiamo gelati.
● Peccato! Allora prendo una spremuta d'arancia.

▲ Ich bin ein bisschen müde und habe Durst. Gehen wir in diese Bar?
● Gute Idee. Ich habe Lust auf ein Eis.
▲ Setzen wir uns hier draußen hin?
● Einverstanden.
▲ Was nimmst du?
● Ein gemischtes Eis mit Sahne.
▲ Ich nehme ein Bier vom Fass und … Hunger habe ich auch. Schauen wir, was es zu essen gibt [was sie zu essen haben]. Herr Ober!
■ Bitte.
▲ Ich möchte etwas essen. Was empfehlen Sie mir?
■ Wir haben warme Brötchen mit Käse und Schinken, mit Rucolasalat und Mozzarella, mit Auberginen. Oder Sandwiches mit Eiern, Pilzen, Tunfisch …
▲ Ich nehme ein warmes Brötchen mit Rucolasalat und Mozzarella und ein Bier vom Fass. Und für die Dame ein gemischtes Eis mit Sahne.
■ Es tut mir leid, aber wir haben kein Eis.
● Schade! Dann nehme ich einen frisch gepressten Orangensaft.

Übungsdialoge 1/23

a. Sie sind jetzt der Ober. Aber der arme Gast hat heute Pech: Egal was er sich wünscht, Sie müssen ihn enttäuschen. Hören Sie sich den Beispieldialog an und antworten Sie dann nach demselben Muster:

■ Vorrei un panino.
◆ Mi dispiace ma non abbiamo panini.

1. un panino
2. un tramezzino
3. un gelato
4. una pizzetta
5. un sandwich

b. Hören Sie sich den Beispieldialog an und antworten Sie nach dem Muster, indem Sie die angegebenen Wörter einsetzen. Bitte achten Sie auf den unbestimmten Artikel:

■ Cosa prendi?
◆ Io prendo un caffè. E tu?

1. caffè
2. cappuccino
3. spremuta d'arancia
4. birra alla spina
5. aranciata
6. tè

Informazioni Italia

Wenn Sie in einer Bar etwas am Tisch verzehren, ist es üblich, dem Ober ein kleines Trinkgeld, *la mancia*, zu geben.

Im Restaurant beträgt das Trinkgeld etwa 10% des Rechnungsbetrages.

2

Cosa mi consiglia?

Wenn Sie nicht wissen, was Sie bestellen möchten, können Sie so um Rat fragen:

➔ Cosa mi consigli? (Was empfiehlst du mir?)
➔ Cosa mi consiglia? (Was empfehlen Sie mir?)

➔ Ti consiglio … (Ich empfehle dir …)
➔ Le consiglio …(Ich empfehle Ihnen …)

Sich bedanken

➔ Grazie. (Danke.)
➔ Molte / tante grazie. (Vielen Dank.)
➔ Mille grazie. / Grazie mille. (Tausend Dank.)

Darauf antwortet man

➔ Prego. (Bitte.)
➔ Non c'è di che. (Keine Ursache. / Gern geschehen.)

GRAMMATICA

DAS VERB *AVERE* (HABEN) IM PRÄSENS:

(Io) **ho** una sorella.	Ich habe eine Schwester.
(Tu) **hai** voglia di uscire?	Hast du Lust auszugehen?
(Lui) **ha** tre bambini.	Er hat drei Kinder.
(Lei) **ha** molto lavoro.	Sie hat viel Arbeit.
(Lei) **ha** molto tempo libero, signora?	Haben Sie viel Freizeit?
(Noi) **abbiamo** voglia di uscire.	Wir haben Lust auszugehen.
(Voi) **avete** bambini?	Habt ihr Kinder?
(Loro) **hanno** un bambino.	Sie haben ein Kind.

DAS VERB *FARE* (MACHEN, TUN) IM PRÄSENS:

(Io) **faccio** il programmatore.	Ich bin Programmierer.
(Tu) che lavoro **fai**?	Was machst du beruflich?
(Lui) che lavoro **fa**?	Was macht er beruflich?
(Lei) **fa** l'infermiera.	Sie ist Krankenschwester.
(Lei) che cosa **fa** a Milano, signora?	Was machen Sie in Mailand?
(Noi) **facciamo** una passeggiata?	Machen wir einen Spaziergang?
(Voi) cosa **fate** di bello?	Was macht ihr Schönes?
(Loro) non **fanno** niente di speciale.	Sie machen nichts Besonderes.

VERBEN AUF *-ERE* IM PRÄSENS:

Verben auf *-ere*, wie z. B. *prendere, vedere* etc., werden wie folgt im Präsens konjugiert:

prendere (nehmen)

(Io) prend**o** un caffè.	Ich nehme einen Kaffee.
(Tu) cosa prend**i**?	Was nimmst du?
(Lui) cosa prend**e**?	Was nimmt er?
(Lei) prend**e** una birra.	Sie nimmt ein Bier.
(Lei) cosa prend**e**, signora?	Was nehmen Sie?
(Noi) prend**iamo** una birra?	Nehmen wir ein Bier?
(Voi) prend**ete** un caffè?	Nehmt ihr einen Kaffee?
(Loro) cosa prend**ono**?	Was nehmen sie?

ESERCIZI

Esercizi scritti

1. Setzen Sie bitte die richtigen Formen des Verbs *avere* ein:

a. Quanti anni …, Franco?
b. Quanti bambini (voi) …?
c. (Noi) … tre bambini.
d. Mangi qualcosa anche tu? – No, grazie, non … fame.
e. Enrico … 15 anni.
f. (Io) … molto lavoro.
g. Enrico e Franca … due bambini.

2. Setzen Sie die richtige Form von *fare* ein:

a. Che cosa (tu) … di bello?
b. (Noi) … una passeggiata.
c. (Io) non … niente di speciale.
d. Senta, mi (Lei) … un panino al prosciutto?
e. Che lavoro … Roberto?
f. Alfredo … l'insegnante.
g. Che cosa (noi) …?

3. Setzen Sie den richtigen (bestimmten oder unbestimmten) Artikel ein:

a. Lei fa … farmacista.
b. … bambino di Marco si chiama Vittorio.
c. Io prendo … caffè.
d. Mi fa … panino al prosciutto?
e. Prendiamo … birra?

4. Vervollständigen Sie die Tabelle mit der Singular- bzw. Pluralform der Substantive:

Singular	Plural
bambino	______
______	panini
birra	______
______	gelati
programmatore	______
______	infermiere

Esercizi orali 1/24-27

1. Giuseppe erzählt etwas über sich und seine Familie. Hören Sie den Text und beantworten Sie die folgenden Fragen:

a. Quanti anni ha Giuseppe?
b. Che lavoro fa?
c. Quanti bambini ha?
d. Quanti anni ha Francesco?
e. E Marisa?

2. Giuseppe (▲) und Marina (●) sitzen in einer Bar. Hören Sie sich den Dialog auf der CD an und kreuzen Sie dann die richtigen Aussagen an:

	sì	no
a. Marina ha sete.	❑	❑
b. Marina prende un'aranciata.	❑	❑
c. Giuseppe non ha fame.	❑	❑
d. Giuseppe prende un toast.	❑	❑
e. Marina prende un tramezzino.	❑	❑

2

3. Alessandra zeigt uns ein Foto, wo sie mit fünf Freunden abgebildet ist und erzählt uns etwas über jeden von ihnen. In dem Text gibt es aber Lücken. Hören Sie sich den Text aufmerksam an und ergänzen Sie die fehlenden Wörter:

   Questo è Marco. Ha …, è sposato ma non ha … Fa l'avvocato a … Questa è Marisa. Marisa … a Roma, … la giornalista. È nubile ma ha … Questo qui è Giulio, il ragazzo di Rita. … ingegnere e ha sempre molto … E questa … Rita. Fa … e ha poco … libero. E questo qui è John. John è …, di Londra. … qui da un anno. È sposato e ha … bambini: Elizabeth, Richard e Frank. Elizabeth … cinque anni, Richard … e Frank ha solo sette … … infine sono io.

4. Hören Sie sich die Zahlen auf der CD an und schreiben Sie sie auf.

VOCABOLARIO

Fragen zur Person

Sei sposato / sposata?	Bist du verheiratet?
È sposato / sposata?	Sind Sie verheiratet?
Quanti anni hai?	Wie alt bist du?
Quanti anni ha?	Wie alt sind Sie?

Zur eigenen Person

Sono sposato, -a.	Ich bin verheiratet.
Sono separato, -a.	Ich lebe getrennt.
Sono divorziato, -a.	Ich bin geschieden.
Sono celibe.	Ich bin ledig (Mann).
Sono nubile.	Ich bin ledig (Frau).
Ho un ragazzo.	Ich habe einen Freund.
Ho una ragazza.	Ich habe eine Freundin.
Ho … anni.	Ich bin … Jahre alt.

Bitte hören Sie sich folgende Wörter und Redewendungen an und sprechen Sie sie nach. 1/28

Al bar	In der Bar
Cosa prendi da bere?	Was nimmst du zum Trinken?
Io prendo un caffè.	Ich nehme einen Kaffee.
un cappuccino.	einen Cappuccino.
un tè.	einen Tee.
un'aranciata.	eine Orangenlimonade.
un aperitivo.	einen Aperitif.
una birra.	ein Bier.
una coca-cola.	eine Cola.
una spremuta d'arancia.	einen frisch gepressten Orangensaft
un bicchiere di latte.	ein Glas Milch.
Cosa mangi / mangia?	Was isst du / essen Sie?
Mangio un panino al prosciutto.	Ich esse ein Schinkenbrötchen.
al salame.	ein Salamibrötchen.
al formaggio.	ein Käsebrötchen.
un tramezzino.	ein Sandwich.
un toast.	einen Toast.
una pizzetta.	eine kleine Pizza.

2

Sich bedanken

Grazie.	Danke.
Mille grazie. / Grazie mille.	Tausend Dank.
Tante grazie. / Molte grazie.	Vielen Dank.
Prego.	Bitte.
Non c'è di che.	Keine Ursache. / Gern geschehen.

Nützliche Wörter und Ausdrücke

Cosa fai di bello?	Was machst du Schönes?
Niente di speciale.	Nichts Besonderes.
Ho fame.	Ich habe Hunger.
Ho sete.	Ich habe Durst.
Sono stanco.	Ich bin müde.
Senta ...	Hören Sie ...
Ma sai ...	Ach, weißt du ...
Peccato!	Schade!
subito	sofort
certo	gewiss / sicher

Die Zahlen von 11 bis 100

11	undici	21	ventuno	31	trentuno
12	dodici	22	ventidue	32	trentadue
13	tredici	23	ventitré	38	trentotto
14	quattordici	24	ventiquattro	40	quaranta
15	quindici	25	venticinque	50	cinquanta
16	sedici	26	ventisei	60	sessanta
17	diciassette	27	ventisette	70	settanta
18	diciotto	28	ventotto	80	ottanta
19	diciannove	29	ventinove	90	novanta
20	venti	30	trenta	100	cento

CONVERSAZIONE 1/29

Und zum Schluss nehmen Sie wieder an einer kleinen Unterhaltung teil. Bitte hören Sie sich dazu die Anweisungen auf der CD an.

Una camera con vista

In dieser Lektion lernen Sie ...

Situationen

- wie Sie telefonieren
- wie Sie ein Hotelzimmer reservieren
- wie Sie sich nach etwas erkundigen
- wie Sie sich verabschieden

Grammatik

- die Verben *dare* und *potere*
- die reflexiven Verben im Plural
- die Präpositionen mit Artikel
- die Anpassung Adjektiv / Substantiv

Wortschatz

- das Datum
- die Ordnungszahlen
- die Zahlen von 100 aufwärts
- die Monate

DIALOGO 7 1/30

Herr Bardi (▲) ruft im Hotel Miramare an, um ein Zimmer zu reservieren.

● Hotel Miramare, buongiorno.
▲ Pronto! Buongiorno. Mi chiamo Bardi. Vorrei prenotare una camera matrimoniale per cinque giorni, dal 23 al 27 giugno.
● Con bagno o con doccia?
▲ Con bagno.
● Un momento che guardo … Signor Bardi? Mi dispiace ma le camere matrimoniali sono già tutte prenotate. Avrei però una camera doppia con doccia e balcone.
▲ Ma, non so … La camera com'è?
● È una camera con vista sul mare. È grande e molto tranquilla. Sennò avrei due camere singole con bagno che danno sul giardino.
▲ No, no. La camera doppia va bene. E quanto costa al giorno?
● Allora … La camera con colazione costa 60 euro al giorno.
▲ Va bene. Allora ci vediamo il 23 giugno.
● Bene. ArrivederLa.
▲ Arrivederci.

● Hotel Miramare, guten Tag.
▲ Hallo! Guten Tag. Mein Name ist Bardi. Ich möchte ein Zimmer mit Doppelbett für fünf Tage reservieren, vom 23. bis zum 27. Juni.
● Mit Bad oder mit Dusche?
▲ Mit Bad.
● Einen Moment, ich schaue nach … Herr Bardi? Es tut mir Leid, aber die Zimmer mit Doppelbett sind alle schon reserviert. Ich hätte aber ein Doppelzimmer mit Dusche und Balkon.
▲ Nun, ich weiß nicht … Wie ist das Zimmer?
● Es ist ein Zimmer mit Aussicht auf das Meer. Es ist groß und sehr ruhig. Sonst hätte ich zwei Einzelzimmer mit Bad zum Garten [die auf den Garten gehen].
▲ Nein, nein. Das Doppelzimmer ist gut. Und wie viel kostet es am Tag?
● Also … Das Zimmer mit Frühstück kostet 60 Euro am Tag.
▲ Es geht in Ordnung. Also sehen wir uns am 23 Juni.
● Gut. Auf Wiedersehen.
▲ Auf Wiedersehen.

Übungsdialoge 1/31

a. Hören Sie das Beispiel auf der CD und reservieren Sie dann selbst ein Zimmer entsprechend den Angaben:

◆ Buongiorno. Mi chiamo Bianchi. Vorrei prenotare una camera doppia con doccia per tre giorni.

1. Bianchi / una camera doppia con doccia / tre giorni

2. Rossi / due camere singole con bagno / cinque giorni
3. Alberti / una camera matrimoniale con balcone / due giorni
4. Ursini / una camera doppia con doccia / una settimana
5. Carlotti / una camera singola con colazione / due settimane
6. Parietti / tre camere singole tranquille / un mese

b. Hören Sie sich noch einmal den Dialog an. Stellen Sie dann Fragen, die zu den Antworten passen:

◆ …
■ Con bagno.
◆ …
■ È una camera con vista sul mare. È grande e molto tranquilla.
◆ …
■ Allora, la camera con la colazione costa 70 euro al giorno.

Telefonieren in Italien

Zu Beginn eines Telefongesprächs melden sich beide Gesprächspartner normalerweise mit *pronto*, was in diesem Zusammenhang „Hallo“ bedeutet. Erst danach nennt der Anrufer seinen Namen.

➔ Pronto.
➔ Pronto. Sono Paolo.

Bei Firmen, Lokalen, Büros und anderen öffentlichen Einrichtungen meldet man sich in der Regel zuerst mit dem Namen, z.B. der Firma, dann eventuell mit dem eigenen Namen, wie es auch hier zu Lande üblich ist.

➔ Hotel Miramare. Buongiorno.

3

Datum

Für das Datum verwendet man die Kardinalzahlen (das heißt *due, tre, quattro* usw.). Nur beim 1. des Monats sagt man *primo* (1° aprile = il primo aprile). Vor der Zahl steht immer *il* (il 4 novembre) bzw. *l'* (l'8 dicembre).

Adjektive im Plural

Bei Adjektiven wie *italiano* wird im Plural das *-o* zu *-i* und das *-a* zu *-e*:

Singular	Plural
un signore italian**o**	due signori italian**i**
una casa italian**a**	due case italian**e**

Adjektive auf *-e* wie *grande* haben im Plural für beide Geschlechter die Endung *-i*:

un giardino grand**e**	due giardini grand**i**
una camera grand**e**	due camere grand**i**

I numeri da 100 in poi

Die Zahlen von 100 aufwärts finden Sie auf der **Vocabolario**-Seite.

DIALOGO 8 1/32

Herr Bardi (●) und Frau Bardi (■) gehen zur Rezeption des Hotel Miramare. Der Portier (▲) empfängt sie.

▲ Buongiorno. Desidera?
● Buongiorno. Sono Enrico Bardi. Ho una camera prenotata.
▲ Vediamo subito. Ah ecco! È la camera quattordici. Mi dà un documento, per favore?
● Certo. Ecco la mia patente e ... Franca, mi dai la tua carta d'identità, per piacere? Ecco a Lei.
■ Senta, è possibile fare colazione in camera?
▲ Naturalmente, signora. Può ordinare per telefono.
■ Si può fare dalla camera anche una telefonata a Roma?
▲ Sì, deve solo fare lo zero e poi il numero desiderato.
● E senta, posso pagare con un assegno o con la carta di credito?
▲ Mi dispiace, non prendiamo assegni ma ... che carta ha?
● La Visa.
▲ Allora va bene.
● Ancora una cosa. Vorrei spedire delle e-mail. Avete un collegamento internet?
▲ Come no. Ogni camera ha un collegamento internet.
● Bene, grazie.
▲ Ecco la chiave, signor Bardi. La camera è al terzo piano, la prima porta a destra. L'ascensore è in fondo al corridoio.
● Grazie. Arrivederci.
▲ Arrivederci.

▲ Guten Tag. Was wünschen Sie?
● Guten Tag. Ich bin Enrico Bardi. Ich habe ein Zimmer reserviert [ein reserviertes Zimmer].
▲ Sehen wir gleich nach. Ah, da ist es. Es ist das Zimmer 14. Geben Sie mir bitte einen Ausweis?
● Gewiss. Hier (ist) mein Führerschein und ... Franca, gibst du mir deinen Personalausweis, bitte? Hier.
■ Sagen [Hören] Sie, ist es möglich im Zimmer zu frühstücken?
▲ Natürlich. Sie können telefonisch bestellen.
■ Kann man auch vom Zimmer aus nach Rom telefonieren?
▲ Ja, Sie müssen nur die Null und dann die gewünschte Nummer wählen.
● Und sagen [hören] Sie, kann ich mit einem Scheck oder mit einer Kreditkarte zahlen?
▲ Es tut mir leid, wir nehmen keine Schecks an, aber ... welche Karte haben Sie?

● Die Visa.
▲ Dann ist es in Ordnung.
● Noch etwas: Ich möchte einige E-Mails schicken. Haben Sie einen Internet-anschluss?
▲ Sicher doch, jedes Zimmer hat einen Internetanschluss.
● Gut, danke.
▲ Hier ist der Schlüssel, Herr Bardi. Das Zimmer ist im dritten Stock, die erste Tür rechts. Der Aufzug ist am Ende des Korridors.
● Danke. Auf Wiedersehen.
▲ Auf Wiedersehen.

Übungsdialoge 1/33

a. Jetzt können Sie Fragen an den Portier richten. Hier haben Sie nur Stichpunkte. Formulieren Sie die Fragen:

1. Colazione in camera?
2. Pagare con la carta di credito?
3. Telefonare a Roma?
4. Avere un collegamento internet?

b. Hören Sie sich die Beispieldialoge an und stellen Sie die Fragen an die angegebenen Personen:

◆ Signor Rossi, mi dà la patente per favore?
■ Sì, certo.
◆ Franco, mi dai il passaporto per piacere?
■ Sì, subito.

1. Signor Rossi / la patente
2. Signora Berti / la carta d'identità
3. Gianni / la chiave
4. Signor Simoni / un documento
5. Paola / un assegno
6. Chiara / la carta di credito

3

Sich verabschieden

➔ Arrivederci. (Auf Wiedersehen.)
➔ ArrivederLa. (Auf Wiedersehen. [sehr formell])
➔ Ciao. (Tschüss / Servus.)

Die Ordnungszahlen

Die Ordnungszahlen sind Adjektive und richten sich in Geschlecht und Zahl nach ihrem Bezugswort:
➔ il terzo piano (das dritte Stockwerk)
➔ la prima porta (die erste Tür)

Ab 11 bildet man die Ordnungszahl, indem man den letzten Vokal der Kardinalzahl weglässt und *-esimo* hinzufügt: ➔ *undici* → *undicesimo*
Die Ordnungszahlen finden Sie auf der **Vocabolario**-Seite.

Das Substantiv *euro*

Obwohl es sich um ein männliches Substantiv auf *-o* handelt, bleibt das Wort *euro* im Plural unverändert. Also: *un euro*, *due euro*, usw.

DIALOGO 9 1/34

La storia di Petra e Roberto (3)

Roberto (▲) ist geschäftlich in Mailand. Am Abend in seinem Hotelzimmer denkt er an Petra (●) und ruft sie an.

● Pronto.
▲ Pronto Petra? Sono io, Roberto.
● Ciao Roberto! Ma da dove chiami? Non sei a Milano?
▲ Sì, infatti ti telefono dalla camera dell'albergo.
● Che carino! E come va?
▲ Bene. Sono un po' stanco. Sai, il viaggio ...
● In che albergo sei?
▲ Sono all'albergo Riccardi, un piccolo albergo vicino al centro.
● E com'è? Non è troppo rumoroso?
▲ No, no, il posto è abbastanza tranquillo e la camera dà sul cortile interno. La camera non è grande ma è luminosa e ha veramente tutto: televisore, telefono, minibar ...
● È sicuramente molto cara.
▲ Be' sì, abbastanza. Nel centro di Milano è difficile trovare una camera economica. I prezzi sono molto alti ...
● Quando ritorni a Bologna?
▲ Domani sera. Appena arrivo ti do un colpo di telefono.
● Va bene. Allora a presto.
▲ Ciao, a domani.

● Hallo.
▲ Hallo Petra? Ich bin es, Roberto.
● Hallo Roberto! Aber von wo rufst du denn an? Bist du nicht in Mailand?
▲ Doch, ich rufe dich eben aus dem Hotelzimmer an.
● Wie nett! Und wie geht's?
▲ Gut. Ich bin ein bisschen müde. Du weißt, die Reise ...
● In welchem Hotel bist du?
▲ Ich bin im Hotel Riccardi, einem kleinen Hotel in der Nähe vom Zentrum.
● Und wie ist es? Ist es nicht zu laut?
▲ Nein, nein, die Gegend ist ziemlich ruhig und das Zimmer geht auf den Innenhof. Das Zimmer ist nicht groß, aber sehr hell und hat wirklich alles: Fernseher, Telefon, Minibar ...
● Es ist sicher sehr teuer.
▲ Nun ja, ziemlich. Im Zentrum von Mailand ist es schwierig, ein preisgünstiges Zimmer zu finden. Die Preise sind sehr hoch ...
● Wann kommst du nach Bologna zurück?
▲ Morgen Abend. Sobald ich ankomme, rufe ich dich an.
● Gut. Also bis bald.
▲ Tschüss, bis morgen.

Übungsdialoge 1/35

a. Hören Sie nun die Beispieldialoge und beantworten Sie dann die Fragen, indem Sie die unten stehenden Angaben übernehmen:

■ Da dove chiami?
◆ Chiamo da Roma.

■ Da dove telefoni?
◆ Telefono dall'albergo.

1. Roma
2. hotel
3. ristorante
4. camera
5. Firenze
6. bar

b. Hören Sie sich zunächst wieder den Beispieldialog an. Sehen Sie sich die Wörter im **Vocabolario** (*Com'è?*) an und beantworten Sie dann die Fragen nach dem Muster:

■ Ma non è troppo piccolo?
◆ No, no, è abbastanza grande.

1. Ma non è troppo piccolo?
2. Ma non è troppo caro?
3. Ma non è troppo rumoroso?
4. Ma non è troppo lontano?
5. Ma non è troppo difficile?
6. Ma il prezzo non è troppo alto?

Da dove?

da + Artikel (bei Städtenamen ohne Artikel) heißt „von" oder „aus":

→ **Da** dove chiami? (Von wo rufst du an?)
→ Ti chiamo **da** Roma. (Ich rufe dich aus Rom an.)
→ Ti telefono **dalla** camera. (Ich rufe dich aus dem Zimmer an.)

Chiamare

heißt in diesem Fall „anrufen" wie *telefonare* und *fare una telefonata*. Achten Sie aber bitte auf die unterschiedliche Konstruktion:

→ Chiamo Mario (al telefono).
→ Telefono **a** Mario.
→ Faccio una telefonata **a** Mario.

Dare un colpo di telefono a heißt „jemanden kurz anrufen/jemanden anklingeln".

3

Informazioni Italia

Albergo und *hotel* (auf Italienisch [otel] ausgesprochen) bezeichnen beide „Hotel". Wenn man sich mit einer bescheideneren Unterkunft zufrieden gibt, kann auch eine *pensione* (Pension) oder eine *locanda* (Gästehaus) sehr gemütlich sein. Es ist oft so, dass in diesen kleineren Hotels, meist Familienbetriebe, der Gast viel mehr Aufmerksamkeit genießt. Für junge Menschen stellt ein *ostello della gioventù* (Jugendherberge) eine praktische und preiswerte Übernachtungsmöglichkeit dar.

In den italienischen Hotels ist übrigens das Frühstück nicht immer im Preis inbegriffen, oft wird aber ein Pauschalpreis für das Zimmer mit Frühstück angeboten. Die Hotels, die über ein Restaurant verfügen, bieten oft auch *la mezza pensione* (Halbpension) oder *la pensione completa* (Vollpension) an.
Wer aber etwas mehr von der italienischen Lebensart erleben will, sollte auf die Mahlzeiten im Hotel verzichten, in einer *bar* frühstücken und sich in einer *trattoria* (Gaststätte) von den köstlichen Spezialitäten der italienischen Küche verführen lassen.

GRAMMATICA

DAS VERB *DARE* (GEBEN) IM PRÄSENS:

(Io) Le **do** la chiave.	Ich gebe Ihnen den Schlüssel.
(Tu) mi **dai** la carta d'identità?	Gibst du mir den Personalausweis?
(Lui) **dà** la chiave a Maria.	Er gibt Maria den Schlüssel.
(Lei) **dà** sul giardino.	Es geht auf den Garten.
(Lei) mi **dà** la patente?	Geben Sie mir den Führerschein?
(Noi) Le **diamo** i documenti.	Wir geben Ihnen die Dokumente.
(Voi) mi **date** la chiave?	Gebt ihr mir den Schlüssel?
(Loro) **danno** sul cortile.	Sie gehen auf den Hof.

DAS VERB *POTERE* (KÖNNEN, DÜRFEN) IM PRÄSENS:

(Io) **posso** pagare con un assegno?	Kann ich mit einem Scheck bezahlen?
(Tu) mi **puoi** dare la patente?	Kannst du mir den Führerschein geben?
(Lui/lei) **può** pagare?	Kann er/sie zahlen?
(Lei) Signora, mi **può** dare la patente?	Können Sie mir den Führerschein geben?
(Noi) **possiamo** fare colazione in camera?	Können wir im Zimmer frühstücken?
(Voi) **potete** pagare con un assegno.	Ihr könnt mit einem Scheck zahlen.
(Loro) **possono** telefonare dalla camera.	Sie können aus dem Zimmer anrufen.

DIE REFLEXIVEN VERBEN IM PLURAL

Von der ersten *Unità* kennen Sie schon die Singular-Formen von *chiamarsi.* Am Beispiel von *vedersi* (sich sehen) lernen Sie jetzt noch die Plural-Formen kennen. Achten Sie bitte vor allem auf die Reflexivpronomen.

vedersi (sich sehen)

(Noi) **ci** vediamo il 23 giugno?	Wir sehen uns am 23. Juni.
(Voi) **vi** vedete al bar?	Seht ihr euch in der Bar?
(Loro) **si** vedono spesso.	Sie sehen sich oft.

GRAMMATICA

DIE PRÄPOSITIONEN MIT ARTIKEL (SINGULAR)

Im Italienischen werden manche Präpositionen mit dem bestimmten Artikel verbunden:

	il	**lo**	**l'**	**la**
a	al	allo	all'	alla
da	dal	dallo	dall'	dalla
di	del	dello	dell'	della
in	nel	nello	nell'	nella
su	sul	sullo	sull'	sulla

Beispiele:
al bar, birra alla spina, vista sul mare, nel centro di Milano

ESERCIZI

Esercizi scritti

1. Setzen Sie die passenden Verben ein:

a. (Io) … pagare con la carta di credito?
b. La camera … sul giardino.
c. Franca, mi … la tua carta d'identità per favore?
d. … possibile fare colazione in camera?
e. Le camere matrimoniali … tutte prenotate.
f. Le camere … sul cortile.

2. Tragen Sie die Ordnungszahlen in Worten ein:

a. La camera è al (2°) … piano.
b. La camera 24 è la (3°) … camera a sinistra.
c. Le camere 10 e 11 sono al (1°) … piano.
d. È la (4°) … porta a destra.
e. Ci vediamo il (1°) … maggio.

3. Setzen Sie die richtigen Präpositionen ein:

a. Vorrei prenotare una camera doppia … bagno … tre giorni.
b. Andiamo … bar.
c. Posso pagare … un assegno?
d. L'ascensore è … fondo … corridoio.
e. Quanto costa … giorno?
f. Io prendo una birra … spina.
g. La camera dà … giardino.

4. Setzen Sie in den Plural:

una camera silenziosa	due …
un panino caldo	…
un letto matrimoniale	…
una doccia calda	…
un cortile interno	…
un posto tranquillo	…
un hotel caro	…

3

Esercizi orali 1/36-39

1. Hören Sie sich die Beschreibung des «Hotel Narciso» an und vervollständigen Sie dann die folgenden Sätze:

L'Hotel Narciso è …
Il posto è …
L'hotel ha … camere.
La vista è …
Le camere hanno …

2. Hören Sie sich die Zahlen auf der CD an und kreuzen Sie sie an. Welche Zahlen bleiben übrig?

25 – 190 – 75 – 3.500 – 80.000 – 17 – 83 – 470 – 94.000 – 36 – 8.400 – 14 – 144 – 63.000 – 290 – 340 – 18.000 – 7 – 21 – 9.000 – 12 – 76 – 44 – 14.300 – 11 – 12.500

3. Hören Sie den Beispieldialog und stellen Sie dann die Fragen:

◆ La camera ha un balcone?
■ Si, certo.

Sie wollen wissen,
a. ob das Zimmer einen Balkon hat.
b. ob das Zimmer ein Bad hat.
c. ob das Hotel eine Garage hat.
d. ob das Hotel ein Restaurant hat.
e. ob das Zimmer eine Dusche hat.

4. Hören Sie sich die folgenden Sätze an und achten Sie genau auf die Intonation. Sprechen Sie dann die Sätze nach.

La camera ha un balcone.
La camera ha un balcone?
L'hotel è molto caro.
L'hotel è molto caro?
Posso pagare con un assegno.
Posso pagare con un assegno?
Andiamo al bar.
Andiamo al bar?
Luisa ha una camera singola.
Luisa ha una camera singola?
Non sei stanco.
Non sei stanco?

VOCABOLARIO

Sich verabschieden

Arrivederci.	Auf Wiedersehen.
ArrivederLa.	Auf Wiedersehen. (formell)
Ciao.	Tschüss.
A presto.	Bis bald.
A domani.	Bis morgen.

Etwas verlangen

Vorrei …	Ich möchte / Ich hätte gerne …
Desidero …	Ich wünsche …
per piacere	bitte
per favore	bitte
per cortesia	bitte

Fragen, ob etwas möglich oder erlaubt ist

È possibile …?	Ist es möglich …?
Posso …?	Kann ich …? / Darf ich …?
Si può …?	Kann man …? / Darf man …?

3

Com'è?	Wie ist es?
piccolo / grande	klein / groß
rumoroso / tranquillo	laut / ruhig
lontano / vicino	entfernt / nah
difficile / facile	schwierig / leicht
caro / economico	teuer / preisgünstig

Dov'è?	Wo ist es?
a destra	rechts
a sinistra	links
in fondo a	am Ende

I mesi

gennaio	luglio
febbraio	agosto
marzo	settembre
aprile	ottobre
maggio	novembre
giugno	dicembre

Die Monate 1/40

Januar	Juli
Februar	August
März	September
April	Oktober
Mai	November
Juni	Dezember

Die Ordnungszahlen 1/41

1°	primo	6°	sesto	11°	undicesimo
2°	secondo	7°	settimo	12°	dodicesimo …
3°	terzo	8°	ottavo	20°	ventesimo
4°	quarto	9°	nono	21°	ventunesimo
5°	quinto	10°	decimo	22°	ventiduesimo …

Die Zahlen von 100 aufwärts 1/42

100	cento	900	novecento
150	centocinquanta	1.000	mille
200	duecento	2.000	duemila
300	trecento	10.000	diecimila
400	quattrocento	20.000	ventimila
500	cinquecento	30.000	trentamila
600	seicento	32.000	trentaduemila
700	settecento	100.000	centomila
800	ottocento	1.000.000	un milione

→ *Cento* hat keine Pluralform. *Mille* wird im Plural zu *-mila.*

CONVERSAZIONE 1/43

Schon in Urlaubsstimmung? Ein passendes Zimmer zu finden ist nun kein Problem mehr. Übernehmen Sie jetzt eine Rolle. Hören Sie dazu die Anweisungen auf der CD.

In viaggio

UNITÀ 4

In dieser Lektion lernen Sie ...

Situationen

- wie Sie Informationen über Züge und Fahrpläne einholen
- wie Sie eine Fahrkarte kaufen
- wie Sie sich verabreden

Grammatik

- *c'è / ci sono*
- die Verben der dritten Gruppe auf *-ire (partire)*
- die Verben *andare*, *venire* und *sapere*
- die Präpositionen *a, da* und *per*

Wortschatz

- mit dem Zug / Flugzeug reisen
- die Uhrzeit
- die Wochentage
- die Tageszeiten

DIALOGO 10 1/44

Marina (▲) möchte von Mailand nach Neapel fahren. Sie geht zum Hauptbahnhof, um sich nach den Zugverbindungen zu erkundigen und eine Fahrkarte zu kaufen.

▲ Buongiorno. Senta, vorrei andare a Napoli. Mi può dire che treni ci sono la sera?
● Per Napoli … c'è un intercity alle 20 e poi c'è un espresso alle 22.25. Sennò deve cambiare.
▲ Con l'espresso a che ora arrivo?
● Con l'espresso … è a Napoli alle 9.23.
▲ E se parto con il primo treno la mattina?
● Il primo treno diretto per Napoli c'è alle 5.30. Arriva alle 12.30.
▲ Alle 5.30? No, è troppo presto. Prendo il treno delle 22.25. C'è una cuccetta libera?
● In prima o in seconda classe?
▲ In seconda.
● No, mi dispiace. È tutto pieno. C'è ancora una cuccetta mediana sul treno delle 20.15 ma deve cambiare a Genova.
▲ Uffa! No, allora prendo il treno delle 5.30. C'è un posto libero?
● In seconda classe … sì, c'è. Vuole un biglietto d'andata e ritorno?
▲ No, grazie, solo andata.

▲ Guten Tag. [Hören Sie], ich möchte nach Neapel fahren. Können Sie mir sagen, welche Züge es abends gibt?
● Nach Neapel … es gibt einen Intercityzug um 20 Uhr und dann einen Schnellzug um 22.25 Uhr. Sonst müssen Sie umsteigen.

▲ Um wie viel Uhr komme ich mit dem Schnellzug an?
● Mit dem Schnellzug … sind Sie um 9.23 in Neapel.
▲ Und wenn ich mit dem ersten Zug morgens fahre?
● Der erste Zug direkt nach Neapel fährt [ist] um 5.30 Uhr. Sie kommen um 12.30 Uhr an.
▲ Um 5.30 Uhr?! Nein, es ist zu früh. Ich nehme den Zug um 22.25 Uhr. Gibt es noch einen freien Liegewagenplatz?
● In der ersten oder in der zweiten Klasse?
▲ In der zweiten.
● Nein, es tut mir Leid. Es ist alles voll. Es gibt noch ein mittleres Bett in dem 20.15 Uhr-Zug, aber Sie müssen in Genua umsteigen.
▲ Uff! Nein, dann nehme ich doch den 5.30 Uhr-Zug. Gibt es einen freien Platz?
● In der zweiten Klasse … ja, es gibt einen. Möchten Sie eine Rückfahrkarte?
▲ Nein, danke, nur einfach.

Übungsdialog 1/45

Hören Sie sich die Musterdialoge an und stellen Sie dann die Fragen, indem Sie die Angaben benutzen:

◆ C'è un treno la mattina?
■ Sì, c'è un treno alle nove.
◆ C'è un treno diretto per Trieste?
■ Mi dispiace ma non c'è.

1. ein Zug vormittags
2. ein Schnellzug nach Rom
3. ein Intercity nach Perugia
4. ein Zug abends
5. ein Zug nach Verona morgens
6. ein Intercity nach Palermo abends

Die Uhrzeit 1/46

➔ A che ora? (Um wie viel Uhr?)
➔ alle nove e cinque (um 9.05 Uhr)
➔ alle nove e un quarto (um 9.15 Uhr)
➔ alle nove e venti (um 9.20 Uhr)
➔ alle nove e mezzo / mezza (um halb zehn)
➔ alle nove e quaranta / alle dieci meno venti (um 9.40 Uhr)
➔ alle nove e tre quarti / alle dieci meno un quarto (um 9.45 Uhr)
➔ alle nove e cinquanta / alle dieci meno dieci (um 9.50 Uhr)
➔ a mezzogiorno (um 12 Uhr Mittag)
➔ a mezzanotte (um Mitternacht)
➔ all'una (um 1 Uhr)
➔ Ci vediamo alle due. (Wir sehen uns um zwei. [umgangssprachlich])
➔ Il treno parte alle quattordici. (Der Zug fährt um vierzehn Uhr ab. [offiziell])

C'è / ci sono

Das Verb *esserci* entspricht dem deutschen „da/dort sein", „vorhanden sein". *C'è* (es gibt) wird verwendet, wenn das Bezugswort im Singular steht, *ci sono*, wenn es im Plural steht.

→ C'è un treno per Perugia? (Gibt es einen Zug nach Perugia?)
→ Che treni ci sono la sera? (Welche Züge gibt es abends?)

Achten Sie auf den Unterschied:

→ Dov'**è** la banca? (Wo ist die Bank?)
→ **C'è** una banca? (Gibt es eine Bank? / Ist eine Bank da?)

→ La banca **è** là, a sinistra. (Die Bank ist dort, links. [*è* + Ortsbezeichnung])
→ Là a sinistra **c'è** una banca. (Dort links ist eine Bank. [Ortsbezeichnung + *c'è*])
→ **C'è** una banca là, a sinistra. (Da ist eine Bank, links. [*c'è* + Subjekt + Ortsbezeichnung])

Informazioni Italia

Zugfahren in Italien
Mit den italienischen Eisenbahnen (*Trenitalia*) kann man bequem und preiswert Italien bereisen. Bevor Sie eine Reise mit der italienischen Bahn unternehmen, erkundigen Sie sich nach den verschiedenen Ermäßigungen: Es gibt billige Tarife für Schüler, Studenten, Rentner, Familien und Kleingruppen und viele Angebote für Pauschalreisen, kombinierte ZugAutofahrten etc. Um über die Zugverbindungen immer im Bilde zu sein, können Sie *alla stazione* (am Bahnhof) oder *in edicola* (am Zeitungskiosk) einen *orario ferroviario* (Zugfahrplan) kaufen. Wenn Sie in den Hauptreisezeiten (unmittelbar vor den Feiertagen und im Juli/August) Zug fahren, vergessen Sie nicht, einen Platz zu reservieren. Zu diesen Zeiten müssen Sie auch leider mit überfüllten Zügen und Verspätungen rechnen. Und noch etwas: Bevor Sie auf die Reise gehen, erkundigen Sie sich, ob *uno sciopero* (ein Streik) droht. Es könnte sonst passieren, dass Sie Italien etwas länger genießen müssen …

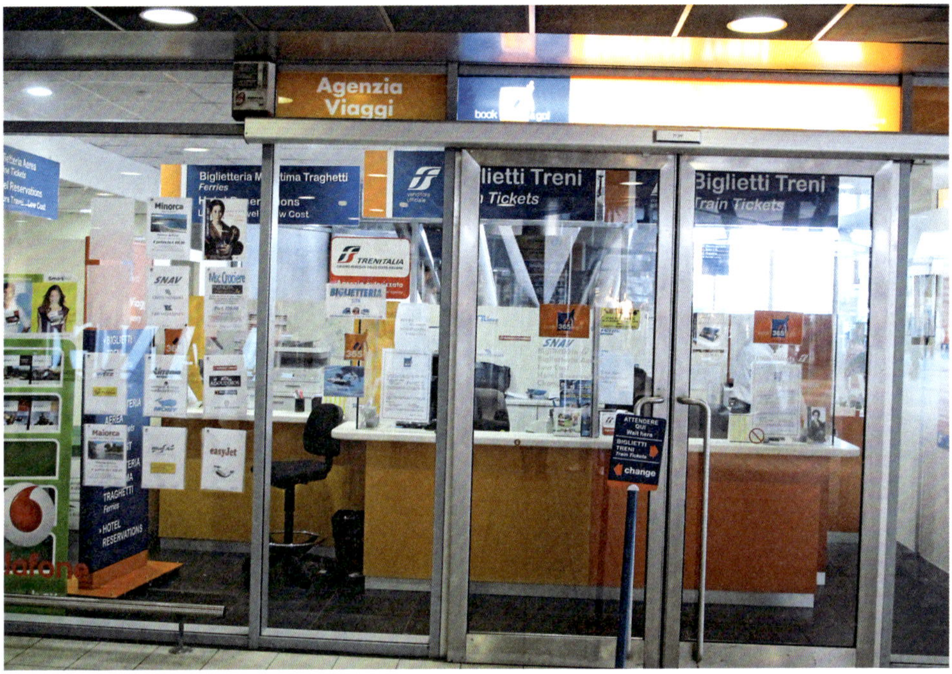

DIALOGO 11 1/47

Marco Marchesi (▲) möchte nach Palermo fahren und geht in ein Reisebüro, um sich nach den Verbindungen zu erkundigen. Die Angestellte (●) berät ihn.

● Buongiorno. Prego, mi dica.
▲ Buongiorno, signorina. Vorrei andare a Palermo la settimana prossima e volevo informarmi un po' sui prezzi e gli orari.
● Desidera viaggiare in treno o in aereo?
▲ Be', non so. Dipende dal prezzo del biglietto.
● Vediamo un po'. Quando vuole essere a Palermo?
▲ Lunedì sera o martedì mattina.
● Allora … purtroppo non ci sono voli la mattina. Lunedì c'è il volo diretto delle 13.35. Arriva a Palermo alle 14.50. Oppure c'è il volo delle 17.05, però fa scalo a Roma.
▲ E a che ora arrivo a Palermo?
● Alle 19.35. Per il prezzo … in classe turistica sono 115 euro.
▲ Non è poi così caro.
● No, ed è molto comodo. Arriva presto, riposato e senza stress. Il viaggio in treno dura circa 20 ore. Deve cambiare a Roma ed aspettare un bel po' la coincidenza.
▲ Mamma mia! No, no, ha ragione. Prendo l'aereo. E per andare all'aeroporto?
● Non c'è nessun problema. C'è l'autobus che va fino al terminal.

- ● Guten Tag. Bitte, was kann ich für Sie tun [sagen Sie mir]?
- ▲ Guten Tag, [Fräulein]. Ich möchte nächste Woche nach Palermo fahren und wollte mich nach den Preisen und Fahrzeiten erkundigen.
- ● Möchten Sie mit dem Zug fahren oder fliegen [mit dem Flugzeug reisen]?
- ▲ Nun, ich weiß nicht. Es hängt vom Fahrpreis ab.
- ● Sehen wir mal nach. Wann wollen Sie in Palermo sein?
- ▲ Montagabend oder Dienstagvormittag.
- ● Also … leider gibt es vormittags keine Flüge. Montags gibt es den direkten Flug um 13.35 Uhr. Sie kommen in Palermo um 14.50 Uhr an. Oder es gibt den 17.05 Uhr-Flug, aber mit Zwischenlandung in Rom.
- ▲ Und um wie viel Uhr komme ich in Palermo an?
- ● Um 19.35 Uhr. Was den Preis betrifft [für den Preis] … in der Economy Class sind es 115 Euro.
- ▲ Das ist gar nicht so teuer.
- ● Nein, und es ist sehr bequem. Sie kommen schnell an, ausgeruht und ohne Stress. Die Reise mit dem Zug dauert etwa 20 Stunden. Sie müssen in Rom umsteigen und eine Weile auf den Anschluss warten.
- ▲ Du liebe Güte! Nein, nein, Sie haben Recht. Ich fliege [Ich nehme das Flugzeug]. Und wie komme ich zum Flughafen [Und um zum Flughafen zu fahren]?
- ● Das ist kein Problem. Es gibt einen Bus, der bis zum Terminal fährt.

Übungsdialog 1/48

Hören Sie den Musterdialog und beantworten Sie dann die Fragen:

- ■ A che ora c'è il primo treno per Napoli?
- ◆ Alle 15.10.

1. Napoli: 15.10
2. Roma: 8.10
3. Roma: 14.05
4. Venezia: 9.00
5. Firenze: 7.20
6. Bologna: 11.10

Dipende

heißt „es hängt davon ab"/ „je nachdem" und kann allein oder mit der Präposition *da* (oft mit dem bestimmten Artikel) benutzt werden:

- ➔ Vai a Roma? (Fährst du nach Rom?)
- ➔ Non so, dipende. (Ich weiß es nicht, es hängt davon ab.)
- ➔ **Da** cosa dipende? (Wovon hängt es ab?)
- ➔ Dipende **dal** prezzo. (Es hängt vom Preis ab.)

➔ *da* + bestimmter Artikel (Singular):
da + il → dal
da + lo → dallo
da + l' → dall'
da + la → dalla

Lunedì sera

Im **Vocabolario** finden Sie die Wochentage und die Tageszeiten. Die Wochentage von *lunedì* (Montag) bis *sabato* (Samstag) sind alle männlich, *la domenica* ist weiblich. Bitte prägen Sie sich die folgenden Ausdrücke ein:

il lunedì	montags
lunedì	diesen Montag
lunedì prossimo	nächsten Montag
lunedì mattina	Montagmorgen
sabato sera	Samstagabend
la sera	abends
stasera	heute Abend

Nach diesem Muster kann man mit allen Wochentagen und Tageszeiten verfahren.

i Informazioni Italia

Fliegen in Italien
Wenn Sie Italien auf die schnellste und bequemste Weise bereisen wollen, können Sie mit den italienischen Fluglinien fliegen. Außer der Alitalia gibt es andere kleinere Gesellschaften, die täglich die italienischen Städte verbinden. Vor allem wenn Ihr Ziel die italienischen Inseln Sizilien und Sardinien sind, sparen Sie mit *l'aereo* (dem Flugzeug) sehr viel Zeit. In der Urlaubszeit sollten Sie allerdings rechtzeitig reservieren.

DIALOGO 12 2/1

La storia di Petra e Roberto (4)

Petra (▲) ist noch nicht in Rom gewesen und Roberto (●) schlägt ihr vor, ein Wochenende dort zu verbringen. Er kennt die Stadt sehr gut und möchte sie gern herumführen.

▲ E quando andiamo a Roma?
● Non so. Hai tempo venerdì prossimo?
▲ Venerdì prossimo? Sì, per me va benissimo. Andiamo in treno o in macchina?
● In macchina, così possiamo girare un po'. Roma è molto grande.
▲ Ma non c'è troppo traffico sulle autostrade il fine settimana?
● Be' sì. E in città è difficile trovare un parcheggio.
▲ E inoltre è caro. Se consideri la benzina e l'autostrada …
● Hai ragione, è meglio andare in treno. A Roma possiamo anche girare in autobus.

…

(Venerdì sera alla stazione)
▲ Da che binario parte il nostro treno?
● Non lo so. Guardiamo sull'orario delle partenze. Ah, ecco qui. Binario 7.
■ L'intercity proveniente da Milano delle ore 17.25 arriverà con circa 10 minuti di ritardo.
● Accidenti! Il nostro treno è in ritardo.
▲ Be', dieci minuti di ritardo … non fa niente.
● Sai cosa facciamo? Andiamo a prendere un caffè. C'è un bar proprio qui vicino.

▲ Und wann fahren wir nach Rom?
● Ich weiß nicht. Hast du Zeit nächsten Freitag?
▲ Nächsten Freitag? Ja, für mich ist es o.k. Fahren wir mit dem Zug oder mit dem Auto?
● Mit dem Auto, dann [so] können wir ein bisschen herumfahren. Rom ist sehr groß.
▲ Aber gibt es nicht zu viel Verkehr auf den Autobahnen am Wochenende?
● Nun ja, und in der Stadt ist es schwierig, einen Parkplatz zu finden.
▲ Und außerdem ist es teuer. Wenn du das Benzin und die Autobahngebühren [die Autobahn] bedenkst …
● Du hast Recht. Es ist besser, mit dem Zug zu fahren. In Rom können wir auch mit dem Bus herumfahren.
…
(Freitagabend auf dem Bahnhof)
▲ Von welchem Gleis fährt unser Zug ab?
● Ich weiß nicht. Schauen wir auf den Abfahrtsplan. Ah, hier ist es. Gleis 7.
■ Der 17.25 Uhr-Intercityzug aus Mailand wird mit etwa 10 Minuten Verspätung ankommen.
● Verflixt! Unser Zug hat Verspätung.
▲ Nun, 10 Minuten Verspätung, das macht nichts.
● Weißt du, was wir machen? Wir gehen einen Kaffee trinken. Es gibt eine Bar gleich hier in der Nähe.

Übungsdialoge 2/2

a. Sie erkundigen sich nach Ihrem Zug. Hören Sie den Beispieldialog auf der CD und fragen Sie nach demselben Muster:

◆ Scusi, da che binario parte il treno per Roma?
■ Dal binario 6.
◆ Quando arriva il treno?
■ Mi dispiace, il treno ha 15 minuti di ritardo.

1. Roma
2. Torino
3. Genova
4. Milano
5. Napoli
6. Palermo

b. Hören Sie nun den zweiten Beispieldialog auf der CD und antworten Sie nach demselben Muster:

■ Quando andiamo a Milano?
◆ Se hai tempo giovedì sera.
■ Andiamo in treno o in macchina?
◆ È meglio andare in macchina.

1. Donnerstagabend / Auto
2. Montagnachmittag / Auto
3. Sonntag / Zug
4. Freitag / Flugzeug
5. Dienstag / Auto
6. Mittwoch / Bus

Präpositionen

in treno = **con il** treno
in aereo = **con l'**aereo
in macchina = **con la** macchina
in autobus = **con l'**autobus

Infinitivsätze

Nach unpersönlichen Ausdrücken wie *è meglio* (es ist besser) folgt das Verb im Infinitiv (Grundform).

→ È meglio partire lunedì. (Es ist besser, am Montag zu fahren.)
→ È meglio andare in treno. (Es ist besser, mit dem Zug zu fahren.)

Weitere ähnliche Konstruktionen:

→ È bene andare in città con il bus. (Es ist gut, mit dem Bus in die Stadt zu fahren.)
→ È difficile trovare un parcheggio. (Es ist schwierig, einen Parkplatz zu finden.)
→ Non è facile girare in macchina a Roma. (Es ist nicht leicht, in Rom mit dem Auto herumzufahren.)
→ È importante guardare sull'orario. (Es ist wichtig, auf den Fahrplan zu schauen.)
→ Non è normale comprare i biglietti in treno. (Es ist nicht üblich, die Fahrkarten im Zug zu kaufen.)
→ È possibile telefonare dall'albergo? (Ist es möglich, vom Hotel aus anzurufen?)

Informazioni Italia

Italien verfügt über ein ausgezeichnetes Netz von Autobahnen, *le autostrade*, die das ganze Land durchziehen. Man muss allerdings an *il casello autostradale* (Mautstelle) *il pedaggio* (Autobahngebühr) zahlen, was das Reisen mit dem Auto relativ teuer macht. Wenn Sie nicht in Eile sind, lohnt es sich, die Landstraßen (*strada statale, S.S.*) zu benutzen. Sie sparen und haben die Möglichkeit, auch einmal die kleineren Städte und die versteckten Sehenswürdigkeiten Italiens zu entdecken.

GRAMMATICA

VERBEN AUF *-IRE* IM PRÄSENS:

Die Verben mit der Endung ***-ire***, zum Beispiel *partire* (abfahren) oder *aprire* (öffnen), werden wie folgt im Präsens konjugiert:

(Io) part**o** per Milano.	Ich fahre nach Mailand.
(Tu) quando part**i**?	Wann fährst du ab?
(Lui) part**e** oggi.	Er fährt heute ab.
(Lei) part**e** domani.	Sie fährt morgen ab.
(Lei) quando part**e**, signora?	Wann fahren Sie ab?
(Noi) part**iamo** per Roma.	Wir fahren nach Rom.
(Voi) part**ite** oggi?	Fahrt ihr heute ab?
(Loro) part**ono** domani.	Sie fahren morgen ab.

DAS VERB *ANDARE* (GEHEN, FAHREN) IM PRÄSENS:

(Io) **vado** a casa.	Ich gehe nach Hause.
(Tu) **vai** a Milano in treno?	Fährst du mit dem Zug nach Mailand?
(Lui) **va** in Sicilia in aereo.	Er fliegt nach Sizilien.
(Lei) **va** in ufficio.	Sie geht ins Büro.
(Lei) quando **va** in vacanza, signora?	Wann gehen Sie in Urlaub?
(Noi) **andiamo** al bar.	Wir gehen in die Bar.
(Voi) **andate** a Firenze?	Fahrt ihr nach Florenz?
(Loro) **vanno** alla stazione.	Sie gehen zum Bahnhof.

DAS VERB *VENIRE* (KOMMEN) IM PRÄSENS:

(Io) **vengo** da Roma.	Ich komme aus Rom.
(Tu) da dove **vieni**?	Woher kommst du?
(Lui) **viene** da Milano.	Er kommt aus Mailand.
(Lei) **viene** da Firenze.	Sie kommt aus Florenz.
(Lei) quando **viene** da noi, signora?	Wann kommen Sie zu uns?
(Noi) **veniamo** più tardi.	Wir kommen später.
(Voi) **venite** con il treno?	Kommt ihr mit dem Zug?
(Loro) **vengono** in aereo.	Sie kommen mit dem Flugzeug.

GRAMMATICA

DAS VERB *SAPERE* (WISSEN, KÖNNEN) IM PRÄSENS:

(Io) non lo **so**.	Ich weiß es nicht.
(Tu) **sai** a che ora parte il treno?	Weißt du, wann der Zug abfährt?
(Lui) **sa** l'inglese.	Er kann Englisch.
(Lei) lo **sa**.	Sie weiß es.
(Lei) mi **sa** dire l'ora?	Können Sie mir die Uhrzeit sagen?
(Noi) **sappiamo** bene l'italiano.	Wir können gut Italienisch.
(Voi) **sapete** se Mario viene?	Wisst ihr, ob Mario kommt?
(Loro) non **sanno** se vengono.	Sie wissen nicht, ob sie kommen.

ESERCIZI

Esercizi scritti

1. Setzen Sie die richtigen Formen der Verben *andare* und *venire* ein:

a. Mario e Giovanna (andare) … in Sicilia in vacanza.
b. Quando (voi) (venire) … a Roma?
c. Marco, (tu) (venire) … in treno o in macchina?
d. (Noi) (andare) … in aereo a Firenze.
e. (Io) (andare) … all'aeroporto.
f. Maria (venire) … da Padova.

2. Setzen Sie die richtigen Formen der angegebenen Verben ein:

a. Quando (io) (arrivare) … a Roma?
b. Signora, mi (sapere) … dire che ore sono?
c. Quando (tu) (partire) …?
d. (Noi) (ritornare) … domenica sera.
e. Marco e Susanna non (sapere) … se vengono.

3. Setzen Sie *c'è* oder *ci sono* ein:

a. … un treno diretto per Roma?
b. Mi dispiace, non … treni la sera.
c. Non … nessun problema. (kein Problem)
d. Non … voli diretti per Napoli.
e. … una banca qui?

4. Setzen Sie die richtigen Präpositionen ein:

a. Quando andiamo … Roma?
b. Dipende … prezzo.
c. Il treno … 12.05 parte … binario 2.
d. Come andate a Palermo? – … aereo.
e. … che ora partite?
f. Partiamo … cinque.
g. Quando parte il treno … Napoli?

5. Worträtsel: Übersetzen Sie die folgenden Wörter ins Italienische. Die Lösung ergibt sich in den farbigen Kästchen.

1. Dienstag – 2. Name – 3. Schnellzug – 4. Zug – 5. er fährt ab – 6. Zwischenlandung – 7. Liegeplatz – 8. Abend – 9. Flugzeug – 10. Platz

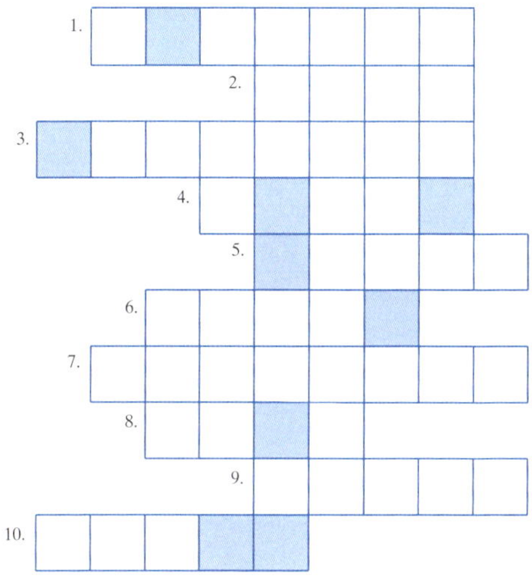

Esercizi orali 2/3-5

1. Hören Sie sich die vier Zugansagen an. Wann und von welchem Gleis fahren die Züge ab? Kreuzen Sie die richtige Uhrzeit an und schreiben Sie die Gleisnummer auf:

Abfahrt	13.25	10.55	17.19	21.20
Milano Centrale				
Perugia				
Palermo				
Roma Termini				

2. Sie wollen morgen Abend nach Rom fahren. Sie rufen die Auskunft an und erhalten die gewünschten Informationen. Hören Sie sie an und machen Sie sich Notizen:

Zug	Abfahrt	Ankunft
...	...	...
...	...	...
...	...	...

3. Hören Sie sich den Beispieldialog an und beantworten Sie die Fragen nach dem Muster mit den unten stehenden Angaben:

- ■ C'è un treno per Roma la sera?
- ◆ Sì, c'è.
- ■ C'è una cuccetta libera?
- ◆ Mi dispiace, ma non c'è.

a. ja b. nein c. nein d. ja e. nein

4

VOCABOLARIO

Andare con un mezzo

Andiamo in macchina / con la macchina.
in treno / con il treno.
in autobus / con l'autobus.
in aereo / con l'aereo.

Mit einem Verkehrsmittel fahren

Wir fahren mit dem Auto.
mit dem Zug.
mit dem Bus.
Wir fliegen.

Alla stazione

C'è un (treno) diretto per Napoli?
un (treno) regionale?
un (treno) espresso?
A che ora parte?
A che ora arriva?
Da che binario parte?
C'è una cuccetta libera?
C'è un posto libero?
In prima o in seconda classe?
Un biglietto d'andata e ritorno, per favore.
Solo andata.
Il treno arriva con 10 minuti di ritardo.
cambiare / aspettare la coincidenza

Am Bahnhof

Gibt es einen Eilzug nach Neapel?
einen Nahverkehrszug?
einen Schnellzug?
Um wie viel Uhr fährt er ab?
Um wie viel Uhr kommt er an?
Von welchem Gleis fährt er ab?
Gibt es einen freien Liegewagenplatz?
Gibt es einen freien Platz?
In der ersten oder zweiten Klasse?
Eine Rückfahrkarte bitte.
Nur einfach.
Der Zug hat 10 Minuten Verspätung.
umsteigen / auf den Anschluss warten

All'aeroporto

il volo per Milano
fare scalo
in classe turistica / in prima classe

Am Flughafen

der Flug nach Mailand
zwischenlanden
in der Economy / Business Class

Die Wochentage 2/6

lunedì	Montag
martedì	Dienstag
mercoledì	Mittwoch
giovedì	Donnerstag
venerdì	Freitag
sabato	Samstag
domenica	Sonntag

Die Tageszeiten

la mattina	Morgen
il giorno	Tag
il pomeriggio	Nachmittag
la sera	Abend
la notte	Nacht

CONVERSAZIONE 2/7

Zum Abschluss nehmen Sie wieder an einer kleinen Unterhaltung teil.

Il menù, per favore

In dieser Lektion lernen Sie ...

Situationen

- wie Sie in einem Restaurant bestellen
- wie Sie über das Essen sprechen

Grammatik

- die Verben der dritten Gruppe *(preferire)*
- die Verben *bere* und *volere*
- die doppelte Verneinung
- Präpositionen
- Imperativformen
- die Höflichkeitsform im Plural

Wortschatz

- Essen und Trinken
- Mengenangaben

DIALOGO 13 2/8

Laura (●) und Carla (▲), zwei Arbeitskolleginnen, gehen zusammen zum Mittagessen in eine kleine „Trattoria“. Der Besitzer, Signor Pietro (■), empfängt die Damen:

- ● Buongiorno, signor Pietro.
- ■ Buongiorno, signora. Come va? Se le signore si vogliono accomodare … vengo subito.
- ▲ Vieni spesso qui?
- ● Sì, una o due volte la settimana. La cucina è eccellente, vedrai.
- ▲ Allora cosa mi consigli?
- ● Be', non so cosa hanno oggi. Ma ecco il signor Pietro.
- ■ Eccomi qui. Allora, le signore cosa bevono?
- ● Per me un'acqua minerale e … beviamo insieme un po' di vino?
- ▲ No, scusa, non bevo mai vino a pranzo. Per me solo acqua minerale.
- ● Allora una bottiglia d'acqua minerale e un quarto di vino bianco.
- ■ Benissimo. E da mangiare?
- ● Cosa c'è di buono oggi?
- ■ Di primo abbiamo tagliatelle al ragù, spaghetti alle vongole, gnocchi fatti in casa, lasagne con gli spinaci, spaghetti aglio, olio e peperoncino …

- ● Io prendo gli gnocchi.
- ▲ Io … non so.
- ● Prendi anche tu gli gnocchi. Sono davvero ottimi.
- ■ O se non vuole gli gnocchi prenda le tagliatelle. Sono la specialità di mia moglie.
- ▲ Va bene. Mi porti le tagliatelle.

- ● Guten Tag, Herr Pietro.
- ■ Guten Tag, [meine Dame]. Wie geht's? Wenn die Damen Platz nehmen wollen … ich komme gleich.
- ▲ Kommst du oft hierher?
- ● Ja, ein- bis zweimal die Woche. Die Küche ist ausgezeichnet, du wirst sehen.
- ▲ Also, was empfiehlst du mir?
- ● Nun, ich weiß nicht, was sie heute haben. Aber hier ist Herr Pietro.
- ■ Hier bin ich. Also, was trinken die Damen?
- ● Für mich eine Flasche Mineralwasser und … trinken wir ein bisschen Wein zusammen?
- ▲ Nein, entschuldige, ich trinke nie Wein zum Mittagessen. Für mich nur Mineralwasser.
- ● Also eine Flasche Mineralwasser und ein Viertel Weißwein.
- ■ Sehr gut. Und zum Essen?
- ● Was gibt es heute Gutes?
- ■ Als ersten Gang haben wir Tagliatelle mit Fleischsauce, Spaghetti mit Venusmuscheln, hausgemachte Gnocchi, Lasagne mit Spinat, Spaghetti mit Olivenöl, Knoblauch und Peperoni …
- ● Ich nehme die Gnocchi.
- ▲ Ich … weiß nicht.

- Nimm du auch die Gnocchi. Sie sind wirklich sehr gut.
- Oder, wenn Sie die Gnocchi nicht wollen, nehmen Sie die Tagliatelle. Sie sind die Spezialität meiner Frau.
- Gut. Bringen Sie mir die Tagliatelle.

Übungsdialoge 2/9

a. Hören Sie sich den Beispieldialog auf der CD an und beantworten Sie die Fragen nach dem Muster:

■ Beviamo una birra?
◆ No, scusa, non bevo mai birra.

1. una birra
2. un po' di vino
3. un caffè
4. un tè
5. un whisky

b. Hören Sie sich die Beispieldialoge auf der CD an und beantworten Sie dann wieder die Fragen nach dem Muster mit den unten stehenden Angaben:

■ Cosa mi consigli?
◆ Prendi le tagliatelle. Sono buone.
■ Cosa mi consiglia, signor Pietro?
◆ Prenda gli gnocchi. Sono ottimi.

1. le tagliatelle / buone
2. gli spaghetti / eccellenti
3. le lasagne / molto buone
4. gli gnocchi / buoni
5. gli spaghetti / eccellenti

Ecco

heißt „hier ist / sind" und wird benutzt, um jemandem etwas zu präsentieren:
➔ Ecco il vino. (Hier ist der Wein.)
➔ Ecco Marcello. (Hier ist Marcello.)

An *ecco* kann man auch ein Personalpronomen anhängen:
➔ Eccomi. (Hier bin ich.)

5

Die doppelte Verneinung

Wenn in einem Satz Verneinungswörter wie *niente* (nichts), *mai* (niemals) oder *nessuno* (niemand/keiner) nach dem Verb stehen, muss *non* vor das Verb gestellt werden.
➔ **Non** bevo **mai** vino. (Ich trinke nie Wein.)
➔ **Non** mangio **niente** a pranzo. (Ich esse nichts zu Mittag.)
➔ **Non** vedo **nessuno**. (Ich sehe niemanden.)

Steht das Verneinungswort jedoch vor dem Verb, entfällt *non*:
➔ **Nessuno** viene da me. (Keiner kommt zu mir.)
➔ **Niente** mi interessa. (Nichts interessiert mich.)

Der Imperativ (Befehlsform)

Um einen Rat oder eine Anweisung zu geben, kann man den Imperativ benutzen. Die Imperativformen der regelmäßigen Verben werden gebildet, indem man die folgenden Endungen an den Verbstamm anhängt:

	-are	**-ere**	**-ire**
	portare	prendere	aprire
(tu)	port**a** (bring)	prend**i** (nimm)	apr**i** (öffne)
(Lei)	port**i** (bringen Sie)	prend**a** (nehmen Sie)	apr**a** (öffnen Sie)

Um sich die Endungen besser zu merken, denken Sie daran: Bei den regelmäßigen Verben auf *-ere* und *-ire* ist die Du-Form des Imperativs mit der Präsensform identisch:

prendere	**Prendi** una birra?	**Prendi** una birra!
aprire	**Apri** la porta?	**Apri** la porta!

Informazioni Italia

La trattoria (Gasthaus) ist das Lieblingslokal vieler Italiener: Es ist normalerweise ein schlichtes, gemütliches Lokal, meistens ein Familienbetrieb, wo man gut und preiswert essen kann. Oft gibt es kein *menù* (Speisekarte), man wird vom *cameriere* (Kellner) oder vom *padrone* (Wirt) selbst beraten. Die Auswahl der Speisen ist nicht sehr groß, dafür sind aber die Gerichte frisch zubereitet. Viel ist *fatto in casa* (hausgemacht) und es werden vor allem Spezialitäten der Gegend und der Köchin angeboten. Dazu kann man einen *vino sfuso della casa* (offener Hauswein) trinken. Der Wirt kennt persönlich alle seine Stammkunden und nicht umsonst tragen viele *trattorie* den Namen des Besitzers, zum Beispiel „*Da Pietro*“ (Bei Pietro). Man ist mehr willkommener Gast als Kunde, deshalb essen viele Italiener auch mittags in der *trattoria*: Man hat das Gefühl, bei Freunden zu essen …

DIALOGO 14 2/10

Nach dem ersten Gang setzen Laura (●) und Carla (▲) ihr Mittagessen mit einem zweiten Gang fort. Signor Pietro (■) hilft ihnen bei der Wahl.

■ Be', come erano le tagliatelle, signora?
▲ Davvero deliziose, signor Pietro.
● Di secondo cosa ci consiglia?
■ Di secondo abbiamo bistecca ai ferri, arrosto di vitello, pollo alla diavola, fegato alla veneziana, agnello al rosmarino.
▲ Io prendo l'agnello.
■ Con le patate arrosto?
▲ Sì, grazie. E un'insalata mista.
● Io prendo … il pollo com'è fatto? È piccante?
■ Be' sì, è abbastanza piccante. È fatto con il peperoncino.
● No, preferisco una bistecca ai ferri.
■ E di contorno?
● Patatine fritte e un'insalata di pomodoro.
…
▲ Buon appetito.
● Grazie, altrettanto.

■ Nun, wie waren die Tagliatelle?
▲ Wirklich köstlich, Herr Pietro.
● Was empfehlen Sie als zweiten Gang?
■ Als zweiten Gang haben wir Steak vom Grill, Kalbsbraten, Huhn „alla diavola", Leber „alla veneziana", Lamm mit Rosmarin.
▲ Ich nehme Lamm.
■ Mit Bratkartoffeln?
▲ Ja, danke. Und einen gemischten Salat.
● Ich nehme … wie ist das Huhn zubereitet? Ist es scharf?
■ Nun ja, es ist ziemlich scharf. Es ist mit Peperoni zubereitet.
● Nein, ich ziehe das Steak vom Grill vor.
■ Und als Beilage?
● Pommes frites und einen Tomatensalat.
…
▲ Guten Appetit.
● Danke, ebenfalls.

Übungsdialoge 2/11

a. Sind Sie allmählich hungrig geworden? Schauen Sie sich nun bitte die Speisekarte an und beantworten Sie die Fragen, die Ihnen der Ober stellt:

Trattoria da Angelo

Piatti del giorno

Antipasti		
Antipasto di mare	€	6,-
Tonno marinato	€	7,-
Primi piatti		
Spaghetti al cartoccio	€	8,-
Spaghetti alle vongole	€	8,-
Linguine al salmone	€	9,-
Tagliatelle ai 4 formaggi	€	7,50
Secondi		
Tonno alla griglia	€	11,-
Sogliola	€	10,50
Grigliata di pesce	€	15,-
Pollo arrosto	€	9,50
Contorni		
Insalata mista	€	5,50
Patate fritte	€	5,50
Patate arrosto	€	5,50

5

b. Hören Sie sich den Beispieldialog an und beantworten Sie dann die Fragen nach dem Muster:

■ Prendi un caffè?
◆ No, grazie, preferisco un cappuccino.

1. un cappuccino
2. un'insalata di pomodori
3. l'arrosto di vitello
4. un bicchiere di vino bianco
5. gli spaghetti alle vongole
6. le tagliatelle al ragù

Präpositionen

➔ Cosa prendi **di** primo? (Was nimmst du als ersten Gang?)
➔ Cosa prende **di** secondo? (Was nehmen Sie als zweiten Gang?)
➔ Cosa prendiamo **di** contorno? (Was nehmen wir als Beilage?)

Statt *di* kann man auch *come* sagen:
➔ Cosa predi come primo?

Mit der Präposition ***a*** + Artikel drückt man auch die Art und Weise der Zubereitung aus:
➔ tagliatelle **al** ragù (Tagliatelle mit Fleischsauce)
➔ agnello **al** rosmarino (Lamm mit Rosmarin)
➔ spaghetti **alla** bolognese (Spaghetti Bologneser Art)

Bitte beachten Sie die zusammengezogenen Formen:

a + il → al	a + l' → all'
a + lo → allo	a + la → alla

Informazioni Italia

Die Mahlzeiten
In Italien gibt es drei Hauptmahlzeiten: *la colazione* (das Frühstück), *il pranzo* (das Mittagessen) und *la cena* (das Abendessen). Das italienische Frühstück besteht meist nur aus einem *caffè, cappuccino* oder *caffelatte* (Milchkaffe) mit einem *cornetto* (Hörnchen), das die Italiener schnell zu Hause oder in einer Bar zu sich nehmen.
Gegen 12.30 Uhr oder 13 Uhr isst man dann zu Mittag. Das klassische italienische Mittagessen sieht *l'antipasto* (die Vorspeise), *il primo* (der erste Gang), *il secondo* (der zweite Gang) mit *il contorno* (die Beilage), *il dessert* (der Nachtisch) oder *la frutta* (Obst) vor. Das alltägliche Mittagessen ist aber nicht so ausführlich wie das am Wochenende oder an Festtagen.
Zum Abendessen, zwischen 19.30 Uhr und 20.30 Uhr, essen die Italiener dann weniger, meistens „nur" ein *secondo* mit *contorno* und etwas Obst. Falls sie aber Gäste haben oder in einem Lokal mit Freunden essen, kann das Abendessen mehrere Gänge haben und sich bis in den späten Abend hinziehen, da in Italien noch mehr als anderswo gilt: Gesellschaft macht Appetit.

DIALOGO 15 2/12

La storia di Petra e Roberto (5)

Petra (▲) und Roberto (●) sind jetzt in Rom. Es ist Abend und sie sind ziemlich hungrig. Roberto kennt ein schönes Restaurant, wo man ausgezeichnet essen kann. Der Ober (■) empfängt sie.

■ Buonasera. I signori hanno riservato?
● Sì, al nome Masetti.
■ Prego, si accomodino.
▲ È bello qui.
● Sì, e si mangia benissimo.
■ Ecco il menù. I signori bevono un aperitivo? Forse un prosecco?
▲ No, grazie, io preferisco un Martini bianco.
● Per me un prosecco, ma ben freddo, mi raccomando.
■ Subito.
● Leggi il menù del giorno: come antipasto tonno marinato, poi spaghetti ai frutti di mare, grigliata di pesce con verdure ed insalata, ed infine gelato misto o frutta di stagione. Che ne dici?
▲ Ma sai … preferisco la carne al pesce.
● Allora ti consiglio i saltimbocca alla romana.
▲ Saltimbocca? Cosa vuol dire? Non capisco. Cosa sono?
● I saltimbocca sono fettine di vitello con il prosciutto e la salvia. Si chiamano così perchè sono così buoni che «saltano in bocca» da soli.
▲ Ok, allora saltimbocca. E come dessert prendo una grande porzione di tiramisù.

…

(Alla fine della cena deliziosa)
● Allora? Non finisci il tuo tiramisù?
▲ Impossibile! Sono così sazia …
● Prendi ancora un caffè?
▲ No, grazie. Non bevo mai caffè la sera.
● Sai cosa facciamo? Facciamo una passeggiata fino all'albergo e beviamo ancora qualcosa al bar.
▲ Buon'idea.
● Cameriere! Il conto per favore.

■ Guten Abend. Haben die Herrschaften reserviert?
● Ja, auf den Namen Masetti.
■ Bitte, nehmen Sie Platz.
▲ Es ist schön hier.
● Ja, und man isst sehr gut.
■ Hier ist die Speisekarte. Trinken die Herrschaften einen Aperitif? Vielleicht einen Prosecco?
▲ Nein, danke, ich ziehe einen Martini bianco vor.
● Für mich einen Prosecco, aber gut gekühlt, bitte schön.
■ Sofort.
● Lies die Tageskarte: als Vorspeise marinierten Tunfisch, dann Spaghetti mit Meeresfrüchten, gegrillte Fischplatte mit Gemüse und Salat, und zum Schluss gemischtes Eis oder Obst … Was hältst du davon?
▲ Nun, weißt du … ich mag lieber Fleisch als Fisch [ich ziehe das Fleisch dem Fisch vor].

5

● Dann empfehle ich dir die „Saltimbocca alla romana".
▲ „Saltimbocca"? Was heißt das? Ich verstehe nicht. Was ist das?
● „Saltimbocca" sind Kalbsschnitzel mit Schinken und Salbei. Sie heißen so, weil sie so gut sind, dass sie von selbst „in den Mund springen".
▲ O.k., also „Saltimbocca". Und als Nachtisch nehme ich eine große Portion Tiramisù.

...

(Am Ende des vorzüglichen Abendessens)

● Nun, isst du dein Tiramisù nicht fertig?
▲ Unmöglich! Ich bin so satt ...
● Nimmst du noch einen Kaffee?
▲ Nein, danke, ich trinke nie Kaffee am Abend.
● Weißt du, was wir machen? Wir machen einen Spaziergang bis zum Hotel und trinken noch etwas an der Bar.
▲ Gute Idee.
● Herr Ober! Die Rechnung, bitte.

Übungsdialog 2/13

Hören Sie sich den Beispieldialog an und antworten Sie nach dem Muster:

■ Mangi carne o pesce?
◆ Preferisco la carne al pesce.

Sie ziehen vor:

1. carne
2. vino bianco
3. spaghetti
4. gelato
5. insalata
6. Martini

preferire a + Artikel

heißt „etwas vorziehen", „etwas lieber mögen". Dieses Verb gehört einer Untergruppe der Verben auf *-ire* an. Wie es konjugiert wird, erfahren Sie auf der **Grammatica**-Seite.

→ Preferisco la carne **al** pesce. (Ich ziehe das Fleisch dem Fisch vor.)

Die Höflichkeitsform im Plural

Für die Höflichkeitsform im Plural gibt es zwei Möglichkeiten:

- die zweite Person Plural *voi* (vertraulicher)

→ Cosa desiderate, signori? (Was wünschen Sie? [Was wünscht ihr?])

- die dritte Person Plural *loro* (formell)

→ Cosa desiderano, signori? (Was wünschen Sie?)

Ok

werden Sie in Italien ebenso oft wie bei uns hören. Der Ausdruck ist mittlerweile fester Bestandteil des umgangssprachlichen Italienisch.

Mi raccomando

heißt soviel wie „bitte schön" und wird benutzt, wenn man um etwas nachdrücklich bittet.

GRAMMATICA

VERBEN MIT STAMMERWEITERUNG AUF *–ISC–*:

Einige Verben mit der Endung *-**ire***, wie *preferire* (vorziehen), *finire* (beenden), *capire* (verstehen) etc., werden wie folgt im Präsens konjugiert:

(Io) prefer**isco** la carne.	Ich ziehe das Fleisch vor.
(Tu) cosa prefer**isci**?	Was ziehst du vor?
(Lui) prefer**isce** il vino bianco.	Er zieht den Weißwein vor.
(Lei) prefer**isce** un gelato.	Sie zieht ein Eis vor.
(Lei) cosa prefer**isce**, signora?	Was ziehen Sie vor?
(Noi) prefer**iamo** la birra al vino.	Wir ziehen das Bier dem Wein vor.
(Voi) prefer**ite** un caffè o un tè?	Zieht ihr einen Kaffee oder Tee vor?
(Loro) prefer**iscono** mangiare a casa.	Sie ziehen es vor, zu Hause zu essen.

DAS VERB *BERE* (TRINKEN) IM PRÄSENS:

(Io) **bevo** una birra.	Ich trinke ein Bier.
(Tu) cosa **bevi**?	Was trinkst du?
(Lui) **beve** troppo.	Er trinkt zu viel.
(Lei) **beve** un'aranciata.	Sie trinkt eine Limonade.
(Lei) cosa **beve**, signor Rossi?	Was trinken Sie, Herr Rossi?
(Noi) **beviamo** qualcosa insieme?	Trinken wir etwas zusammen?
(Voi) non **bevete** vino?	Trinkt ihr keinen Wein?
(Loro) **bevono** solo vino bianco.	Sie trinken nur Weißwein.

DAS VERB *VOLERE* (WOLLEN) IM PRÄSENS:

(Io) **voglio** finire questo lavoro.	Ich will diese Arbeit beenden.
(Tu) **vuoi** un caffè?	Willst du einen Kaffee?
(Lui) non **vuole** venire con noi.	Er will nicht mit uns kommen.
(Lei) **vuole** una grappa.	Sie will einen Grappa.
(Lei) cosa **vuole** da bere, signora?	Was wollen Sie zu trinken?
(Noi) non **vogliamo** uscire oggi.	Heute wollen wir nicht ausgehen.
(Voi) **volete** andare al cinema?	Wollt ihr ins Kino gehen?
(Loro) non **vogliono** mangiare niente.	Sie wollen nichts essen.

ESERCIZI

Esercizi scritti

1. Setzen Sie die richtige Verbform ein:

a. Cosa (tu) (volere) … mangiare?
b. Abbiamo spinaci o insalata: cosa (Lei) (preferire) …?
c. (Noi) (bere) … un caffè?
d. Massimo (preferire) … mangiare a casa.
e. Sonia e Silvia (volere) … andare in pizzeria stasera.
f. (Io) non (capire) … questa parola (Wort).
g. (Tu) non (finire) … gli spaghetti?

2. Setzen Sie die passenden Imperativformen ein:

a. Hai fame? (mangiare) … una pizza!
b. Hai sete? (bere) … una birra!

c. Non vuoi la carne? (mangiare) … pesce!
d. Non sai cosa mangiare? (leggere) … il menù del giorno!
e. Non bevi caffè? Allora (prendere) … un tè!

3. Setzen Sie die richtigen Präpositionen ein:

a. Io prendo gli spaghetti … bolognese.
b. … me un vino bianco.
c. Avete frutta … stagione?
d. Leggi il menù … giorno.
e. Io prendo una grande porzione … tiramisù.
f. I signori hanno riservato? – Sì, … nome Masetti.

4. Kreuzworträtsel:

Übersetzen Sie die folgenden Wörter und setzen Sie sie ein. In der Spalte A lesen Sie den Namen eines beliebten italienischen Aperitifs.

1. Schinken – 2. Spinat – 3. sehr gut – 4. Huhn – 5. Braten – 6. Gasthaus – 7. Salat

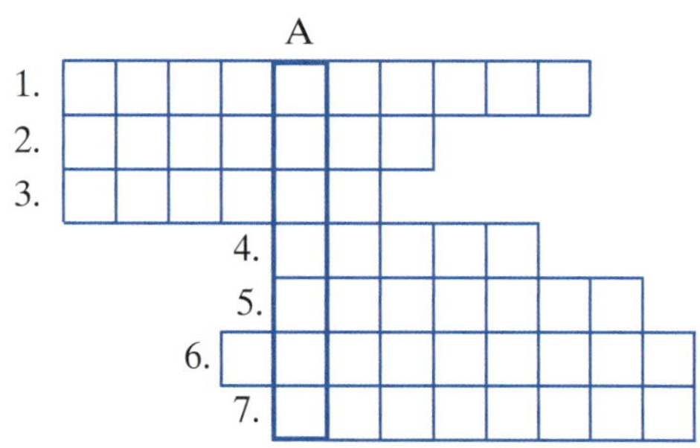

Esercizi orali 2/14-16

1. Hören Sie sich den Text auf der CD an und kreuzen Sie dann die richtigen Aussagen an:

	sì	no
a. Gianna preferisce il vino bianco.	❑	❑
b. Silvia prende un tiramisù.	❑	❑
c. Gianna non ha molta fame.	❑	❑
d. Silvia vuole gli spaghetti.	❑	❑
e. Gianna non prende l'antipasto.	❑	❑

2. Mario und Franca sitzen in einem Restaurant und wählen gerade ihre Gerichte und Getränke aus. Hören Sie sich den Dialog an und verbinden Sie mit einem Pfeil die Personen und die ausgesuchten Speisen:

Antipasto misto	Gemischte Vorspeise
Antipasto di mare	Meeresfrüchtevorspeise
Spaghetti alla bolognese	Spaghetti Bologneser Art
Linguine al salmone	Linguine mit Lachs
Cannelloni al forno	Überbackene Cannelloni
Fegato alla veneziana	Leber Venezianischer Art
Arrosto di vitello	Kalbsbraten
Sogliola ai ferri	Gegrillte Seezunge
Frutta di stagione	Obst der Saison
Formaggi misti	Gemischte Käseplatte
Tiramisù	Tiramisù
Vino bianco	Weißwein
Vino rosso	Rotwein

3. Arbeiten Sie nun die mündlichen Übungen auf der CD durch.

VOCABOLARIO

I pasti	Die Mahlzeiten
la colazione	Frühstück
il pranzo	Mittagessen
la cena	Abendessen

I piatti	Die Gerichte
l'antipasto	Vorspeise
il primo	erster Gang
il secondo	zweiter Gang
il contorno	Beilage
il dessert	Nachspeise
la carne	Fleisch
l'arrosto	Braten
la bistecca	Steak
il saltimbocca	Kalbsmedaillon
la piccata	kleine Kalbsschnitzel
l'ossobuco	Beinscheibe vom Kalb
il maiale	Schwein
il vitello	Kalb
il manzo	Rind
l'agnello	Lamm
il pollo	Huhn
il sugo	Sauce
il pesce	Fisch
la verdura	Gemüse
le patate	Kartoffeln
la pasta	Nudeln
il riso	Reis
la zuppa di pesce	Fischsuppe
la minestra	Suppe mit Einlage
la minestrone	Gemüsesuppe mit Nudeln
il formaggio	Käse
il gelato	Eis
il dolce	Kuchen / Süßspeise
la frutta	Obst

Le bevande	Die Getränke
il vino rosso / bianco / rosé /	Rotwein / Weißwein / Rosé /
secco / amabile	trockener / milder Wein
leggero / dolce	leichter / süßer Wein
l'acqua minerale	Mineralwasser
naturale / gasata	ohne / mit Kohlensäure
la limonata	Limonade
la spremuta d'arancia	frisch gepresster Orangensaft
la birra	Bier
lo spumante	Sekt
l'amaro	Magenbitter
il digestivo	Magenbitter

Al ristorante	Im Restaurant
Ha un tavolo libero per 4 persone?	Haben Sie einen Tisch für 4 Personen frei?
I signori hanno riservato?	Haben die Herrschaften reserviert?
Si accomodino.	Nehmen Sie Platz.
Ci porti il menù, per favore.	Bringen Sie uns bitte die Speisekarte.
Ci porti la lista dei vini, per favore.	Bringen Sie uns bitte die Weinkarte.
Ecco il menù.	Hier ist die Speisekarte.
Cosa ci può consigliare?	Was können Sie uns empfehlen?
Cosa ci consiglia?	Was empfehlen Sie uns?
Buon appetito!	Guten Appetit!
Grazie altrettanto.	Danke gleichfalls.
Salute! / Cin Cin!	Zum Wohl!
Prosit!	Prost!
Vorrei pagare, per favore.	Ich möchte bitte bezahlen.
Il conto, per favore.	Die Rechnung, bitte.
Tenga il resto.	Behalten Sie das Rückgeld.
Il resto è per Lei.	Der Rest ist für Sie.
la mancia	Trinkgeld

Hören Sie sich die folgenden Ausdrücke an und achten Sie auf die Aussprache. 2/17

buono	gut
cattivo	schlecht
delizioso	köstlich
gustoso	schmackhaft
ottimo	sehr gut
eccellente	hervorragend
squisito	ausgezeichnet
meraviglioso	wunderbar
piccante	scharf / pikant
succoso	saftig
secco	trocken
tenero	zart
morbido	weich
duro	hart / zäh
crudo	roh
cotto	gekocht
dolce	süß
agro	sauer
fatto in casa	hausgemacht
al forno	überbacken
all'arrabbiata	sehr scharf
una buona idea	eine gute Idee

CONVERSAZIONE 2/18

Nun sind Sie in der Lage, sich problemlos in der kulinarischen Welt Italiens zu bewegen. *Buon appetito!* Hören Sie sich jetzt die Anweisungen an und nehmen Sie an der Unterhaltung teil.

TEST

Unità 1–5

1. Setzen Sie das Präsens der Verben *essere* oder *avere* ein:

a. Quanti anni …, signora?
b. Franco … ingegnere.
c. Noi … tre bambini.
d. Ma Mariella … sposata?
e. Io prendo un panino, … una fame!
f. La camera … troppo rumorosa!
g. Gli gnocchi … davvero buoni.
h. (Io) … una camera prenotata.
i. (Tu) non … italiana, vero? – No, … francese.

2. Setzen Sie die Pluralform ein:

a. un panino caldo	due …
b. un bar rumoroso	…
c. una signora sposata	…
d. uno spuntino eccellente	…
e. una città grande	…
f. un ragazzo simpatico	…
g. un autobus pieno	…
h. una studentessa italiana	…
i. uno studente americano	…

3. Setzen Sie die Verben ins Präsens:

a. Che lavoro … (fare) Mario?
b. Signor Rossi, mi … (dare) il passaporto, per favore?
c. Noi … (andare) in vacanza in Sardegna.
d. Cosa … (tu) (prendere) di secondo?
e. Gli italiani a colazione … (mangiare) poco.
f. Quanto … (costare) un cappuccino?
g. Franco … (sapere) bene l'inglese.
h. Cosa … (voi) (avere) di contorno?
i. Gianni, quando … (partire) per Roma?
l. Signora, … (volere) anche qualcosa da mangiare?
m. Signor Pietro, mi … (potere) portare una birra, per favore?
n. Enrica, mi … (dare) la tua carta d'identità, per favore?

4. Setzen Sie *è/sono* oder *c'è/ci sono* ein:

a. … un volo diretto per Trieste?
b. … questo il treno per Palermo?
c. Oggi le lasagne non …
d. In agosto i prezzi … molto alti.
e. Cosa … da mangiare?
f. Le consiglio il fegato alla veneziana, … veramente ottimo.
g. … meglio partire domenica.
h. Non … voli la sera.
i. Il viaggio in aereo … molto comodo.

5. Setzen Sie die richtigen Präpositionen ein:

a. La camera è … primo piano, … fondo … corridoio.
b. Cosa fai … bello domani?
c. Prendo un panino … salame.
d. … che ora arriva Marina?
e. Scusi, … che binario parte il treno … Firenze?
f. Roberto telefona ... Petra ... Milano.
g. … secondo abbiamo arrosto … vitello o bistecca … ferri.
h. Cosa prendi … bere?
i. Giovanna è italiana, … Roma.
l. Posso pagare … la carta di credito?

6. Vervollständigen Sie folgende Sätze:

a. Mi … Franco Farina, … 25 anni e … di Brindisi.
b. Simona vive … Milano … cinque anni.
c. Faccio sempre colazione … bar, prendo … cappuccino e … cornetto.
d. Ho una … prenotata, una singola.

e. … meglio prendere ... autobus.
f. Nicola … l'insegnante … tedesco.
g. Non sono …, sono nubile.
h. Cosa fai ... fine settimana?
i. Andiamo ... Italia ... aereo o con ... treno? – Non so, dipende ... prezzo.
l. Preferisco il pesce … carne.

7. Geben Sie die folgenden Uhrzeiten in Worten an:

a. Vado in ufficio alle ...	7.30.
b. Il treno parte alle ...	9.10.
c. Pranzo sempre all'...	13.00.
d. L'aereo arriva alle ...	11.25.
e. Parto lunedì alle ...	16.20.
f. Quando cenate? – Alle ...	20.00
g. Paola ritorna domani con il treno delle ...	17.45.
h. Il treno delle ... ha venti minuti di ritardo.	23.15

8. Setzen Sie die Imperativformen ein:

a. Franco, … (prendere) qualcosa da bere!
b. Signor Pietro, mi … (portare) il conto per favore!
c. Mi … (scusare), signora!
d. Gianni, … (prenotare) una camera doppia!
e. Hai fame? Allora … (mangiare) qualcosa!
f. Sa a che ora parte il treno? – No, mi dispiace, … (guardare) sull'orario.
g. … (sentire), cos'ha da bere?
h. Dottore, … (prendere) le tagliatelle! Sono la specialità di mia moglie.
i. Signorina, per favore mi … (riservare) un tavolo da Angelo!

9. Ordnen die passenden Reaktionen den Aussagen zu:

a. Buon appetito!
b. Sei sposato?
c. Che lavoro fa?
d. Cosa fai di bello?
e. Dov'è l'ascensore?
f. Mille grazie!
g. Desidera viaggiare in treno o in aereo?
h. Cosa mi consiglia di primo?

1. Prenda gli spaghetti!
2. Niente di speciale.
3. In fondo al corridoio.
4. Dipende dal prezzo.
5. Non c'è di che.
6. No, sono celibe.
7. Grazie, altrettanto.
8. Sono cameriere.

10. Übersetzen Sie die folgenden Sätze ins Italienische:

a. Mario ist seit zwei Jahren verheiratet.
b. Woher bist du? – Ich bin Französin, aber ich wohne seit zwanzig Jahren in Rom.
c. Isst du auch eine Pizza? – Nein, danke, ich habe keinen Hunger.
d. Frühstücken wir im Zimmer?
e. Wann fahrt ihr nach Bari?
f. Ich esse nie zu Abend.
g. Was gibt es Gutes heute?
h. Gibt es einen direkten Flug nach Venedig?
i. Um wie viel Uhr kommt Carlo?
l. Gibt es einen freien Platz in der zweiten Klasse?
m. Ich nehme ein Mineralwasser. Ich habe so einen Durst!

Andiamo a fare la spesa

In dieser Lektion lernen Sie ...

Situationen

- wie Sie Lebensmittel und Kleider kaufen

Grammatik

- die Verben *piacere*, *sembrare* und *occorrere*
- die Personalpronomen im Dativ
- die Fragepronomen *quale* und *che*
- die hinweisenden Fürwörter *questo* und *quello*
- *qualche / alcuni*
- den bestimmten Artikel im Plural
- den Teilungsartikel

Wortschatz

- Einkaufen
- Beschreiben von Gegenständen
- Farben
- Mengenangaben

DIALOGO 16 2/19

Zwei Freundinnen, Susanna (●) und Francesca (▲), bummeln durch die Stadt. Sie bleiben vor einem Schaufenster stehen und bewundern die neuen Angebote der italienischen Mode. Sie können nicht widerstehen ...

● Guarda che bel vestito, Francesca!
▲ Quale? Quello rosso di seta?
● Ma no, quello azzurro. Ti piace?
▲ Sì, è veramente elegante. E che ne dici di quei pantaloni neri con la camicetta di chiffon?
● Be' sì, sono belli ma a me il nero non sta bene. Ma entriamo, dai. Voglio provare il vestito.
...
(Die Verkäuferin (■) kommt den Freundinnen entgegen)
■ Buongiorno. Vi posso aiutare?
● Buongiorno. Volevo provare il vestito azzurro che è in vetrina.
■ Che taglia porta?
● La quarantaquattro.
■ Ecco qui. Il colore è davvero splendido. Ed è di puro lino!
● Dove lo posso provare?
■ La cabina è lì a destra ...

● Come mi sta, Francesca?
▲ Sì ... il colore ti sta molto bene ma mi sembra un po' corto.
● Hai ragione. Ed è anche un po' stretto. Ha una taglia più grande?
■ In questo colore purtroppo no. Forse in verde? Il verde è molto moderno quest'anno.
● No, grazie. Non importa.
■ Se vuole in azzurro abbiamo anche un completo gonna e giacca con una camicetta di seta bellissima.
● Ma sì, perché no, vediamo.

● Schau, was für ein schönes Kleid, Francesca!
▲ Welches? Das [Jenes] rote aus Seide?
● Aber nein, das [jenes] himmelblaue. Gefällt es dir?
▲ Ja, es ist wirklich elegant. Und was sagst du zu der schwarzen Hose da mit der Bluse aus Chiffon?
● Ja, sie ist schön, aber schwarz steht mir leider nicht. Aber gehen wir doch hinein, komm. Ich möchte das Kleid anprobieren.
...
■ Guten Tag. Kann ich Ihnen behilflich sein [helfen]?
● Guten Tag. Ich wollte das himmelblaue Kleid, das im Schaufenster ist, anprobieren.
■ Welche Größe haben [tragen] Sie?
● [Die] 44.
■ Hier ist es. Die Farbe ist wirklich wunderschön. Und es ist aus reinem Leinen!
● Wo kann ich es anprobieren?
■ Die Kabine ist dort, rechts ...
● Wie steht es mir, Francesca?

▲ Ja … die Farbe steht dir sehr gut, aber es scheint mir ein bisschen (zu) kurz zu sein.
● Du hast Recht. Und es ist auch ein bisschen (zu) eng. Haben Sie es größer?
■ In dieser Farbe leider nicht. In grün vielleicht? Grün ist sehr modern dieses Jahr.
● Nein, danke. Es macht nichts.
■ In himmelblau haben wir auch eine Kombination Rock und Jacke mit einer sehr schönen Bluse, wenn Sie möchten.
● Ja, warum nicht, schauen wir mal.

Übungsdialog 2/20

Hören Sie sich den Beispieldialog an und sprechen Sie dann, indem Sie die Angaben verwenden:

◆ Ti piace quella gonna?
■ Quale?
◆ Quella nera.

1. gonna / nera
2. vestito / giallo
3. gonna / rossa
4. camicetta / verde
5. giacca / nera

Der bestimmte Artikel

Singular	Plural	Singular	Plural
il ragazzo	**i** ragazzi	**la** bambina	**le** bambine
lo studente	**gli** studenti	**l'**amica	**le** amiche
l'amico	**gli** amici		

Questo und *quello*

Mit *questo* verweist man auf Sachen oder Personen in der Nähe des Sprechers, mit *quello* auf solche, die vom Sprecher weiter entfernt sind:
➔ questo qui / qua (dieser hier) / ➔ quello lì / là (jener da / dort)

Quello steht auch für ein zuvor genanntes Substantiv, das man nicht wiederholen will.
➔ Quale vestito? (Welches Kleid?) ➔ Quello rosso. (Das rote.)

Die Endungen von *quello* stimmen mit dem bestimmten Artikel überein:

il vestito	**quel** vestito	**questo** vestito
lo studente	**quello** studente	**questo** studente
l'amico	**quell'**amico	**questo** amico
la gonna	**quella** gonna	**questa** gonna
l'amica	**quell'**amica	**questa** amica
i vestiti	**quei** vestiti	**questi** vestiti
gli studenti	**quegli** studenti	**questi** studenti
gli amici	**quegli** amici	**questi** amici
le gonne	**quelle** gonne	**queste** gonne
le amiche	**quelle** amiche	**queste** amiche

Che und *quale*

Quale/Plural *quali* (welcher/-e/-es) und *che* (welcher/-e/-es; was für ein/eine) sind Fragepronomen. Im Gegensatz zu *che* kann *quale* auch allein stehen:
→ Vorrei provare questo vestito. – **Quale?**
(Ich möchte dieses Kleid anprobieren. – Welches?)
→ **Quali** vestiti vuole provare? (Welche Kleider möchten Sie anprobieren?)
→ **Che** taglia porta? (Welche Größe haben Sie?)

- *Quale* wird vor *essere* zu ***qual*** verkürzt (ohne Apostroph!).

→ **Qual** è il tuo vestito? (Welches ist dein Kleid?)

Farbadjektive

Die meisten richten sich in Geschlecht und Zahl nach dem Substantiv:

il vestito **rosso**	i vestiti **rossi**
la gonna **rossa**	le gonne **rosse**
il vestito **verde**	i vestiti **verdi**
la gonna **verde**	le gonne **verdi**

Einige Farbadjektive sind unveränderlich, z.B. *beige, blu, turchese, lilla, viola* (veilchenblau), *rosa*. Eine Liste der Farbadjektive finden Sie im ***Vocabolario***.

Informazioni Italia

Einkaufen in Italien
Italien ist weltweit für seine Mode berühmt. Die Einkaufsstraßen Via Montenapoleone und Via Spiga in Mailand oder Via Condotti und Via del Corso in Rom sind eine Augenweide und eine Versuchung für jeden. In den eleganten Läden und kleinen Boutiquen kann man alles finden, was sich die berühmten Modemacher einfallen lassen. Die Preise sind allerdings auch elitär.

Wenn Sie keine signierten Kleider brauchen, können Sie sich in Italien relativ preisgünstig ankleiden. Achten Sie auf *saldi, svendita, liquidazione, occasioni, ribassi, prezzi eccezionali* (Sonderangebote und Ausverkäufe). Außer in Geschäften und Kaufhäusern können Sie Kleidung auch auf den bunten *mercati settimanali* (Wochenmärkten) einkaufen, die eine wichtige Institution des öffentlichen Lebens darstellen.

Die Konfektionsgrößen
Um die richtige italienische Konfektionsgröße auszurechnen, addieren die Damen vier zu ihrer deutschen Größe (z.B. deutsche Größe 38 = italienische Größe 42). Die Männergrößen stimmen weitgehend mit den deutschen überein. Kindergrößen werden meistens in Altersstufen angegeben.

DIALOGO 17 2/21

Susanna (●) und Francesca (▲) setzen ihren Spaziergang durch die Stadt fort. Susanna hat sich ein himmelblaues Kostüm gekauft und braucht die passenden Schuhe dazu.

▲ Dove andiamo a comprare le scarpe?

● Non lo so. Qui in centro i negozi sono tutti abbastanza cari.

▲ Ho un'idea. Vicino a casa mia c'è un grande negozio di calzature che fa sconti fino al 50 per cento. Andiamo a vedere lì. Di solito hanno scarpe molto belle.

● Va bene.

…

● Buongiorno. Cerco un paio di scarpe eleganti.

■ Che numero porta?

● Il trentanove.

■ Che colore desidera?

● Nero o blu scuro.

■ Guardi queste. Le piacciono?

● Sì, sono molto belle ma hanno i tacchi troppo alti.

■ Queste qui hanno il tacco più basso.

● No, questo modello non mi piace.

■ E queste qui? Sono appena arrivate. Le provi.

● Oh sì, queste sono davvero belle. Ma … purtroppo mi fanno male dietro.

■ Di queste ho anche il 39 e mezzo.

● Queste mi vanno benissimo. Quanto costano?

■ Con lo sconto vengono 55 euro.

● Va bene, le prendo.

■ Si accomodi pure alla cassa.

▲ Wo gehen wir die Schuhe kaufen?

● Ich weiß es nicht. Hier im Zentrum sind alle Läden ziemlich teuer.

▲ Ich habe eine Idee. Bei mir in der Nähe gibt es einen großen Schuhladen, der bis zu 50 % Rabatt gibt. Gehen wir dorthin, um zu schauen. Normalerweise haben sie schöne Schuhe.

- Gut.

…

- Guten Tag, ich suche ein Paar elegante Schuhe.
- Welche Größe haben [tragen] Sie?
- Größe 39
- Welche Farbe wünschen Sie?
- Schwarz oder dunkelblau.
- Schauen Sie diese an. Gefallen sie Ihnen?
- Ja, sie sind sehr schön, aber sie haben zu hohe Absätze.
- Diese hier haben niedrigere Absätze.
- Nein, dieses Modell gefällt mir nicht.
- Und diese hier? Sie sind gerade angekommen. Probieren Sie sie.
- Oh ja, diese sind wirklich schön. Aber … leider drücken sie mich hinten.
- Von diesen habe ich auch Größe 39 einhalb.
- Die passen mir sehr gut. Wie viel kosten sie?
- Mit dem Rabatt kosten sie 55 Euro.
- Gut. Ich nehme sie.
- Begeben Sie sich doch bitte zur Kasse.

Übungsdialoge 2/22

a. Hören Sie sich die Beispieldialoge an und fragen Sie dann entsprechend:

◆ Ti piace questo vestito?
■ Sì, mi piace molto.
◆ Ti piacciono queste scarpe?
■ Sì, mi piacciono molto

1. vestito
2. scarpe
3. giacca
4. sandali
5. gonna
6. completo
7. vestiti

b. Sie sind ein schwieriger Kunde und haben immer etwas auszusetzen. Hören Sie sich den Beispieldialog an und beantworten Sie dann die Fragen. Benutzen Sie dazu die Angaben.

■ Le piace questo vestito?
◆ Sì, ma è troppo stretto.

1. zu eng
2. zu hoch
3. zu groß
4. zu klein
5. zu teuer
6. zu kurz

Die Personalpronomen im Dativ (Wemfall)

Die Personalpronomen im Dativ (Wemfall) stehen in der Regel vor dem Verb:

mi	**Mi** piace la cioccolata.	(mir	Mir schmeckt Schokolade.)
ti	**Ti** piace questo vestito?	(dir	Gefällt dir dieses Kleid?)
gli	**Gli** porto un caffè.	(ihm	Ich bringe ihm einen Kaffee.)
le	**Le** porto la gonna.	(ihr	Ich bringe ihr den Rock.)
Le	**Le** porto il conto.	(Ihnen	Ich bringe Ihnen die Rechnung)
ci	**Ci** porti il conto.	(uns	Bringen Sie uns die Rechnung.)
vi/Vi*	**Vi** piace l'Italia?	(euch / Ihnen	Gefällt euch / Ihnen Italien?)
gli	**Gli** mostro le scarpe.	(ihnen	Ich zeige ihnen die Schuhe.)
Loro	Porto **Loro** il conto.	(Ihnen	Ich bringe Ihnen die Rechnung.)

Vi wird in der Umgangssprache häufiger verwendet als *Loro*.

Bitte beachten Sie: Einige Verben haben im Deutschen ein Akkusativ- (wen oder was?), im Italienischen aber ein Dativ-Objekt, z.B. *telefonare* (anrufen), *parlare* (sprechen), *chiedere* (fragen), *domandare* (fragen):

→ **Gli** telefono spesso. (Ich rufe ihn oft an.)
→ **Le** parlo domani. (Ich spreche sie / Sie morgen.)
→ **Gli** chiedo perché. (Ich frage ihn warum.)
→ **Le** domando qualcosa. (Ich frage sie / Sie etwas.)

Mi piace / piacciono

Das Verb *piacere* (gefallen / gern mögen) wird im Italienischen wie auch im Deutschen mit einem Pronomen im Dativ verwendet:

→ **Mi piace** questo vestito. *oder* Questo vestito **mi piace**.
→ **Mi piacciono** queste scarpe. *oder* Queste scarpe **mi piacciono**.

Man kann *piacere* auch mit einem Verb im Infinitiv (Grundform) verwenden:
→ **Mi piace** andare al cinema. (Es gefällt mir, ins Kino zu gehen. / Ich gehe gern ins Kino.)

Piacere kann auch „schmecken" bedeuten:
→ Questo caffè non mi piace. (Dieser Kaffee schmeckt mir nicht.)

i Informazioni Italia

In Italien sind Lederwaren besonders schön und günstig. Wenn Sie eine Idee für ein Mitbringsel brauchen, gehen Sie in eine *pelletteria* (Lederwarengeschäft) oder schauen Sie sich auf dem Markt um. Dort können Sie *guanti* (Handschuhe), *una cintura* (einen Gürtel), *un portafoglio* (eine Brieftasche) oder *una borsetta* (eine Handtasche) aus echtem Leder, *di vera pelle*, schon zu sehr niedrigen Preisen erstehen.

6

DIALOGO 18 2/23

La storia di Petra e Roberto (6)

Petra (▲) und Roberto (●) sind wieder zu Hause. Der Ausflug nach Rom hat ihre Freundschaft gefestigt. Sie haben sehr viele Gemeinsamkeiten entdeckt. Sie reisen beide gerne, sie schätzen gutes Essen und sind beide leidenschaftliche Köche. Nun haben sie beschlossen, zusammen ein Abendessen für ihre Freunde zu geben. Sie gehen auf den Markt, um einzukaufen.

Al mercato, dal fruttivendolo (■)

■ Buongiorno, cosa vi posso dare?
● Vorrei due chili di pomodori, un chilo di melanzane, mezzo chilo di zucchini, una testa d'aglio e del prezzemolo …
■ Vuole anche dei peperoni?
● Ma, non so. Tu cosa ne dici, Petra? Prendiamo anche i peperoni?
▲ Be', mi sembrano belli freschi. Quanto costano? Non c'è il prezzo.
■ 2 euro e 80 al chilo, signora, ma sono davvero speciali.
▲ Mi sembra un po' caro, no?
● Sì, hai ragione. Lasciamo stare. Ci occorrono ancora delle fragole e due meloni, ma ben maturi.
■ Guardi, questi sono dolcissimi. Desidera altro?
● No, grazie. Quant'è?
■ 15 euro e 50. Grazie e arrivederci.
● Arrivederci … Bene, abbiamo frutta e verdura. Adesso andiamo dal macellaio a comprare la carne e in panetteria.
▲ E per il resto andiamo al supermercato?
● L'acqua minerale, la pasta e l'olio possiamo comprarli al supermercato. Per il prosciutto, il salame e il formaggio preferisco andare in salumeria.
▲ E le olive e i carciofini dove li compriamo?
● Anche dal salumiere. Lì ci sono tutti i tipi di antipasti sott'olio e sott'aceto. La salumeria qui vicino ha di tutto.
▲ Ho già l'acquolina in bocca.

Auf dem Markt, beim Gemüsehändler (■)

■ Guten Tag, was darf ich Ihnen geben?
● Ich möchte zwei Kilo Tomaten, ein Kilo Auberginen, ein halbes Kilo Zucchini, eine Knoblauchknolle und etwas Petersilie …
■ Möchten Sie auch einige Paprika?
● Nun, ich weiß nicht. Was sagst du dazu, Petra? Nehmen wir auch Paprika?

▲ Sie sehen schön frisch aus. Wie viel kosten sie? Es ist kein Preis da.
■ 2 Euro 80 das Kilo, aber sie sind wirklich hervorragend.
▲ Es scheint mir ein bisschen teuer, nicht wahr?
● Du hast Recht. Lassen wir es sein. Wir brauchen noch Erdbeeren und zwei Melonen, aber schön reife.
■ Schauen Sie, die hier sind sehr süß. Wünschen Sie noch etwas anderes?
● Nein, danke. Wie viel macht das?
■ 15 Euro 50. Danke und auf Wiedersehen.
● Auf Wiedersehen ... Gut. Jetzt haben wir Obst und Gemüse. Jetzt gehen wir zum Metzger, um Fleisch zu kaufen, und in die Bäckerei.
▲ Und den Rest kaufen wir im [für den Rest gehen wir in den] Supermarkt?
● Das Mineralwasser, die Nudeln und das Öl können wir im Supermarkt kaufen. Für den Schinken, die Salami und den Käse ziehe ich es vor, in die „Salumeria“ (Wurstwarengeschäft) zu gehen.
▲ Und die Oliven und die Artischockenherzen, wo kaufen wir die?
● Auch beim „Salumiere“ (Wurstwarenhändler). Dort gibt es alle Sorten von Vorspeisen in Öl und Essig. Die „Salumeria“ hier in der Nähe hat ein bisschen von allem.
▲ Mir läuft schon das Wasser im Mund zusammen.

Übungsdialog 2/24

Hören Sie sich den Beispieldialog an und beantworten Sie dann die Fragen. Verwenden Sie dazu die folgenden Angaben:

■ Dove compriamo il caffè?
◆ Al supermercato.

1. im Supermarkt
2. auf dem Markt
3. in der Bäckerei
4. in der Metzgerei
5. beim Obsthändler
6. beim Wurstwarenhändler

Sembrare / occorrere

werden wie *piacere* in der 3. Person und mit dem Pronomen im Dativ verwendet:

➔ Il vestito **mi sembra** un po' corto. (Das Kleid scheint mir ein bisschen zu kurz.)
➔ Le scarpe **mi sembrano** troppo care. (Die Schuhe scheinen mir zu teuer.)
➔ Cosa **Le occorre**? (Was brauchen Sie?)
➔ **Le occorrono** anche le patate? (Brauchen Sie auch Kartoffeln?)

Qualche / alcuni

Qualche bedeutet „einige“, ist unveränderlich und wird immer von einem Substantiv im Singular gefolgt:
➔ Vorrei **qualche** panino. (Ich möchte einige Brötchen.)

„Einige“ kann auch mit *alcuni* / *alcune* übersetzt werden:
➔ Vengono **alcuni** amici. (Einige Freunde kommen.)
➔ Alcune bambine giocano in giardino. (Einige Mädchen spielen im Garten.)

Mengenangaben

Nach Mengenangaben folgt immer die Präposition (Verhältniswort) ***di.***

- ➔ un chilo **di** pomodori (ein Kilo Tomaten)
- ➔ un etto **di** prosciutto (100 Gramm Schinken)
- ➔ mezzo chilo **di** carne (ein halbes Kilo Fleisch)
- ➔ un pacco **di** biscotti (eine Packung Kekse)
- ➔ un vasetto **di** marmellata (ein Glas Marmelade)
- ➔ un litro **di** vino (ein Liter Wein)
- ➔ mezzo litro **di** latte (ein halber Liter Milch)
- ➔ una bottiglia **di** olio (eine Flasche Öl)
- ➔ una lattina **di** coca-cola (eine Dose Coca-Cola)

i Informazioni Italia

Lebensmittel einkaufen

Mindestens einmal pro Woche werden in allen italienischen Städten Märkte abgehalten; in den großen Städten gibt es immer einen Markt, allerdings jeden Wochentag in einem anderen Viertel. Fast überall gibt es auch einen *mercato coperto* (Markthalle). Die Märkte sind eine Freude für kulinarische Kenner. Dort gibt es (fast) alles und die Preise sind in der Regel günstig (man sagt eben *a buon mercato* „preiswert").

Überall finden Sie auch *i supermercati* (die Supermärkte). Diese unterscheiden sich nicht wesentlich von den deutschen Supermärkten, sind preiswerter als die kleinen Geschäfte und locken oft die Kundschaft mit *offerte speciali* (Sonderangeboten) und *offerte 3x2* (man kauft 3 und zahlt nur 2). *I negozi di alimentari* (Lebensmittelgeschäfte) sind im Allgemeinen etwas teurer, man genießt aber dort die freundliche und persönliche Beratung des Inhabers und seiner Angestellten. Man findet auch in diesen kleinen Läden alles, wenn auch nicht in der Vielfalt eines Supermarkts. Frisches Fleisch können Sie in der *macelleria* (Metzgerei) besorgen. Hier gibt es aber weder Wurst noch Käse. Diese können Sie am besten in einer *salumeria* (Wurstwarenhandlung) kaufen.

GRAMMATICA

PRÄPOSITIONEN

Im Italienischen wird jeweils dieselbe Präposition für Richtung (wohin?) und Zustand (wo?) verwendet:

Andiamo **al** mercato.	Wir gehen auf den Markt.
Siamo **al** mercato.	Wir sind auf dem Markt.
al supermercato	in den / im Supermarkt
in panetteria	in die / in der Bäckerei
in pasticceria	in die / in der Konditorei
in macelleria	in die / in der Metzgerei
in salumeria	ins / im Wurstwarengeschäft
in cartoleria	in die / in der Schreibwarenhandlung
in merceria	in die / in der Kurzwarenhandlung
nel negozio di alimentari	ins / im Lebensmittelgeschäft
dal macellaio	zum / beim Metzger
dal salumiere	zum / beim Wurstwarenhändler
dal fruttivendolo	zum / beim Obstverkäufer

Wenn man zu jemandem geht oder sich bei jemandem befindet, verwendet man die Präposition *da* mit bzw. ohne Artikel.

→ Vado **da** Maria.	Ich gehe zu Maria.
→ Sono **da** Franco.	Ich bin bei Franco.
→ Vado **dal** dottore.	Ich gehe zum Arzt.
→ Sono **dalla** signora Bianchi.	Ich bin bei Frau Bianchi.

6

PRÄPOSITIONEN MIT ARTIKEL (PLURAL)

	i	**gli**	**le**
a	ai	agli	alle
da	dai	dagli	dalle
di	dei	degli	delle
in	nei	negli	nelle
su	sui	sugli	sulle

GRAMMATICA

DER TEILUNGSARTIKEL

wird mit der Präposition *di* + bestimmtem Artikel gebildet und bezeichnet eine unbestimmte, d.h. nicht zählbare Menge von Dingen und Personen. Im Deutschen gibt es dafür keine Entsprechung.

Vorrei	**del** pane.	Ich möchte Brot.
	dello zucchero.	Zucker.
	dell'origano.	Oregano.
	della frutta.	Obst.
	dell'acqua.	Wasser.
	dei fichi.	Feigen.
	degli zucchini.	Zucchini.
	delle mele.	Äpfel.

Hai **degli** amici tedeschi? (Hast du deutsche Freunde?)

Der Teilungsartikel entfällt in der Regel:

- bei Mengenangaben wie *poco, tanto, molto*
  → Abbiamo tanto lavoro. (Wir haben so viel Arbeit.)
- bei der Verneinung
  → Non voglio pane. (Ich will kein Brot.)
- nach Präpositionen
  → Bevo il vino sempre con l'acqua. (Ich trinke den Wein immer mit Wasser.)

ESERCIZI

Esercizi scritti

1. Schreiben Sie eine Einkaufsliste mit den passenden Teilungsartikeln:

Mi occorre:

a. … carne
b. … vino
c. … pomodori
d. … melanzane
e. … pane
f. … mele
g. … formaggio
h. … spaghetti
i. … olive
j. … frutta
k. … pesce
l. … zucchero

2. Ergänzen Sie *piace* oder *piacciono:*

a. Questo vestito non mi …
b. Mi … molto il formaggio.
c. Guarda quelle scarpe. Ti …?
d. Mi … andare al cinema.
e. Ti … gli spaghetti?
f. La cioccolata mi … da morire.

3. Fügen Sie die richtigen Präpositionen ein:

a. Andiamo … macelleria.
b. Dove compriamo il formaggio? – … salumiere.
c. La frutta non è cara … mercato.
d. Dov'è Marina? – … panetteria.

e. Dove compri il latte? – … latteria o … supermercato.
f. Compro sempre la carne … macellaio.

4. Setzen Sie die richtigen Pronomen im Dativ ein:

a. Marco, … piace il prosciutto?
b. Guardi questo vestito, signora? … piace?
c. Simona, … piacciono le lasagne? – Sì, … piacciono molto.
d. Vi piacciono le fragole? – No, non … piacciono.
e. Cameriere, che cosa mi consiglia? – … consiglio l'arrosto di vitello.
f. 4 euro al chilo! … sembra molto caro.

5. Welche Teile gehören zusammen? Verbinden Sie sie mit einer Linie und vergessen Sie die Präposition nicht!

una bottiglia	coca-cola
una scatola	latte
un litro	biscotti
un chilo	olio
una lattina	pomodori

Esercizi orali 2/25-27

1. Hören Sie den Text und kreuzen Sie dann die richtigen Aussagen an:

	sì	no
a. Marco e Luisa vanno al mercato.	❑	❑
b. Luisa compra un chilo di pomodori.	❑	❑
c. Gli zucchini gli sembrano cari.	❑	❑
d. I meloni sono molto dolci.	❑	❑
e. Marco vuole andare in pasticceria.	❑	❑

2. Franca geht auf den Markt und erkundigt sich nach den Preisen der Waren. Schreiben Sie die Preise auf, die Sie auf der CD hören:

a. i pomodori: …
b. le fragole: …
c. il formaggio: …
d. le mele: …
e. gli zucchini: …

3. Bearbeiten Sie nun die mündlichen Übungen auf der CD.

VOCABOLARIO

Abbigliamento e calzature	Kleidung und Schuhe
Vorrei comprare ...	Ich möchte ... kaufen.
un vestito	ein Kleid
un vestito da uomo	einen Anzug
una gonna	einen Rock
una giacca	eine Jacke / ein Sakko
un completo	einen Anzug
un tailleur	ein Kostüm
una camicia	ein Hemd
una camicetta	eine Bluse
un cappotto	einen Mantel
dei pantaloni	eine Hose
delle scarpe	Schuhe
dei sandali	Sandalen
degli stivali	Stiefeln

E da mangiare ...	Und zum Essen ...
il pane / il panino	Brot / Brötchen
il burro	Butter
il latte	Milch
l'uovo / le uova	Ei / Eier
il formaggio	Käse
la carne	Fleisch
la carne di vitello	Kalbfleisch
la carne di maiale	Schweinefleisch
la carne di manzo	Rindfleisch
il pesce	Fisch
il pesce spada	Schwertfisch
la sogliola	Seezunge
il salmone	Lachs
la trota	Forelle
il calamaro	Tintenfisch
i salumi	Wurst / Aufschnitt
il prosciutto cotto	gekochter Schinken

il prosciutto crudo	roher Schinken
il salame	Salami
la mortadella	„Mortadella“
lo speck	Speck
la pasta	Teigwaren
il riso	Reis
lo zucchero / la farina / il sale	Zucker / Mehl / Salz
la frutta	Obst
la mela	Apfel
la pera	Birne
il melone	Melone
le fragole	Erdbeeren
le ciliegie	Kirschen
la pesca	Pfirsich
la pesca noce	Nektarine
la banana	Banane
la verdura	Gemüse
il pomodoro	Tomate
il peperone	Paprika
la melanzana	Aubergine
lo zucchino	Zucchini
il cetriolo	Gurke
la carota	Möhre
la patata	Kartoffel
l'insalata verde	grüner Salat

I negozi / Die Geschäfte

il mercato / il supermercato	Markt / Supermarkt
il negozio di (generi) alimentari	Lebensmittelgeschäft
la macelleria	Metzgerei
la salumeria	Wurstwarengeschäft
la panetteria	Bäckerei
la latteria	Milchladen
i grandi magazzini	Kaufhaus
il negozio di abbigliamento	Bekleidungsgeschäft
il negozio di calzature	Schuhgeschäft

Chiedere il prezzo

Quanto costa / costano?
Quant'è? / Quanto fa?
Quanto viene?
Quanto Le devo?

Nach dem Preis fragen

Wie viel kostet es / kosten sie?
Wie viel macht das?
Wie viel macht [kommt] das?
Wie viel schulde ich Ihnen?

Questo vestito è ...

stretto / largo
corto / lungo
bello / brutto
caro / a buon mercato
di moda

di seta / di lino
di lana / di cotone

Dieses Kleid ist ... 2/28

eng / weit
kurz / lang
schön / hässlich
teuer / preiswert
modisch

aus Seide / aus Leinen
aus Wolle / aus Baumwolle

Questo melone è ...

fresco / non è fresco
maturo / acerbo
dolce
speciale

Diese Melone ist ... 2/29

frisch / nicht frisch
reif / unreif
süß
hervorragend

I colori

blu	nero
giallo	rosa
grigio	rosso
lilla	turchese
marrone	verde

Die Farben

blau	schwarz
gelb	rosa
grau	rot
lila	türkis
braun	grün

CONVERSAZIONE 2/30

Hören Sie sich nun die Anweisungen auf der CD an und nehmen Sie an der Unterhaltung teil.

Senta, scusi, per andare in centro?

In dieser Lektion lernen Sie ...

Situationen

- wie Sie nach dem Weg fragen
- wie Sie in Italien Bus fahren

Grammatik

- das Hilfsverb *dovere*
- die Ausdrücke *ci vuole / ci vogliono* und *bisogna*
- *bastare*
- die Personalpronomen im Akkusativ
- *ci*
- *ecco*
- Ortspräpositionen

Wortschatz

- Bus fahren
- Richtungsangaben
- Uhrzeit

DIALOGO 19 2/31

Martina (▲) fährt mit dem Zug nach Venedig. Da sie in Verona umsteigen muss, beschließt sie, den Tag in der Stadt von Romeo und Julia zu verbringen und erst mit dem Abendzug weiterzufahren. Sie möchte ihr Gepäck am Bahnhof lassen und mit dem Bus in die Stadt fahren.

▲ Senta, scusi, mi sa dire dov'è il deposito bagagli?
● Mi dispiace, non lo so. Chieda all'impiegato allo sportello.
▲ Scusi, sa dov'è il deposito bagagli?
■ È lì, guardi. Vede il bar? A destra c'è il deposito bagagli.
▲ Grazie tante. E … ancora una cosa, dove potrei avere delle informazioni sulla città?
■ L'ufficio turistico è proprio qui all'angolo.
▲ Grazie mille. Arrivederci.
…
All'ufficio turistico (▼):
▲ Buongiorno. Senta, vorrei fare un giro della città. Può consigliarmi un itinerario interessante?
▼ Be', qui a Verona ci sono tante cose belle da vedere. Se non ha molto tempo a disposizione Le consiglio una visita guidata della città.
▲ No, grazie. Preferirei girare un po' da sola.
▼ Allora guardi, su questa pianta della città sono segnalati tutti i monumenti importanti: l'Arena, la casa di Giulietta … Dietro c'è anche un calendario delle manifestazioni … È tutto abbastanza vicino, può visitare quasi tutto a piedi.
▲ E da qui al centro quanto tempo ci vuole?
▼ A piedi ci vuole sicuramente una mezz'ora ma con l'autobus ci vogliono solo 10 minuti.
▲ E che autobus devo prendere?
▼ Il 19. Il capolinea è proprio qui davanti alla stazione.
▲ E dove devo scendere?
▼ All'Arena. Ma non dimentichi: prima di salire bisogna comprare il biglietto.

▲ [Hören Sie], entschuldigen Sie, können Sie mir sagen, wo die Gepäckaufbewahrung ist?
● Es tut mir Leid, ich weiß es nicht. Fragen Sie den Angestellten am Schalter.
▲ Entschuldigen Sie, wissen Sie, wo die Gepäckaufbewahrung ist?
■ Sie ist dort, schauen Sie. Sehen Sie die Bar? Rechts davon ist die Gepäckaufbewahrung.
▲ Vielen Dank. Und … noch etwas, wo könnte ich einige Informationen über die Stadt bekommen?
■ Das Fremdenverkehrsbüro ist gleich hier an der Ecke.
▲ Tausend Dank. Auf Wiedersehen.
…
Im Fremdenverkehrsbüro (▼):
▲ Guten Tag. [Hören Sie], ich möchte gern eine Stadtbesichtigung machen. Können Sie mir eine interessante Tour empfehlen?
▼ Nun, hier in Verona gibt es so viel Schönes [so viele schöne Dinge] zu sehen. Wenn Sie nicht viel Zeit zur Verfügung haben, empfehle ich Ihnen eine organisierte Stadtbesichtigung.
▲ Nein, danke. Ich würde lieber ein bisschen allein herumgehen.
▼ Dann schauen Sie, auf diesem Stadtplan sind alle wichtigen Sehenswürdigkeiten eingezeichnet: die Arena, das Haus von Julia … Hier hinten gibt es auch einen Veranstaltungskalender …

Es ist alles ziemlich nah beieinander, sie können fast alles zu Fuß besichtigen.
▲ Und von hier bis zum Zentrum, wie lange braucht man?
▼ Zu Fuß braucht man sicher eine halbe Stunde, aber mit dem Bus braucht man nur 10 Minuten.
▲ Und welchen Bus muss ich nehmen?
▼ Den 19er. Die Endstation ist gleich hier vor dem Bahnhof.
▲ Und wo muss ich aussteigen?
▼ An der Arena. Aber vergessen Sie nicht: Vor dem Einsteigen muss man die Fahrkarte kaufen.

Übungsdialog 2/32

Hören Sie den Beispieldialog und stellen Sie die Fragen anhand der unten stehenden Angaben:

◆ Senta, scusi, mi sa dire dov'è il deposito bagagli?
■ Mi dispiace, non lo so.

1. il deposito bagagli
2. il capolinea dell'autobus
3. l'ufficio informazioni
4. la stazione
5. il centro
6. la casa di Giulietta

Ci vuole / ci vogliono

heißt auf Deutsch „man braucht" und wird so verwendet:
→ *ci vuole* + Substantiv im Singular:
→ Per andare in città a piedi **ci vuole** un'ora.

→ *ci vogliono* + Substantiv im Plural:
→ Per andare alla stazione **ci vogliono** 10 minuti.

Bisogna

drückt die Notwendigkeit aus, etwas zu tun. Es wird unpersönlich verwendet und von einem Verb im Infinitiv (Grundform) begleitet:
→ **Bisogna** comprare un biglietto. (Man muss eine Fahrkarte kaufen.)

7

Informazioni Italia

Busfahren in Italien
Bevor Sie in den Bus einsteigen, müssen Sie im Allgemeinen *il biglietto dell'autobus* (die Busfahrkarte) in einer Bar, einer *edicola* (Zeitungskiosk) oder direkt am Schalter der Verkehrsbetriebe kaufen. Die Fahrkarte müssen Sie dann selbst im Bus entwerten. Falls Sie keine Fahrkarte haben, können Sie jemanden an der Haltestelle fragen, ob man Ihnen eine verkauft.

DIALOGO 20 2/33

Mario (▲) hat Besuch. Seine Freundin Inge (●) aus Hamburg ist gekommen. Sie ist noch nie in Italien gewesen und möchte gern Venedig sehen. Die zwei fahren also zusammen nach Venedig, um diese phantastische Stadt und ihre Museen zu besichtigen.

▲ Eccoci a Venezia, Inge.
● È davvero straordinaria. E piazza San Marco dov'è?
▲ È un po' lontano da qui. Ci possiamo andare in vaporetto. Lo possiamo prendere proprio qui davanti.
● Io vorrei anche visitare la Galleria dell'Accademia.
▲ La possiamo visitare questo pomeriggio.
● … e poi dobbiamo andare al ponte di Rialto, al palazzo Ducale, alle isole di Murano e Burano …
▲ Piano, piano. Non possiamo vedere tutto insieme. Per visitare Venezia ci vuole tempo. Qui bisogna camminare molto, vedrai.
● Ma è ancora presto, no? Che ore sono?
▲ Sono le dieci e mezzo ma per visitare la basilica di S. Marco ci vogliono almeno due ore. E per l'Accademia non basta l'intero pomeriggio.
● E il palazzo Ducale?
▲ Lo visitiamo domani. Adesso compriamo i biglietti.
● Li compri tu? Io intanto compro una pianta della città. Però … prima devo prendere dei soldi. Dov'è un bancomat?
▲ C'è una banca proprio lì all'angolo, la vedi? Aspetta un momento. Prima chiedo quando parte il prossimo vaporetto.

…

Allo sportello della biglietteria:
▲ Scusi, quando parte il prossimo vaporetto per piazza S. Marco?
■ Alle 11.05. C'è un vaporetto ogni 45 minuti.
▲ Bene, grazie. Allora fai presto, Inge. Io compro i biglietti e poi ti aspetto qui.

▲ Hier sind wir also in Venedig, Inge.
● Die Stadt [Sie] ist wirklich außergewöhnlich. Wo ist denn der Markusplatz?

▲ Er ist ziemlich weit weg von hier. Wir können mit dem „Vaporetto" hinfahren. Wir können gleich hier vorne einsteigen [Wir können ihn … nehmen].
● Ich möchte auch die Galleria dell'Accademia besuchen.
▲ Wir können sie heute Nachmittag besuchen.
● … und dann müssen wir zur Rialto-Brücke, zum Dogenpalast und auf die Inseln Murano und Burano …
▲ Langsam, langsam. Wir können nicht alles auf einmal sehen. Um Venedig zu besuchen, braucht man Zeit. Hier muss man viel herumlaufen, du wirst es sehen.
● Aber es ist doch noch früh, oder? Wie spät ist es?
▲ Es ist 10.30, aber um die Markuskirche zu besuchen, braucht man mindestens zwei Stunden. Und für die Accademia reicht der ganze Nachmittag nicht.
● Und der Dogenpalast?
▲ Den besuchen wir morgen. Jetzt kaufen wir die Fahrkarten.
● Kannst du sie kaufen? In der Zwischenzeit kaufe ich einen Stadtplan. Aber … ich muss zuerst Geld abheben. Wo ist ein Geldautomat?
▲ Es gibt eine Bank gleich dort an der Ecke. Siehst du sie? Warte einen Moment. Ich frage zuerst, wann der nächste „Vaporetto" fährt.
…
Am Fahrkartenschalter:
▲ Entschuldigen Sie, wann fährt der nächste „Vaporetto" zum Markusplatz?
■ Um 11.05. Es gibt einen „Vaporetto" alle 45 Minuten.
▲ Gut, danke. Also mach schnell, Inge. Ich kaufe die Fahrkarten und warte hier auf dich.

Übungsdialoge 2/34

a. Hören Sie sich die Beispieldialoge an und beantworten Sie dann die Fragen. Verwenden Sie dazu die Angaben:

■ Quando visitiamo **la basilica**?
◆ **La** visitiamo domani.
■ Quando visitiamo **le isole**?
◆ **Le** visitiamo oggi.
■ Quando visitiamo **il museo**?
◆ **Lo** visitiamo questo pomeriggio.
■ Quando compriamo **i biglietti**?
◆ **Li** compriamo adesso.

1. domani
2. oggi
3. domani pomeriggio
4. adesso
5. subito
6. dopo
7. più tardi

b. Die Leute auf der CD haben leider keine Uhr. Können Sie ihnen behilflich sein? Beantworten Sie die Fragen nach dem Muster:

■ Che ore sono?
◆ Sono le 9 e mezza.
■ Scusi, che ora è?
◆ Sono le 7 e un quarto.

1. 9.30	5. 8.45
2. 7.15	6. 11.15
3. 13.10	7. 16.20
4. 11.25	8. 18.40

7

Die Personalpronomen im Akkusativ (Wenfall)

stehen in der Regel vor dem Verb, bei zusammengesetzten Verbformen vor dem Hilfsverb:

mi	**Mi** chiami domani?
mich	Rufst du mich morgen an?
ti	**Ti** aspetto.
dich	Ich erwarte dich.
lo	Dov'è Rino? Non **lo** vedo.
ihn	Wo ist Rino? Ich sehe ihn nicht.
la	**La** capisco.
sie	Ich verstehe sie.
La	**La** saluto, signora/signore.
Sie	Ich grüße Sie.
ci	**Ci** venite a trovare?
uns	Kommt ihr uns besuchen?
vi	**Vi** saluto.
euch	Ich grüße euch.

Vi	**Vi** saluto.
Sie	Ich grüße Sie.
li	I bambini? **Li** vedo spesso.
sie	Die Kinder? Ich sehe sie oft.
(männlich)	
le	**Le** ragazze? Non le vedo mai.
sie	Die Mädchen? Ich sehe sie nie.
(weiblich)	
Li	**Li** saluto, signori.
Sie	Ich grüße Sie.
(männlich Plural)	
Le	**Le** saluto, signore.
Sie	Ich grüße Sie.
(weiblich Plural)	

Im Zusammenhang mit den Modalverben *potere* (können, dürfen), *dovere* (müssen, sollen) und *volere* (wollen) können sie entweder vorangestellt oder an den Infinitiv des nachfolgenden Verbs angehängt werden:

➔ I biglietti? **Li** puoi comprare tu? *oder* Puoi comprar**li** tu?

Beachten Sie: Einige Verben haben im Deutschen ein Akkusativ-, im Italienischen aber ein Dativ-Objekt, z.B.
aiutare (helfen), *ascoltare* (zuhören), *ringraziare* (danken).
➔ **Lo** aiuto. (Ich helfe ihm.)
➔ **La** ascolto, signora. (Ich höre Ihnen zu.)
➔ **La** ringrazio, signor Neri. (Ich danke Ihnen, Herr Neri.)

Bastare

heißt „genügen“, „(aus)reichen“ und kann sowohl unpersönlich (gefolgt von einem Verb im Infinitiv) als auch mit einem Substantiv verwendet werden. Im letzten Fall wird **bastare** in der Zahl dem Substantiv angeglichen:
➔ Per sapere qualcosa **basta** chiedere. (Um etwas zu erfahren, reicht es zu fragen.)
➔ Per visitare l'Accademia non **basta** un intero pomeriggio.
(Um die Accademia zu besuchen, reicht ein ganzer Nachmittag nicht.)
➔ Per visitare la chiesa **bastano** due ore.
(Um die Kirche zu besichtigen, reichen zwei Stunden.)

Che ora è? / Che ore sono?

In der Unità 4 haben Sie schon gelernt, wie Sie nach der Abfahrtszeit fragen können. Nun lernen Sie, auf die Frage „Wie spät ist es?" zu antworten:

➔ Che ora è? / Che ore sono? (Wie spät ist es?)
➔ Sono le nove. (Es ist 9.00 / 21.00 Uhr.)
➔ Sono le nove e dieci. (Es ist 9.10 / 21.10 Uhr.)
➔ Sono le dieci e un quarto. (Es ist 10.15 / 22.15 Uhr.)
➔ Sono le otto meno un quarto. *oder*
Sono le sette e tre quarti. (Es ist 7.45 / 19.45 Uhr.)
➔ Sono le sei e mezzo / mezza. (Es ist 6.30 / 18.30 Uhr.)

„Es ist … Uhr" wird mit *sono le* wiedergegeben, also mit der Pluralform von *essere*. Nur wenn eine Zeitangabe im Singular folgt, verwendet man *è*:

➔ È l'una. (Es ist 1.00 Uhr.)
➔ È mezzanotte. (Es ist Mitternacht / 0 Uhr.)
➔ È mezzogiorno. (Es ist Mittag / 12 Uhr.)

i Informazioni Italia

Die öffentlichen Verkehrsmittel in Venedig

In Venedig gibt es weder Autos noch Busse. Die einzigen Verkehrsmittel sind *i vaporetti* (kleine Motorschiffe), die den Canal Grande, die Hauptverkehrsader Venedigs, in allen Richtungen fahren, die „Wasser-Taxis", die zwar schnell aber auch horrend teuer sind, und *le gondole* (Gondeln), Kennzeichen und Inbegriff der Stadt. Eine Gondelfahrt ist leider auch sehr teuer (vor allem, wenn *il gondoliere* auch noch singt!), aber dafür ein einmaliges Erlebnis. Wer für wenig Geld einmal Gondel fahren möchte, der kann *un traghetto* nehmen. Das ist eine gondelartige Fähre, die als öffentliches Verkehrsmittel an bestimmten Stellen den Canal Grande überquert. *Traghetti* heißen auch die Fährschiffe, die Venedig mit den Inseln der venetianischen Lagune und anderen Städten an der adriatischen Küste verbinden.

7

DIALOGO 21 2/35

La storia di Petra e Roberto (7)

Petra (▲) und Roberto (●) fahren mit dem Auto nach Florenz. Sie möchten die Sehenswürdigkeiten besichtigen und ein bisschen durch die Stadt bummeln. Bevor Sie ins Zentrum fahren, halten sie an einer Tankstelle. Der Tankwart (■) kommt ihnen entgegen.

● Buongiorno, il pieno per favore.
■ Buongiorno. Subito.
▲ Sai che strada dobbiamo prendere?
● No, non conosco bene Firenze. Forse è meglio chiedere al benzinaio. Senta, scusi, per andare a Piazza della Signoria che strada devo prendere?
■ Con la macchina non può andare in Piazza della Signoria. È zona pedonale. Le conviene andare alla stazione e lì lasciare la macchina al garage.
● E come ci arrivo alla stazione?
■ Dunque … prenda la prima strada a destra e vada sempre dritto fino al primo incrocio. Lì gira a sinistra e continua sempre dritto. Al secondo … no, al terzo semaforo gira a sinistra e va ancora dritto. Dopo 300 – 400 metri vede una grande chiesa. Quella è Santa Maria Novella. A destra c'è la stazione e il garage.
▲ È ancora lontano?
■ No, saranno dieci, quindici minuti.
● Va bene, mille grazie. Quanto Le devo?
■ 42 euro e 50.
● Ecco a Lei. Arrivederci.
▲ Senti, ma ti ricordi tutto? Sai ancora dove dobbiamo andare? Io non ci ho capito niente.
● Be', più o meno. Ma forse è meglio chiedere a un vigile.

● Guten Tag, voll tanken bitte.
■ Guten Tag. Gleich.
▲ Weißt du, welche Straße wir nehmen müssen?
● Nein, ich kenne Florenz nicht gut. Vielleicht ist es besser, den Tankwart zu fragen. Entschuldigen Sie bitte. [Um] Zur Piazza della Signoria [zu kommen], welche Straße muss ich nehmen?
■ Mit dem Auto können Sie nicht bis zur Piazza della Signoria fahren. Es ist Fußgängerzone. Es ist besser [Es lohnt sich für Sie], wenn Sie zum Bahnhof

fahren und dort das Auto im Parkhaus lassen.

- ● Und wie komme ich zum Bahnhof?
- ■ Also … biegen Sie die erste Straße rechts ab und fahren Sie immer geradeaus bis zur ersten Kreuzung. Dort biegen Sie links ab und fahren geradeaus weiter. Bei der zweiten … nein, der dritten Ampel biegen Sie links ab und fahren weiter geradeaus. Nach 300 oder 400 Metern sehen Sie eine große Kirche. Es ist Santa Maria Novella. Rechts ist der Bahnhof und das Parkhaus.
- ▲ Ist es noch weit weg?
- ■ Nein, es sind noch 10 oder 15 Minuten.
- ● Gut, tausend Dank. Wie viel schulde ich Ihnen?
- ■ 42 Euro 50.
- ● [Hier für Sie.] Auf Wiedersehen.
- ▲ Hör mal, kannst du dich an alles erinnern? Weißt du noch, wo wir hinfahren müssen? Ich habe nichts verstanden.
- ● Nun, mehr oder weniger. Aber vielleicht ist es besser, einen Verkehrspolizisten zu fragen.

Übungsdialoge 2/36

a. Ein Tourist hat sich verlaufen. Hören Sie sich den Beispieldialog an. Helfen Sie ihm dann, zum Ziel zu kommen, indem Sie die Angaben verwenden:

- ■ Scusi, per andare allo stadio?
- ◆ Allora, vada dritto, poi giri la prima a sinistra. Al semaforo giri poi a destra. Lì c'è lo stadio.

1. geradeaus, dann die erste links, an der Ampel rechts
2. hier links, dann die zweite Straße rechts
3. geradeaus, an der Ampel rechts
4. rechts und dann immer geradeaus

b. Nun sind Sie der Tankwart und wollen kassieren. Hören Sie sich den Beispieldialog an und beantworten Sie die Fragen nach den Angaben:

■ Quanto Le devo? ◆ 30 Euro.

1. € 30	4. € 17	7. € 44,40
2. € 18	5. € 93,70	
3. € 16,50	6. € 21,80	

Ci

ersetzt eine Ortsangabe mit den Präpositionen *a*, *in*, *su* und *da* (bei/zu) und kann ins Deutsche mit „dort / dorthin" übersetzt werden. Es steht in der Regel vor dem Verb.

→ A piazza S. Marco, come **ci** arrivo?
(Zum Markusplatz, wie komme ich dorthin?)

→ Ti piace la Toscana? – Sì, **ci** vado spesso in vacanza.
(Gefällt dir die Toskana? – Ja, ich gehe oft in Urlaub (dort)hin.)

Ci wird auch in Verbindung mit einigen Verben benutzt und hat in diesen Fällen verschiedene Bedeutungen, z.B. *capirci, metterci, riuscirci*:

→ Non **ci** capisco niente.
(Ich verstehe nichts [davon].)

→ Per andare in ufficio **ci** metto un'ora.
(Ich brauche eine Stunde ins Büro.)

→ Apri la bottiglia! – Non **ci** riesco.
(Mach die Flasche auf! – Ich schaffe es nicht.)

7

Ecco

ist ein sehr oft gebrauchter Ausdruck. Am nächsten kommt ihm im Deutschen „hier / da ist". *Ecco* wird vor allem verwendet, um etwas zu präsentieren, aber auch um etwas zu betonen oder zu verstärken.

- ➔ **Ecco** Firenze! (Hier ist Florenz!)
- ➔ **Ecco** il treno! (Hier ist der Zug!)

Es ist möglich, ein Personalpronomen mit *ecco* zu verbinden:

- ➔ Dov'è Mario? – Eccolo! (Wo ist Mario? – Hier ist er!)
- ➔ Dov'è l'Accademia? – Eccola! (Wo ist die Akademie? – Hier ist sie!)
- ➔ E i ragazzi dove sono? – Eccoli! (Und wo sind die Jungen? – Da sind sie!)
- ➔ Mi dai le sigarette? – Eccole! (Gibst du mir die Zigaretten? – Hier sind sie!)
- ➔ Dove sei? – Eccomi! (Wo bist du? – Hier bin ich!)
- ➔ Eccoti finalmente! (Hier bist du ja endlich!)
- ➔ Eccoci a Venezia! (Hier sind wir also in Venedig!)

Informazioni Italia

Mit dem Auto in die Stadt

In italienische Städte mit dem Auto zu fahren ist oft kein Vergnügen. Der Verkehr, *il traffico*, ist oft chaotisch und immer mehr Innenstädte werden – wenigstens teilweise – für den Autoverkehr gesperrt. Auch einen *parcheggio* (Parkplatz) zu finden ist manchmal problematisch. In Zentrumsnähe gibt es aber oft einen *parcheggio custodito* (bewachten Parkplatz) oder eine *garage*, wo Sie das Auto lassen können. Das Zentrum können Sie dann in aller Ruhe zu Fuß oder mit öffentlichen Verkehrsmitteln besichtigen.

Tanken

An italienischen Tankstellen, *stazioni di servizio*, ist der Kunde wirklich noch König, es sei denn, es handelt sich um einen *self service*: Normalerweise bleibt der Fahrer sitzen und nennt einfach dem *benzinaio* (Tankwart) seine Wünsche. Der Tankwart reinigt auch die Windschutzscheibe und prüft Öl- und Wasserstand. Wenn man mit dem Service zufrieden ist, bekommt der Tankwart ein kleines Trinkgeld.

GRAMMATICA

DAS VERB *DOVERE* (SOLLEN, MÜSSEN) IM PRÄSENS:

(Io) dove **devo** scendere?	Wo muss ich aussteigen?
(Tu) **devi** scendere alla stazione.	Du musst am Bahnhof aussteigen.
(Lui) **deve** fare il pieno.	Er muss voll tanken.
(Lei) **deve** prendere l'autobus.	Sie muss den Bus nehmen.
(Lei) dove **deve** andare, signora?	Wo müssen Sie hingehen?
(Noi) **dobbiamo** chiedere ad un vigile.	Wir müssen einen Verkehrspolizisten fragen.
(Voi) **dovete** andare a piedi.	Ihr müsst zu Fuß gehen.
(Loro) **devono** andare a casa presto.	Sie müssen früh nach Hause gehen.

ORTSPRÄPOSITIONEN

vicino al bar	in der Nähe der Bar / bei der Bar
accanto alla banca	neben der Bank
presso una famiglia italiana	bei einer italienischen Familie
di fronte alla chiesa	gegenüber der Kirche
davanti al teatro	vor dem Theater
dopo dieci metri	nach zehn Metern
dietro la casa / **dietro alla** casa	hinter dem Haus
in mezzo alla piazza	mitten auf dem Platz
fino al semaforo	bis zur Ampel
in fondo alla strada	am Ende der Straße
a destra del cinema	rechts vom Kino
a sinistra dell'edicola	links vom Kiosk
da qui **al** centro	von hier bis zum Zentrum
tra la farmacia e il bar	zwischen der Apotheke und der Bar
fra Napoli e Roma	zwischen Neapel und Rom

ESERCIZI

Esercizi scritti

1. Setzen Sie die richtigen Formen von *dovere* ein:

a. Che strada (io) … prendere?
b. (Lei) … scendere alla stazione.
c. (Voi) … chiedere ad un vigile.
d. Mario … lavorare anche il sabato.
e. Marco e Luisa invece non … lavorare.
f. Dove (tu) … andare?

2. Setzen Sie die richtigen Präpositionen ein:

a. … andare a Piazza Garibaldi? Dunque, va … destra. Poi prosegue dritto fino … incrocio. Lì gira … sinistra. … cento metri vede … destra piazza Garibaldi.
b. Il bar « … Mario»? Allora, vede la banca qui … angolo? Là gira a destra e … cinquanta metri trova un grande negozio di alimentari. Accanto … negozio c'è il bar « … Mario».
c. La pizzeria «Napoli»? È proprio qui vicino. A destra … salumeria.
d. Scusi, dov'è la biglietteria? – Di fronte … ufficio informazioni.
e. Scusa, sai dov'è la trattoria? – Sì, è … la macelleria e la cartoleria.

3. Setzen Sie die richtigen Pronomen im Akkusativ ein:

a. Prendi un caffè? – Sì, … prendo.
b. Compri i biglietti? – Sì, … compro subito.
c. Dove posso comprare una carta della città? – … puoi comprare in edicola.
d. Capisci l'italiano? – Certo, … capisco.
e. Comprate quelle scarpe? – Sì, … compriamo.
f. Mi aiuti? – Sì, … aiuto volentieri.

4. Ergänzen Sie die folgenden Sätze mit *ecco* und den entsprechenden Pronomen:

a. Dov'è Mario? – …
b. Marisa, ma dove sei? – …
c. Dov'è Piazza S. Marco? – …
d. Bambini, dove siete? – …
e. Dove sono le scarpe? – …

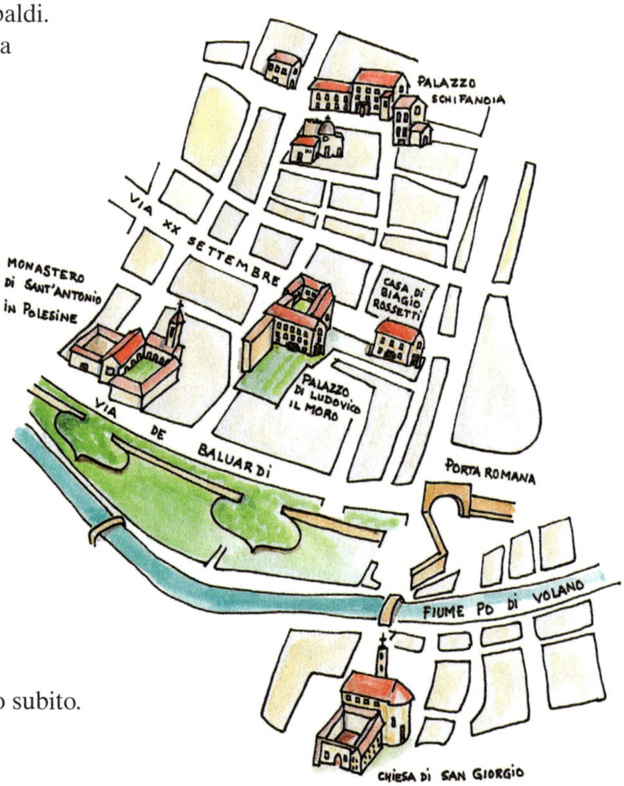

5. Schauen Sie sich die Zeichnung an und beantworten Sie die Fragen. Sie können die Imperativform, das Präsens oder auch das Verb *dovere* verwenden.
Z.B.: *Giri a destra / Lei gira a destra / Deve girare a destra.*

a. Scusi, per andare alla stazione degli autobus?
b. Senti, scusa, come arrivo a piazza Garibaldi?
c. Senta, scusi, sa dov'è il bar «da Mario»?

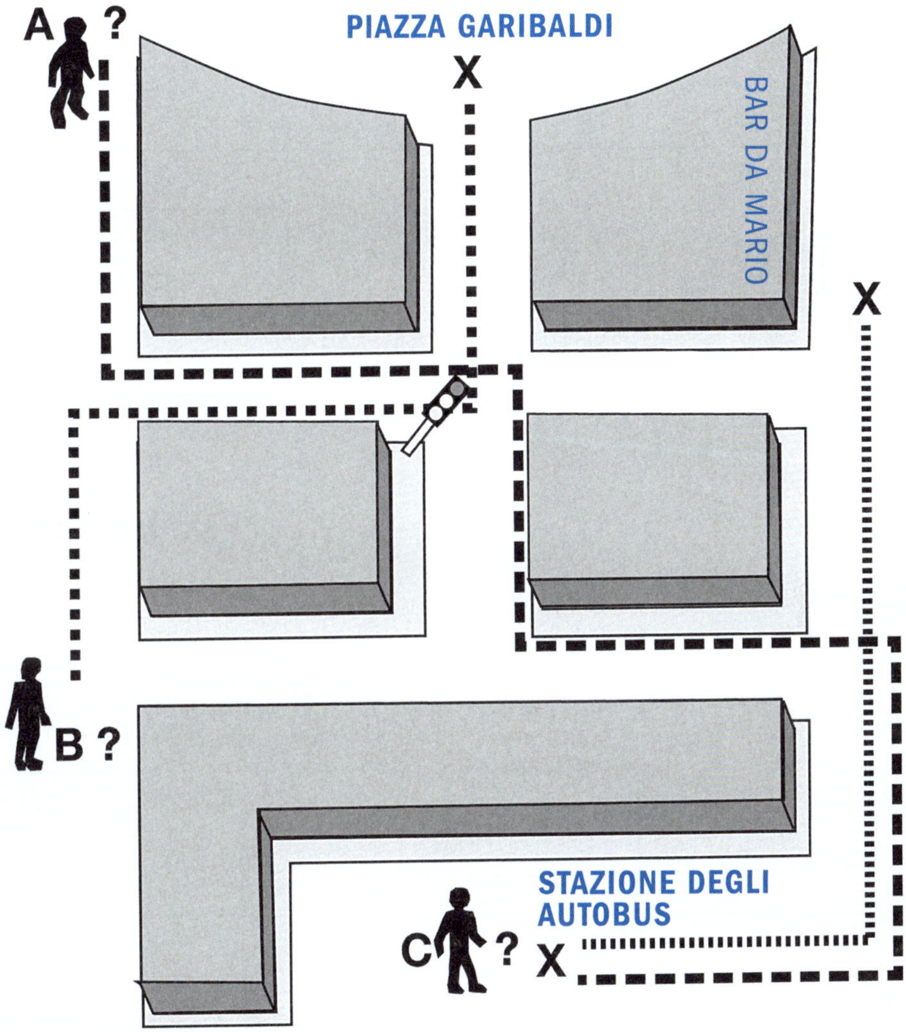

7

Esercizi orali 2/37-39

1. Hören Sie sich die Uhrzeiten auf der CD an und sprechen Sie sie nach.

a.	15.40	g.	19.20
b.	18.15	h.	20.15
c.	12.00	i.	9.05
d.	13.30	j.	6.30
e.	21.45	k.	7.40
f.	23.10	l.	24.00

2. Hören Sie sich die Dialoge an und finden Sie heraus, welche Geschäfte und Gebäude den Nummern in der Zeichnung entsprechen.

1. …
2. …
3. …
4. …
5. …
6. …

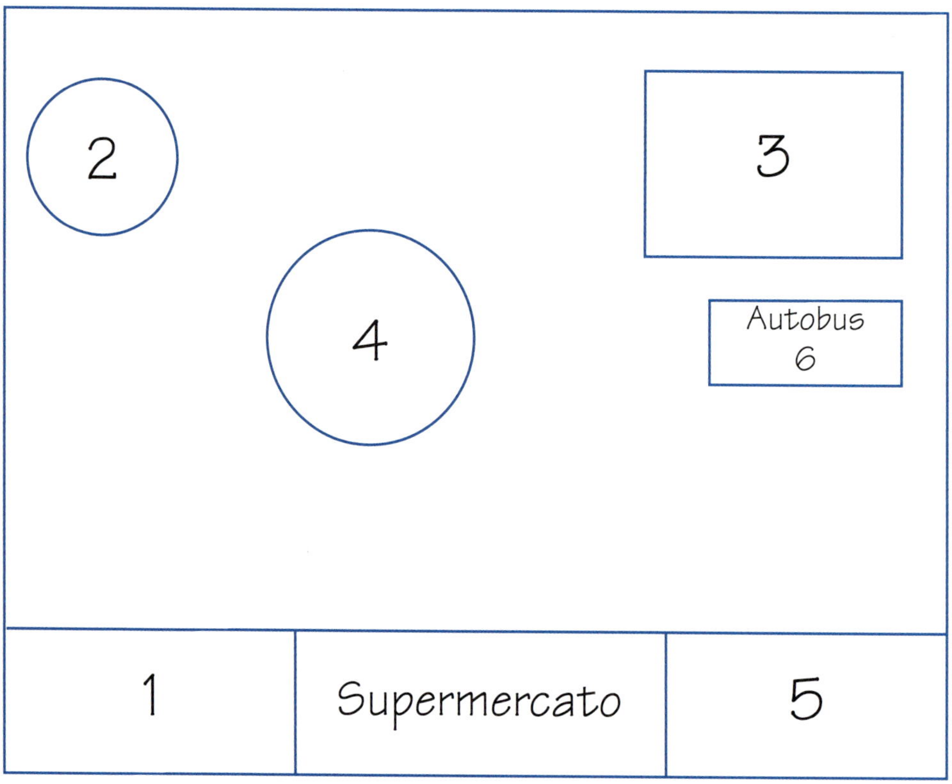

3. Arbeiten Sie nun die mündlichen Übungen auf der CD durch.

VOCABOLARIO

Chiedere un'informazione	Um eine Auskunft bitten
Senta, scusi, mi sa dire …?	Entschuldigen Sie, können Sie mir sagen, …?
Scusi, mi può dire …?	Entschuldigen Sie, können Sie mir sagen, …?
Scusa, sai …	Entschuldige, weißt du, …
dov'è il teatro Verdi?	wo das Verdi-Theater ist?
come arrivo alla stazione?	wie ich zum Bahnhof komme?
che autobus devo prendere?	welchen Bus ich nehmen muss?
dove devo scendere?	wo ich aussteigen muss?
dove posso prelevare dei soldi?	wo ich Geld abheben kann?
quando parte …	wann … abfährt?
quando c'è …	wann … fährt?
quando arriva …	wann … ankommt?
il prossimo autobus?	der nächste Bus
il prossimo treno?	der nächste Zug
il prossimo tram?	die nächste Straßenbahn
il prossimo vaporetto?	der nächste „Vaporetto"
il prossimo traghetto?	die nächste Fähre
Scusi, per andare in centro?	Entschuldigen Sie, wie komme ich ins Zentrum?
Quanto ci vuole per andare a Roma?	Wie lange braucht man, um nach Rom zu fahren?
È ancora lontano?	Ist es noch weit weg?

Dare un'informazione	Auskunft geben
Allora, vada / va' …	Also, gehen Sie / geh …
dritto.	geradeaus.
fino all'incrocio.	bis zur Kreuzung.
fino al semaforo.	bis zur Ampel.
Poi giri / gira …	Dann biegen Sie / biege … ab.
al primo semaforo …	bei der ersten Ampel …
alla prima traversa …	bei der ersten Querstraße …
al secondo incrocio …	bei der zweiten Kreuzung …
a destra.	rechts
a sinistra.	links

7

Quando?	**Wann?** 3/1
oggi	heute
stamattina	heute Morgen
questo pomeriggio	heute Nachmittag
stasera	heute Abend
domani	morgen
domani mattina / domattina	morgen früh
domani pomeriggio	morgen Nachmittag
domani sera	morgen Abend
subito	sofort
adesso / ora	jetzt / nun
tra cinque minuti / un'ora	in fünf Minuten / einer Stunde
ogni 45 minuti	alle 45 Minuten

Alla stazione di servizio	**An der Tankstelle**
Il pieno, per favore.	Voll tanken, bitte.
Può controllare l'olio, per favore?	Können Sie bitte das Öl nachprüfen?
Controlli l'acqua, per cortesia.	Prüfen Sie das Wasser nach, bitte.
Potrebbe pulire i vetri?	Könnten Sie die Scheiben reinigen?

CONVERSAZIONE 3/2

Ob mit dem Auto oder mit dem Zug, jetzt finden Sie sich überall zurecht. Hören Sie sich nun die Anweisungen auf der CD an und nehmen Sie an der Unterhaltung teil.

Ho un piccolo problema

In dieser Lektion lernen Sie ...

Situationen

- wie Sie Medikamente in einer Apotheke kaufen
- wie Sie sich im Falle einer Autopanne oder bei Verlust von Dokumenten helfen können

Grammatik

- Infinitiv und Pronomen
- die besitzanzeigenden Adjektive
- die unpersönlichen Konstruktionen mit *si*
- die Verlaufsform mit *stare* und Gerundium
- den Imperativ
- *ne*

Wortschatz

- Medikamente
- Körperteile
- Autopanne

DIALOGO 22 3/3

Sabine (●) besucht ihre Freundin Giovanna (▲) in Rom. Die beiden Freundinnen bummeln durch die Stadt. Plötzlich merkt Sabine, dass ihre Brieftasche fehlt.

▲ Cosa stai cercando, Sabine?
● Il mio portafoglio. Non lo trovo.
▲ Guarda bene nella borsa. Deve esserci. Lo avevi in mano dieci minuti fa.
● Sì, ma adesso non c'è più. Forse l'ho lasciato in un negozio. Torniamo indietro a cercarlo.

…

▲ Anche qui non c'è. Probabilmente hai perso il portafoglio per strada oppure te l'hanno rubato. Ci sono molti soldi dentro?
● No, per fortuna solo pochi spiccioli. Però c'è la mia carta d'identità.
▲ Non ti preoccupare. Forse lo troviamo. Adesso andiamo all'ufficio oggetti smarriti e alla polizia.

…

All'ufficio oggetti smarriti.

■ Buongiorno. Prego.
▲ Buongiorno. Senta, la mia amica ha perso il suo portafoglio.
■ Dove lo ha perso, signorina?
● Esattamente non lo so. Credo in via del Corso.
■ Com'è il portafoglio?
● Dunque … è un portafoglio di pelle nera. Dentro ci sono pochi spiccioli, forse cinque o sei euro in tutto, e la mia carta d'identità tedesca. Poi ci sono ancora due o tre fotografie, dei biglietti dell'autobus, dei francobolli …
■ È sicura che non gliel'hanno rubato?
● Credo di no.
■ Va bene. Compili questo modulo e scriva anche il Suo recapito e numero di telefono qui in Italia. Se si trova, La avvisiamo subito. In ogni caso faccia anche la denuncia al commissariato di polizia.

▲ Was suchst du denn gerade, Sabine?
● Meine Brieftasche. Ich finde sie nicht.
▲ Schau gut in der Tasche nach. Sie muss da sein. Du hattest sie vor zehn Minuten in der Hand.
● Ja, aber jetzt ist sie nicht mehr da. Vielleicht habe ich sie in einem Laden gelassen. Kehren wir zurück, um sie zu suchen.

…

▲ Hier ist sie auch nicht. Wahrscheinlich hast du die Brieftasche verloren, oder sie ist dir gestohlen worden [sie haben sie dir gestohlen]. Ist viel Geld drin?
● Nein, zum Glück nur etwas Kleingeld. Aber mein Personalausweis ist drin.

▲ Mach dir keine Sorgen. Vielleicht finden wir sie. Jetzt gehen wir zum Fundbüro und zur Polizei.

...

Auf dem Fundbüro.

■ Guten Tag. Bitte?

▲ Meine Freundin hat ihre Brieftasche verloren.

■ Wo haben Sie sie verloren, Fräulein?

● Ich weiß es nicht genau. Ich glaube in der Via del Corso.

■ Wie sieht ihre Brieftasche aus [Wie ist ihre Brieftasche]?

● Also ... es ist eine Brieftasche aus schwarzem Leder. Drin sind ein wenig Kleingeld, vielleicht fünf oder sechs Euro insgesamt, und mein Personalausweis. Dann gibt es noch zwei oder drei Fotos, einige Busfahrkarten, einige Briefmarken ...

■ Sind Sie sicher, dass sie Ihnen nicht gestohlen worden ist?

● Ich denke nicht.

■ Gut, füllen Sie dieses Formular aus und geben Sie auch Ihre Adresse und Ihre Telefonnummer hier in Italien an. Wenn sie gefunden wird [Wenn man sie findet], benachrichtigen wir Sie sofort. Auf jeden Fall erstatten Sie auch Anzeige bei der Polizei.

Übungsdialog 3/4

Hören Sie sich die Beispieldialoge an und beantworten Sie dann die Fragen nach dem Muster:

■ Mario è a casa?
◆ Credo di no.
■ Hai tempo domani?
◆ Credo di sì.

1. nein
2. ja
3. ja
4. nein
5. nein
6. ja
7. ja

Credo di sì / credo di no

Bei Bejahungen und Verneinungen im Zusammenhang mit Verben wie *pensare* (denken), *credere* (glauben), *dire* (sagen), *sperare* (hoffen) wird die Präposition *di* verwendet:

→ Viene anche Andreas al cinema? – **Credo di no.**
(Kommt auch Andreas ins Kino? – Ich glaube nicht.)

→ Gli piace la cioccolata? – **Penso di sì.**
(Mag er Schokolade? – Ich denke ja.)

→ Devi lavorare anche domani? – **Spero di no.**
(Musst du auch morgen arbeiten? – Ich hoffe nicht.)

8

Stare + Gerundium

drückt im Italienischen eine Handlung aus, die gerade im Moment stattfindet. Das Gerundium ist in Geschlecht und Zahl unveränderlich und wird folgendermaßen gebildet:

cerc**are** → cerc**ando**
perd**ere** → perd**endo**
part**ire** → part**endo**

Unregelmäßige Formen des Gerundiums:

bere → bevendo
dire → dicendo
fare → facendo

stare + Gerundium

→ (Io) sto cercando il mio portafoglio. (Ich suche gerade meine Brieftasche.)
→ (Tu) cosa stai facendo? (Was machst du gerade?)
→ (Lui) sta leggendo il giornale. (Er liest gerade die Zeitung.)
→ (Lei) sta facendo colazione. (Sie frühstückt gerade.)
→ (Lei) dove sta andando, signora? (Wohin gehen Sie gerade?)
→ (Noi) stiamo parlando. (Wir sprechen gerade.)
→ (Voi) state mangiando? (Esst ihr gerade?)
→ (Loro) stanno giocando. (Sie spielen gerade.)

Informazioni Italia

Wenn Sie etwas verloren haben oder Ihnen etwas gestohlen wurde, sollten Sie sich gleich an das *Ufficio oggetti smarriti* (Fundbüro) bzw. an die *Polizia* oder an die *Carabinieri* wenden. Dort können Sie *lo smarrimento* (den Verlust) bzw. *il furto* (den Diebstahl) anzeigen. Im **Vocabolario** finden Sie die notwendigen Wörter, um mit *moduli* (Formularen) und *verbale di denuncia* (Protokoll der Anzeige) zurechtzukommen.

DIALOGO 23 3/5

Simona (▲) und Carla (●) wollen mit dem Auto ans Meer. Sie sind mit ihren Freunden verabredet. Heute ist aber nicht gerade ihr Tag. Das Auto springt nicht an.

▲ Ma cos'ha questa macchina adesso? Non vuole proprio partire.
● Proprio oggi! Ma c'è benzina?
▲ Sì, il serbatoio è pieno.
● Forse è la batteria.
▲ Ma no, la batteria è nuova.
● E ora cosa si fa?
▲ Non lo so proprio. Forse è meglio telefonare al soccorso stradale.
● Se vuoi posso farlo io.
▲ Va bene, io intanto chiamo Gianni e Paolo per avvertirli.

…

Carla chiama l'ACI (■):

● Pronto? Buongiorno, senta, ho un guasto al motore. Può mandare qualcuno ad aiutarmi?
■ Certo. Dove si trova?
● In via Buonarroti numero 15.
■ Le mando subito un'auto.

…

Dopo dieci minuti arriva il meccanico (▼) dell'ACI:

▼ Allora, signorina, qual è il problema?
▲ La macchina non va in moto.
▼ Vediamo un po' … Ah ecco!
▲ Cos'è che non va?
▼ L'accensione … ma è una cosa da niente.
▲ Può ripararla subito?
▼ Sì, è questione di dieci, quindici minuti.
● Meno male! Pensavo già di dover restare in città!

▲ Was hat dieses Auto jetzt? Es will einfach nicht anspringen.
● Gerade heute! Ist denn noch Benzin drin [Gibt es Benzin]?
▲ Ja, der Tank ist voll.
● Vielleicht ist es die Batterie.
▲ Aber nein. Die Batterie ist neu.
● Was machen wir [macht man] jetzt?
▲ Ich weiß es nicht. Vielleicht ist es besser, wenn wir den Straßendienst anrufen.
● Wenn du willst, kann ich es machen.

8

▲ In Ordnung, in der Zwischenzeit rufe ich Gianni und Paolo an, um sie zu benachrichtigen.

...

Carla ruft den ACI (■) an:

● Hallo? Guten Tag. Hören Sie, ich habe eine Motorpanne. Können Sie jemanden schicken, um mir zu helfen?

■ Sicher. Wo befinden Sie sich?

● In der Via Buonarroti Nr. 15.

■ Ich schicke Ihnen sofort einen Wagen.

...

Nach zehn Minuten trifft der Mechaniker (▼) des ACI ein:

▼ Also [Fräulein], wo ist das Problem?

▲ Das Auto springt nicht an.

▼ Schauen wir mal nach ... Ah, hier!

▲ Was ist nicht in Ordnung?

▼ Die Zündung ... es ist aber eine Kleinigkeit.

▲ Können Sie sie sofort reparieren?

▼ Ja, es ist eine Sache von 10, 15 Minuten.

● Gott sei Dank! Ich dachte schon, ich muss in der Stadt bleiben.

Übungsdialog 3/6

Hören Sie sich die Beispieldialoge an. Jetzt bieten Sie Ihre Hilfe an:

■ È meglio chiamare **Franco**.

◆ Se vuoi posso chiamar**lo** io.

■ Bisogna fare **la spesa**.

◆ Se vuoi posso far**la** io.

Infinitiv mit Pronomen

Die Personalpronomen im Dativ und Akkusativ, die Reflexivpronomen sowie *ci* und *ne* werden an den Infinitiv (Grundform) angehängt. Bitte beachten Sie, dass dabei der Schlussvokal des Infinitivs entfällt:

→ Chiamo Gianni e Paolo per avvertir**li**.
(Ich rufe Gianni und Paolo an, um sie zu benachrichtigen.)

→ Può mandare qualcuno ad aiutar**mi**?
(Können Sie jemanden schicken, um mir zu helfen?)

Bei den Hilfsverben *dovere*, *potere* und *volere* gibt es zwei Möglichkeiten:
vor dem Hilfsverb

→ **La** può riparare subito? (Können Sie sie gleich reparieren?)

an den Infinitiv angehängt

→ Può riparar**la** subito?

Informazioni Italia

Autopannen

Italiener sind grundsätzlich sehr hilfsbereit. Wenn Sie ein Problem mit dem Auto haben, bieten Passanten oft ihre Unterstützung an. In jedem Fall aber steht das Pendant zum ADAC, der *Automobile Club d'Italia* (ACI), zur Verfügung. Die Pannenhilfe des ACI erreichen Sie rund um die Uhr unter der Telefonnummer 803 116.

DIALOGO 24 3/7

La storia di Petra e Roberto (8)

Nun hat sich die Freundschaft zwischen Petra (▲) und Roberto (●) entwickelt. Die beiden haben sich ineinander verliebt und verbringen soviel Zeit wie möglich zusammen. Am Wochenende machen sie oft einen Ausflug. Petra möchte Italien besser kennenlernen und Roberto ist froh, sie herumzuführen. Heute aber ist Petra nicht in bester Form.

● Ma che cos'hai oggi Petra? C'è qualcosa che non va?
▲ Per dire la verità non mi sento molto bene. Ho mal di testa e mi fa anche un po' male la gola.
● Sei anche un po' pallida. Forse hai la febbre, sei piuttosto calda. È meglio tornare a casa, così ti metti subito a letto. Se poi non ti senti meglio, chiamiamo il dottore.
▲ Ma no, dai. Sono solo un po' raffreddata. Forse se prendo un'aspirina mi passa.
● Aspetta, non prendere l'aspirina. Andiamo in farmacia. Forse hanno qualcosa di meglio.

...

Il farmacista (■):

■ Buongiorno, desidera?
▲ Buongiorno. Senta, ho mal di testa e un po' di mal di gola. Mi può dare qualcosa?
■ Ha anche la febbre?
▲ Non lo so. Penso di no.
■ Vuole delle gocce? Sono molto efficaci.
▲ Mah, non sono molto pratiche.
■ Allora le do uno sciroppo contro il mal di gola. E per il mal di testa può prendere queste compresse. Ne prenda due a stomaco pieno. Se però le viene la febbre, deve farsi visitare da un medico. Le medicine più forti non si possono vendere senza ricetta.
▲ Lo sciroppo come si prende?
■ Tre volte al giorno prima dei pasti. Le do anche delle pastiglie da succhiare. Sono a base di sostanze naturali e hanno un buon sapore. Ha bisogno di qualcos'altro?
▲ Mi sembra di no, grazie.
■ 14 euro e 30.
▲ Ecco a Lei. Arrivederci.
■ Arrivederci e grazie.

8

● Aber was hast du denn heute, Petra? Stimmt etwas nicht?
▲ Um die Wahrheit zu sagen, fühle ich mich nicht sehr wohl. Ich habe Kopfschmerzen und auch der Hals tut mir ein bisschen weh.
● Du bist auch ein wenig blass. Vielleicht hast du Fieber. Du bist ziemlich warm. Es ist besser, sofort nach Hause zurückzukehren, so kannst du dich gleich hinlegen. Wenn du dich dann nicht besser fühlst, rufen wir einen Arzt.
▲ Aber nicht doch. Ich bin bloß ein bisschen erkältet. Vielleicht geht es vorbei, wenn ich ein Aspirin nehme.
● Warte, nimm kein Aspirin. Gehen wir in eine Apotheke. Vielleicht haben sie etwas Besseres.

...

Der Apotheker (■):

■ Guten Tag, was wünschen Sie?
▲ Guten Tag. Hören Sie, ich habe Kopfschmerzen und ein bisschen Halsweh. Können Sie mir etwas dagegen geben?
■ Haben Sie auch Fieber?
▲ Ich weiß es nicht. Ich denke nicht.
■ Möchten Sie Tropfen? Sie sind sehr wirksam.
▲ Nun, sie sind nicht sehr praktisch.
■ Dann gebe ich Ihnen einen Sirup gegen die Halsschmerzen. Und gegen das Kopfweh können Sie diese Tabletten nehmen. Nehmen Sie zwei davon auf vollen Magen. Wenn Sie aber Fieber bekommen, müssen Sie sich von einem Arzt untersuchen lassen. Stärkere Medikamente kann man nicht ohne Rezept verkaufen.
▲ Den Sirup, wie nimmt man den?
■ Dreimal täglich vor den Mahlzeiten. Ich gebe Ihnen auch Lutschtabletten. Sie sind auf natürlicher Basis und schmecken gut. Brauchen Sie noch etwas?
▲ Ich glaube nicht [Es scheint mir nicht].
■ 14 Euro 30.
▲ Hier bitte. Auf Wiedersehen.
■ Auf Wiedersehen und danke.

Übungsdialog 3/8

a. Hören Sie sich die Beispieldialoge an und stellen Sie dann die Fragen nach dem Muster:

◆ Come si prende questo sciroppo?
■ Tre volte al giorno dopo i pasti.
◆ Come si prendono queste pastiglie?
■ Tre volte al giorno prima dei pasti.

1. questo sciroppo
2. queste pastiglie
3. queste pillole
4. questa medicina
5. queste gocce
6. l'aspirina

b. Hören Sie sich den zweiten Beispieldialog an und beantworten Sie dann die Fragen nach dem Muster:

■ Quante gocce devo prendere?
◆ Ne prenda 20 prima dei pasti.
■ Quante pillole devo prendere?
◆ Ne prenda due a stomaco pieno.

1. 20 prima dei pasti
2. 2 a stomaco pieno
3. 3 dopo i pasti
4. 1 la mattina
5. 2 la sera
6. 20 con un po' d'acqua

Unpersönliche Konstruktionen mit *si*

Das unpersönliche „man" wird im Italienischen durch ***si*** + Verb in der 3. Person Singular wiedergegeben:
→ Cosa **si fa**? (Was macht man?)

Wenn eine Ergänzung im Singular folgt, steht das Verb ebenfalls in der 3. Person Singular. Wenn aber eine Ergänzung im Plural folgt, steht das Verb in der 3. Person Plural:
→ Come **si prende** questa medicina? (Wie nimmt man dieses Medikament?)
→ Come **si prendono** queste pastiglie? (Wie nimmt man diese Tabletten?)

Merken Sie sich die folgenden Sätze:
→ Come si dice in italiano? (Wie sagt man das auf Italienisch?)
→ Come si scrive? (Wie schreibt man das?)
→ Come si fa? (Wie macht man das?)

Vor reflexiven Verben wird *si* durch *ci* ersetzt, um die Wiederholung von *si* zu vermeiden:
→ Come **ci si protegge** dal sole? (Wie schützt man sich vor der Sonne?)

Ne

bezieht sich auf eine unbestimmte Menge von Gegenständen oder Personen.
Ne entspricht meist „davon":
→ Quante pastiglie devo prendere? (Wie viele Tabletten soll ich nehmen?)
→ Ne prenda due. (Nehmen Sie zwei davon.)

Manchmal wird *ne* auch mit „dazu", „darüber" oder „damit" übersetzt:
→ Che cosa ne dici? (Was sagst du dazu?)
→ Che cosa ne pensi? (Was denkst du darüber?)
→ Che cosa ne fai? (Was machst du damit?)

Informazioni Italia

Das Gesundheitssystem
Jeder Italiener hat das Recht, die Leistungen des staatlichen Gesundheitssystems in Anspruch zu nehmen. Diesem System sind auch die meisten Ärzte angeschlossen, so dass man überall medizinisch versorgt werden kann. Das gilt auch für die Angehörigen der EU-Länder. Wenn Sie im Urlaub erkranken, können Sie sich in einer *farmacia* (Apotheke) beraten lassen oder zur Notfallstation, *pronto soccorso*, eines *ospedale* (Krankenhaus) gehen. Die Notfallstation ist rund um die Uhr geöffnet und die Behandlung meistens kostenlos. An Sonn- und Feiertagen erteilt der *servizio di segreteria telefonica* (Fernsprechauftragsdienst) unter der Nummer 1100 Auskünfte über den Notdienst der Apotheken und Ärzte.

GRAMMATICA

DIE BESITZANZEIGENDEN ADJEKTIVE 1

Singular

Maskulinum	**Femininum**	
il mio	la mia	mein/e
il tuo	la tua	dein/e
il suo	la sua	sein/e, ihr/e
il Suo	la Sua	Ihr/e
il nostro	la nostra	unser/e
il vostro	la vostra	euer/eure, Ihr/e
il loro	la loro	ihr/e
il Loro	la Loro	Ihr/e

Plural

Maskulinum	**Femininum**	
i miei	le mie	meine
i tuoi	le tue	deine
i suoi	le sue	seine, ihre
i Suoi	le Sue	Ihre
i nostri	le nostre	unsere
i vostri	le vostre	eure, Ihre
i loro	le loro	ihre
i Loro	le Loro	Ihre

Im Italienischen richtet sich das besitzanzeigende Adjektiv in Geschlecht und Zahl nur nach dem Besitzobjekt. Im Unterschied zum Deutschen steht vor dem Adjektiv der bestimmte Artikel.

il mio lavoro	meine Arbeit
la tua macchina	dein Auto
le sue amiche	seine/ihre Freundinnen
i nostri amici	unsere Freunde

DER IMPERATIV (DIE BEFEHLSFORM)

Sie haben schon in der *Unità 5* einige Formen des Imperativs kennen gelernt. Die folgende Tabelle gibt Ihnen einen Überblick über sämtliche Formen:

	aspett**are**	prend**ere**	sent**ire**	fin**ire**
(tu)	aspett**a**	prend**i**	sent**i**	fin**isci**
(Lei)	aspett**i**	prend**a**	sent**a**	fin**isca**
(noi)	aspett**iamo**	prend**iamo**	sent**iamo**	fin**iamo**
(voi)	aspett**ate**	prend**ete**	sent**ite**	fin**ite**
(Loro)	aspett**ino**	prend**ano**	sent**ano**	fin**iscano**

Die 1. und 2. Person Plural werden wie im Präsens gebildet. Der verneinte Imperativ wird folgendermaßen gebildet:

Höflichkeitsform: *non* + Imperativform
→ Signora, **non prenda** la macchina per andare in centro.
Nehmen Sie nicht das Auto, um ins Zentrum zu fahren.

Du-Form: *non* + Infinitiv
→ **Non prendere** l'aspirina.
Nimm kein Aspirin.

IMPERATIVFORMEN EINIGER UNREGELMÄSSIGER VERBEN:

	tu	**Lei**
andare	va'/vai	vada
venire	vieni	venga
stare	sta'/stai	stia
fare	fa'/fai	faccia
dire	di'	dica
dare	da'/dai	dia
avere	abbi	abbia
essere	sii	sia
rimanere	rimani	rimanga
tenere	tieni	tenga
sapere	sappi	sappia

ESERCIZI

Esercizi scritti

1. Ergänzen Sie die Sätze mit dem passenden besitzanzeigenden Adjektiv mit Artikel:

a. Marco, … amica è molto simpatica.
b. Carla, ti presento … collega Silvano.
c. Guarda questa fotografia: questa è … casa, qui c'è … giardino e questi sono … amici Guglielmo e Simona.
d. Signora, è questo … portafoglio?
e. Ragazzi, è questa … macchina?

2. Petra fühlt sich nicht wohl. Geben Sie ihr Ratschläge und verwenden Sie dabei die Formen des Imperativs:

a. prendere un'aspirina
b. andare a letto
c. andare dal dottore
d. non fumare

3. Fügen Sie *si* und die passenden Verbformen ein:

a. In farmacia … (comprare) le medicine.
b. Al bar … (potere) leggere il giornale.
c. Allo zoo … (potere) vedere molti animali esotici.
d. In questo ristorante … (mangiare) degli antipasti deliziosi.
e. Quanto … (pagare) per entrare in discoteca?
f. Vorrei fare il tiramisù? Come … (fare)?

4. Übersetzen Sie die folgenden Sätze:

a. Wie viele Tabletten soll ich nehmen? – Nehmen Sie zwei davon abends.
b. Wie sagt man das auf Italienisch?
c. Mario, nimm ein Aspirin.
d. Das Auto springt nicht an.
e. Ich suche gerade meine Brieftasche.
f. Es ist eine Kleinigkeit.

STUDIO DENTISTICO
Dott. Zanetti-Frasson

Si riceve su appuntamento:
Lun.-Ven.
dalle 9.00-13.00 e dalle 15.30 alle 18.30

DOTT. Rossi Giovanni
(medico-chirurgo)
Specialista in medicina interna

Orario visite:
Lun., Merc., Ven.: dalle 15.30 alle 19.00
Mart., Giov.: dalle 8.30 alle 13.00

Esercizi orali 3/9-11

1. Schauen Sie sich die Bilder an. Was machen diese Personen gerade? Beantworten Sie dann die Fragen auf der CD.

a *Isabella*

b *Giacomo e Silvia*

c *Alfredo*

d *Signora Vanni*

e *Rosetta*

2. Hören Sie die folgenden Fragen an und ordnen Sie die Nummern der Fragen den unten stehenden Antworten zu. Beispiel: Frage 1 gehört zur Antwort *Ne prenda due.*

a. Tra Piazza Navona e Trinità dei Monti.
b. Ne prenda due.
c. Vuoi un consiglio? Non ci andare in macchina.
d. Si comprano dal salumiere.
e. Devi andare all'ufficio oggetti smarriti.
f. Vai alla polizia.
g. Fino alle 11.
h. Sto andando dal dottore.

3. Arbeiten Sie nun die mündlichen Übungen auf der CD durch.

8

VOCABOLARIO

Dati personali	Personalien
Cognome	Name
Nome	Vorname
Indirizzo	Adresse
Via	Straße
Numero di casa	Hausnummer
Codice postale	Postleitzahl
Città	Stadt
Provincia	Provinz
Paese	Land
Residenza	Wohnsitz
Numero di telefono	Telefonnummer
Età	Alter
Data di nascita	Geburtsdatum
Luogo di nascita	Geburtsort
Nazionalità	Nationalität
Professione	Beruf
Sesso	Geschlecht
maschile	männlich
femminile	weiblich
Stato civile	Familienstand
celibe	ledig (Mann)
nubile	ledig (Frau)
sposato/-a	verheiratet
divorziato/-a	geschieden
vedovo/-a	verwitwet
Documenti d'identità	Ausweispapiere
passaporto	Reisepass
carta d'identità	Personalausweis
numero di …	… -Nummer
data di rilascio	Ausstellungsdatum
data di scadenza	Gültigkeitsdatum

Cosa c'è che non va?

La macchina ha un guasto.
non parte.
ha una gomma a terra.

L'accensione / La frizione / Il freno non funziona.

Was stimmt nicht? 3/12

Das Auto ist kaputt.
springt nicht an.
hat einen Platten.

Die Zündung / Die Kupplung / Die Bremse funktioniert nicht.

Le parti del corpo

la testa
i capelli
l'occhio (*Mehrzahl* gli occhi)
l'orecchio (*Mehrzahl* le orecchie)
il naso
la bocca
il dente
il collo
la gola
la spalla
il braccio (*Mehrzahl* le braccia)
la mano
il dito (*Mehrzahl* le dita)
la schiena
il petto
la pancia
la gamba
il ginocchio (*Mehrzahl* le ginocchia)
il piede
Mi fa male …

Körperteile 3/13

Kopf
Haare
Auge
Ohr
Nase
Mund
Zahn
Hals, Nacken
Kehle, Hals
Schulter
Arm
Hand
Finger
Rücken
Brust
Bauch
Bein
Knie
Fuß
Es tut mir … weh.

In farmacia

Vorrei delle pillole
pastiglie.
gocce.
supposte.
iniezioni.

In der Apotheke

Ich möchte gerne Pillen.
Tabletten.
Tropfen.
Zäpfchen.
Spritzen.

8

Mi dia	uno sciroppo per la tosse.	Geben Sie mir	einen Hustensaft.
	una pomata.		eine Salbe.
	una crema solare.		eine Sonnencreme.

3/14

Hören Sie sich jetzt die folgenden Ausdrücke an und achten Sie auf die Aussprache.

Per fortuna.	Zum Glück.
Ho solo pochi spiccioli.	Ich habe nur etwas Kleingeld.
Non ti preoccupare.	Mach dir keine Sorgen.
Proprio oggi!	Ausgerechnet heute!
È una cosa da niente.	Es ist eine Kleinigkeit.
Meno male!	Gott sei Dank!
C'è qualcosa che non va?	Stimmt etwas nicht?
Per dire la verità ...	Um die Wahrheit zu sagen ...
Le gocce sono molto efficaci.	Die Tropfen sind sehr wirksam.

CONVERSAZIONE 3/15

Für jedes Problem gibt es eine Lösung. Jetzt kann nichts mehr schief gehen. Hören Sie sich wieder die Anweisungen an und nehmen Sie an der Unterhaltung teil.

Al mare o in montagna?

In dieser Lektion lernen Sie …

Situationen

- wie Sie Informationen über ein Reiseziel einholen und Ihren Urlaub buchen

Grammatik

- das *passato prossimo 1* (einfaches Perfekt)
- die Verben auf *-care* und *-gare*
- die Verben *uscire* und *stare per*
- die Steigerung der Adjektive
- die betonten Personalpronomen

Wortschatz

- Ferien
- Sport und Freizeit

DIALOGO 25 3/16

Zwei Kolleginnen, Rita (▲) und Alessandra (●), sprechen über ihre Pläne für den nächsten Urlaub.

▲ Tu dove vai quest'estate in vacanza?

● Ancora non lo so. Francesco, il mio ragazzo, vorrebbe andare in montagna ma io preferisco il mare. Mi piacerebbe andare in Sicilia.

▲ Ah, in Sicilia. Noi ci siamo andati l'anno scorso. È stata una vacanza fantastica. Il tempo era bellissimo. Abbiamo fatto tanti bagni, abbiamo visitato molte cose interessanti e abbiamo mangiato benissimo. Vi consiglio di andarci in settembre. In agosto fa troppo caldo e ci sono molti turisti.

● Mah, vediamo se riesco a convincere Francesco. Lui parla tutto il tempo della Val d'Aosta, di passeggiate nei boschi, dell'aria buona dei monti … Lui dice che la Val d'Aosta è più interessante della Sicilia. E voi cosa fate?

▲ Noi abbiamo affittato una casetta sul lago di Garda per un mese. Lo sai, mio marito è un patito del windsurf … Vengono a trovarci anche i nostri amici da Monaco con i bambini. E l'ultima settimana viene mio fratello con la sua ragazza. Pensa, vengono in bicicletta da Verona!

● Incredibile! Sono così sportivi? Io sono una pigrona. A me in vacanza piace riposare, prendere il sole, nuotare … Le mie energie le consumo la sera in discoteca. Per lo sport sono negata. Ballare è più divertente che fare jogging.

▲ Wohin gehst du diesen Sommer in Urlaub?

● Ich weiß es noch nicht. Francesco, mein Freund, möchte in die Berge gehen, ich will aber lieber ans Meer. Ich würde gerne nach Sizilien fahren.

▲ Ah, nach Sizilien. Wir sind letztes Jahr dort gewesen. Es war ein phantastischer Urlaub. Das Wetter war sehr schön. Wir haben viel gebadet, haben viele interessante Dinge gesehen [besucht] und sehr gut gegessen. Ich empfehle euch, im September dorthin zu fahren. Im August ist es zu heiß und es sind zu viele Touristen dort.

● Nun, sehen wir mal, ob es mir gelingt, Francesco zu überzeugen. Er spricht die ganze Zeit vom Aosta-Tal, von Spaziergängen durch die Wälder, von der guten Luft in den Bergen … Er sagt, dass das Aosta-Tal interessanter als Sizilien ist. Und was macht ihr?

▲ Wir haben für einen Monat ein Häuschen am Gardasee gemietet. Du weißt

[es], mein Mann ist fanatischer Windsurfer … Es kommen uns auch unsere Freunde aus München mit den Kindern besuchen. Und die letzte Woche kommt mein Bruder mit seiner Freundin. Stell dir vor, sie kommen mit dem Fahrrad aus Verona!

- Unglaublich! Sind sie so sportlich? Ich bin ein Faulpelz. Im Urlaub will ich mich ausruhen, mich sonnen, schwimmen … Ich verbrauche meine Energien abends in der Disko. Für Sport bin ich total unbegabt. Tanzen macht mehr Spaß als joggen.

Übungsdialog 3/17

Hören Sie sich die Beispieldialoge an und beantworten Sie die Fragen nach den Angaben:

■ Mario, dove sei stato in vacanza?
◆ Sono stato al lago di Garda.
■ Gianna, dove sei stata in vacanza?
◆ Sono stata in Sardegna.

1. al lago di Garda
2. in Sardegna
3. in Calabria
4. in montagna
5. al mare
6. a Cortina
7. in Val d'Aosta

Die betonten Personalpronomen

Subjekt (wer?)	Akkusativ (wen?)	Dativ (wem?)
io	me	a me
tu	te	a te
lui	lui	a lui
lei	lei	a lei
Lei	Lei	a Lei
noi	noi	a noi
voi	voi	a voi
loro	loro	loro

Die betonten Personalpronomen werden nur zur Hervorhebung verwendet. Im Gegensatz zu den unbetonten Pronomen stehen die betonten Formen sowohl vor als auch hinter dem Verb:

→ **A me** piace riposare.
(Ich [meinerseits] ruhe mich gern aus.)

→ Ecco **a Lei**.
(Hier, das ist für Sie.)

Nach Präpositionen muss stets die betonte Form stehen:

→ **Per me** va bene.
(Für mich ist es in Ordnung.)

→ Vieni **con me** al cinema?
(Kommst du mit mir ins Kino?)

9

Steigerung des Adjektivs

Der Komparativ wird mit ***più*** (mehr) oder ***meno*** (weniger) gebildet:
→ **più** interessante (interessanter)
→ **meno** interessante (weniger interessant)

Der relative Superlativ wird mit dem bestimmten Artikel und dem Komparativ gebildet:
→ **la più** bella ragazza del mondo (das schönste Mädchen der Welt)

Der absolute Superlativ wird mit der Endung ***-issimo*** gebildet und drückt (ohne Vergleich) einen sehr hohen Grad einer Eigenschaft aus:
→ Il tempo era bell**issimo**. (Das Wetter war sehr schön.)

Wenn man Eigennamen, Substantive oder Pronomen vergleicht, wird „als" durch *di* (+ bestimmter Artikel) ausgedrückt:
→ Mario è più sportivo **di** Franco. (Mario ist sportlicher als Franco.)
→ La macchina è più comoda **del** treno. (Das Auto ist bequemer als der Zug.)

Vergleicht man Adjektive, Adverbien, Verben (in der Infinitivform) oder Pronomen mit Präposition, wird „als" mit *che* wiedergegeben:
→ Ballare è più divertente **che** fare jogging. (Tanzen ist unterhaltsamer als joggen.)
→ Meglio tardi **che** mai. (Besser spät als nie.)

Informazioni Italia

Sport in Italien
Spielen Sie gerne Tennis? Oder sind Sie leidenschaftliche Golfspieler? Dank der günstigen klimatischen und geographischen Bedingungen bietet Italien die besten Voraussetzungen für alle Sportliebhaber: Man kann *sciare* (Ski fahren), *andare a vela* (segeln), *fare trekking* (wandern), *andare in bicicletta* (Rad fahren), *giocare a tennis* (Tennis spielen), *fare windsurf* (windsurfen). Das Angebot lässt keine Wünsche offen.

DIALOGO 26 3/18

Nach den Ferien sind Rita (▲) und Alessandra (●) wieder im Büro. Es ist Mittag und die beiden treffen sich.

● Ciao Rita! Quando sei tornata dalle vacanze?
▲ Ho ricominciato a lavorare ieri. Ma, senti, sto per andare a pranzo. Vieni con me?
● Sì, volentieri. Così mi racconti.
…
● Allora, come è stato sul lago di Garda?
▲ È stato molto bello. Ho fatto un corso di vela, ho giocato quasi ogni giorno a tennis con Ursula, ho nuotato. Ogni settimana abbiamo fatto una gita nei dintorni. Purtroppo il tempo non è stato sempre bello. Ha piovuto qualche volta. Allora siamo rimasti a casa e abbiamo giocato a carte o a Monopoli con i bambini. Insomma è stata una vacanza molto varia e interessante. E tu? Sei andata poi in Sicilia?
● Sì, per due settimane alla fine di settembre. Hai veramente ragione tu. La Sicilia è favolosa. Abbiamo noleggiato una moto e abbiamo girato molto. Abbiamo conosciuto un sacco di gente simpatica. Siamo anche stati a vedere Siracusa. Che bella città! Anche Francesco è stato entusiasta.
▲ Non ha rimpianto la Val d'Aosta?
● No, per niente. E poi abbiamo deciso di andarci quest'inverno a sciare.
▲ Mamma mia! Già le due. Scusa, Alessandra, ma devo andare. Il capo sta sicuramente per arrivare.

9

- ● Hallo Rita! Wann bist du aus dem Urlaub zurückgekommen?
- ▲ Ich habe gestern wieder angefangen zu arbeiten. Aber ich wollte gerade mittagessen gehen. Kommst du mit mir?
- ● Ja, gerne. Dann kannst du mir alles erzählen [So erzählst du mir].

...

- ● Also, wie war's denn am Gardasee?
- ▲ Es ist sehr schön gewesen. Ich habe einen Segelkurs besucht, habe fast jeden Tag mit Ursula Tennis gespielt, ich bin geschwommen. Jede Woche haben wir einen Ausflug in die Umgebung gemacht. Leider ist das Wetter nicht immer schön gewesen. Manchmal hat es geregnet. Wir sind dann zu Hause geblieben und haben Karten oder Monopoly mit den Kindern gespielt. Insgesamt ist es ein sehr abwechslungsreicher und interessanter Urlaub gewesen. Und du? Bist du denn nach Sizilien gefahren?
- ● Ja, Ende September für zwei Wochen. Du hast wirklich Recht. Sizilien ist fabelhaft. Wir haben ein Motorrad gemietet und sind viel herumgefahren. Wir haben eine Menge sympathischer Leute kennen gelernt. Wir haben auch Syrakus besichtigt. Was für eine schöne Stadt! Auch Francesco ist begeistert gewesen.
- ▲ Hat er das Aosta-Tal nicht vermisst?
- ● Nein, gar nicht. Außerdem haben wir beschlossen, im Winter zum Skifahren hinzugehen.
- ▲ Meine Güte! Es ist schon zwei! Entschuldige, Alessandra, aber ich muss gehen. Der Chef kommt sicher gleich.

Übungsdialoge 3/19

a. Hören Sie sich nun den Beispieldialog an und beantworten Sie dann die Fragen nach dem Muster:

- ■ Il tempo è stato bello?
- ◆ Sì, è stato molto bello, bellissimo.

b. Hören Sie sich jetzt den zweiten Beispieldialog an und beantworten Sie wieder die Fragen nach dem Muster:

- ■ Cosa fai?
- ◆ Sto per uscire.

1. uscire
2. andare a pranzo
3. incominciare a lavorare
4. uscire
5. finire il compito
6. mangiare

Passato prossimo 1

Das italienische *passato prossimo* entspricht etwa dem deutschen Perfekt. Wie im Deutschen wird es mit *essere* oder *avere* und dem *participio passato* (Partizip Perfekt) des jeweiligen Verbs gebildet. Das *participio* wird in der Regel aus dem Infinitiv folgendermaßen abgeleitet:

parl**are** → parl**ato**
cred**ere** → cred**uto**
cap**ire** → cap**ito**

Das mit *avere* verbundene Partizip bleibt unverändert, das mit *essere* verbundene passt sich in Geschlecht und Zahl dem Subjekt an:

	giocare	andare			
(io)	**Ho** giocato a tennis.	**Sono** andat**o/a** in Sicilia.	(noi)	**Abbiamo** giocato un'ora.	**Siamo** andat**i/e** al mare.
(tu)	**Hai** giocato a golf?	**Sei** andat**o/a** in Sicilia?	(voi)	**Avete** giocato a tennis?	**Siete** andat**i/e** a Siracusa?
(lui/lei/ Lei)	**Ha** giocato a carte.	**È** andat**o/a** sul lago di Garda.	(loro)	**Hanno** giocato in giardino.	**Sono** andat**i/e** in montagna.

→ Maria **è andata** a Roma.
→ Franco **è andato** in Sardegna.
→ Gina e Paola **sono andate** al mare.
→ Pino e Romolo **sono andati** in montagna.

Viele Verben haben ein unregelmäßiges Partizip. Eine Liste der wichtigsten dieser Verben finden Sie auf der ***Grammatica***-Seite.

Stare per + Infinitiv

drückt im Italienischen eine unmittelbar bevorstehende Handlung aus:
→ Sto per andare a pranzo. (Ich gehe gleich zum Mittagessen.)
→ Il capo sta per arrivare. (Der Chef kommt gleich.)

Giocare a

Das Verb *giocare* wird immer mit der Präposition *a* verwendet:
→ Gioco spesso **a** tennis. (Ich spiele oft Tennis.)

¿ Informazioni Italia

Le vacanze
Viele Italiener nehmen ihre Ferien im August. In diesem Monat schließen die meisten Büros und Fabriken und in der Stadt kann man überall *chiuso per ferie* (wegen Urlaub geschlossen) lesen. Der Höhepunkt der Saison wird am 15. August mit *Ferragosto* erreicht. An diesem Feiertag (Mariä Himmelfahrt) ist ganz Italien in Urlaub, die Städte sind absolut leer und in den Urlaubsorten ist es fast unmöglich, ein freies Zimmer zu finden.

DIALOGO 27 3/20

La storia di Petra e Roberto (9)

Petra (▲) und Roberto (●) wollen zusammen in Urlaub fahren. Sie blättern in einem Reisekatalog und lassen sich von den schönen Bildern inspirieren.

▲ Leggi qui, Roberto: due settimane in Calabria solo 755 euro. Io la Calabria non la conosco. Com'è?

● La Calabria è bellissima ma questo qui è un club e, per essere sincero, non ho molta voglia di passare due settimane sulla spiaggia. Preferirei andare in un posto dove si può anche vedere qualcosa d'interessante e uscire la sera.

▲ Noi usciamo quasi ogni sera anche a Bologna e in un club potremmo fare un po' di sport. Non ci farebbe male! Ma se non ti va … E questo: «Conoscere la Sardegna». Il programma non è male. C'è un po' di tutto: visite guidate delle città e dei musei e qualche giorno al mare per riposarsi.

● Un viaggio organizzato? Be', è certo interessante ma … io preferisco viaggiare da solo con te. Se la Sardegna ti interessa, possiamo andarci da soli. Affittiamo una villetta in un posto tranquillo ma non troppo isolato e giriamo un po' in macchina.

▲ Io ho un'idea migliore! Potremmo noleggiare una barca a vela e esplorare le coste della Sardegna. Che ne dici?

● Da solo con te su una barca … È un'idea geniale. Però … anche così non vediamo le città.

▲ Le città le vediamo sempre e in luglio fa un caldo tremendo.

● Ok, facciamo un compromesso: una settimana andiamo in barca e una settimana giriamo per le città. A Cagliari c'è un museo archeologico molto interessante.

▲ Va bene ma non esageriamo con le mostre e i musei. In vacanza ci si deve soprattutto riposare.

▲ Lies das hier, Roberto: zwei Wochen in Kalabrien nur 755 Euro. Kalabrien kenne ich nicht. Wie ist es?

● Kalabrien ist sehr schön, aber dies hier ist ein Club und, um ehrlich zu sein, habe ich keine Lust, zwei Wochen am Strand zu verbringen. Ich würde lieber irgendwohin fahren, wo man etwas Interessantes sehen und abends ausgehen kann.

▲ Wir gehen fast jeden Abend aus, auch hier in Bologna, und in einem Club könnten wir ein bisschen Sport treiben. Es würde uns nicht schaden! Aber wenn es dir nicht passt … Und das hier: „Sardinien kennen lernen"? Das Programm ist nicht schlecht. Es gibt von allem etwas: Geführte Stadtbesichtigungen und Museumsbesuche und einige Tage am Meer, um sich auszuruhen.

● Eine organisierte Reise? Nun, es ist sicher interessant, aber … ich reise lieber mit dir allein. Wenn dich Sardinien interessiert, können wir allein dorthin fahren. Wir mieten ein Haus in einem nicht allzu abgelegenen Ort und fahren mit dem Auto herum.

▲ Ich habe eine bessere Idee! Wir könnten ein Segelboot mieten und die Küsten Sardiniens erkunden. Was hälst du davon?

● Allein mit dir auf einem Boot … [Es ist] eine geniale Idee. Aber … so sehen wir auch keine Städte.

▲ [Die] Städte sehen wir immer und im Juli ist es schrecklich heiß.

● O.k., machen wir einen Kompromiss: eine Woche gehen wir segeln und eine Woche machen wir Stadtbesichtigungen. In Cagliari gibt es ein sehr interessantes archäologisches Museum.

▲ In Ordnung, aber übertreiben wir nicht mit Ausstellungen und Museen. Im Urlaub sollte man sich vor allem ausruhen.

Übungsdialog 3/21

Hören Sie sich die Beispieldialoge an und beantworten Sie dann die Fragen nach dem Muster:

■ Conosci la Calabria?
◆ No, io **la Calabria** non **la** conosco.
■ Conosci Marco?
◆ No, io **Marco** non **lo** conosco.

Zu den Pronomen

Soll in einem Satz die Ergänzung besonders betont werden, wird sie an den Satzanfang gestellt. In diesem Fall muss das entsprechende Pronomen zusätzlich verwendet werden:

→ Le città **le** vediamo sempre. (Die Städte, die sehen wir immer.)
→ La Calabria non **la** conosco. (Kalabrien kenne ich nicht.)

9

Das Konditional

Das Konditional wird verwendet, um folgendes auszudrücken:

➔ einen Wunsch
Vorrei andare in Sicilia.
(Ich möchte nach Sizilien fahren.)

➔ eine höfliche Bitte
Potresti comprarmi il giornale?
(Könntest du mir die Zeitung kaufen?)

➔ eine mögliche, aber nicht sichere Handlung
Potremmo noleggiare una barca a vela.
(Wir könnten ein Segelboot mieten.)

Die Endungen finden Sie in der Grammatik-Übersicht im Anhang des Buches. Zunächst merken Sie sich bitte die folgenden Formen:

➔ **Vorrei** uscire. (Ich möchte ausgehen.)
➔ **Preferirei** andare in un club. (Ich würde lieber in einen Club gehen.)
➔ **Potrei** andare al mare. (Ich könnte ans Meer fahren.)
➔ **Potresti** venire qui? (Könntest du hierher kommen?)
➔ **Mi piacerebbe** andare in Sicilia. (Es würde mir gefallen, nach Sizilien zu fahren.)
➔ **Potremmo** andare in Calabria. (Wir könnten nach Kalabrien fahren.)

Mieten

heißt im Italienischen *affittare* oder *noleggiare*, wobei *affittare* nur bei Immobilien verwendet wird:

➔ Affittiamo una casa. (Mieten wir ein Haus.)
➔ Affitto un appartamento. (Ich miete eine Wohnung.)

Noleggiare wird für andere Gegenstände verwendet:

➔ Noleggio una macchina / una barca a vela / una biciclettta.
(Ich miete ein Auto / ein Segelboot / ein Fahrrad.)

i Informazioni Italia

Italien besitzt mehr Kunstschätze als jedes andere Land der Welt. Seine *musei* (Museen) und *gallerie* (Galerien), seine *chiese* (Kirchen) und *palazzi* (Paläste), seine Städte und *mostre d'arte* (Kunstausstellungen) ziehen jedes Jahr Millionen Besucher an. Um Auskünfte über die Sehenswürdigkeiten in der Nähe Ihres Urlaubsziels einzuholen, wenden Sie sich am besten an *l'Azienda di promozione turistica* (das Fremdenverkehrsamt).

GRAMMATICA

UNREGELMÄSSIGE PARTIZIPIEN:

essere (sein)	stato	mettere (setzen, stellen, legen)	messo
leggere (lesen)	letto	rispondere (antworten)	risposto
aprire (öffnen)	aperto	decidere (entscheiden)	deciso
prendere (nehmen)	preso	dire (sagen)	detto
chiudere (schließen)	chiuso	fare (machen, tun)	fatto
stare (sein, sich fühlen)	stato	perdere (verlieren)	perso
venire (kommen)	venuto	chiedere (fragen)	chiesto
scrivere (schreiben)	scritto	piangere (weinen)	pianto

VERBEN AUF -*CARE* UND -*GARE*

Bei Verben wie *giocare* oder *pagare* wird vor den Endungen ***-i*** und ***-iamo*** ein ***h*** eingefügt:

(io)	gioco	pago
(tu)	gioc**h**i	pag**h**i
(lui/lei/Lei)	gioca	paga
(noi)	gioc**h**iamo	pag**h**iamo
(voi)	giocate	pagate
(loro)	giocano	pagano

DAS VERB *USCIRE* (AUSGEHEN) IM PRÄSENS:

(Io) **esco** spesso la sera.	Ich gehe abends oft aus.
(Tu) **esci** con Paola oggi?	Gehst du heute mit Paola aus?
(Lui) non **esce** mai.	Er geht nie aus.
(Lei) **esce** ogni giorno.	Sie geht jeden Abend aus.
(Lei) quando **esce** di casa?	Wann gehen Sie aus dem Haus?
(Noi) **usciamo** insieme?	Gehen wir zusammen aus?
(Voi) **uscite** domani?	Geht ihr morgen aus?
(Loro) **escono** alle cinque.	Sie gehen um 5 Uhr aus.

9

ESERCIZI

Esercizi scritti

1. Ergänzen Sie bei den folgenden Sätzen das Partizip. Achten Sie auf die Endungen:

a. Francesca è … (andare) in Italia.
b. Abbiamo … (mangiare) una pizza.
c. Perché non siete … (uscire)?
d. Francesco, cosa hai … (fare) ieri?
e. I nostri amici hanno … (comprare) una casa al mare.
f. Luigi è … (partire) per Roma.

2. Setzen Sie die folgenden Sätze ins Perfekt:

a. Vai al mare o in montagna, Sandra?
b. Lavoro tutto il giorno.
c. È una vacanza bellissima.
d. Voi non andate in Sicilia?
e. Che sport fai?
f. I bambini giocano a Monopoli.

3. Ergänzen Sie die Dialoge mit den Pronomen *con lui, a me, da noi, a te, per Lei*:

a. … il tennis piace molto, e …?
 – Io preferisco il golf.
b. Mario è andato solo al cinema?
 – No, Carlo è andato …
c. Signora, questi fiori sono …
 – Che pensiero gentile!
d. Cosa fate domenica?
 – Siamo a casa, perché non venite …?

4. Bilden Sie Vergleichssätze mit den folgenden Adjektiven. Ein Beispiel:
bello
il vestito rosso / il vestito verde
Il vestito rosso è più bello del vestito verde.

a. grande
 la casa di Franco / la casa di Rosa
b. simpatico
 Carlo / Giovanni
c. interessante
 il teatro / il cinema
d. pratico
 i pantaloni / la gonna
e. difficile
 il cinese / l'italiano
f. caro
 il pesce / la carne

5. Spielen Sie gerne? Lösen Sie dieses Rätsel und Sie werden den Namen des populärsten Sports Italiens erfahren:

a. Ski fahren
b. schwimmen
c. Fahrrad
d. Karten (spielen)
e. Tennis
f. Monopoli

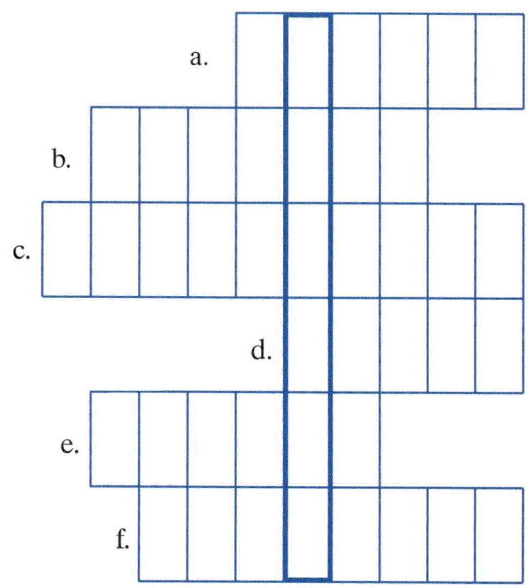

Esercizi orali 3/22–24

1. Schauen Sie sich die Bilder an und sagen Sie, was diese Personen gleich machen werden bzw. was gleich passieren wird:

2. Beantworten Sie die Fragen, indem Sie die Angaben verwenden:

a. al mare
b. a teatro
c. in Toscana
d. una bicicletta
e. un libro interessante
f. un vestito giallo

3. Arbeiten Sie jetzt die mündlichen Übungen auf der CD durch.

9

VOCABOLARIO

Il tempo meteorologico	Das Wetter
Che tempo fa?	Wie ist das Wetter?
Fa bello / brutto.	Es ist schönes / schlechtes Wetter.
Fa caldo / freddo.	Es ist warm / kalt.
C'è il sole.	Die Sonne scheint.
C'è la nebbia.	Es ist neblig.
C'è vento.	Es ist windig.
C'è un temporale.	Es gibt ein Gewitter.
È sereno.	Es ist heiter.
È nuvoloso. / È coperto.	Es ist bewölkt. / Es ist bedeckt.
Piove. / Nevica.	Es regnet. / Es schneit.

Le stagioni	Die Jahreszeiten		
la primavera	der Frühling	in primavera	im Frühling
l'estate	der Sommer	d'estate/in estate	im Sommer
l'autunno	der Herbst	in autunno	im Herbst
l'inverno	der Winter	in inverno	im Winter

Hören Sie sich jetzt die folgenden Ausdrücke an und achten Sie auf die Aussprache. 3/25

Mi piacerebbe andare in Sicilia.	Ich würde gerne nach Sizilien fahren.
Franco è un patito del windsurf.	Franco ist ein fanatischer Windsurfer.
Io sono una pigrona.	Ich bin ein Faulpelz.
Per lo sport sono negato.	Für Sport bin ich total unbegabt.
La Sicilia è favolosa.	Sizilien ist fabelhaft.
Mamma mia!	Meine Güte!
Per essere sincero …	Um ehrlich zu sein …
È un'idea geniale!	Es ist eine geniale Idee!
Facciamo un compromesso.	Machen wir einen Kompromiss.
Non esageriamo!	Übertreiben wir nicht!

CONVERSAZIONE 3/26

Jetzt können Sie aus Ihrem Urlaub mehr machen. Hören Sie sich zum Schluss wieder die Anweisungen an und nehmen Sie an der Unterhaltung teil.

Parlami un po' di te

In dieser Lektion lernen Sie …

Situationen

- wie Sie Tagesabläufe beschreiben und von Ihrem Lebensalltag erzählen
- wie Sie etwas in der Vergangenheit erzählen

Grammatik

- das *passato prossimo 2*
- das Imperfekt
- zeitliche Beziehungen (da, *tra, fra*)
- den Imperativ mit Pronomen
- Relativsätze

Wortschatz

- Jahreszeiten
- Familie

DIALOGO 28 3/27

Zwei Freundinnen, Rita (▲) und Martina (●), haben sich ein paar Jahre nicht gesehen. Bei einer Einladung bei gemeinsamen Freunden treffen sie sich wieder.

▲ Be', Martina, come va? Tutto bene?
● Sì, grazie, tutto a posto. Sai, in questi anni sono successe tante cose. Prima di tutto ho finito l'università e ho trovato subito un lavoro in una ditta di spedizioni. Era un lavoro interessante e i colleghi erano molto simpatici, purtroppo però lo stipendio non era un granché. Allora ho cambiato e sono andata a lavorare per un anno in America.
▲ In America? Che bello!
● Sì, è stata un'esperienza interessante ma poi ho preferito ritornare in Italia. Avevo una gran nostalgia della mia famiglia e dei miei amici. Per fortuna ho trovato subito un posto in una ditta di computer. Adesso sono contenta, il mio lavoro mi piace e guadagno abbastanza. E tu?
▲ Io da un anno ho smesso di lavorare. Non so se l'hai saputo, ma due anni fa mi sono sposata e adesso ho un bambino di un anno, Stefano.
● Non lo sapevo! Complimenti!
▲ Grazie. Sono molto felice, anche se il mio lavoro mi manca un po'. Adesso faccio la vita della casalinga e della mamma: mi alzo la mattina presto, mi lavo e vesto velocemente e poi mi occupo di Stefano e della casa. Preparo il pranzo, metto ordine, se posso leggo un po'. Nel pomeriggio facciamo una passeggiata e poi arriva la sera. Di solito vado a letto presto ma ogni tanto lascio Stefano da mia madre e vado con mio marito al cinema o a teatro.
● Sicuramente non ti annoi, un bambino dà molto da fare ma è anche bello vederlo crescere.
▲ Sì, è vero. Io ho deciso di restare a casa. Ho intenzione di riprendere a lavorare fra un paio d'anni, quando Stefano andrà all'asilo.

▲ Nun, Martina, wie geht's dir denn so? Alles in Ordnung [Alles gut]?
● Ja, danke, alles in Ordnung. Weißt du, in den letzten Jahren ist viel passiert [in diesen Jahren sind viele Sachen geschehen]. Zuerst habe ich mein Studium [die Universität] abgeschlossen und sofort eine Arbeit in einer Speditionsfirma gefunden. Es war eine interessante Arbeit und die Kollegen waren sehr nett. Leider war das Gehalt nichts Besonderes. Also habe ich gewechselt und bin für ein Jahr nach Amerika arbeiten gegangen.
▲ Nach Amerika? Wie schön!
● Ja, es ist eine interessante Erfahrung gewesen, aber dann habe ich mich entschieden, nach Italien zurückzukehren. Ich hatte große Sehnsucht nach meiner Familie und meinen Freunden. Zum Glück habe ich sofort eine Stelle in einer Computerfirma gefunden. Jetzt bin ich zufrieden, meine Arbeit gefällt mir und ich verdiene ziemlich gut. Und du?
▲ Seit einem Jahr habe ich aufgehört zu arbeiten. Ich weiß nicht, ob du es erfahren hast, aber ich habe vor zwei Jahren geheiratet und jetzt habe ich ein einjähriges Kind, Stefano.
● Das wusste ich nicht! Glückwunsch!
▲ Danke. Ich bin sehr glücklich, auch wenn mir meine Arbeit ein bisschen fehlt. Jetzt lebe ich das Hausfrauen- und Mutterleben: Morgens stehe ich früh auf, wasche mich und ziehe mich schnell an und dann kümmere ich mich um Stefano und um das Haus. Ich koche das Mittagessen, räume auf, wenn ich kann, lese ich ein bisschen. Nachmittags machen wir einen Spaziergang und dann ist es schon Abend. Normalerweise gehe ich früh ins Bett, aber ab und zu lasse ich Stefano bei meiner Mutter und gehe mit meinem Mann ins Kino oder ins Theater.
● Du langweilst dich sicher nicht, mit einem Kind gibt es viel zu tun, es ist aber schön, es heranwachsen zu sehen.
▲ Ja, das ist wahr. Ich habe mich entschlossen, zu Hause zu bleiben. Ich habe die Absicht, erst in ein paar Jahren, wenn Stefano in den Kindergarten geht, wieder zu arbeiten.

Übungsdialog 3/28

Hören Sie sich den Beispieldialog an und setzen Sie die Erzählung mit Hilfe der Angaben fort:

■ Che cosa hai fatto in questi anni, Carla?
◆ Ho finito l'università. Poi …

1. Ich habe eine Arbeit gefunden.
2. Ich bin nach Deutschland gefahren.
3. Ich bin nach Italien zurückgekehrt.
4. Ich habe eine Stelle in einer Bank gefunden.
5. Ich habe geheiratet.
6. Ich habe aufgehört zu arbeiten.

10

Da, fa, tra / fra

Bitte achten Sie auf die Stellung der Präpositionen:

➔ **da** due anni (seit zwei Jahren)
➔ due anni **fa** (vor zwei Jahren)
➔ **tra / fra** due anni (in zwei Jahren)

Passato prossimo 2

Die Verwendung von *essere* und *avere* im Italienischen entspricht in den meisten Fällen der Verwendung von „sein“ und „haben“ beim deutschen Perfekt. Es gibt aber einige Unterschiede.

Man verwendet *essere* mit folgenden Verben:

allen reflexiven Verben
➔ Mi sono sposata due anni fa.
(Ich habe vor zwei Jahren geheiratet.)
costare (kosten)
➔ Il viaggio è costato poco.
(Die Reise hat wenig gekostet.)
mancare (fehlen)
➔ Perché ieri sei mancato a scuola?
(Warum hast du gestern in der Schule gefehlt?)

Man verwendet *avere* mit folgenden Verben:

viaggiare (reisen)
➔ Franco ha viaggiato molto. (Franco ist viel gereist.)
passeggiare (spazieren gehen)
➔ Ieri abbiamo passeggiato per due ore.
(Gestern sind wir zwei Stunden spazieren gegangen.)
camminare (gehen, laufen)
➔ Sono così stanco! Ho camminato tutto il giorno.
(Ich bin so müde! Ich bin den ganzen Tag herumgelaufen.)
nuotare (schwimmen)
➔ Ho nuotato per un'ora.
(Ich bin eine Stunde geschwommen.)

DIALOGO 29 3/29

Giuseppe Carlini (▲) hat sich um eine Stelle beworben und ist zu einem Vorstellungsgespräch eingeladen worden. Der Personalchef (●) stellt ihm einige Fragen.

● Allora, signor Carlini, mi racconti un po' di sé.

▲ Dunque … sono nato qui a Roma nel 1975. Dopo la scuola media, ho frequentato il liceo scientifico e poi mi sono iscritto alla facoltà di legge. Mi sono laureato nel 2000 ed ho trovato subito un lavoro nello studio dell'avvocato Maldini.

● L'avvocato Maldini? L'ho conosciuto qualche giorno fa. Una persona in gamba.

▲ Sì, è un ottimo avvocato. Dopo un anno però ho deciso di andare all'estero. Volevo fare esperienze nuove. Così sono andato in Inghilterra a perfezionare il mio inglese e le mie conoscenze di diritto internazionale. Nel 2002 sono ritornato in Italia e ho trovato un posto di consulente legale in una ditta italo-americana. Sono stato anche qualche mese a New York.

● Come mai vuole cambiare? Non è contento?

▲ Il lavoro che faccio è interessante e lo stipendio è buono, ma non ho la possibilità di fare carriera. Vorrei dimostrare le mie capacità in una ditta dinamica e in via di sviluppo come la Vostra.

● Capisco, signor Carlini. Lei è un giovane ambizioso ed ha ragione … È sposato?

▲ Sì, e ho due bambini, Monica e Alfredo. Mia moglie prima lavorava anche nella ditta in cui lavoro io. Adesso ha smesso per via dei bambini.

● Also, Herr Carlini, erzählen Sie mir etwas über sich.

▲ Also … ich bin 1975 hier in Rom geboren. Nach der „Scuola Media" [Mittelschule] habe ich das naturwissenschaftliche Gymnasium besucht und mich an der juristischen Fakultät eingeschrieben. Ich habe 2000 abgeschlossen und sofort eine Arbeit in der Kanzlei des Rechtsanwalts Maldini gefunden.

● [Der] Rechtsanwalt Maldini? Ich habe ihn vor einigen Tagen kennen gelernt. Ein patenter Mann.

▲ Ja, ein sehr guter Anwalt. Nach einem Jahr habe ich aber beschlossen, ins Ausland zu gehen. So bin ich nach England gezogen, um mein Englisch und meine Kenntnisse des internationalen Rechts zu perfektionieren. 2002 bin ich nach Italien zurückgekehrt und habe eine Stelle als Rechtsberater in einer italienisch-amerikanischen Firma gefunden. Ich bin auch einige Monate in New York gewesen.

- ● Wieso wollen Sie dann wechseln? Sind Sie nicht zufrieden?
- ▲ Die Arbeit, die ich mache, ist interessant und das Gehalt ist gut, aber ich habe keine Möglichkeit, Karriere zu machen. Ich möchte gern in einer dynamischen, aufstrebenden Firma [auf dem Weg der Entwicklung] wie Ihrer meine Fähigkeiten beweisen.
- ● Ich verstehe, Herr Carlini. Sie sind ein ehrgeiziger junger Mann und Sie haben recht … Sind Sie verheiratet?
- ▲ Ja, und ich habe zwei Kinder, Monica und Alfredo. Vorher arbeitete auch meine Frau in der Firma, in der ich jetzt arbeite. Jetzt hat sie wegen der Kinder aufgehört.

Übungsdialog 3/30

Hören Sie sich den Beispieldialog an und beantworten Sie die Fragen nach dem Muster. Verwenden Sie dazu die Angaben:

- ■ Quando è nato, signor Rossi?
- ◆ Sono nato nel 1951.

a. nel 1951
b. nel 1960
c. nel 1944
d. nel 1929
e. nel 1938
f. nel 1977

Passato prossimo + Pronomen

Wenn vor einem Verb im *passato prossimo* ein Pronomen im Akkusativ steht (*lo, la, li, le, ne*), ändern sich die Endungen des Partizips nach Geschlecht und Zahl auch in Verbindung mit *avere*:

→ L'avvocato Maldini? – **L**'ho (**lo**+ho) conosciuto qualche giorno fa.
→ Hai visto Maria? – Sì, **l**'ho (**la**+ho) appena vista.
→ Hai comprato i fiori? – Sì, **li** ho comprati.
→ Hai comprato le scarpe? – Sì, **le** ho comprate.

Relativsätze

Das Relativpronomen *che* wird als Subjekt (Satzgegenstand) und als direktes Objekt (Ergänzung im Akkusativ) verwendet. Es ist unveränderlich (männlich/weiblich, Singular / Plural):

→ L'uomo **che** parla è il direttore. (Der Mann, der spricht, ist der Direktor.)
→ Il lavoro **che** faccio è interessante. (Die Arbeit, die ich mache, ist interessant.)
→ Le ragazze **che** vedi sono mie sorelle. (Die Mädchen, die du siehst, sind meine Schwestern.)

Das Pronomen ***cui*** wird mit Präpositionen verwendet und ist ebenfalls unveränderlich:

→ La ditta **in cui** lavoro è americana. (Die Firma, in der ich arbeite, ist amerikanisch.)
→ Il ragazzo **con cui** sono uscita ieri è il fratello di Giulia. (Der Junge, mit dem ich gestern ausgegangen bin, ist Giulias Bruder.)

DIALOGO 30 3/31

La storia di Petra e Roberto (10)

Petra (▲) und Roberto (●) besuchen Robertos Eltern, die in einem großen Haus außerhalb der Stadt wohnen. Roberto erzählt Petra von seiner Familie und seiner Kindheit.

▲ Che bella casa, Roberto! Tu sei cresciuto qui?
● Sì, qui ho passato la mia infanzia. Adesso ci abitano solo i miei genitori ma quando ero bambino questa casa era sempre piena di gente. Qui abitavamo noi, i miei genitori, i miei fratelli ed io. Al piano di sopra i miei nonni, nonna Bruna e nonno Ottavio. Ma vieni, ti faccio vedere delle fotografie della mia famiglia.
▲ Chi sono questi bei bambini?
● I miei fratelli: questo è Alberto, il più grande, un tipo tranquillo e un po' timido. E questi sono Adriano e Cesare, i gemelli.
▲ Non si assomigliano affatto.
● No, anche nel carattere sono del tutto diversi. Adriano è chiuso, riservato, un po' musone, spesso nervoso. Cesare è allegro, ride e scherza sempre.
▲ E questa è tua sorella?
● No, è mia zia Carla, una sorella di mia madre. Mia sorella Martina è questa. E questa qua è la piccola, Margherita, detta Mara. E questo monello sono io.
▲ Fammi vedere. Che begli occhi! Ma sai che eri proprio un bel bambino?
● Perché adesso sono brutto?
▲ Ma no, scemo. Lo sai che sei bello.
● Guarda, questo è mio nonno. Gli volevo molto bene. Ci raccontava le favole e giocava con noi bambini. Era un uomo molto saggio e sensibile. Mi ha insegnato tante cose. Quando è morto, dieci anni fa, ho pianto molto.
▲ Beato te che hai una famiglia così grande. Io purtroppo sono figlia unica.

▲ Was für ein schönes Haus, Roberto! Bist du hier groß geworden?
● Ja, hier habe ich meine Kindheit verbracht. Jetzt wohnen nur meine Eltern hier, aber als ich klein war, war dieses Haus immer voller Leute. Hier wohnten meine Eltern, meine Geschwister und ich. Im oberen Stockwerk wohnten meine Großeltern, Oma Bruna und Opa Ottavio. Aber komm, ich zeige dir einige Fotos von meiner Familie.
▲ Wer sind diese schönen Kinder?
● Meine Brüder: Das ist Alberto, der älteste, ein ruhiger, etwas schüchterner Typ. Und das [diese] sind Adriano und Cesare, die Zwillinge.
▲ Sie sind sich gar nicht ähnlich.
● Nein, auch ihr Charakter ist ganz unterschiedlich: Adriano ist verschlossen, reserviert, ein bisschen griesgrämig, oft nervös. Cesare ist fröhlich, lacht und scherzt immer.
● Ist dies deine Schwester?
▲ Das ist meine Tante Carla, eine Schwester meiner Mutter. Dies hier ist meine Schwester. Martina ist das da. Und die hier ist die Kleine, Margherita, Mara genannt. Und dieser Lausbub bin ich.
● Lass mich sehen. Was für schöne Augen! Weißt du, dass du wirklich ein schönes Kind warst?
▲ Wieso, bin ich jetzt hässlich?
● Nicht doch, du Dummkopf. Du weißt, dass du schön bist.
▲ Schau, das ist mein Opa. Ich mochte ihn sehr. Er erzählte uns Märchen und spielte mit uns Kindern. Er war ein kluger und empfindsamer Mann. Er hat mir viele Dinge beigebracht. Vor 10 Jahren, als er gestorben ist, habe ich sehr geweint.
▲ Du Glücklicher, du hast eine so große Familie. Ich bin leider Einzelkind.

Übungsdialog 3/32

Hören Sie sich den Beispieldialog an und beantworten Sie dann die Fragen mit Hilfe der Angaben:

■ Chi è questo bel bambino?
◆ È mio fratello Bruno.

1. mein Bruder Bruno
2. meine Schwester Carola
3. mein Opa
4. meine Mutter
5. meine Eltern
6. mein Freund Tommaso
7. mein Vater

Bello

verhält sich vor Substantiven wie der bestimmte Artikel:

il bambino	Che **bel** bambino!	**i** bambini	Che **bei** bambini!
la ragazza	Che **bella** ragazza!	**le** ragazze	Che **belle** ragazze!
l'albero	Che **bell'**albero!	**gli** alberi	Che **begli** alberi!
lo studio	Che **bello** studio!	**gli** stivali	Che **begli** stivali!

Steht es nach einem Substantiv, hat es die üblichen Endungen (*bello, -a, -i, -e*):
un uomo **bello** ed intelligente
dei bambini **belli** e simpatici

Die besitzanzeigenden Adjektive 2

werden bei Verwandtschaftsbezeichnungen im Singular gewöhnlich ohne den bestimmten Artikel verwendet, mit Ausnahme von *loro*. Im Plural wird jedoch immer der bestimmte Artikel benutzt:

➔ mia madre (meine Mutter)
➔ mio padre (mein Vater)
➔ mio fratello (mein Bruder)
➔ i miei fratelli (meine Brüder)
➔ le mie sorelle (meine Schwestern)

Als Sammelbegriffe werden die männlichen Pluralformen verwendet:

i fratelli (Geschwister)
i nonni (Großeltern)
i figli (Kinder)

Imperativ + Pronomen

Bei der zweiten Person Singular und der ersten und zweiten Person Plural werden die Pronomen (*mi, ti, gli, le, Le, ci, vi, la, lo, li, le, ci, ne*) direkt an das Verb angehängt. Bei der dritten Person bleiben die Pronomen wie gewöhnlich vor dem Verb:

Ecco il libro.	(tu)	Prendi**lo**!	(voi)	Prendete**lo**!
	(Lei)	**Lo** prenda!	(Loro)	**Lo** prendano!
	(noi)	Prendiamo**lo**!		

Beim verneinten Imperativ der zweiten Person Singular kann das Pronomen auch an den Infinitiv angehängt werden:

Il vino non ti piace? Non **lo** bere! / Non ber**lo**!

Bitte merken Sie sich die folgenden unregelmäßigen Formen:

dimmi (sag mir)
dammi (gib mir)
fammi (lass mich)
fallo (tu es)

Informazioni Italia

La famiglia
In Italien spielt die Familie noch eine sehr wichtige Rolle. Es ist nicht unüblich, dass die *figli* (Kinder) bis zu ihrer Hochzeit bei den Eltern wohnen. Alte Menschen wohnen, wenn sie nicht mehr für sich selbst sorgen können, meist mit ihren Kindern zusammen und werden von ihnen gepflegt. Die italienischen *nonno* und *nonna* (Opa und Oma) helfen andererseits, indem sie sich um die kleinen Kinder kümmern. Es ist normal, dass Generationen zusammenleben. Kinder werden überallhin mitgenommen und, wenn sie nicht in die Schule gehen müssen, dürfen sie meist bis spät in die Nacht aufbleiben.

GRAMMATICA

L'IMPERFETTO (DAS IMPERFEKT)

	and**are**	sap**ere**	cap**ire**	**essere**
(io)	and**avo**	sap**evo**	cap**ivo**	**ero**
(tu)	and**avi**	sap**evi**	cap**ivi**	**eri**
(lui / lei / Lei)	and**ava**	sap**eva**	cap**iva**	**era**
(noi)	and**avamo**	sap**evamo**	cap**ivamo**	**eravamo**
(voi)	and**avate**	sap**evate**	cap**ivate**	**eravate**
(loro)	and**avano**	sap**evano**	cap**ivano**	**erano**

Das Imperfekt wird verwendet, um Folgendes auszudrücken:

eine Gewohnheit in der Vergangenheit
→ Prima andavo ogni giorno al cinema.
Früher ging ich jeden Tag ins Kino.

einen Zustand in der Vergangenheit
→ Il lavoro era interessante.
Die Arbeit war interessant.

eine Handlung in der Vergangenheit, die nicht abgeschlossen war, als eine andere stattfand
→ Mentre guardavo la televisione, è arrivata mia madre.
Während ich fernsah, ist meine Mutter angekommen.

eine Handlung in der Vergangenheit, die zu einem bestimmten Zeitpunkt noch nicht abgeschlossen war
→ Alle sei ero ancora in ufficio.
Um 6 Uhr war ich noch im Büro.

UNREGELMÄSSIGE PARTIZIPIEN:

nascere (geboren werden)	nato
morire (sterben)	morto
vincere (gewinnen)	vinto
smettere (aufhören)	smesso

ESERCIZI

Esercizi scritti

1. Setzen Sie die passenden Imperfektformen ein:

Quando io (essere) … bambino, (abitare) … in una grande casa in periferia. Ogni giorno (andare) … a scuola in bicicletta. Il pomeriggio (giocare) … con i miei amici oppure (studiare) … per la scuola. La domenica (andare) … sempre dai miei nonni. Mio nonno mi (raccontare) … sempre delle favole bellissime e mi (insegnare) … tante cose interessanti. Ho avuto un'infanzia felice. I miei genitori (essere) … molto tolleranti, anche se io (essere) … un monello.

2. Mit oder ohne Artikel? Setzen Sie die passenden besitzanzeigenden Adjektive ein:

a. Hai preso tu … ombrello? – Sì, l'ho preso io.
b. Mario, ti presento … sorella Susanna.
c. Signora, come si chiama … marito?
d. I ragazzi hanno invitato … amiche.
e. Paola viene da sola? – No, viene con … ragazzo.

3. Ergänzen Sie die passende Form von *bello*:

a. Che … bambino? Chi è?
b. Maria è proprio una … ragazza.
c. L'avvocato Ferretti ha proprio un … studio.
d. Giovanna ha dei … occhi.
e. Che … scarpe! Dove le hai comprate?
f. Quanti … ragazzi qui a Roma!
g. Il tuo vestito nuovo è molto …

4. Setzen Sie die passenden Pronomen und die Perfekt-Endungen ein:

a. Hai conosciuto la sorella di Bianca? – No, non … ho conosciut…
b. Hai visto Giorgio? – Sì, … ho vist… ieri.
c. Hai comprato gli stivali neri? – Sì, … ho comprat…
d. Sei già stato a Roma, Mario? – Sì, … sono stat… l'anno scorso.
e. Mamma, hai visto le mie scarpe? – No, non … ho vist…

5. Nun testen Sie Ihre Kenntnisse. Entscheiden Sie sich für eine der zwei Lösungen. Springen Sie dann zu dem durch die Nummer bezeichneten Feld.

	2. Sono nato/a ... 1970. nel → 24. in → 14.	3. Purtroppo no. Wieder zurück zu 27.	4. Molto bene. Mario ... partito ieri. ha → 28. è → 20.	5. Peccato! Wieder zurück zu 25.
6. Giusto! Sono in Italia ... due anni. fra → 26. da → 10.	7. No, no. Wieder zurück zu 30.	8. Benissimo! ... camminato tutto il giorno. Ho → 15. Sono → 29.	9. Errore! Wieder zurück zu 22.	10. Bravo! L'uomo ... vedi è mio fratello. che → 30. chi → 16.
11. E no! Wieder zurück zu 24.	12. Bene così! Che ... bambino! bel → 8. bello → 19.	13. Sì, sì. Questi sono ... fratelli. miei → 21. i miei → 6.	14. Sbagliato. Wieder zurück zu 2.	15. Bravissimo! Fine dell'esercizio.
16. Peccato! Wieder zurück zu 10.	17. Perfetto! Marina? ... ho appena vist... Lo ... o → 23. La ... a → 4.	18. Purtroppo no! Wieder zurück zu 20.	19. Non va bene. Wieder zurück zu 12.	20. Perfetto! Io non lo ... sapevi → 18. sapevo → 13.
21. Non è giusto. Wieder zurück zu 13.	22. D'accordo. (Tu) ... viaggiato molto? sei → 9. hai → 12.	23. Sbagliato! Wieder zurück zu 17.	24. Bravo! Mentre ..., è arrivato Carlo. mangiavo → 27. ho mangiato → 11.	25. Sì, avanti! Che ... stivali! belli → 5. begli → 22.
26. Purtroppo no. Wieder zurück zu 6.	27. Benissimo! ... padre si chiama Vittorio. Il mio → 3. Mio → 17.	28. No, no! Wieder zurück zu 4.	29. Errore! Wieder zurück zu 8.	30. Bravo! ... bambino abitavo qui. Come → 7. Da → 25.

Esercizi orali 3/33–35

1. Hören Sie den Text und kreuzen Sie die zutreffenden Aussagen an:

	sì	no
Marcello è nato a Firenze.	❑	❑
Ha studiato filosofia.	❑	❑
È stato per un anno in Francia.	❑	❑
Ha incominciato a lavorare nel 1988.	❑	❑
Sua moglie lavora in fabbrica.	❑	❑
Ha lavorato anche in America.	❑	❑

2. Hören Sie sich die folgenden Fragen an und beantworten Sie sie mit einer der unten stehenden Antworten:

a. Questo è mio fratello Giovanni.
b. Nel 1960.
c. Sì, l'ho conosciuta l'anno scorso.
d. Avevo nostalgia della mia famiglia.
e. No, le ho lasciate a casa.
f. No, ho smesso di studiare per via del bambino.

3. Arbeiten Sie nun die mündlichen Übungen auf der CD durch.

VOCABOLARIO

La mia giornata	Mein Tagesablauf
Mi alzo presto.	Ich stehe früh auf.
Mi lavo.	Ich wasche mich.
Faccio la doccia.	Ich dusche.
Mi pettino.	Ich kämme mich.
Mi trucco.	Ich schminke mich.
Mi vesto.	Ich ziehe mich an.
Faccio colazione.	Ich frühstücke.
Vado in ufficio.	Ich gehe ins Büro.
Vado al lavoro.	Ich gehe zur Arbeit.
Mi occupo della casa.	Ich kümmere mich um das Haus.
Preparo il pranzo.	Ich koche das Mittagessen.
Metto ordine.	Ich räume auf.
Pranzo.	Ich esse zu Mittag.
Faccio una passeggiata.	Ich mache einen Spaziergang.
Faccio la spesa.	Ich kaufe ein.
Ceno.	Ich esse zu Abend.
Guardo la televisione.	Ich sehe fern.
Vado a letto presto.	Ich gehe früh ins Bett.

La famiglia	Die Familie	La famiglia	Die Familie
il nonno	Opa	il cugino	Vetter
la nonna	Oma	la cugina	Cousine
i genitori	Eltern	il marito	Ehemann
il padre	Vater	la moglie	Ehefrau
la madre	Mutter	il figlio	Sohn
lo zio	Onkel	la figlia	Tochter
la zia	Tante	i figli	Kinder
il fratello	Bruder	il nipote	Neffe / Enkel
la sorella	Schwester	la nipote	Nichte / Enkelin

Il carattere	Der Charakter
Marcello è riservato.	Marcello ist reserviert.
chiuso / aperto.	verschlossen / offen.
sensibile.	empfindsam.
musone.	griesgrämig.
nervoso / tranquillo.	nervös / ruhig.
allegro.	fröhlich.
timido.	schüchtern.
ambizioso.	ehrgeizig.
interessante / noioso.	interessant / langweilig.
dinamico.	dynamisch.

Quando?	Wann?
ieri	gestern
l'altroieri	vorgestern
qualche giorno fa	vor einigen Tagen
una settimana fa	vor einer Woche
due anni fa	vor zwei Jahren
nel 1960	1960
da bambino	als Kind

Hören Sie sich die folgenden Wendungen an und achten Sie auf die Aussprache. 3/36

È una ditta in via di sviluppo.	Es ist eine aufstrebende Firma.
Ho nostalgia della mia famiglia.	Ich habe Sehnsucht nach meiner Familie.
Che bel bambino!	Was für ein schönes Kind!
un uomo in gamba	ein patenter Mann
Beato te!	Du Glücklicher!
Purtroppo sono figlio unico.	Leider bin ich Einzelkind.
Ma no, scemo.	Nicht doch, du Dummkopf.
Complimenti!	Glückwunsch!
Lo stipendio non è un granché.	Das Gehalt ist nichts Besonderes.
Non lo sapevo.	Das wusste ich nicht. / Ich wusste es nicht.
Questa è Margherita, detta Mara.	Das ist Margherita, Mara genannt.

CONVERSAZIONE 3/37

Ganz zum Schluss hören Sie sich wieder die Anweisungen an und nehmen – ein letztes Mal – an der Unterhaltung teil.

TEST

Unità 6–10

1. Setzen Sie das passende besitzanzeigende Adjektiv ein, mit oder ohne Artikel:

a. Questa è Gina, ... (meine) cugina, e questo vicino a lei è ... marito Piero.
b. (Meine) ... amiche sono andate in vacanza a Capri.
c. Prego, signori. Questo è ... (Ihr) tavolo.
d. Come sta ... figlio, Linda? – Bene, grazie. È andato in vacanza con ... moglie.
e. (Unser) ... macchina ha avuto un guasto al motore.
f. Guarda, c'è Mario con ... (seine) ragazza!
g. Mi date ... (eure) indirizzo?
h. (Meine) ... nonni vivevano in campagna.
i. Giovanni, invita tutti ... (deine) amici!
l. Signora, dove vive ... famiglia?

2. Setzen Sie die Verben in die Imperativform:

a. Mi può dare la taglia più grande?
b. Potete giocare a carte con i bambini?
c. Signora, deve fare molto sport.
d. Franco, mi racconti un po' di te?
e. Vai in vacanza in agosto?
f. Telefoniamo al soccorso stradale?
g. Devi cercare bene nella borsa.
h. Deve girare a destra, signora.
i. Bambini, è meglio non toccare niente.
l. Devi prendere l'autobus, il 29.

3. Verändern Sie folgende Sätze, indem Sie *stare* + Gerundium verwenden:

a. Parli con me?
b. Cosa fate?
c. Il direttore legge il giornale.
d. Ciao, Valeria, dove vai?
e. Scusate, ma di cosa parlate?
f. I bambini giocano a Monopoli.
g. Piove di nuovo?
h. Penso proprio a te.
i. Mia madre prepara il pranzo.
l. Vesti ancora il bambino?

4. Setzen Sie die richtigen Pronomen ein:

a. Beviamo una birra? – Sì, ... beviamo subito!
b. Hai telefonato a Giorgio? – No, ... telefono più tardi.
c. Dove posso comprare i biglietti dell'autobus? – ... può comprare all'edicola.
d. Il biglietto del treno ... puoi comprare in internet.
e. Quante gocce devo prendere? – ... prenda venti.
f. Franco, questo libro è per ...
g. Ti piacciono gli spaghetti? – A ... sì, e a ...? – Moltissimo, ... mangio ogni giorno.
h. Il pane ... compro in panetteria.
i. È meglio chiamare la polizia. Se vuoi ... chiamo io.
l. Signora, ... posso offrire un caffè?

5. Setzen Sie folgende Sätze ins *passato prossimo*:

a. Per andare in ufficio prendo l'autobus.
b. Maria fa la spesa la mercato.
c. Mio fratello viene con il treno delle 10.
d. Finisci di mangiare?
e. Quando siete a Roma?
f. Cosa fai il fine settimana? – Passeggio per il parco.

g. Prendiamo un caffè al bar e poi andiamo al cinema.
h. Scrivo una cartolina a Lorenzo.
i. Noleggiate una macchina o viaggiate in autobus?
l. Leggo sempre il giornale italiano.

6. Setzen Sie die richtigen Imperfektformen ein:

a. Quando Maria (essere) … bambina (abitare) … in campagna.
b. I miei nonni (avere) … un grande giardino.
c. Simona (essere) … una ragazza timida e non (avere) … molti amici.
d. In Sicilia (noi) (passare) … le sere in discoteca.
e. Il benzinaio non (parlare) … il tedesco ma lo (capire) … un po'.
f. (Io) non (avere) … voglia di studiare.
g. Non sono venuta perché (stare) … male.
h. (Voi) (andare) … ogni giorno al mare?
i. (Tu) (sapere) … che Gianni si è sposato?
l. Mia nonna (chiamarsi) … Lina.

7. Setzen Sie die passenden Präpositionen ein:

a. Preferirei andare … un club.
b. È una cosa … niente.
c. Prenda un'aspirina e si metta … letto.
d. Se hai la febbre devi andare … dottore.
e. Forse è meglio chiedere … benzinaio.
f. La carne si può comprare … macelleria o … supermercato.
g. Abito proprio di fronte … farmacia.
h. Sei andata poi … Sicilia? – No, siamo andati … Venezia.
i. Devi andare … ufficio oggetti smarriti.
l. Siamo stati … montagna, non … mare.

8. Setzen Sie die fehlenden Wörter ein:

a. Ho smesso … lavorare … un anno.
b. Mio marito è un patito … windsurf.
c. La Sicilia è più grande … Toscana.
d. Non … preoccupare. È una … da niente.
e. Al bar … può leggere il giornale.
f. Andrea è già stato … dottore? – Credo … no.
g. Al Colosseo, come … arrivo? – ... piedi o con quell'autobus ... vede là.
h. Scusi, per andare … stazione … autobus? – … dispiace, non lo so.
i. Signora, … porto ancora qualcosa ... bere? – No, grazie, ... così.
l. Ho comprato una borsetta, … vestito nero, … paio … scarpe e … cintura … pelle.
m. Per fare questo dolce ci ... cinque uova.

9. Übersetzen Sie die folgenden Sätze ins Italienische:

a. Die Kinder spielen gerade im Garten.
b. Entschuldigen Sie, können Sie mir sagen, wo das Kolosseum ist?
c. Ich habe meine Tasche verloren.
d. Biegen Sie die erste Straße links ab und fahren Sie geradeaus bis zur Ampel.
e. Vittorio hat eine Arbeit gefunden.
f. Du hast geheiratet! Ich wusste es nicht!
g. Gestern hat den ganzen Tag geregnet.
h. Kauf ein Kilo Tomaten, 200 Gramm Schinken, eine Flasche Rotwein und Brot.
i. Gefällt dir meine neue Hose? – Ja, sehr.
l. Ich möchte gerne nach Rom aber mein Mann zieht es vor, nach Neapel zu fahren.
m. Sag mir wie spät es ist, bitte.
n. Mein Bruder hat ein dreijähriges Kind, das Sandro heißt.

Anhang

Aussprache

Grammatik-Übersicht

Lösungen der schriftlichen Übungen und der Tests

Wiedergabe aller Übungsdialoge
und mündlichen Übungen

Alphabetischer Wortschatz

Buch-stabe	**Laut Beispiel**	**Deutsches Beispiel**	**Italienisches**
a	[a]	Ampel	amico, automobile
b	[b]	Birne	bene, bianco, bambino
c	[tʃ] vor *e/i* [tʃ] vor *i* + *a/o/u* (das *i* ist stumm) [k] vor *a/o/u* [k] vor *h* + *e/i*	Tscheche Tschad Katze, Kobalt, Kunst Kette, Kino	cena, cinque ciao, cioccolata casa, cosa, cucina anche, chi,
d	[d]	Dom	domani, dare
e	[e] geschlossen [ɛ] offen	Meer essen	mese, bevo bello, bene
f	[f]	Frucht	fine, fare
g	[dʒ] vor *e/i* [dʒ] vor *i* + *a/o/u* (das *i* ist stumm) [g] vor *a/o/u* [g] vor *h* + *e/i* [ʎ] vor *li* [ɲ] vor *n*	Gin Dschungel gut gehen brillant Cognac	gelato, gente giallo, Giovanni, giugno gatto, gola spaghetti, ghiaccio figlio, moglie, gli signore, gnocchi
h	*h* ist immer stumm	hotel, ho, hanno	
i	[i]	Igel	isola, italiano
l	[l]	Lilie	latte, molto, luce
m tempo	[m]	Meer	mare, molto,
o	[o] geschlossen [ɔ] offen	wohnen Schloss	sole otto, modo
p	[p]	Pinie	pasta, pizza, porta
q	[ku]	Quadrat (das *u* behält seinen Lautwert)	questo, acqua
r	[r] gerollt		amore, riso, Roma

Buchstabe	Laut Beispiel	Deutsches Beispiel	Italienisches
s	[s] stimmlos am Wortbeginn, vor stimmlosem Konsonant und als Doppelkonsonant *ss* [z] stimmhaft zwischen Vokalen [ʃ] vor *c* + *e/i* [sk] vor *c* + *h* + *e/i* [sk] vor *c* + *a/o/u*	Kuss Sommer Scherz Skizze Skat	sole, stare, rosso rosa, casa scena, sciare scherzo, tedeschi scarpe, tedesco, scusa
t	[t]	Text	tutto, treno, tu
u	[u]	nun	uno, uovo, studente
v	[v]	Wette	Venezia, vino, inverno
z	[dz] stimmhaft [ts] stimmlos (die Aussprache von *z* ist je nach Region unterschiedlich)	zero, zoo Zucker marzo	pizza, zucchero,

- → Vokale (*a, e, i, o, u*) werden im Italienischen sehr klar und deutlich ausgesprochen.
- → Bei Vokalverbindungen (z.B. *ie, eu, au*) behalten beide Vokale ihren eigenen Lautwert: *aereo* [ae:reo], *pausa* [pa:uza], *lei* [le:i], *Europa, siamo, sai.*
- → Konsonanten werden im Gegensatz zum Deutschen stets ohne Behauchung gesprochen.
- → Doppelkonsonanten (z.B. *bb, cc, rr,*) haben den gleichen Lautwert wie die einfachen Konsonanten, sind aber stärker und länger: vgl. ital. *nonna* [nonna] – dt. Annahme [anna:me], ital. *collo* [kollo] – dt. wahllos [wa:llo:s].

Die italienischen Verben werden nach ihren Endungen in drei Konjugationsgruppen eingeteilt.

Die Verben auf **-are**, z. B. **abitare, parlare**.
Die Verben auf **-ere**, z. B. **vedere, conoscere**.
Die Verben auf **-ire**, z. B. **aprire**, **partire**.
In dieser Gruppe gibt es noch eine Untergruppe von Verben, die nach einem anderen Muster konjugiert werden, z. B. **capire, finire**.

PRÄSENS

1. DIE GRUPPE AUF *-ARE*

abitare

io	abit**o**
tu	abit**i**
lui/lei/Lei	abit**a**
noi	abit**iamo**
voi/Voi	abit**ate**
loro	abit**ano**

Besonderheiten
Die Verben auf -**care** und -**gare**, z. B. **cercare, pagare**, haben ein **h** vor den Endungen der zweiten Person Singular **(tu)** und der ersten Person Plural **(noi)**.
cercare:
io cerco, tu cer**chi**, lui/lei/Lei cerca, noi cer**chiamo**, voi cercate, loro cercano
pagare:
io pago, tu pa**ghi**, lui/lei/Lei/ paga, noi pa**ghiamo**, voi pagate, loro pagano

Unregelmäßige Verben
stare

io	sto
tu	stai
lui/lei/Lei	sta
noi	stiamo
voi/Voi	state
loro	stanno

fare finden Sie auf Seite 32
dare finden Sie auf Seite 44
andare finden Sie auf Seite 59

2. DIE GRUPPE AUF *-ERE*

prendere

io	prend**o**
tu	prend**i**
lui/lei/Lei	prend**e**
noi	prend**iamo**
voi/Voi	prend**ete**
loro	prend**ono**

Unregelmäßige Verben
potere finden Sie auf Seite 44
sapere finden Sie auf Seite 60
dovere finden Sie auf Seite 105
bere finden Sie auf Seite 71
volere finden Sie auf Seite 71

3. DIE GRUPPE AUF *-IRE*

partire

io	part**o**
tu	part**i**
lui/lei/Lei	part**e**
noi	part**iamo**
voi/Voi	part**ite**
loro	part**ono**

finire

io	fin**isco**
tu	fin**isci**
lui/lei/Lei	fin**isce**
noi	fin**iamo**
voi/Voi	fin**ite**
loro	fin**iscono**

Unregelmäßige Verben
venire finden Sie auf Seite 59
uscire finden Sie auf Seite 137

4. DIE HILFSVERBEN *ESSERE* UND *AVERE*

essere

io	sono
tu	sei
lui/lei/Lei	è
noi	siamo
voi/Voi	siete
loro	sono

avere

io	ho
tu	hai
lui/lei/Lei	ha
noi	abbiamo
voi/Voi	avete
loro	hanno

5. DIE REFLEXIVEN VERBEN

chiamarsi

io	mi chiamo
tu	ti chiami
lui/lei/Lei	si chiama
noi	ci chiamiamo
voi/Voi	vi chiamate
loro	si chiamano

IMPERATIV

Eine Übersicht über die regelmäßige und unregelmäßige Bildung finden Sie auf Seite 121.

KONDITIONAL

	parl**are**	legg**ere**
io	parl**erei**	legg**erei**
tu	parl**eresti**	legg**eresti**
lui/lei/Lei	parl**erebbe**	legg**erebbe**
noi	parl**eremmo**	legg**eremmo**
voi/Voi	parl**ereste**	legg**ereste**
loro	parl**erebbero**	legg**erebbero**

	dorm**ire**	cap**ire**
io	dorm**irei**	cap**irei**
tu	dorm**iresti**	cap**iresti**
lui/lei/Lei	dorm**irebbe**	cap**irebbe**
noi	dorm**iremmo**	cap**iremmo**
voi/Voi	dorm**ireste**	cap**ireste**
loro	dorm**irebbero**	cap**irebbero**

PASSATO PROSSIMO (UNITÀ 9 UND 10)

Unregelmäßige Partizipien

aprire	aperto
chiedere	chiesto
chiudere	chiuso
decidere	deciso
dire	detto
essere	stato
fare	fatto
leggere	letto
mettere	messo
morire	morto
nascere	nato
perdere	perso
prendere	preso
rispondere	risposto
scrivere	scritto
smettere	smesso
stare	stato
venire	venuto
vincere	vinto

IMPERFEKT

Die Endungen des Imperfekts finden Sie auf Seite 150 (Unità 10).

ARTIKEL

Die unbestimmten Artikel finden Sie auf Seite 29 (Unità 2).
Die bestimmten Artikel finden Sie auf Seite 26 (Unità 2) und auf Seite 81 (Unità 6).

SUBSTANTIVE

Eine Übersicht über die Singular- und Pluralformen finden Sie auf Seite 29 (Unità 2).

ADJEKTIVE

Eine Übersicht über die Singular- und Pluralformen finden Sie auf Seite 39 (Unità 3).

Besonderheiten
- → **questo** und **quello** auf Seite 81 (Unità 6)
- → Farbadjektive auf Seite 82 (Unità 6)
- → Possessivadjektive auf Seite 120 (Unità 8)

Die Steigerung des Adjektivs finden Sie auf Seite 130 (Unità 9).

PERSONALPRONOMEN

Die unbetonten Personalpronomen im Akkusativ finden Sie auf Seite 100 (Unità 7).
Die unbetonten Personalpronomen im Dativ finden Sie auf Seite 84 (Unità 6).
Die betonten Personalpronomen finden Sie auf Seite 129 (Unità 9).

PRÄPOSITIONEN

Eine Tabelle der Präpositionen + Artikel finden Sie auf Seite 45 (Unità 3) und Seite 89.

UNITÀ 1

1. a. è b. siamo c. sono d. sei, sono e. siete

2. a. Carla/Alfredo si trova benissimo in Italia. b. Io abito a Verona. c. Alfredo/Carla lavora in una ditta tedesca. d. Tu parli molto bene l'italiano. e. Lei si chiama Elisabetta.

3. Si chiama Francesco Moretti. È italiano, di Verona. Abita a Berlino. Lavora nella filiale tedesca di una ditta italiana. È ingegnere. Si trova bene a Berlino. La gente è molto simpatica. Purtroppo non parla il tedesco ma parla bene l'inglese.

4. a. stai b. abito c. Si chiama/È d. è e. parla

5. a. studente b. Roma c. ditta d. abito

6.

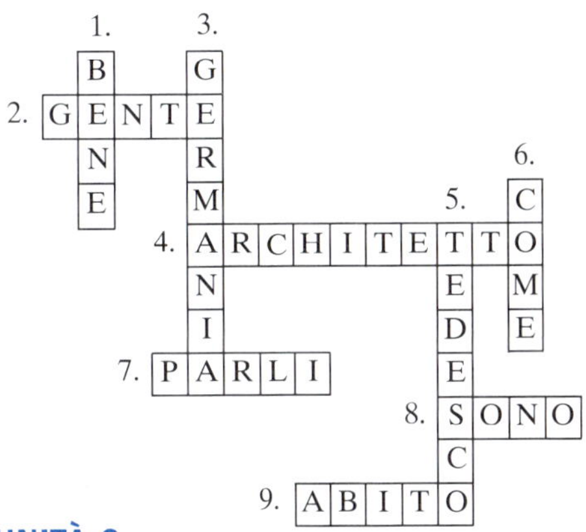

UNITÀ 2

1. a. hai b. avete c. abbiamo d. ho e. ha f. ho g. hanno

2. a. fai b. facciamo c. faccio d. fa e. fa f. fa g. facciamo

3. a. la b. Il c. un d. un e. una

4.

Singular	Plural
bambino	bambini
panino	panini
birra	birre
gelato	gelati
programmatore	programmatori
infermiera	infermiere

UNITÀ 3

1. a. posso b. dà c. dai d. È e. sono f. danno

2. a. secondo b. terza c. primo d. quarta e. primo

3. a. con, per b. al c. con d. in, al e. al f. alla g. sul

4. due camere silenziose – due panini caldi – due letti matrimoniali – due docce calde – due cortili interni – due posti tranquilli – due hotel cari

UNITÀ 4

1. a. vanno b. venite c. vieni d. andiamo e. vado f. viene

2. a. arrivo b. sa c. parti d. ritorniamo e. sanno

3. a. C'è b. ci sono c. c'è d. ci sono e. C'è

4. a. a b. dal c. delle, dal d. In e. A f. alle g. per

5.

1.		M	A	R	T	E	D	I	
2.						N	O	M	E
3.		D	I	R	E	T	T	O	
4.					T	R	E	N	O
5.					P	A	R	T	E
6.			S	C	A	L	O		
7.		C	U	C	C	E	T	T	A
8.			S	E	R	A			
9.					A	E	R	E	O
10.	P	O	S	T	O				

UNITÀ 5

1. a. vuoi b. preferisce c. beviamo d. preferisce e. vogliono f. capisco g. finisci

2. a. Mangia b. Bevi c. Mangia d. Leggi e. prendi

3. a. alla b. Per c. di d. del e. di f. al

4.

					A							
1.	P	R	O	S	C	I	U	T	T	O		
2.	S	P	I	N	A	C	I					
3.	O	T	T	I	M	O						
4.					P	O	L	L	O			
5.					A	R	R	O	S	T	O	
6.				T	R	A	T	T	O	R	I	A
7.					I	N	S	A	L	A	T	A

TEST UNITÀ 1–5

1. a. ha b. è c. abbiamo d. è e. ho f. è g. sono h. ho i. sei, sono

2. a. panini caldi b. bar rumorosi c. signore sposate d. spuntini eccellenti e. città grandi f. ragazzi simpatici g. autobus pieni h. studentesse italiane i. studenti americani

3. a. fa b. dà c. andiamo d. prendi e. mangiano f. costa g. sa h. avete i. parti l. vuole m. può n. dai

4. a. C'è b. È c. ci sono d. sono e. c'è f. è g. È h. ci sono i. è

5. a. al, in, al b. di c. al d. A e. da, per f. a, da g. Di, di, ai h. da i. di l. con

6. a. chiamo, ho, sono b. a, da c. al, un, un d. camera e. È, l' f. fa, di g. sposata h. il i. in, in, il, dal l. alla

7. a. sette e mezzo/mezza b. nove e dieci c. una d. undici e venticinque e. quattro e venti f. otto g. diciassette e quarantacinque h. ventitré e quindici

8. a. prendi b. porti c. scusi d. prenota e. mangia f. guardi g. Senta h. prenda i. riservi

9. a7 b6 c8 d2 e3 f5 g4 h1

10. a. Mario è sposato da due anni. b. Di dove sei? – Sono francese ma abito a Roma da vent'anni. c. Mangi anche tu una pizza? – No, grazie, non ho fame. d. Facciamo colazione in camera? e. Quando andate a Bari? f. Non ceno mai. g. Cosa c'è di buono oggi? h. C'è un volo diretto per Venezia? i. A che ora viene Carlo? l. C'è un posto libero in seconda classe? m. (Io) prendo un'acqua minerale. Ho una sete!

UNITÀ 6

1. a. della b. del c. dei d. delle e. del f. delle g. del h. degli i. delle j. della k. del l. dello

2. a. piace b. piace c. piacciono d. piace e. piacciono f. piace

3. a. in b. Dal c. al d. In e. In, al f. dal

4. a. ti b. Le c. ti, mi d. ci e. Le f. Mi

5. una bottiglia d'olio – una scatola di biscotti – un litro di latte – un chilo di pomodori – una lattina di coca cola

UNITÀ 7

1. a. devo b. deve c. dovete d. deve e. devono f. devi

2. a. Per, a, all', a, dopo, a b. da, all', dopo, al, da c. della d. all' e. tra

3. a. lo b. li c. La d. lo e. le f. ti

4. a. Eccolo b. Eccomi c. Eccolo d. Eccoci e. Eccole

5. a. Vada dritto, giri la prima a sinistra, poi al semaforo giri a destra e poi di nuovo a sinistra. Vada dritto fino in fondo alla strada e poi giri a destra. Lì a destra vede la stazione degli autobus.
b. Dunque, devi andare dritto e poi girare la prima a destra. Al semaforo poi giri a sinistra e vai sempre dritto.
c. Giri a sinistra e vada sempre dritto. Dopo la seconda traversa a sinistra vede il bar «Da Mario».

UNITÀ 8

1. a. la tua b. il mio c. la mia, il mio, i miei d. il Suo e. la vostra

2. a. Prendi un'aspirina. b. Vai a letto. c. Va' dal dottore. d. Non fumare.

3. a. si comprano b. si può c. si possono d. si mangiano e. si paga f. si fa

4. a. Quante pastiglie devo prendere? – Ne prenda due la sera. b. Come si dice in italiano? c. Mario, prendi un'aspirina. d. La macchina non parte. e. Sto cercando il mio portafoglio. f. È una cosa da niente.

UNITÀ 9

1. a. andata b. mangiato c. usciti d. fatto e. comprato f. partito

2. a. Sei andata al mare o in montagna, Sandra? b. Ho lavorato tutto il giorno. c. È stata una vacanza bellissima. d. Voi non siete andati in Sicilia? e. Che sport hai fatto? f. I bambini hanno giocato a Monopoli.

3. a. A me, a te b. con lui c. per Lei d. da noi

4. a. La casa di Franco è più grande della casa di Rosa. b. Carlo è più simpatico di Giovanni. c. Il teatro è più interessante del cinema. d. I pantaloni sono più pratici della gonna. e. Il cinese è più difficile dell'italiano. f. Il pesce è più caro della carne.

5.

a.					S	C	I	A	R	E
b.		N	U	O	T	A	R	E		
c.	B	I	C	I	C	L	E	T	T	A
d.						C	A	R	T	E
e.		T	E	N	N	I	S			
f.			M	O	N	O	P	O	L	I

UNITÀ 10

1. ero, abitavo, andavo, giocavo, studiavo, andavo, raccontava, insegnava, erano, ero

2. a. il mio b. mia c. Suo d. le loro e. il suo

3. a. bel b. bella c. bello d. begli e. belle f. bei g. bello

4. a. l'ho conosciuta b. l'ho visto c. li ho comprati d. ci sono stato e. le ho viste

TEST UNITÀ 6–10

1. a. mia, suo b. Le mie c. il Loro d. tuo, sua e. La nostra f. la sua g. il vostro h. I miei i. i tuoi l. la Sua

2. a. Mi dia la taglia più grande. b. Giocate a carte con i bambini. c. Signora, faccia molto sport! d. Franco, raccontami un po' di te. e. Va'/Vai in vacanza in agosto! f. Telefoniamo al soccorso stradale! g. Cerca bene nella borsa! h. Giri a destra, signora. i. Bambini, non toccate niente! l. Prendi l'autobus, il 29.

3. a. Stai parlando b. state facendo c. sta leggendo d. stai andando e. state parlando f. stanno giocando g. Sta piovendo h. Sto pensando i. sta preparando l. Stai ancora vestendo

4. a. la b. gli c. Li d. lo e. Ne f. te g. me, te, li h. lo i. la l. Le

5. a. ho preso b. ha fatto c. è venuto d. Hai finito e. siete stati f. hai fatto, Ho passeggiato g. Abbiamo preso, siamo andati h. Ho scritto i. Avete noleggiato, avete viaggiato l. Ho letto

6. a. era, abitava b. avevano c. era, aveva d. passavamo e. parlava, capiva f. avevo g. stavo h. andavate i. sapevi l. si chiamava

7. a. in b. da c. a d. dal e. al f. in, al g. alla h. in, a i. all' l. in, al

8. a. di, da b. del c. della d. ti, cosa e. si f. dal, di g. ci, A, che h. alla, degli, Mi i. Le, da, basta l. un, un, di, una, di m. vogliono

9. a. I bambini stanno giocando in giardino. b. Scusi, mi può dire dov'è il Colosseo? c. Ho perso la mia borsa. d. Giri la prima strada a sinistra e vada sempre dritto fino al semaforo. e. Vittorio ha trovato un lavoro. f. Ti sei sposato! Non lo sapevo! g. Ieri ha piovuto tutto il giorno. h. Compra un chilo di pomodori, due etti di prosciutto, una bottiglia di vino rosso e del pane. i. Ti piacciono i miei pantaloni nuovi? – Sì, molto. l. Io vorrei andare a Roma ma mio marito preferisce andare a Napoli. m. Dimmi che ora è/che ore sono, per favore. n. Mio fratello ha un bambino di tre anni che si chiama Sandro.

UNITÀ 1

DIALOGHI 1A–1B

Übungsdialog a

1.
■ Come ti chiami?
◆ Janine.
■ Io sono Alessandra. Di dove sei?
◆ Sono francese, di Parigi.

2.
■ Come ti chiami?
◆ Alex.
■ Io sono Alessandra. Di dove sei?
◆ Sono tedesco, di Berlino.

3.
■ Come ti chiami?
◆ Jane.
■ Io sono Alessandra. Di dove sei?
◆ Sono americana, di New York.

4.
■ Come ti chiami?
◆ Ramona.
■ Io sono Alessandra. Di dove sei?
◆ Sono spagnola, di Madrid.

5.
■ Come ti chiami?
◆ Kate.
■ Io sono Alessandra. Di dove sei?
◆ Sono inglese, di Londra.

6.
■ Come ti chiami?
◆ Manfred.
■ Io sono Alessandra. Di dove sei?
◆ Sono austriaco, di Vienna.

Übungsdialog b

1.
■ Ciao Marco.
◆ Ciao Maria. Come stai?
■ Bene, grazie. E tu?
◆ Benissimo.

2.
■ Ciao Marco.
◆ Ciao Alessandro. Come stai?
■ Bene, grazie. E tu?
◆ Benissimo.

3.
■ Ciao Marco.
◆ Ciao Giulia. Come stai?
■ Bene, grazie. E tu?
◆ Benissimo.

4.
■ Ciao Marco.
◆ Ciao Francesco. Come stai?
■ Bene, grazie. E tu?
◆ Benissimo.

5.
■ Ciao Marco.
◆ Ciao Gabriella. Come stai?
■ Bene, grazie. E tu?
◆ Benissimo.

6.
■ Ciao Marco.
◆ Ciao Susanna. Come stai?
■ Bene, grazie. E tu?
◆ Benissimo.

Übungsdialog c

◆ Questa è Rita. Rita è di Roma.
◆ Questo è Günter. Günter è di Monaco.
◆ Questo è Fabrizio. Fabrizio è di Firenze.
◆ Questo è Philippe. Philippe è di Parigi.
◆ Questo è John. John è di Londra.

DIALOGHI 2A–2B

Übungsdialog a

- ■ Mi chiamo Maria Sereni, e Lei?
- ◆ Sono Carmen Sanchez.
- ■ Piacere.
- ◆ Molto lieta.
- ■ Abita anche Lei a Roma?
- ◆ No, no. Abito a Napoli.
- ■ Ma non è italiana, vero?
- ◆ No, sono spagnola.
- ■ E di dove?
- ◆ Di Madrid.
- ■ E come si trova in Italia?
- ◆ Mi trovo benissimo.

Übungsdialog b

- ■ Sono Enrico Perfetti.
- ◆ Come si chiama?
- ■ Abito a Verona ma sono di Roma.
- ◆ Dove abita?
- ■ Mi trovo bene, molto bene.
- ◆ Come si trova a Roma?

DIALOGO 3

Übungsdialog a

- ■ Alberto Fontana. E tu?
- ◆ Come ti chiami?
- ■ No, no, abito qui. Sono di Roma ma adesso lavoro qui già da un anno.
- ◆ Sei qui in vacanza?
- ■ Sono architetto.
- ◆ Che lavoro fai?

Übungsdialog b

- ◆ Mi chiamo / Sono …
- ◆ Sono di …
- ◆ Abito a …
- ◆ Sono … (Beruf)

Esercizi orali

1.

a. Giovanna è di Verona.
b. Abita a Monaco.
c. È ancora studentessa ma lavora anche in una ditta italiana.
d. Sì, si trova molto bene a Monaco.

2.

a. Mi chiamo Maria e sono impiegata.
b. Io sono Francesco. Sono architetto.
c. Mi chiamo Arianna. Sono studentessa.
d. Sono Marco. Io non lavoro, sono studente.
e. Mi chiamo Giovanna Zambelli e sono segretaria in una ditta tedesca.

3.

Mi chiamo Laura Tamaro. Sono italiana, di Bologna, ma abito a Monaco. Sono insegnante e lavoro in una scuola italiana. Mi trovo molto bene a Monaco. La gente è molto simpatica. Purtroppo non parlo bene il tedesco ma la lingua mi piace molto.

4.

Fragen: Helga è tedesca? Parli bene l'italiano? Ma non è italiana, vero? Sei studente? Abita a Bologna?
Aussagen: Marc è francese. Mi piace tutto qui. Parla bene l'italiano. Giovanna è italiana. Lei è segretaria.

Unterhaltung

- ■ Buongiorno.
- ◆ Buongiorno.
- ■ Sono Simona Grandi. E Lei, come si chiama?
- ◆ Mi chiamo Alessandro Frondi.
- ■ Che lavoro fa?
- ◆ Sono ingegnere.
- ■ Di dov'è?
- ◆ Sono di Firenze.

■ Dove abita?
◆ Abito a Roma.

UNITÀ 2

DIALOGO 4

Übungsdialog a

1.
■ Che lavoro fai?
◆ Faccio il meccanico.
■ E Marina che lavoro fa?
◆ Lei fa la segretaria.

2.
■ Che lavoro fai?
◆ Faccio il medico.
■ E Francesca che lavoro fa?
◆ Lei fa la commessa.

3.
■ Che lavoro fai?
◆ Faccio l'impiegato.
■ E Alessandra che lavoro fa?
◆ Lei fa l'insegnante.

4.
■ Che lavoro fai?
◆ Faccio il programmatore.
■ E Maria che lavoro fa?
◆ Lei fa l'impiegata.

5.
■ Che lavoro fai?
◆ Faccio l'avvocato.
■ E Simona che lavoro fa?
◆ Lei fa la fotografa.

Übungsdialog b

1.
■ Franco, sei sposato?
◆ Sì, sono sposato.

2.
■ Valeria, sei sposata?
◆ No, sono ancora nubile ma ho un ragazzo.

3.
■ Saverio, sei sposato?
◆ No, non sono sposato.

4.
■ Marina, sei sposata?
◆ No, sono nubile.

5.
■ Roberto, sei sposato?
◆ No, sono celibe.

6.
■ Piero, sei sposato?
◆ No, sono ancora celibe ma ho una ragazza.

DIALOGO 5

Übungsdialog a

1.
■ Che cosa prendi?
◆ Io prendo un caffè.

2.
■ Che cosa prendi?
◆ Io prendo una coca-cola.

3.
■ Che cosa prendi?
◆ Io prendo un cappuccino.

4.
■ Che cosa prendi?
◆ Io prendo un amaro.

5.
■ Che cosa prendi?
◆ Io prendo un'aranciata.

6.
■ Che cosa prendi?
◆ Io prendo un tramezzino.

7.
■ Che cosa prendi?
◆ Io prendo un'acqua minerale.

Übungsdialog b

1.
■ Prendi una coca cola?
◆ No, grazie, non ho sete.

2.
■ Prendi una birra?
◆ No, grazie, non ho sete.

3.
■ Mangi una pizza?
◆ No, grazie, non ho fame.

4.
■ Prendi un'acqua minerale anche tu?
◆ No, grazie, non ho sete.

5.
■ Mangi un panino anche tu?
◆ No, grazie, non ho fame.

DIALOGO 6

Übungsdialog a

1.
■ Vorrei un panino.
◆ Mi dispiace ma non abbiamo panini.

2.
■ Vorrei un tramezzino.
◆ Mi dispiace ma non abbiamo tramezzini.

3.
■ Vorrei un gelato.
◆ Mi dispiace ma non abbiamo gelati.

4.
■ Vorrei una pizzetta.
◆ Mi dispiace ma non abbiamo pizzette.

5.
■ Vorrei un sandwich.
◆ Mi dispiace ma non abbiamo sandwich.

Übungsdialog b

1.
■ Cosa prendi?
◆ Io prendo un caffè. E tu?

2.
■ Cosa prendi?
◆ Io prendo un cappuccino. E tu?

3.
■ Cosa prendi?
◆ Io prendo una spremuta d'arancia. E tu?

4.
■ Cosa prendi?
◆ Io prendo una birra alla spina. E tu?

5.
■ Cosa prendi?
◆ Io prendo un'aranciata. E tu?

6.
■ Cosa prendi?
◆ Io prendo un tè. E tu?

Esercizi orali

1.
Mi chiamo Giuseppe Chiara. Ho 39 anni. Faccio l'insegnante di tedesco. Sono sposato e ho tre bambini: Marco, Francesco e Marisa. Marco ha 10 anni, Francesco 8 e Marisa 7.

2.
▲ Che cosa prendi?
● Ho sete. Prendo una coca-cola. E tu?
▲ Non lo so, ma ho fame. Cameriere!
▼ Prego, mi dica.
▲ Cosa avete da mangiare?

▼ Abbiamo panini, toast o pizzette.
▲ Avete anche tramezzini?
▼ No, mi dispiace.
▲ Be', allora prendo un toast e una birra. E per la signora una coca-cola.
● E un panino al prosciutto.

3.
Questo è Marco. Ha 28 anni, è sposato ma non ha bambini. Fa l'avvocato a Firenze. Questa è Marisa. Marisa abita a Roma, fa la giornalista. È nubile ma ha un ragazzo. Questo qui è Giulio, il ragazzo di Rita. È ingegnere e ha sempre molto lavoro. E questa è Rita. Fa l'infermiera e ha poco tempo libero. E questo qui è John. John è inglese, di Londra. È qui da un anno. È sposato e ha tre bambini: Elisabeth, Richard e Frank. Elisabeth ha cinque anni, Richard tre e Frank ha solo sette mesi. Questa infine sono io.

4.

23	35	44	16	17	51	48	76	13
64	73	15	18	55	12	98	89	66
14	40	19	99	22	33	88	77	

Unterhaltung

◆ Quanti anni hai?
■ Ho 30 anni.
◆ Sei sposata?
■ Sì, sono sposata.
◆ Hai bambini?
■ Sì, ho tre bambini.
◆ Quanti anni hanno?
■ Sabrina ha 5 anni, Carlo 4 e Valerio 2.
◆ Che lavoro fai?
■ Sono impiegata.

UNITÀ 3

DIALOGO 7

Übungsdialog a

1.
◆ Buongiorno. Mi chiamo Bianchi. Vorrei prenotare una camera doppia con doccia per tre giorni.

2.
◆ Buongiorno. Mi chiamo Rossi. Vorrei prenotare due camere singole con bagno per cinque giorni.

3.
◆ Buongiorno. Mi chiamo Alberti. Vorrei prenotare una camera matrimoniale con balcone per due giorni.

4.
◆ Buongiorno. Mi chiamo Ursini. Vorrei prenotare una camera doppia con doccia per una settimana.

5.
◆ Buongiorno. Mi chiamo Carlotti. Vorrei prenotare una camera singola con colazione per due settimane.

6.
◆ Buongiorno. Mi chiamo Parietti. Vorrei prenotare tre camere singole tranquille per un mese.

Übungsdialog b

■ Con bagno.
◆ Con bagno o con doccia?
■ È una camera con vista sul mare. È grande e molto tranquilla.
◆ La camera com'è?
■ Allora … la camera con la colazione costa 70 euro al giorno.
◆ Quanto costa al giorno?

DIALOGO 8

Übungsdialog a

1.
◆ È possibile fare colazione in camera?

2.
◆ Posso pagare con la carta di credito?

3.
◆ Si può telefonare a Roma?

4.
◆ Posso avere un collegamento internet?

Übungsdialog b

1.
◆ Signor Rossi, mi dà la patente per favore?
■ Sì, certo.

2.
◆ Signora Berti, mi dà la carta d'identità per favore?
■ Sì, subito.

3.
◆ Gianni, mi dai la chiave per piacere?
■ Sì, un momento.

4.
◆ Signor Simoni, mi dà un documento per favore?
■ Sì, certo.

5.
◆ Paola, mi dai un assegno per piacere?
■ Sì, subito.

6.
◆ Chiara, mi dai la carta di credito per favore?
■ Sì, certo.

DIALOGO 9

Übungsdialog a

1.
■ Da dove chiami?
◆ Chiamo da Roma.

2.
■ Da dove chiami?
◆ Chiamo dall'hotel.

3.
■ Da dove chiami?
◆ Chiamo dal ristorante.

4.
■ Da dove chiami?
◆ Chiamo dalla camera.

5.
■ Da dove chiami?
◆ Chiamo da Firenze.

6.
■ Da dove chiami?
◆ Chiamo dal bar.

Übungsdialog b

1.
■ Ma non è troppo piccolo?
◆ No, no, è abbastanza grande.

2.
■ Ma non è troppo caro?
◆ No, no, è abbastanza economico.

3.
■ Ma non è troppo rumoroso?
◆ No, no, è abbastanza tranquillo.

4.
■ Ma non è troppo lontano?
◆ No, no, è abbastanza vicino.

5.
■ Ma non è troppo difficile?
◆ No, no, è abbastanza facile.

6.
■ Ma il prezzo non è troppo alto?
◆ No, no, è abbastanza basso.

Esercizi orali

1.
Il posto ideale per le vostre vacanze? L'Hotel Narciso è piccolo ma moderno ed economico. Ha 20 camere, tutte con bagno e balcone. Il posto è tranquillo e la vista sul mare è veramente unica.

2.
Es bleiben übrig: 94.000 – 144 – 76

3.
a. ◆ La camera ha un balcone?
b. ◆ La camera ha il bagno?
c. ◆ L'hotel ha un garage?
d. ◆ L'hotel ha un ristorante?
e. ◆ La camera ha una doccia?

Unterhaltung

■ Hotel Cipriani, buongiorno.
◆ Buongiorno. Mi chiamo Millo. Vorrei prenotare una camera singola per cinque giorni.
■ Con bagno o con doccia?
◆ Con bagno.
◆ Quanto costa la camera al giorno?
■ Allora … la camera con colazione costa 110 euro al giorno.
◆ No, è troppo cara, mi dispiace. Arrivederci.

UNITÀ 4

DIALOGO 10

Übungsdialog

1.
◆ C'è un treno la mattina?
■ Sì, c'è un treno alle nove.

2.
◆ C'è un espresso per Roma?
■ Sì, c'è un espresso alle quattro.

3.
◆ C'è un intercity per Perugia?
■ Mi dispiace ma non c'è.

4.
◆ C'è un treno la sera?
■ Sì, c'è un treno alle 23.05.

5.
◆ C'è un treno per Verona la mattina?
■ Sì, c'è un treno alle 7.30.

6.
◆ C'è un intercity per Palermo la sera?
■ Mi dispiace ma non c'è.

DIALOGO 11

Übungsdialog

1.
■ A che ora c'è il primo treno per Napoli?
◆ Alle 15.10.

2.
■ A che ora parte il treno per Roma?
◆ Alle 8.10.

3.
■ A che ora arrivo a Roma?
◆ Alle 14.05.

4.
■ A che ora parte il treno per Venezia?
◆ Alle 9.00.

5.
■ A che ora c'è il primo treno per Firenze?
◆ Alle 7.20.

6.
■ A che ora parte il treno per Bologna?
◆ Alle 11.10.

DIALOGO 12

Übungsdialog a

1.

◆ Scusi, da che binario parte il treno per Roma?
■ Dal binario 6.
◆ Quando arriva il treno?
■ Mi dispiace, il treno ha 15 minuti di ritardo.

2.

◆ Scusi, da che binario parte il treno per Torino?
■ Dal binario 10.
◆ Quando arriva il treno?
■ Mi dispiace, il treno ha 10 minuti di ritardo.

3.

◆ Scusi, da che binario parte il treno per Genova?
■ Dal binario 7.
◆ Quando arriva il treno?
■ Mi dispiace, il treno ha 5 minuti di ritardo.

4.

◆ Scusi, da che binario parte il treno per Milano?
■ Dal binario 2.
◆ Quando arriva il treno?
■ Mi dispiace, il treno ha 15 minuti di ritardo.

5.

◆ Scusi, da che binario parte il treno per Napoli?
■ Dal binario 7.
◆ Quando arriva il treno?
■ Mi dispiace, il treno ha 20 minuti di ritardo.

6.

◆ Scusi, da che binario parte il treno per Palermo?
■ Dal binario 4.
◆ Quando arriva il treno?
■ Mi dispiace, il treno ha 30 minuti di ritardo.

Übungsdialog b

1.

■ Quando andiamo a Milano?
◆ Se hai tempo giovedì sera.
■ Andiamo in treno o in macchina?
◆ È meglio andare in macchina.

2.

■ Quando andiamo a Verona?
◆ Se hai tempo lunedì pomeriggio.
■ Andiamo in treno o in macchina?
◆ È meglio andare in macchina.

3.

■ Quando andiamo a Bologna?
◆ Se hai tempo domenica.
■ Andiamo in treno o in macchina?
◆ È meglio andare in treno.

4.

■ Quando andiamo a Palermo?
◆ Se hai tempo venerdì.
■ Andiamo in treno o in aereo?
◆ È meglio andare in aereo.

5.

■ Quando andiamo a Venezia?
◆ Se hai tempo martedì.
■ Andiamo in treno o in macchina?
◆ È meglio andare in macchina.

6.

■ Quando andiamo in centro?
◆ Se hai tempo mercoledì.
■ Andiamo in macchina o in autobus?
◆ È meglio andare in autobus.

Esercizi orali

1.

Il treno per Milano Centrale delle ore 10.55 è in partenza dal binario 12. Ferma a Como e Monza. Il treno regionale per Perugia delle ore 13.25 è in partenza dal binario 7. Il treno diretto per Palermo delle ore 21.20 partirà dal binario 6 invece che dal binario 5. L'intercity per Roma Termini delle ore 17.19 è in partenza dal binario 4. Ferma a Bologna Centrale, Firenze Santa Maria Novella.

2.

Allora, c'è l'espresso delle 20.45. Arriva a Roma alle 11.05. Oppure … c'è un diretto alle 21.15. Arriva a Roma alle 13.05. L'ultimo treno è alle 22.40. È un intercity e arriva a Roma alle 12.10.

3.

a. ■ C'è un treno per Roma la sera?
◆ Sì, c'è.
b. ■ C'è un treno per Firenze la mattina?
◆ Mi dispiace ma non c'è.
c. ■ C'è ancora un posto libero in prima classe?
◆ Mi dispiace ma non c'è.
d. ■ C'è un intercity per Napoli il pomeriggio?
◆ Sì, c'è.
e. ■ C'è un treno diretto per Palermo?
◆ Mi dispiace ma non c'è.

Unterhaltung

◆ Buongiorno. Senta, vorrei andare a Verona. C'è un treno la mattina?
■ Sì, c'è il diretto delle 10.25.
◆ A che ora arrivo?
■ Alle 12.15. Oppure c'è un regionale alle 11.35.
◆ No, grazie, prendo il diretto alle 10.25.
■ Vuole un biglietto d'andata e ritorno?
◆ No, grazie, solo andata.
◆ Da che binario parte il treno?
■ Dal binario 7.

UNITÀ 5

DIALOGO 13

Übungsdialog a

1.
■ Beviamo una birra?
◆ No, scusa, non bevo mai birra.

2.
■ Beviamo un po' di vino?
◆ No, scusa, non bevo mai vino.

3.
■ Prendiamo un caffè?
◆ No, scusa, non prendo mai caffè.

4.
■ Beviamo un tè?
◆ No, scusa, non bevo mai tè.

5.
■ Beviamo un whisky?
◆ No, scusa, non bevo mai whisky.

Übungsdialog b

1.
■ Cosa mi consigli?
◆ Prendi le tagliatelle. Sono buone.

2.
■ Cosa mi consigli?
◆ Prendi gli spaghetti. Sono eccellenti.

3.
■ Cosa mi consiglia, signora Maria?
◆ Prenda le lasagne. Sono molto buone.

4.
■ Cosa mi consigli?
◆ Prendi gli gnocchi. Sono buoni.

5.
■ Cosa mi consiglia, signor Arturo?
◆ Prenda gli spaghetti. Sono eccellenti.

DIALOGO 14

Übungsdialog a

1.
■ Di primo cosa prende?
◆ Prendo gli spaghetti alle vongole.
■ Di secondo abbiamo tonno alla griglia, sogliola, grigliata di pesce, pollo arrosto … Cosa preferisce?
◆ Preferisco il tonno alla griglia.
■ Con le patate fritte o con l'insalata mista?
◆ Con l'insalata mista.
■ E da bere, vino bianco o rosso?
◆ Un quarto di vino bianco, per favore.

Übungsdialog b

1.
■ Prendi un caffè?
◆ No, grazie, preferisco un cappuccino.

2.
■ Prende le patate fritte?
◆ No, grazie, preferisco un'insalata di pomodori.

3.
■ Le porto una bistecca ai ferri?
◆ No, grazie, preferisco l'arrosto di vitello.

4.
■ Prendi una birra?
◆ No, grazie, preferisco un bicchiere di vino bianco.

5.
■ Mangi anche tu il risotto?
◆ No, grazie, preferisco gli spaghetti alle vongole.

6.
■ Prendiamo gli spaghetti alle vongole?
◆ No, grazie, preferisco le tagliatelle al ragù.

DIALOGO 15

Übungsdialog

1.
■ Mangi carne o pesce?
◆ Preferisco la carne al pesce.

2.
■ Bevi vino bianco o rosso?
◆ Preferisco il vino bianco al vino rosso.

3.
■ Prendi il risotto o gli spaghetti?
◆ Preferisco gli spaghetti al risotto.

4.
■ Preferisci un tiramisù o un gelato?
◆ Preferisco il gelato al tiramisù.

5.
■ Prendi gli spinaci o l'insalata?
◆ Preferisco l'insalata agli spinaci.

6.
■ Preferisci un Martini o un prosecco?
◆ Preferisco il Martini al prosecco.

Esercizi orali

1.
■ Allora … Io bevo un quarto di vino rosso. E tu, Silvia?
● Io prendo solo un'acqua minerale.
■ E da mangiare? Hai già deciso?
● Sì, prendo l'antipasto misto e poi le tagliatelle al ragù.
■ Io non ho molta fame. L'antipasto lo salto e prendo gli spaghetti alle vongole.

■ E di secondo?
● Non lo so ancora. E tu?
■ Io prendo il pollo con le patate. E poi un bel tiramisù.

2.

Mario: Io prendo l'antipasto di mare. E tu?
Franca: Io prendo l'antipasto misto e poi i cannelloni.
Mario: Io di primo prendo le linguine al salmone. Qui sono buonissime. E di secondo … la sogliola ai ferri con una bella insalata mista.
Franca: Io sono indecisa. Che ne dici, prendo il fegato o l'arrosto di vitello?
Mario: Prendi l'arrosto. È una specialità della casa.
Franca: Va bene allora. L'arrosto con le patate e poi un bel tiramisù.
Mario: E cosa beviamo? Vino bianco?
Franca: Veramente io preferisco il vino rosso.
Mario: Be', allora ordino un quarto di vino bianco e un quarto di vino rosso.

3.

A.
1. ◆ Che cosa bevi?
2. ◆ Buon appetito.
3. ◆ Il conto, per favore.
4. ◆ Cosa ci consiglia?
5. ◆ Cosa c'è di buono oggi?
6. ◆ Per me solo acqua minerale.

B.
1. ■ Signora, prende una birra?
 ◆ Signora, prenda una birra!
2. ■ Alfredo, bevi un cappuccino?
 ◆ Alfredo, bevi un cappuccino!
3. ■ Marianna, ordini una pizza?
 ◆ Marianna, ordina un pizza!
4. ■ Signor Berti, mangia gli spaghetti?
 ◆ Signor Berti, mangi gli spaghetti!
5. ■ Cameriere, mi porta il conto?
 ◆ Cameriere, mi porti il conto!

C.
1. ■ Cosa mangi a pranzo?
 ◆ Non mangio niente.
2. ■ Bevi una birra?
 ◆ Non bevo mai birra.
3. ■ Chi c'è?
 ◆ Non c'è nessuno.
4. ■ Mangiamo un gelato?
 ◆ Non mangio mai gelato.
5. ■ Cosa fai?
 ◆ Non faccio niente.

Unterhaltung

■ Buongiorno. Prende un aperitivo? Un Martini o un Campari?
◆ Vorrei un Campari, grazie.
■ Come antipasto cosa Le porto?
◆ Prendo l'antipasto misto.
■ E come primo cosa desidera?
◆ Cosa mi consiglia?
■ Abbiamo un ottimo ossobuco oppure l'agnello al rosmarino, una nostra specialità.
◆ Preferisco l'agnello al rosmarino.
■ Con le patate al forno o con verdura gratinata?
◆ Con le patate.
■ E da bere cosa Le porto?
◆ Mi porti un quarto di vino rosso e un'acqua minerale.
◆ Cameriere! Il conto per favore.

UNITÀ 6

DIALOGO 16

Übungsdialog

1.
◆ Ti piace quella gonna?
■ Quale?
◆ Quella nera.

2.
◆ Ti piace quel vestito?
■ Quale?
◆ Quello giallo.

3.
◆ Ti piace quella gonna?
■ Quale?
◆ Quella rossa.

4.
◆ Ti piace quella camicetta?
■ Quale?
◆ Quella verde.

5.
◆ Ti piace quella giacca?
■ Quale?
◆ Quella nera.

DIALOGO 17

Übungsdialog a

1.
◆ Ti piace questo vestito?
■ Sì, mi piace molto.

2.
◆ Ti piacciono queste scarpe?
■ Sì, mi piacciono molto.

3.
◆ Ti piace questa giacca?
■ No, non mi piace.

4.
◆ Ti piacciono questi sandali?
■ Sì, mi piacciono molto.

5.
◆ Ti piace questa gonna?
■ Sì, abbastanza.

6.
◆ Ti piace questo completo?
■ No, non mi piace molto.

7.
◆ Ti piacciono questi vestiti?
■ Sì, molto.

Übungsdialog b

1.
■ Le piace questo vestito?
◆ Sì, ma è troppo stretto.

2.
■ Le piacciono queste scarpe?
◆ Sì, ma sono troppo alte.

3.
■ Le piacciono questi sandali?
◆ Sì, ma sono troppo grandi.

4.
■ Le piace questa giacca?
◆ Sì, ma è troppo piccola.

5.
■ Le piacciono questi pantaloni?
◆ Sì, ma sono troppo cari.

6.
■ Le piace questa gonna?
◆ Sì, ma è troppo corta.

DIALOGO 18

Übungsdialog

1.
■ Dove compriamo il caffè?
◆ Al supermercato.

2.
■ Dove compriamo la verdura?
◆ Al mercato.

3.
■ Dove compriamo il pane?
◆ In panetteria.

4.
■ Dove compriamo la carne?
◆ In macelleria.

5.
■ Dove compriamo la frutta?
◆ Dal fruttivendolo.

6.
■ Dove compriamo il prosciutto?
◆ Dal salumiere.

Esercizi orali

1.
Marco: Allora, dove andiamo a fare la spesa?
Luisa: Andiamo al supermercato qui vicino. Hanno tutto.
Marco: Ma no, dai. Al mercato la verdura è più fresca.
Luisa: E va bene.
...
Fruttivendolo: Cosa Le do, signora?
Luisa: Mi da un chilo di pomodori e quattro melanzane. Prendiamo anche gli zucchini, Marco?
Marco: Veramente mi sembrano un po' cari ...
Luisa: Be', sì, hai ragione. Senta, come sono questi meloni?
Fruttivendolo: Sono dolcissimi, signora.
Luisa: Me ne dia due, per favore.
Marco: Senti, Luisa, nel frattempo io vado in pasticceria.
Luisa: Va bene. Ci vediamo poi davanti al bar.

2.
Franca: Buongiorno, Senta, quanto costano i pomodori?
Fruttivendolo: 2 euro e 50 al chilo, signora, ma sono buonissimi.
Franca: E poi mezzo chilo di melanzane.
Fruttivendolo: Le melanzane purtroppo sono finite ma ho degli zucchini speciali a 1 euro e 80 al chilo.
Franca: Va bene allora. Mi dia un chilo di zucchini.
Franca: E le mele, quanto costano?
Fruttivendolo: Queste? Queste costano 3 euro e queste qui 2 euro e 60.
Franca: Sono un po' care, no?
Fruttivendolo: Be', sono mele di prima qualità.
Franca: E le fragole? Quanto vengono?
Fruttivendolo: Le fragole sono in offerta speciale: un chilo 3 euro.

3.
A.
1. ◆ Vorrei un chilo di pane.
2. ◆ Quanto costano i pomodori?
3. ◆ Questa gonna è troppo corta.
4. ◆ Dove compriamo il formaggio?
5. ◆ Mi sembra un po' caro, no?
6. ◆ Hai ragione.
7. ◆ Cosa ne dici?

B.
■ Quanto costa?
◆ Costa 2 euro e 10.
● Quanto vengono queste scarpe?
◆ Queste? Queste vengono 55 euro con lo sconto.

- ■ Quanto Le devo?
- ◆ 8 euro e 20.
- ● Che taglia porta?
- ◆ La 44.
- ■ Come mi sta questo vestito?
- ◆ Il colore ti sta benissimo.

C.

- ■ Compriamo qualche panino?
- ◆ Compriamo dei panini?
- ■ Viene qualche amico.
- ◆ Vengono degli amici.
- ■ Prendiamo anche qualche mela?
- ◆ Prendiamo anche delle mele?
- ■ Vorrei qualche pomodoro.
- ◆ Vorrei dei pomodori.
- ■ Mi dà qualche melanzana?
- ◆ Mi dà delle melanzane?

Unterhaltung

- ◆ Buongiorno. Volevo provare la camicetta rossa che è in vetrina.
- ■ Che taglia porta?
- ◆ La 42.
- ■ Ecco qui … Le sta molto bene.
- ◆ Purtroppo è un po' stretta. Ha una taglia più grande?
- ■ In questo colore purtroppo no. Forse in verde?
- ◆ No, grazie, a me il verde non sta bene.

UNITÀ 7

DIALOGO 19

Übungsdialog

1.

- ◆ Senta, scusi, mi sa dire dov'è il deposito bagagli?
- ■ Mi dispiace, non lo so.

2.

- ◆ Senta, scusi, mi sa dire dov'è il capolinea dell'autobus?
- ■ È proprio qui, davanti alla stazione.

3.

- ◆ Senta, scusi, mi sa dire dov'è l'ufficio informazioni?
- ■ È qui, all'angolo.

4.

- ◆ Senta, scusi, mi sa dire dov'è la stazione?
- ■ Mi dispiace, non lo so.

5.

- ◆ Senta, scusi, mi sa dire dov'è il centro?
- ■ È abbastanza vicino. Allora …

6.

- ◆ Senta, scusi, mi sa dire dov'è la casa di Giulietta?
- ■ È in centro.

DIALOGO 20

Übungsdialog a

1.

- ■ Quando visitiamo la basilica?
- ◆ La visitiamo domani.

2.

- ■ Quando visitiamo le isole?
- ◆ Le visitiamo oggi.

3.

- ■ Quando visitiamo l'Accademia?
- ◆ La visitiamo domani pomeriggio.

4.

- ■ Quando compriamo i biglietti?
- ◆ Li compriamo adesso.

5.

- ■ Quando compriamo la pianta della città?
- ◆ La compriamo subito.

6.
■ Quando visitiamo il Ponte di Rialto?
◆ Lo visitiamo dopo.

7.
■ Quando prendiamo il vaporetto?
◆ Lo prendiamo più tardi.

Übungsdialog b

1.
■ Che ore sono?
◆ Sono le 9 e mezza.

2.
■ Scusi, che ora è?
◆ Sono le 7 e un quarto.

3.
■ Che ore sono?
◆ È l'una e dieci.

4.
■ Scusi, che ora è?
◆ Sono le undici e venticinque.

5.
■ Scusi, che ora è?
◆ Sono le nove meno un quarto.

6.
■ Che ore sono?
◆ Sono le undici e un quarto.

7.
■ Senti, scusa, che ore sono?
◆ Sono le quattro e venti.

8.
■ Scusa, che ora è?
◆ Sono le sette meno venti.

DIALOGO 21

Übungsdialog a

1.
■ Scusi, per andare allo stadio?
◆ Allora … vada dritto, poi giri la prima a sinistra. Al semaforo giri poi a destra. Lì c'è lo stadio.

2.
■ Scusi, per andare in centro?
◆ Giri qui a sinistra e poi giri la seconda a destra.

3.
■ Scusi, per andare all'aereoporto?
◆ Vada dritto, al semaforo giri a destra.

4.
■ Scusi, per andare allo zoo?
◆ Giri a destra e poi vada sempre dritto.

Übungsdialog b

1.
■ Quanto Le devo?
◆ 30 euro.

2.
■ Quanto fa?
◆ 18 euro.

3.
■ Quant'è?
◆ 16 euro e 50.

4.
■ Quanto Le devo?
◆ 17 euro.

5.
■ Quant'è?
◆ 93 euro e 70.

6.
■ Quanto fa?
◆ 21 euro e 80.

7.

■ Quanto Le devo?
◆ 44 euro e 40.

Esercizi orali

2.

a. ■ Senti, scusa, dov'è la farmacia?
● La farmacia? È là, guarda, a destra del supermercato. (5)

b. ■ Senta, scusi, mi sa dire dov'è la trattoria «Da Rosina»?
● Sì, è di fronte alla farmacia. (3)

c. ■ Scusa, c'è un bar qui vicino?
● Sì, c'è il bar «Tiberio». È proprio qui vicino, accanto al supermercato. (1)

d. ■ Senti, scusa, ma dov'è la fontana?
● Non la vedi? È in mezzo alla piazza. (4)

e. ■ Scusi, mi sa dire dov'è la fermata dell'autobus?
● Sì, è qui, vicino alla trattoria. (6)

f. ■ Scusa, dov'è l'edicola?
● L'edicola? È in piazza, di fronte al bar «Tiberio». (2)

3.

A.

◆ Quando visitiamo il museo?
◆ Che autobus devo prendere?
◆ Mi dispiace, non lo so.
◆ Dove devo scendere?
◆ È ancora presto, no?
◆ Come arrivo alla stazione?
◆ Fai presto, Mario!

B.

1.

■ Quanto ci vuole per andare alla stazione?
◆ Ci vogliono 10 minuti.

2.

■ Quanto ci vuole per andare in città a piedi?
◆ Ci vuole circa un'ora.

3.

■ Quanto ci vuole per visitare l'Accademia?
◆ Ci vogliono almeno quattro ore.

4.

■ Quanto ci vuole per andare a Roma?
◆ Ci vogliono circa otto ore.

5.

■ Quanto ci vuole per andare in centro?
◆ È vicino. Ci vogliono cinque minuti.

C.

■ Dov'è la stazione?
◆ Eccola.
■ Dove sono i biglietti?
◆ Eccoli.
■ Mario, ma dove sei?
◆ Eccomi.
■ Dov'è Gianni?
◆ Eccolo.
■ Ma dove sono Franca e Giovanna?
◆ Eccole.

Unterhaltung

◆ Buongiorno, il pieno per favore.
■ Buongiorno. Subito.
◆ Scusi, per andare in centro che strada devo prendere?
■ Dunque … vada fino al primo semaforo, poi giri a destra e vada sempre dritto.
◆ È ancora lontano?
■ No, saranno cinque minuti.
◆ Quanto Le devo?
■ 35 euro.
◆ Ecco a Lei. Arrivederci.

UNITÀ 8

DIALOGO 22

Übungsdialog

1.
■ Mario è a casa?
◆ Credo di no.

2.
■ Hai tempo domani?
◆ Credo di sì.

3.
■ Viene anche Gabriella?
◆ Credo di sì.

4.
■ Ti hanno rubato il portafoglio?
◆ Credo di no.

5.
■ Sono aperti i negozi?
◆ Credo di no.

6.
■ Mario ha la macchina?
◆ Credo di sì.

7.
■ Sabine parla italiano?
◆ Credo di sì.

DIALOGO 23

Übungsdialog

1.
■ È meglio chiamare Franco.
◆ Se vuoi posso chiamarlo io.

2.
■ Bisogna fare la spesa.
◆ Se vuoi posso farla io.

3.
■ È meglio avvertire i ragazzi.
◆ Se vuoi posso avvertirli io.

4.
■ Devo comprare le sigarette.
◆ Se vuoi posso comprarle io.

5.
■ Bisogna lavare la macchina.
◆ Se vuoi posso lavarla io.

6.
■ È meglio chiamare Bruno.
◆ Se vuoi posso chiamarlo io.

7.
■ Devo fare il caffè.
◆ Se vuoi posso farlo io.

8.
■ Bisogna scrivere queste lettere.
◆ Se vuoi posso scriverle io.

DIALOGO 24

Übungsdialog a

1.
◆ Come si prende questo sciroppo?
■ Tre volte al giorno dopo i pasti.

2.
◆ Come si prendono queste pastiglie?
■ Tre volte al giorno prima dei pasti.

3.
◆ Come si prendono queste pillole?
■ Due volte al giorno a stomaco pieno.

4.
◆ Come si prende questa medicina?
■ Si prende la sera prima di dormire.

5.
◆ Come si prendono queste gocce?
■ Si prendono la mattina a digiuno.

6.
■ Come si prende l'aspirina?
◆ Si prende con un po' d'acqua.

Übungsdialog b

1.
■ Quante gocce devo prendere?
◆ Ne prenda venti prima dei pasti.

2.
■ Quante pillole devo prendere?
◆ Ne prenda due a stomaco pieno.

3.
■ Quante pastiglie devo prendere?
◆ Ne prenda tre dopo i pasti.

4.
■ Quante aspirine devo prendere?
◆ Ne prenda una la mattina.

5.
■ Quanti tranquillanti devo prendere?
◆ Ne prenda due la sera.

6.
■ Quante gocce devo prendere?
◆ Ne prenda venti con un po' d'acqua.

Esercizi orali

1.
a. ■ Cosa sta facendo Isabella?
◆ Isabella sta mangiando.
b. ■ Cosa stanno facendo Giacomo e Silvia?
◆ Giacomo e Silvia stanno bevendo qualcosa.
c. ■ E cosa sta facendo Alfredo?
◆ Alfredo sta lavorando.
d. ■ Che sta facendo la signora Vanni?
◆ La signora Vanni sta leggendo un libro.
e. ■ E Rosetta?
◆ Rosetta sta telefonando.

2.
1. Quante pastiglie devo prendere? (b)
2. Dove si comprano i carciofini? (d)
3. Dove stai andando? (h)
4. Ho perso il portafoglio. E adesso cosa faccio? (e)
5. Dove l'hai perso? (a)
6. Mi hanno rubato la borsa. E adesso? (f)
7. Voglio andare in città. Prendo la macchina? (c)
8. Fino a che ora lavori? (g)

3.
A.
1. ■ Cosa stai facendo?
◆ Sto leggendo il giornale.
2. ■ Dove stai andando?
◆ Sto andando in ufficio.
3. ■ Cosa sta facendo Patrizia?
◆ Sta giocando con Giorgio.
4. ■ Dov'è Alessandro?
◆ Sta facendo la doccia.
5. ■ Cosa fanno i bambini?
◆ Stanno facendo colazione.

B.
1. ■ Dovete aspettare un momento.
◆ Aspettate un momento.
2. ■ Deve prendere un'aspirina.
◆ Prenda un'aspirina.
3. ■ Devi avere pazienza.
◆ Abbi pazienza.
4. ■ Deve prendere il 19.
◆ Prenda il 19.
5. ■ Lei deve fare questo lavoro.
◆ Faccia questo lavoro.

C.

1. ■ Per andare in città prenda la macchina.
   ◆ Per andare in città non prenda la macchina.
2. ■ Comprate il pane.
   ◆ Non comprate il pane.
3. ■ Sta a letto.
   ◆ Non stare a letto.
4. ■ Venga da me oggi.
   ◆ Non venga da me oggi.
5. ■ Andate via.
   ◆ Non andate via.

Unterhaltung

◆ Buongiorno. Senta, ho mal di gola. Mi può dare qualcosa?
■ Ha anche la febbre?
◆ Non lo so. Credo di no.
■ Vuole uno sciroppo o delle pastiglie?
◆ Preferisco le pastiglie. Quante ne devo prendere?
■ Ne prenda due subito e poi una ogni tre ore.
◆ Mi può dare anche delle pastiglie da succhiare?
■ Certo. Ecco a Lei. Ha bisogno di qualcos'altro?
◆ Penso di no.
■ Allora sono 10 euro e quaranta.
◆ Grazie, arrivederci.

UNITÀ 9

DIALOGO 25

Übungsdialog

1.
■ Mario, dove sei stato in vacanza?
◆ Sono stato al lago di Garda.

2.
■ Gianna, dove sei stata in vacanza?
◆ Sono stata in Sardegna.

3.
■ Francesco, dove sei stato in vacanza?
◆ Sono stato in Calabria.

4.
■ Alessandra, dove sei stata in vacanza?
◆ Sono stata in montagna.

5.
■ Marco, dove sei stato in vacanza?
◆ Sono stato al mare.

6.
■ Simona, dove sei stata in vacanza?
◆ Sono stata a Cortina.

7.
■ E tu Cristiano, dove sei stato in vacanza?
◆ Sono stato in Val d'Aosta.

DIALOGO 26

Übungsdialog a

1.
■ Il tempo è stato bello?
◆ Sì, è stato molto bello, bellissimo.

2.
■ È bella la Sicilia?
◆ Sì, è molto bella, bellissima.

3.
■ È simpatica Antonella?
◆ Sì, è molto simpatica, simpaticissima.

4.
■ È stato contento tuo marito?
◆ Sì, è stato molto contento, contentissimo.

5.
■ È stato caro il viaggio?
◆ Sì, è stato molto caro, carissimo.

Übungsdialog b

1.
■ Cosa fai?
◆ Sto per uscire.

2.
■ Cosa fa Lucia?
◆ Sta per andare a pranzo.

3.
■ Cosa fanno le ragazze?
◆ Stanno per incominciare a lavorare.

4.
■ Cosa fate?
◆ Stiamo per uscire.

5.
■ Cosa fanno i bambini?
◆ Stanno per finire il compito.

6.
■ E adesso cosa fate?
◆ Stiamo per mangiare.

DIALOGO 27

Übungsdialog

1.
■ Conosci la Calabria?
◆ No, io la Calabria non la conosco.

2.
■ Conosci Marco?
◆ No, io Marco non lo conosco.

3.
■ Conosci i Rossi?
◆ No, io i Rossi non li conosco.

4.
■ Ascolti la musica classica?
◆ No, io la musica classica non la ascolto.

5.
■ Conosci l'isola d'Elba?
◆ No, io l'isola d'Elba non la conosco.

6.
■ Conosci le mie sorelle?
◆ No, io le tue sorelle non le conosco.

Esercizi orali

1.
a. Rita sta per uscire.
b. Pino e Carlo stanno per bere.
c. Stefano sta per mangiare.
d. Il negozio sta per aprire.
e. Il negozio sta per chiudere.
f. La signora Belli sta per leggere un libro.

2.
a. ■ Dove andate in vacanza quest'anno?
◆ Quest'anno andiamo al mare.
b. ■ Dove sei andato ieri?
◆ Sono andato a teatro.
c. ■ Dove è stata in vacanza Luisa?
◆ È stata in Toscana.
d. ■ Che cosa hai comprato per Gianni?
◆ Ho comprato una bicicletta.
e. ■ Che cosa hai letto al mare?
◆ Ho letto un libro interessante.
f. ■ Cosa hai comprato in città?
◆ Ho comprato un vestito giallo.

3.
A.
1. ■ Prendo un caffè.
◆ Ho preso un caffè.
2. ■ Leggi il giornale?
◆ Hai letto il giornale?
3. ■ Scrivi a Maria?
◆ Hai scritto a Maria?
4. ■ Facciamo una passeggiata.
◆ Abbiamo fatto una passeggiata.

5. ■ Andate al mare?
   ◆ Siete andati al mare?
6. ■ Decidi tu?
   ◆ Hai deciso tu?
7. ■ I negozi chiudono alle otto.
   ◆ I negozi hanno chiuso alle otto.

B.
1. ■ Telefoni a Francesco?
   ◆ No, non telefono a lui.
2. ■ Parli con Giacomo?
   ◆ No, non parlo con lui.
3. ■ I fiori sono per Gabriella?
   ◆ No, non sono per lei.
4. ■ Vai dai Rossi?
   ◆ No, non vado da loro.
5. ■ Esci con i bambini?
   ◆ No, non esco con loro.
6. ■ Vieni da me?
   ◆ No, non vengo da te.

C.
1. ■ È più grande Roma o Bologna?
   ◆ Roma è più grande di Bologna.
2. ■ È più simpatica Gina o Enrica?
   ◆ Enrica è più simpatica di Gina.
3. ■ È più vecchio Roberto o Valerio?
   ◆ Valerio è più vecchio di Roberto.
4. ■ È più difficile l'italiano o il francese?
   ◆ Il francese è più difficile dell'italiano.

Unterhaltung

■ Come è stato sul lago di Garda?
◆ È stato bellissimo!
■ Il tempo è stato bello?
◆ No, purtroppo il tempo non è stato sempre bello.
■ Cosa hai fatto?
◆ Ho noleggiato una moto e ho girato molto.
■ Hai fatto sport?
◆ Sì, ho nuotato e ho giocato ogni giorno a tennis.
■ Hai visto qualcosa d'interessante?
◆ Sì, ho visitato Sirmione.
■ E ti è piaciuta?
◆ Sì, mi è piaciuta moltissimo.

UNITÀ 10

DIALOGO 28

Übungsdialog

1. ◆ Ho trovato un lavoro.
2. ◆ Sono andata in Germania.
3. ◆ Sono ritornata in Italia.
4. ◆ Ho trovato un posto in una banca.
5. ◆ Mi sono sposata.
6. ◆ Ho smesso di lavorare.

DIALOGO 29

Übungsdialog

1.
■ Quando è nato, signor Rossi?
◆ Sono nato nel 1951.

2.
■ Quando è nata, signora Carlini?
◆ Sono nata nel 1960.

3.
■ Quando sei nato, Carlo?
◆ Sono nato nel 1944.

4.
■ Quando sei nata, nonna?
◆ Sono nata nel 1929.

5.
■ Quando è nato, signor Puccini?
◆ Sono nato nel 1938.

6.
■ Quando sei nata?
◆ Sono nata nel 1977.

DIALOGO 30

Übungsdialog

1.

■ Chi è questo bel bambino?
◆ È mio fratello Bruno.

2.

■ Chi è questa ragazza?
◆ È mia sorella Carola.

3.

■ Chi è questo signore?
◆ È mio nonno.

4.

■ Chi è questa bella signora?
◆ È mia madre.

5.

■ E questi chi sono?
◆ Sono i miei genitori.

6.

■ Chi è questo bel ragazzo?
◆ È il mio amico Tommaso.

7.

■ E questo signore qui, chi è?
◆ È mio padre.

Esercizi orali

1.

Marcello è nato a Firenze nel 1960. Ha frequentato le scuole a Firenze e poi ha studiato filosofia a Bologna. Ha finito l'università nel 1985 e poi è stato a Parigi per un anno per migliorare il suo francese. Là ha conosciuto sua moglie, Janine. Nel 1986 è ritornato in Italia e ha trovato subito un lavoro in una ditta internazionale. Poi è stato per lavoro qualche mese in Inghilterra. Nel 1987 si è sposato. Janine lavora all'istituto di cultura francese.

2.

a. Questo chi è?
b. Quando sei nato?
c. Conosci mia sorella?
d. Come mai sei ritornato in Italia?
e. Hai preso le chiavi?
f. Hai poi finito l'università?

3.

A.

1. ■ Ha finito il libro?
   ◆ Sì, l'ho finito.
2. ■ Hai visto mia sorella?
   ◆ Sì, l'ho vista.
3. ■ Avete fatto gli esercizi?
   ◆ Sì, li abbiamo fatti.
4. ■ Hai mangiato gli spaghetti?
   ◆ Sì, li ho mangiati.
5. ■ Avete bevuto il vino?
   ◆ Sì, l'abbiamo bevuto.
6. ■ Hai scritto la lettera?
   ◆ Sì, l'ho scritta.

B.

1. ■ Mangia la pasta.
   ◆ Non la mangiare.
   ◆ Non mangiarla.
2. ■ Signora, compri il giornale.
   ◆ Non lo compri.
3. ■ Gianni, va' a casa.
   ◆ Non ci andare.
   ◆ Non andarci.
4. ■ Signorina, scriva la lettera.
   ◆ Non la scriva.
5. ■ Simone, accendi la radio.
   ◆ Non la accendere.
   ◆ Non accenderla.
6. ■ Franca, apri la porta.
   ◆ Non la aprire.
   ◆ Non aprirla.

C.

1. ◆ Da bambino abitavo a Firenze.
2. ◆ Prima andavo ogni giorno a teatro.

3. ◆ Mentre facevo la doccia è arrivato Franco.
4. ◆ Alle otto ero ancora a casa.
5. ◆ Ieri siamo andati al cinema.
6. ◆ Mia nonna era una donna molto saggia.
7. ◆ Quando è morta ho pianto molto.

Unterhaltung

■ Cosa hai fatto in questi anni?
◆ Ho trovato un posto in una ditta.
◆ Poi sono stato in Inghilterra per un anno.
◆ Due anni fa mi sono sposato.
■ Complimenti! Avete già bambini?
◆ Sì, ho una figlia che si chiama Anna.
◆ E tu, Valeria? Tutto a posto?
■ Sì, grazie, tutto bene.

Die Zahl in Klammern verweist auf die *Unità*, in der das Wort zum ersten Mal erscheint. Das Geschlecht der Substantive ist mit *m.* (männlich) und *f.* (weiblich) angegeben.

A

a in; nach (1)
a destra di rechts von (3)
a digiuno nüchtern (8)
a disposizione zur Verfügung (7)
a piedi zu Fuß (7)
a sinistra di links von (3)
abbastanza ziemlich (3)
abbigliamento *m.* Kleidung (6)
abitare wohnen (1)
accademia *f.* Akademie (7)
accanto a neben (7)
accensione *f.* Zündung (8)
accidenti! verflixt! (4)
accomodarsi es sich bequem machen (5)
acerbo unreif (6)
ACI = Automobile Club Italia italienischer Automobilclub (8)
acqua *f.* Wasser (2)
acqua minerale *f.* Mineralwasser (2)
ad = a (vor Vokalen) (7)
adesso jetzt (1)
aereo *m.* Flugzeug (4)
aereoporto *m.* Flughafen (4)
affatto gar nicht (10)
affittare mieten; vermieten (9)
aglio *m.* Knoblauch (5)
agnello *m.* Lamm (5)
agosto *m.* August (3)
ah! ach! (1)
ai ferri gegrillt (5)
aiutare helfen (6)
al forno überbacken (5)
albergo *m.* Hotel (3)
alimentari *m.pl.* Lebensmittel (6)
alla diavola mit einer scharfen Sauce (5)
alla veneziana nach venezianischer Art (5)
allegro fröhlich, lustig (10)
allora also (2)
almeno wenigstens, mindestens (7)
alto hoch, groß (3)
altrettanto ebenfalls (5)
altro anderer (6)
altroieri *m.* vorgestern (10)
alzarsi aufstehen (10)
amaro *m.* Magenbitter (2)
amaro bitter (2)
ambizioso ehrgeizig (10)
Amburgo Hamburg (1)
America Amerika (1)
americano amerikanisch; Amerikaner (1)
amica *f.* Freundin (8)
amico *m.* Freund (2)
anche auch (2)
ancora noch (2)
andarci hingehen, hinfahren (9)
andare gehen, fahren (2)
andare in bicicletta Rad fahren (9)
andata *f.* Hinfahrt (4)
angolo *m.* Ecke (7)
anno *m.* Jahr (1)
annoiarsi sich langweilen (10)
antipasto *m.* Vorspeise (5)
aperitivo *m.* Aperitif (2)
aperto offen (10)
appena gerade, eben (3)
appetito *m.* Appetit (5)
aprile *m.* April (3)
aprire öffnen, aufmachen (9)
arancia *f.* Orange (2)
aranciata *f.* Limonade (2)
archeologico archäologisch (9)
architetto *m.* Architekt (1)
aria *f.* Luft (9)
arrivare ankommen (4)
arrivederci auf Wiedersehen (3)
arrivederLa auf Wiedersehen (formell) (3)
arrivo *m.* Ankunft (3)
arrosto *m.* Braten (5)

ascensore *m.* Aufzug (3)
asilo *m.* Kindergarten (10)
aspettare warten, erwarten (4)
aspirina *f.* Aspirin (8)
assegno *m.* Scheck (3)
assomigliare ähneln (10)
Austria Österreich (1)
austriaco österreichisch; Österreicher (1)
auto = automobile *f.* Auto, Wagen (8)
autobus *m.* Bus (4)
autostrada *f.* Autobahn (4)
autunno *m.* Herbst (9)
avere haben (2)
avere bisogno brauchen (8)
avere ragione Recht haben (4)
avere voglia di Lust haben auf (2)
avvertire benachrichtigen (8)
avvisare benachrichtigen (8)
avvocato *m.* Rechtsanwalt (2)
azienda di promozione turistica *f.* Fremdenverkehrsamt (9)
azzurro hellblau (6)

B

bagagli *m.pl.* Gepäck (7)
bagno *m.* Badezimmer (3)
balcone *m.* Balkon (3)
ballare tanzen (9)
bambina *f.* kleines Mädchen (2)
bambino *m.* Kind, kleiner Junge (2)
banana *f.* Banane (6)
bancomat *m.* Geldautomat (7)
bar *m.* Bar, Stehcafé (2)
barca a vela *f.* Segelboot (9)
barca *f.* Boot (9)
base *f.* Basis, Grundlage (8)
basilica *f.* Basilika (7)
basso niedrig, klein (6)
bastare (aus)reichen (7)
batteria *f.* Batterie (8)
be' = bene gut, nun ja (3)
beato glücklich (10)
bellissimo sehr schön (6)
bello schön (2)
ben = bene gut (5)
bene gut (1)
benissimo sehr gut (1)
benzina *f.* Benzin (4)
benzinaio *m.* Tankwart (7)
bere trinken (2)
Berlino Berlin (1)
bevanda *f.* Getränk (5)
bianco weiß (5)
bicchiere *m.* Trinkglas (2)
bicicletta *f.* Fahrrad (9)
biglietteria *f.* Fahrkartenschalter (7)
biglietto *m.* Fahrkarte (4)
binario *m.* Gleis (4)
biondo blond (2)
birra alla spina *f.* Bier vom Fass (2)
birra *f.* Bier (2)
bisogna es ist notwendig (7)
bistecca *f.* Schnitzel; Steak (5)
blu blau (6)
bocca *f.* Mund (5)
Bologna Bologna (3)
bolognese aus Bologna (5)
borsa *f.* Tasche (8)
borsetta *f.* Handtasche (6)
bosco *m* Wald (9)
bottiglia *f.* Flasche (5)
braccio *m.* Arm (8)
brutto hässlich (6)
buonasera guten Abend (5)
buongiorno guten Tag (2)
buono gut (2)
burro *m.* Butter (6)

C

cabina *f.* Kabine (6)
cabina telefonica *f.* Telefonzelle (8)
caffè *m.* Kaffee (2)
calamaro *m.* Tintenfisch (6)
calcio *m.* Fußball (9)
caldo warm (2)
calendario *m.* Kalender (7)

calma *f.* Ruhe (2)
calzature *f.pl.* Schuhwerk (6)
cambio valute *m.* Wechselstube (7)
camera *f.* Zimmer (3)
cameriere *m.* Kellner, Ober (2)
camicetta *f.* Bluse (6)
camicia *f.* Hemd (6)
camminare zu Fuß gehen (7)
cannelloni *m.pl.* „Cannelloni" (5)
capacità *f.* Fähigkeit (10)
capelli *m.pl.* Haare (8)
capire verstehen (5)
capo *m.* Chef (9)
capolinea *m.* Endstation (7)
cappotto *m.* Mantel (6)
cappuccino *m.* „Cappuccino" (2)
carattere *m.* Charakter (10)
carciofini *m.pl.* Artischockenherzen (6)
carino hübsch, nett (3)
carne *f.* Fleisch (5)
caro teuer; lieb (3)
carota *f.* Möhre (6)
carriera *f.* Karriere (10)
carta della città *f.* Stadtplan (8)
carta di credito *f.* Kreditkarte (3)
carta d'identità *f.* Personalausweis (3)
carte *f.pl.* Spielkarten (9)
cartoleria *f.* Schreibwarengeschäft (6)
casa *f.* Haus (5)
casalinga *f.* Hausfrau (10)
casello autostradale *m.* Mautstelle (4)
casetta *f.* Häuschen (9)
cassa *f.* Kasse (6)
celibe ledig (Mann) (2)
cena *f.* Abendessen (5)
cenare zu Abend essen (2)
cento hundert (2)
centro *m.* Zentrum (3)
cercare suchen (8)
certo sicher, gewiss (2)
cetriolo *m.* Gurke (6)
che dass (1)
chi wer (2)
chiamare (an)rufen (1)
chiamarsi heißen (1)
chiaro klar, hell (1)
chiave *f.* Schlüssel (3)
chiedere fragen (6)
chiesa *f.* Kirche (7)
chiffon *m.* Chiffon (6)
chilo *m.* Kilo (6)
chiudere schließen, zumachen (9)
ciao hallo, tschüss, servus (1)
ciliegia *f.* Kirsche (6)
cinema *m.* Kino (10)
cinque fünf (1)
cintura *f.* Gürtel (6)
circa ungefähr, zirka (4)
città *f.* Stadt (4)
classe *f.* Klasse (4)
club *m.* Club (9)
coca-cola *f.* Coca-Cola (2)
codice postale *m.* Postleitzahl (8)
cognome *m.* Familienname (8)
coincidenza *f.* Zuganschluss (4)
colazione *f.* Frühstück (3)
collega *m./f.* Kollege, Kollegin (10)
collegamento internet *m.* Internetanschluss (3)
collo *m.* Nacken (8)
colore *m.* Farbe (6)
come wie (1)
commessa *f.* Verkäuferin (1)
commesso *m.* Verkäufer (1)
commissariato di polizia *m.* Polizeistation (8)
comodo bequem (4)
compilare ausfüllen (8)
completo *m.* Anzug (6)
complimenti *m.pl.* Gratulation (10)
comprare kaufen (6)
compressa *f.* Tablette (8)
compromesso *m.* Kompromiss (9)
computer *m.* Computer (10)
con mit (2)
consiglio *m.* Ratschlag (5)

consulente legale *m.* Rechtsberater (10)
consumare verbrauchen (9)
contento zufrieden (7)
convenire sich lohnen (7)
convincere überzeugen (9)
coperto bedeckt (9)
cornetto *m.* Hörnchen, Croissant (2)
corpo *m.* Körper (8)
corridoio *m.* Korridor, Flur (3)
corso *m.* (Haupt)Straße (8)
cortile *m.* Innenhof (3)
corto kurz (6)
cosa? was? (2)
così so (2)
costare kosten (3)
costa *f.* Küste (9)
cotone Baumwolle (6)
cotto gekocht (6)
credere glauben (8)
crema *f.* Creme (8)
crema solare Sonnencreme (8)
crescere (auf)wachsen (10)
crudo roh (6)
cuccetta *f.* Liegeplatz (4)
cucina *f.* Küche (1)
cugina *f.* Cousine (10)
cugino *m.* Vetter (10)
cultura *f.* Kultur (1)

D

da von, aus, bei, zu (1)
da … a von … bis (7)
da solo allein (7)
dare geben (3)
dare un colpo di telefono *m.* kurz anrufen (3)
data di nascita *f.* Geburtsdatum (9)
data di rilascio Ausstellungsdatum (8)
data di scadenza Verfallsdatum (8)
dati personali *m.* Personalien (8)
davanti a vor (7)
davvero wirklich (2)
decidere entscheiden (9)
decimo zehnter (3)
delizioso delikat (5)
dente *m.* Zahn (8)
dentro innen, drinnen (8)
denuncia *f.* Anzeige (8)
deposito bagagli *m.* Gepäckaufbewahrung (7)
desiderare wünschen (3)
dessert *m.* Nachtisch (5)
detto genannt (10)
di von, aus (1)
di fronte a gegenüber (7)
dicembre *m.* Dezember (3)
dietro a hinter (6)
difficile schwierig (3)
dimenticare vergessen (7)
dimostrare zeigen (10)
dinamico dynamisch (10)
dintorni *m.pl.* Gegend (9)
dipendere abhängen (4)
dire sagen (2)
diretto *m.* Eilzug (4)
diretto direkt (4)
diritto geradeaus (7)
diritto internazionale *m.* internationales Recht (10)
discoteca *f.* Diskothek (9)
dispiacere leidtun (2)
dito *m.* Finger (8)
ditta *f.* Firma (1)
diverso unterschiedlich (10)
divertente amüsant, unterhaltsam (9)
divorziato geschieden (2, 8)
doccia *f.* Dusche (3)
documento *m.* Ausweis (3)
dolce süß (6)
dolce *m.* Kuchen (5)
domani morgen (3)
domattina morgen früh (7)
domenica *f.* Sonntag (4)
dopo dann, danach (7)
doppio doppel (3)
dottore *m.* Doktor, Arzt (1)

dottoressa *f.* Doktorin, Ärztin (1)
dov'è wo ist? (1)
dove wo, wohin (3)
dovere sollen, müssen (3)
dritto geradeaus (7)
due zwei (1)
dunque also (7)
durare dauern (4)

E

e und (1)
economico preiswert (3)
ed = e (vor Vokalen) (4)
edicola *f.* Zeitungskiosk (7)
efficace wirksam (8)
elegante elegant (6)
e-mail *f.* E-Mail (3)
energia *f.* Energie (9)
entrare hineingehen, eintreten (6)
entusiasta begeistert (9)
esagerare übertreiben (9)
esattamente genau (8)
esperienza *f.* Erfahrung (10)
esplorare erforschen (9)
espresso *m.* Schnellzug (4)
esserci da sein (2)
essere sein (4)
estate *f.* Sommer (9)
estero *m.* Ausland (10)
età *f.* Alter (8)
euro *m.* Euro (3)

F

fa vor (9)
facile leicht (3)
facoltà *f.* Fakultät (10)
fame *f.* Hunger (2)
famiglia *f.* Familie (1)
fantastico phantastisch (9)
fare machen, tun (2)
fare freddo kalt sein (Wetter) (9)
fare caldo heiß sein (Wetter) (9)
fare un giro herumgehen (7)
fare il bagno baden (9)
fare una telefonata telefonieren (7)
farina *f.* Mehl (6)
farmacia *f.* Apotheke (8)
farmacista *m./f.* Apotheker, Apothekerin (8)
favola *f.* Märchen (10)
favoloso fabelhaft (9)
febbraio *m.* Februar (3)
febbre *f.* Fieber (8)
fegato *m.* Leber (5)
felice glücklich (10)
femminile weiblich (8)
fettina *f.* Schnitzel, Scheibe (5)
figlia *f.* Tochter (10)
figlio *m.* Sohn (10)
filiale *f.* Filiale (1)
fine *f.* Ende (4)
finire enden, beenden (5)
fino a bis (4)
Firenze Florenz (3)
formaggio *m.* Käse (2)
forse vielleicht (5)
forte stark (8)
fortuna *f.* Glück (8)
fotografa *f.* Fotografin (2)
fotografia *f.* Foto (8)
fra zwischen, in (10)
fragola *f.* Erdbeere (6)
francese französisch; Franzose (1)
Francia Frankreich (1)
francobollo *m.* Briefmarke (8)
fratello *m.* Bruder (9)
freddo kalt (5)
freno *m.* Bremse (8)
frequentare besuchen (10)
fresco frisch (6)
fritto frittiert, gebacken (5)
frizione *f.* Kupplung (8)
frutta *f.* Obst (5)
frutti di mare *m.pl.* Meeresfrüchte (5)
fruttivendolo *m.* Obstverkäufer (6)
fungo *m.* Pilz (2)

funzionare funktionieren (8)
fuori draußen (2)
furto *m.* Diebstahl (8)

G

galleria *f.* Gallerie (7)
gamba *f.* Bein (8)
garage *m.* Garage (7)
gelato *m.* Eis (2)
gemelli *m.pl.* Zwillinge (10)
generi alimentari *m.pl.* Lebensmittel (6)
geniale genial (9)
genitori *m.pl.* Eltern (10)
gennaio *m.* Januar (3)
gente *f.* Leute (1)
Germania Deutschland (1)
già schon (1)
giacca *f.* Jacke, Sakko (6)
giallo gelb (6)
giardino *m.* Garten (3)
ginocchio *m.* Knie (8)
giocare spielen (9)
gioco *m.* Spiel (9)
giornata *f.* Tag (10)
giorno *m.* Tag (3)
giovane jung (10)
giovedì *m.* Donnerstag (4)
gioventù *f.* Jugend (3)
girare abbiegen; herumgehen, herumfahren (4)
gita *f.* Ausflug (9)
giugno *m.* Juni (3)
gnocchi *m.pl.* „Gnocchi", kleine Kartoffelklößchen (5)
gocce *f.pl.* Tropfen (8)
gola *f.* Hals (8)
golf *m.* Golf (9)
gomma a terra *f.* Platten (8)
gomma *f.* Reifen (8)
gondola *f.* Gondel (7)
gondoliere *m.* Gondelfahrer (7)
gonna *f.* Rock (6)
grande groß (3)
grandi magazzini *m.pl.* Kaufhaus (6)
gratinato gratiniert (5)
grazie danke (1)
grigio grau (6)
grigliata *f.* gegrillte Platte (5)
guadagnare verdienen (10)
guanti *m.pl.* Handschuhe (6)
guardare anschauen (3)
guasto *m.* Panne, Schaden (8)
guidato geführt (7)

H

hotel *m.* Hotel (3)

I

idea *f.* Idee (2)
ieri gestern (9)
impiegata *f.* Angestellte (1)
impiegato *m.* Angestellter (1)
importante wichtig (7)
importare interessieren, wichtig sein (6)
impossibile unmöglich (5)
in in; nach (1)
in fondo a am Ende von (3)
in gamba patent (10)
in mezzo a mitten auf / in (7)
in ogni caso auf jeden Fall (8)
incredibile unglaublich (9)
incrocio *m.* Kreuzung (7)
indietro zurück (8)
indirizzo *m.* Adresse (8)
infanzia *f.* Kindheit (10)
infatti in der Tat (1)
infermiera *f.* Krankenschwester (2)
infine letztlich, zum Schluss (5)
informarsi sich erkundigen (4)
informazione *f.* Auskunft (7)
ingegnere *m.* Ingenieur (1)
Inghilterra England (1)
inglese englisch; Engländer (1)
iniezione *f.* Spritze (8)
inoltre außerdem (4)
insalata *f.* Salat (5)

insalata di pomodori *f.* Tomatensalat (5)
insalata mista *f.* gemischter Salat (5)
insegnante *m./f.* Lehrer, Lehrerin (1)
insieme zusammen (5)
insomma insgesamt (9)
intanto in der Zwischenzeit (7)
intenzione *f.* Absicht (10)
intercity *m.* Intercity (4)
interessante interessant (7)
interessare interessieren (9)
internazionale international (10)
interno Innen-; intern (3)
intero ganz (7)
invece dagegen, im Gegensatz (2)
inverno *m.* Winter (9)
io ich (1)
iscriversi sich einschreiben (10)
isola *f.* Insel (7)
isolato isoliert (9)
Italia Italien (1)
italiano italienisch; Italiener (1)
italo-americano italienisch-amerikanisch (10)
itinerario *m.* Tour (7)

J

jogging *m.* Jogging (9)

L

lago *m.* See (9)
lana *f.* Wolle (6)
largo breit (6)
lasagne *f.pl.* „Lasagne" (5)
lasciare lassen, verlassen (6)
latte *m.* Milch (2)
latteria *f.* Milchgeschäft (6)
laurearsi das Studium abschließen (10)
lavare waschen (10)
lavorare arbeiten (9)
lavoro *m.* Arbeit (1)
legge *f.* Recht, Gesetz (10)
leggere lesen (5)
Lei Sie (Höflichkeitsform) (1)
lei *f.* sie *sing.* (1)
letto *m.* Bett (3)
letto matrimoniale *m.* Ehebett (3)
letto singolo *m.* Einzelbett (3)
lì dort (6)
libero frei (2)
liceo *m.* Gymnasium (10)
lieto erfreut (1)
lingua *f.* Sprache (1)
linguine *f.pl.* „Linguine", schmale Bandnudeln (5)
lino *m.* Leinen (6)
listino *m.* Preisliste (2)
locale *m.* Lokal (4)
locanda *f.* Gästehaus (3)
Londra London (1)
lontano da weit weg, entfernt (3)
loro ihr (10)
loro *pl.* sie *pl.* (1)
luglio *m.* Juli (3)
lui er (1)
luminoso hell (3)
lunedì *m.* Montag (4)
lungo lang (6)
luogo *m.* **di nascita** Geburtsort (8)

M

ma aber (1)
macchina *f.* Auto, Maschine (4)
macellaio *m.* Metzger (6)
macelleria *f.* Metzgerei (6)
madre *f.* Mutter (10)
maggio *m.* Mai (3)
mai niemals (2)
maiale *m.* Schwein (6)
mal di gola *m.* Halsweh (8)
mal di testa *m.* Kopfweh (8)
male schlecht (1)
mamma *f.* Mutter (9)
mamma mia! meine Güte! (4)
mancare fehlen (10)
mancia *f.* Trinkgeld (2)
mandare schicken, senden (8)

mangiare essen (2)
manifestazione *f.* Veranstaltung (7)
mano *f.* Hand (8)
manzo *m.* Rind (5)
mare *m.* Meer (3)
marinato mariniert (5)
marito *m.* Ehemann (9)
marrone braun (6)
martedì *m.* Dienstag (4)
Martini *m.* Martini (5)
marzo *m.* März (3)
maschile männlich (8)
matrimoniale Ehe- (3)
mattina *f.* Morgen (4)
maturo reif (6)
meccanico *m.* Mechaniker (2)
mediano mittlerer (4)
medicina *f.* Medikament (8)
medico *m.* Arzt (2)
medio mittlerer (10)
meglio besser (4)
mela *f.* Apfel (6)
melanzana *f.* Aubergine (2)
melone *m.* Melone (6)
meno weniger (7)
meno male! Gott sei Dank! (8)
mensa *f.* Mensa (2)
menù *m.* Speisekarte (5)
mercato coperto *m.* Markthalle (6)
mercato *m.* Markt (6)
merceria *f.* Kurzwarengeschäft (6)
mercoledì *m.* Mittwoch (4)
mese *m.* Monat (2)
metro *m.* Meter (7)
mettere setzen, stellen, legen (8)
mezzo halb (4)
migliore besser (9)
Milano Mailand (1)
mille tausend (2)
minibar *m.* Minibar (3)
minuto *m.* Minute (4)
mio mein (3)
misto gemischt (2)
moda *f.* Mode (6)
modello *m.* Modell (6)
moderno modisch, modern (6)
modulo *m.* Formular (8)
moglie *f.* Ehefrau (5)
molto viel, sehr (1)
momento *m.* Moment (3)
Monaco (di Baviera) München (1)
monello *m.* Lausbub (10)
Monopoli *m.* Monopoly (9)
montagna *f.* Berg (9)
monte *m.* Berg (9)
monumento *m.* Denkmal (7)
morire sterben (1)
mortadella *f.* „Mortadella“ (6)
mostra *f.* Ausstellung (9)
mostra d'arte *f.* Kunstaustellung (9)
moto = motocicletta *f.* Motorrad (9)
motore *m.* Motor (8)
mozzarella *f.* „Mozzarella“ (Käse) (2)
museo *m.* Museum (9)
musone griesgrämig (10)

N

Napoli Neapel (4)
nascere geboren werden (10)
nascita *f.* Geburt (8)
naso *m.* Nase (8)
naturale natürlich (8)
naturalmente natürlich (3)
nazionalità *f.* Nationalität (8)
ne davon, darüber (5)
nebbia *f.* Nebel (9)
negato unbegabt (9)
negozio d'abbigliamento *m.* Bekleidungsgeschäft (6)
negozio di calzature *m.* Schuhgeschäft (6)
negozio *m.* Geschäft (6)
nero schwarz (6)
nervoso nervös (10)
nessun kein (4)
nessuno niemand

nevicare schneien (9)
niente nichts (2)
nipote *m./f.* Neffe, Nichte; Enkel, Enkelin (10)
no nein (1)
noce *f.* Nuss (6)
noi wir (1)
noioso langweilig (10)
noleggiare mieten (9)
nome *m.* Name (5)
non nicht (1)
nonna *f.* Großmutter (10)
nonni *m.pl.* Großeltern (10)
nonno *m.* Großvater (10)
nono neunter (3)
nostalgia *f.* Sehnsucht (10)
nostro unser (4)
notte *f.* Nacht (4)
novembre *m.* November (3)
nubile ledig (Frau) (2)
numero *m.* Nummer (3)
nuotare schwimmen (9)
nuovo neu (8)
nuvoloso wolkig (9)

O

o oder (3)
occhio *m.* Auge (8)
occorrere notwendig sein (6)
occuparsi di sich beschäftigen mit (10)
oggetto *m.* Objekt (8)
oggi heute (5)
ogni jeder (8)
oh! oh! (6)
ok o.k. (5)
Olanda Holland (1)
olandese holländisch; Holländer (1)
olio *m.* Öl (5)
oliva *f.* Olive (6)
oppure oder (2)
ora jetzt (4)
ora *f.* Stunde (4)
orario *m.* Fahrplan (4)
ordinare bestellen (3)
ordine *m.* Ordnung (10)
mettere ordine Ordnung machen, aufräumen (10)
orecchio *m.* Ohr (8)
organizzato organisiert (9)
ospedale *m.* Krankenhaus (8)
ostello *m.* **della gioventù** Jugendherberge (3)
ottavo achter (3)
ottimo sehr gut (5)
ottobre *m.* Oktober (3)

P

padre *m.* Vater (10)
pagare zahlen (3)
paio *m.* Paar (6)
palazzo *m.* Gebäude, Palast (7)
Palermo Palermo (4)
pallacanestro *m.* Basketball (9)
pallido bleich (8)
pallone *m.* Ball (9)
pancia *f.* Bauch (8)
pane *m.* Brot (6)
panetteria *f.* Bäckerei (6)
panino *m.* Brötchen (2)
panna *f.* Sahne (2)
pantaloni *m.pl.* Hose (6)
parcheggio *m.* Parkplatz (4)
parcheggio custodito *m.* bewachter Parkplatz (7)
Parigi Paris (1)
parlare sprechen (1)
partenza *f.* Abfahrt (4)
partire abfahren (4)
passaporto *m.* Reisepass (8)
passare vorbeigehen, verbringen (8)
passato *m.* Vergangenheit (9)
passeggiata *f.* Spaziergang (2)
pasta *f.* Nudel; süßes Gebäck (5)
pasticceria *f.* Konditorei (6)
pastiglia *f.* Tablette (8)
pasto *m.* Mahlzeit (5)

patata *f.* Kartoffel (5)
patatine fritte *f.pl.* Pommes frites (5)
patente *f.* Führerschein (3)
patito *m.* Fan (9)
pattinare Schlittschuh laufen (9)
peccato! schade! (2)
pedaggio *m.* Autobahngebühr (4)
pelle *f.* Leder; Haut (8)
pelletteria *f.* Lederwarengeschäft (6)
pensare denken (8)
pensione *f.* Pension (3)
peperoncino *m.* scharfe Peperoni (5)
peperone *m.* Paprikaschote (6)
per für (2)
per cortesia bitte (3)
per favore bitte (3)
pera *f.* Birne (6)
perché warum, weil (5)
perdere verlieren (4)
perfezionare vervollständigen, perfektionieren (10)
però aber (3)
persona *f.* Person (10)
personale persönlich (8)
pesca *f.* Pfirsich (6)
pesce *m.* Fisch (5)
pesce spada *m.* Schwertfisch (6)
pettinare kämmen (10)
petto *m.* Brust (8)
piacere! angenehm! (1)
piacere gefallen (6)
piano *m.* Stockwerk (3)
pianta della città *f.* Stadtplan (7)
piatto *m.* Teller; Gericht (5)
piazza *f.* Platz (7)
piccante pikant (5)
piccolo klein (3)
piede *m.* Fuß (7)
pieno voll (10)
pieno *m.* voll (7)
pigrone *m.* Faulpelz (9)
pillola *f.* Pille (8)
pingpong *m.* Tischtennis (9)
piovere regnen (9)
più mehr (6)
piuttosto ziemlich; lieber (8)
pizza *f.* Pizza (2)
pizzetta *f.* kleine Pizza (2)
po' = poco wenig (2)
poco wenig (2)
poi dann (2)
polizia *f.* Polizei (8)
pollo *m.* Huhn (5)
pomata *f.* Salbe (8)
pomeriggio *m.* Nachmittag (4)
pomodoro *m.* Tomate (5)
ponte *m.* Brücke (7)
porta *f.* Türe (3)
portafoglio *m.* Brieftasche (8)
portare bringen; tragen (5)
porzione *f.* Portion (5)
possibile möglich (3)
possibilità *f.* Möglichkeit (10)
posto *m.* Ort (3)
potere können (3)
pranzo *m.* Mittagessen (2)
pratico praktisch (8)
preferire vorziehen, lieber mögen (5)
prego bitte (2)
prelevare abheben (7)
prendere nehmen (3)
prenotare vorbestellen, reservieren (3)
preoccuparsi sich Sorgen machen (8)
preparare vorbereiten (10)
presso bei (1)
presto schnell; früh (7)
prezzemolo *m.* Petersilie (6)
prezzo *m.* Preis (2)
prima vorher (3)
prima di bevor (3)
primavera *f.* Frühling (9)
primo erster (3)
probabilmente wahrscheinlich (8)
problema *m.* Problem (4)
professione *f.* Beruf (8)
programma *f.* Programm (9)

programmatore *m.* Programmierer (2)
pronto hallo (3)
pronto soccorso *m.* Notaufnahme (8)
proprio gerade; ausgerechnet (2)
prosciutto *m.* Schinken (2)
prosecco „Prosecco“ (Sekt) (5)
prossimo nächster (4)
provare ausprobieren (6)
provenire herkommen(4)
provincia *f.* Provinz (8)
pulire reinigen, säubern (7)
pure auch (6)
puro rein (6)
purtroppo leider (4)

Q

qua hier (10)
qual welcher (8)
qualche einige (9)
qualcos'altro etwas anderes (8)
qualcosa etwas (2)
qualcuno jemand (8)
quale welcher (6)
quando wann (4)
quanto wie viel (2)
quarto vierter (5)
quarto *m.* Viertel (3)
quasi fast, beinahe (4)
quello jener (2)
quest'anno dieses Jahr (6)
quest'estate diesen Sommer (9)
quest'inverno diesen Winter (9)
questo dieser (1)
qui hier (1)
quinto Fünfter (3)

R

raccomandare empfehlen (5)
raccontare erzählen (2)
raffreddato erkältet (8)
ragazza *f.* Mädchen (2)
ragù *m.* Fleischsauce (5)
residenza *f.* Wohnsitz (8)
recapito *m.* Adresse (8)
restare bleiben (8)
resto *m.* Rest (6)
ricetta *f.* Rezept (8)
ricominciare wieder anfangen (9)
ricordare sich erinnern (2)
ridere lachen (10)
rimanere bleiben (9)
rimpiangere vermissen (9)
riparare reparieren (8)
riposarsi sich erholen (9)
riposato erholt (4)
riprendere wieder anfangen (10)
riservato reserviert (5)
riso *m.* Reis (5)
rispondere antworten (9)
ristorante *m.* Restaurant (1)
ritardo *m.* Verspätung (4)
ritornare zurückkehren (10)
riuscire gelingen (9)
Roma Rom (1)
romano römisch; Römer (5)
rosa rosarot (6)
rosmarino *m.* Rosmarin (5)
rosso rot (5)
rubare stehlen (8)
rucola *f.* „Rucola“ (Salat) (2)
rumoroso laut (3)

S

sabato *m.* Samstag (4)
sacco *m.* **di** viel, ein Haufen von (9)
saggio klug, weise (10)
salame *m.* Salami (2)
sale *m.* Salz (6)
salire hinauf-, einsteigen (7)
salmone *m.* Lachs (5)
saltare springen (5)
saltimbocca *m.* Kalbsschnitzel mit Schinken und Salbei (5)
salumeria *f.* Wurstwarengeschäft (6)
salumi *m.* Wurstwaren (6)
salumiere *m.* Wursthändler (6)

salvia *f.* Salbei (5)
san(to) Heiliger; heilig (7)
sandali *m.pl.* Sandalen (6)
santa Heilige (7)
sapere wissen, können (2)
sapore *m.* Geschmack (8)
sazio satt (5)
scalo *m.* Zwischenlandung (4)
scarpe *f.pl.* Schuhe (6)
scemo dumm (10)
scendere aussteigen (7)
scherzare scherzen (10)
schiena *f.* Rücken (8)
sci *m.* Ski (9)
sci acquatico *m.* Wasserski (9)
sciare Ski fahren (9)
scientifico wissenschaftlich (10)
sciopero *m.* Streik (4)
sciroppo per la tosse *m.* Hustensaft (8)
sconto *m.* Nachlass, Rabatt (6)
scontrino *m.* Kassenbon (2)
scorso vergangen (9)
scrivere schreiben (8)
scuola *f.* Schule (10)
scuro dunkel (6)
scusare entschuldigen (5)
se wenn (1)
secondo zweiter (3)
secondo *m.* zweiter Gang (5)
sedersi sich hinsetzen (2)
segnalare zeigen (7)
segretaria *f.* Sekretärin (1)
semaforo *m.* Ampel (7)
sembrare scheinen (6)
sempre immer (2)
sennò sonst (3)
sensibile empfindsam (10)
sentire hören (1)
senza ohne (4)
separato getrennt (2)
sera *f.* Abend (2)
serbatoio *m.* Tank (8)
sereno heiter (9)
sesso *m.* Geschlecht (8)
sesto sechster (3)
seta *f.* Seide (6)
sete *f.* Durst (2)
settembre m. September (3)
settimana *f.* Woche (3)
settimanale wöchentlich (6)
settimo siebter (3)
si sich (1)
sì ja (1)
sicuramente sicher (3)
sicuro sicher (8)
signor = signore *m.* (3)
signora *f.* Frau (2)
signore *m.* Herr (3)
signorina *f.* Fräulein (4)
simpatico sympathisch (1)
sincero ehrlich (9)
singolo einzel (3)
Siracusa Syrakus (9)
smarrimento *m.* Verlust (8)
smettere aufhören (10)
sogliola *f.* Seezunge (5)
soldi *m.pl.* Geld (8)
sole *m.* Sonne (9)
solito üblich (2)
solo nur; allein (2)
sopra über (10)
soprattutto vor allem (9)
sorella *f.* Schwester (2)
sostanza *f.* Stoff (8)
sott'aceto in Essig (6)
sott'olio in Öl (6)
spaghetti *m.pl.* „Spaghetti“ (5)
Spagna Spanien (1)
spagnolo spanisch; Spanier (1)
spalla *f.* Schulter (8)
speciale speziell, außergewöhnlich (2)
specialità *f.* Spezialität (5)
speck *m.* Speck (6)
spedire schicken (3)
spesso oft (5)
spiaggia *f.* Strand (9)

spiccioli *m.pl.* Kleingeld (8)
spinaci *m.pl.* Spinat (5)
splendido wunderschön (6)
sport *m.* Sport (9)
sportello *m.* Schalter (7)
sportivo sportlich (9)
sposato verheiratet (2)
spremuta d'arancia frisch gepresster Orangensaft (2)
spuntino *m.* Imbiss (2)
stagione *f.* Jahreszeit (5)
stamattina heute Morgen (7)
stanco müde (2)
stare sein, sich fühlen; stehen (1, 6)
stasera heute Abend (7)
stato civile *m.* Familienstand (8)
stazione *f.* Bahnhof (4)
stazione di servizio *f.* Tankstelle (7)
stipendio *m.* Gehalt (10)
stivali *m.pl.* Stiefel (6)
stomaco *m.* Magen (8)
strada *f.* Straße (7)
straordinario außergewöhnlich (7)
stress *m.* Stress (4)
stretto eng (6)
studente *m.* Student (1)
studentessa *f.* Studentin (1)
studio *m.* Studium; Arbeitszimmer, Büro (10)
su auf (3)
subito sofort (2)
succedere geschehen (10)
succhiare lutschen (8)
suo sein, ihr (8)
supermercato *m.* Supermarkt (6)
supposta *f.* Zäpfchen (8)
sviluppo *m.* Entwicklung (10)
Svizzera *f.* Schweiz (1)
svizzero schweizerisch; Schweizer (1)

T

tacco *m.* Absatz (6)
taglia *f.* Größe (6)
tagliatelle *f.pl.* Bandnudeln (5)
tailleur *m.* Kostüm (6)
tanto viel, sehr (2)
tè *m.* Tee (2)
teatro *m.* Theater (7)
tedesco deutsch; Deutscher (1)
telefonare telefonieren, anrufen (3)
telefonata *f.* Telefonanruf (3)
telefono *m.* Telefon (3)
televisore *m.* Fernseher (3)
tempo *m.* Zeit; Wetter (2)
tempo meteorologico *m.* Wetter (9)
temporale *m.* Gewitter (9)
tennis *m.* Tennis (9)
terminal *m.* Terminal (4)
terzo dritter (3)
testa *f.* Kopf (8)
testa d'aglio *f.* Knoblauchknolle (6)
timido schüchtern (10)
tipo *m.* Typ (6)
tiramisù *m.* Tiramisù (5)
toast *m.* Toast (2)
tonno *m.* Tunfisch (2)
tornare zurückkehren (8)
tosse *f.* Husten (8)
tra zwischen, in (7)
traffico *m.* Verkehr (4)
traghetto *m.* Fähre (7)
tram *m.* Straßenbahn (7)
tramezzino *m.* eine Art Sandwich (2)
tranquillo ruhig (3)
trattoria *f.* Gaststätte (5)
traversa *f.* Querstraße (7)
trekking *m.* Bergwandern (9)
tremendo furchtbar (9)
treno *m.* Zug (4)
treno diretto *m.* Eilzug (4)
treno regionale *m.* Regionalzug (4)
troppo zu, zu viel (3)
trota *f.* Forelle (6)

trovare finden (1)
tu du (1)
tuo dein (3)
turismo *m.* Tourismus (9)
turista *m./f.* Tourist, Touristin (9)
turistico touristisch (4)
tutto alles (1)

U

ufficio *m.* Büro (7)
ufficio oggetti smarriti *m.* Fundbüro (8)
ufficio turistico *m.* Informationsbüro (4)
ultimo letzter (9)
unico einmalig (10)
università *f.* Universität (10)
uno eins (1)
uomo *m.* Mann (6)
uovo *m.* Ei (2)
uscire (hin)ausgehen (2)

V

vacanza *f.* Urlaub (1)
vaporetto *m.* Motorboot (7)
vario verschieden (9)
vedere sehen (2)
vedovo verwitwet (8)
vela *f.* Segel (9)
velocemente schnell (10)
vendere verkaufen (8)
venerdì *m.* Freitag (4)
Venezia Venedig (1)
venire kommen (5)
vento *m.* Wind (9)
veramente eigentlich (3)
verbale *m.* Protokoll (8)
verde grün (6)
verdura *f.* Gemüse (5)
verità *f.* Wahrheit (8)
vero wahr (1)
vestirsi sich anziehen (10)
vestito da uomo *m.* Anzug (6)
vestito *m.* Kleid (6)
vetrina *f.* Schaufenster (6)
vetro *m.* Glasscheibe (7)
via *f.* Straße (8)
viaggiare reisen (4)
viaggio *m.* Reise (3)
vicino a in der Nähe von (3)
Vienna Wien (1)
vigile *m.* Verkehrspolizist (7)
villetta *f.* Einfamilienhaus (9)
vincere gewinnen (10)
vino *m.* Wein (5)
visita *f.* Besuch (7)
visitare besuchen (7)
vista *f.* Sicht, Aussicht (3)
vita *f.* Leben (2)
vitello *m.* Kalb (5)
voglia *f.* Lust (2)
voi ihr
Voi Sie (Höflichkeitsform im Plural) (1)
volentieri gerne (9)
volere wollen (4)
volo *m.* Flug (4)
volta *f.* Mal (5)
vongole *f.pl.* Venusmuscheln (5)
vostro euer (10)

W

windsurf *m.* Windsurfing (9)

Z

zero *m.* Null (3)
zia *f.* Tante (10)
zio *m.* Onkel (10)
zona *f.* Zone (7)
zona pedonale *f.* Fußgängerzone (7)
zucchero *m.* Zucker (6)
zucchino *m.* Zucchini (6)

Quellenverzeichnis

Seite 9 © Kim Steele/Blend Images LLC
Seite 10 © Thinkstock/Comstock Images
Seite 13 © iStockphoto/peepo
Seite 15 © iStockphoto/xyno
Seite 16 © iStockphoto/Abel Mitja Varela
Seite 23/25/28/46/49/50/51/53/54/55/61/65/83/85/88/91/114/117/118 © Guido Meier
Seite 24 © Thinkstock/Photodisc/Rayes
Seite 27 © iStockphoto/Ann Worthy
Seite 30 © iStockphoto/Anna Bryukhanova
Seite 31 © iStockphoto/Marko Volkmar
Seite 37 © fotolia/Irina Magrelo
Seite 38 © iStockphoto/Indars Grasbergs
Seite 40 © Thinkstock/Pixland
Seite 43/56/58/64/80/95/98/102/123/130/142/144/145/151 © Thinkstock/iStockphoto
Seite 52 © iStockphoto/volgariver
Seite 63 © Thinkstock/Lisa Klumpp
Seite 66 © PantherMedia/JCB Prod
Seite 68 © iStockphoto/fpari
Seite 69 © PantherMedia/Lars Halbauer
Seite 72 © iStockphoto/Gustaf Brundin
Seite 73 Mann © iStockphoto/rgbspace; Frau © fotolia/andreaxt
Seite 79 © fotolia/Dmitry Shkrabin
Seite 86 © iStockphoto/Andrea Zanchi
Seite 97 © iStockphoto/Flavio Vallenari
Seite 101 © iStockphoto/Eric Delmar
Seite 104 © iStockphoto/Peeter Viisimaa
Seite 106 © Virginia Azañedo, München
Seite 107 © Irmgard Paule, München
Seite 111 © iStockphoto/Knud Nielsen
Seite 112 © Thinkstock/Top Photo Group
Seite 115 © iStockphoto/CandyBox Images
Seite 127 © Thinkstock/Hemera
Seite 128 © Thinkstock/Fuse
Seite 129 © iStockphoto/fotoVoyager
Seite 131 © iStockphoto/Andrea Zanchi
Seite 134 © Thinkstock/BananaStock
Seite 135 © iStockphoto/Silvia Ganora
Seite 139 oben © Irmgard Paule, München, unten © iStockphoto/Lu Heng
Seite 141 © Thinkstock/Digital Vision/Jeremy Maude
Seite 147 © fotolia/Andres Rodriguez
Seite 152 © Thinkstock/Purestock

Hueber
Jetzt im
Flexcover!
GROß
GRANDE
Italienisch
Große
Lerngrammatik
Regeln, Anwendungsbeispiele, Tests
A1–C1

Valerio Vial

Komplettkurs *Neu*
Italienisch

Übungsbuch
Aufbaukurs

Hueber Verlag

3. 2. 1. | Die letzten Ziffern
2018 17 16 15 14 | bezeichnen Zahl und Jahr des Druckes.
Alle Drucke dieser Auflage können, da unverändert, nebeneinander benutzt werden.
1. Auflage

Basiert auf ISBN 978-3-19-109591-8
Umschlaggestaltung: creative partners gmbh, München
Umschlagfotos: Paar in Gondel © Thinkstock/Photodisc/Jeremy Maude, Festmahl mit Mann © Thinkstock/Fuse, Eisdiele © fotolia/Ivan Floriani, alle anderen © Thinkstock/iStockphoto
Redaktion: Jürgen Frank, Hueber Verlag, München
Layout: Achim Kreuzer, Augsburg
Satz: Sieveking · Verlagsservice, München
Druck und Bindung: Firmengruppe APPL, aprinta druck, Wemding
Printed in Germany
ISBN 978-3-19-109732-5 (Package)
13.9732 (Übungsbuch Aufbaukurs)

Benvenuti! Sie haben eine gute Wahl getroffen: Mit diesem Fortgeschrittenenkurs können Sie auf unterhaltsame Weise Ihre Italienischkenntnisse perfektionieren, um auch schwierigere Texte zu verstehen und sich differenzierter auszudrücken.

Da Ihnen kein(e) Lehrer(in) zur Verfügung steht, müssen Sie alle Hilfsmittel nutzen, die Ihnen das Buch und die CDs bieten. Ein Inhaltsverzeichnis mit den Lernzielen jeder Lektion finden Sie auf den Seiten 4 und 5. Seite 6 bietet eine Übersicht über den Lektionsaufbau; es ist ratsam, sich gleich zu Beginn damit vertraut zu machen. Im Anhang finden Sie Konjugationstabellen der wichtigsten Verben, den Lösungsschlüssel der Übungen mit der Transkription der Dialoge und Hörverständnisaufgaben sowie den alphabetischen Wortschatz.

Die Randnotizen bieten zusätzliche Informationen zu dem behandelten Stoff sowie Tipps zu effektiven Lernmethoden, vor allem in Bezug auf das Vokabellernen. Nehmen Sie sich die Zeit, diese Lerntipps auszuprobieren. Suchen Sie sich diejenigen aus, die am besten zu Ihrem Lerntyp passen, oder entwickeln Sie Ihre eigene Lernstrategie. Ein Selbstlernkurs gibt Ihnen die Möglichkeit, Tempo, Rhythmus und Intensität des Lernprozesses selbst zu bestimmen. Bedenken Sie aber, dass es sinnvoller ist, öfter und in kurzen Lernperioden zu arbeiten, statt einmal im Monat einen Lerntag einzulegen.

Hören Sie sich so oft wie möglich die CDs an. Wiederholen Sie auch die Lektionen, die Sie bereits bearbeitet haben. Dadurch wird das Gelernte verankert, sodass Sie es parat haben, wenn Sie es brauchen. Außerdem verbessert das wiederholte Hören der CDs Ihre Aussprache. Wenn möglich, nehmen Sie sich auf ein separates Band auf und vergleichen Sie Ihre Aussprache kritisch mit der der Sprecher.

Und nun wünschen wir Ihnen *buon divertimento e buon lavoro*!

Inhalt

Lektionsübersicht

Jede der 10 Lektionen (*Unità*) dieses Selbstlernkurses ist in zwei Teile (**Prima parte** und **Seconda parte**) unterteilt, die typische Gesprächssituationen als Hörverständnistext (**Ascolto**) bzw. einen thematisch passenden Lesetext (**Lettura**) enthalten. Innerhalb dieser Abschnitte gibt es folgende Rubriken:

Ascolto

Hier finden Sie Aufgaben zu einem Hörverständnistext (meistens einem Gespräch). In der Regel werden sowohl vor als auch nach dem Hören Fragen zum Text gestellt.

Bitte beachten Sie: Bei den Hörverständnisübungen geht es nicht darum, jedes Wort auf Anhieb zu verstehen; entscheidend ist zunächst nur, die gestellte Aufgabe zu lösen. Danach folgen Übungen zu den wichtigsten Redewendungen, zum Wortschatz und zur Grammatik des Textes.

1/2

Dieser Text bzw. diese Übung ist auf CD aufgenommen. Die erste Zahl gibt an, um welche der zwei CDs es sich handelt, die zweite den Track, den Sie ansteuern können. Sie können die Hörverständnistexte auf verschiedene Weise anhören, je nachdem, wie schwierig Sie sie finden. Sie können z. B.

- zuhören, ohne überhaupt ins Buch zu schauen (die beste Methode, wenn Sie sich daran gewöhnen wollen, gesprochenes Italienisch zu verstehen); unterbrechen Sie das Anhören auch ruhig und stellen Sie fest, was Sie verstanden haben und wie das Gespräch weitergehen könnte;
- bei Dialogen, die Sie als schwierig empfinden, den Text zunächst kurz lesen und dann beiseitelegen und den Dialog noch einmal anhören;
- zuhören und dabei den italienischen Text im Anhang mitlesen (weniger empfehlenswert).

Lettura

Dieser Teil enthält Lesetexte mit Aufgaben. Auch zum Lesetext werden sowohl vor als auch nach dem Lesen Fragen gestellt. Und auch hier geht es wieder darum, wie beim *Ascolto* den Text zunächst in seiner Gesamtheit zu verstehen, bevor man sich mit den Einzelheiten auseinandersetzt.

In altre parole

Hier werden neue Vokabeln zum vorhergehenden Text vorgestellt und geübt.

Quattro chiacchiere

Unter dieser Rubrik werden die wichtigsten Redeabsichten und -strategien des Textes unter die Lupe genommen und mit weiteren Varianten ergänzt und geübt.

Occhio alle regole

Hier finden Sie eine knappe Darstellung des zentralen Grammatikproblems des vorangegangenen Textes. Bei Verben wird zwischen Bildung und Gebrauch der vorgestellten Formen unterschieden. (Das heißt z.B.: Wie bilde ich eine Verbform und wie wende ich sie richtig an?)

Ripasso

Diese Rubrik ist ein Wiederholungsteil. Hier finden Sie sowohl schriftliche als auch mündliche Übungen zum Lernstoff der *Unità*. Mit diesen Übungen können Sie u. a. die Formen und Strukturen „einschleifen", die Sie im Grammatikteil gelernt haben.

Non sei stata in vacanza?

Unità 1

Hier lernen Sie:

- wie Sie über Ihren Urlaub berichten
- wie Sie in der Vergangenheit erzählen
- das *trapassato prossimo*
- die Ortspräpositionen *a … di* und *a … da*
- *il quale / la quale / i quali / le quali*
- unregelmäßige Komparativ- und Superlativformen

Prima parte

Ascolto

Diese Aufgabe dient als Vorbereitung auf den Dialog.

1 Welchen der folgenden Sätze würden Sie verwenden, wenn Sie jemandem von einem Erlebnis erzählen möchten?

a Cos'è successo?
b Ora ti spiego tutto.
c Quando è successo?
d Sai cosa mi è successo?
e Mi dici cosa è successo?

! *Successo* ist das *participio passato* von *succedere* (passieren).

1/1

Bei den Hörverständnisübungen geht es nicht darum, alles zu verstehen, sondern die gestellte Aufgabe zu lösen.

***battaglia** f* = Schlacht
***romano** m* = Römer

2 *Vero o falso?* Sie hören ein Gespräch zwischen Martina und ihrer Freundin Carla. Entscheiden Sie anschließend, ob folgende Behauptungen richtig oder falsch sind.

		vero	falso
a	Franco non voleva andare in vacanza sul Lago Trasimeno.		
b	Carla e Franco hanno preferito andare a Tuoro perché Franco si interessa di storia.		
c	La zona di Tuoro è piaciuta anche a Carla.		
d	Sul Lago Trasimeno faceva caldissimo.		
e	Sul Lago Trasimeno c'è solo un'isola che si può visitare.		
f	Carla e Franco non avevano un ombrello quando ha iniziato a piovere.		
g	Nella chiesa Franco ha incontrato un vecchio collega di lavoro.		

In altre parole

3 Folgende Wörter und Wendungen kamen im Dialog vor. Ordnen Sie sie ihren Bedeutungen zu.

a	insistere per qc.		wundervoll, wunderbar
b	dalle parti di		Gemeinde
c	comune *m*		Geschichte
d	famoso		berühmt
e	andare matto per qn./qc.		nach jmdm./etw. verrückt sein
f	storia *f*		auf etw. drängen
g	accontentare		in der Gegend von
h	stupendo		zufriedenstellen
i	traghetto *m*		Fähre

a	meridionale		furchtbar, schrecklich
b	meraviglioso		mild
c	afa *f*		südlich, Süd-
d	tremendo		sich schützen, sich flüchten
e	sereno		Hitze
f	mite		ganz schnell
g	scoppiare		ausbrechen
h	di corsa		heiter
i	ripararsi		wunderschön

a	lasciare		wiedererkennen
b	insomma		kurz und gut
c	scappare		Zufall
d	bagnato		nass
e	eppure		sobald
f	appena		Überraschung
g	riconoscere		liegen lassen
h	sorpresa *f*		trotzdem, dennoch
i	coincidenza *f*		eilen, (weg)laufen

4 Ergänzen Sie das dazugehörige Adjektiv.

meridionale ♦ asciutto ♦ occidentale ♦ orientale ♦ bagnato ♦ settentrionale

nord ______ ≠ sud ______

est ______ ≠ ovest ______

bagnarsi ______ ≠ asciugarsi ______

Wörter, die Sie wiederholen möchten, können Sie unterstreichen oder in der Randspalte notieren.

Nach dem Pfeil → wird im gesamten Buch das unregelmäßige *participio passato* angegeben.
insistere → *insistito*

! Abkürzungen im gesamten Buch:
qc. = *qualcosa*
qn. = *qualcuno*
etw. = etwas
jmdm. = jemandem
jmdn. = jemanden
m = maskulin
f = feminin
pl = Plural

riconoscere → *riconosciuto*

splendido = herrlich
fitto = dicht
pianura *f* = Flachland
tirare = (hier:) wehen

! Verwechseln Sie nicht *mettersi a* (beginnen, etw. zu tun) mit *smettere di* (aufhören, etw. zu tun): *Si è messo a piovere e poi ha smesso di piovere.*

? Wissen Sie noch, wann man das *passato prossimo* (z. B. *ha piovuto*) und wann das *imperfetto* (z. B. *era*) benutzt? Wiederholen Sie ggf. den Unterschied!

? *E com'è oggi il tempo?*

5 ***Com'era il tempo?*** **Ordnen Sie die Aussagen den passenden Wettersymbolen zu.**

Ogni tanto pioveva. Era splendido. Non ha mai smesso di piovere.
Tirava un forte vento. C'era una fitta nebbia.
Un giorno è scoppiato un gran temporale.
Era sempre nuvoloso. Una volta ha nevicato anche in pianura.
Faceva un gran caldo. Faceva molto freddo.

a ______________

b ______________

c ______________

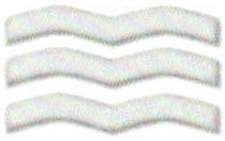
d ______________

e ______________

f ______________

g ______________

h ______________

i ______________

j ______________

6 **Welche Ausdrücke eignen sich dafür, Interesse zu wecken bzw. zu zeigen? Und Überraschung auszudrücken? Ordnen Sie zu.**

A proposito! ♦ Cos'è successo? ♦ Davvero? ♦ Non ci credo! ♦ Lo sai cosa mi è successo …? ♦ Addirittura! ♦ Ma veramente? ♦ E come è andata a finire? ♦ Ma dai! ♦ Non ti dico la sorpresa quando … ♦ Beh, pensa che … ♦ E poi? ♦ Sul serio? ♦ Su, racconta! ♦ E allora?

suscitare interesse	esprimere meraviglia	esprimere interesse

7 **Sie haben bestimmt schon einmal von den sechs W-Fragen gehört, die sich ein guter Journalist stellen sollte. Wie lauten die entsprechenden Fragewörter im Italienischen?**

! *Non ci credo!* bedeutet in etwa „Ich fasse es nicht!".

! *Non ti dico la sorpresa* bedeutet soviel wie „Ich kann dir gar nicht sagen, wie überrascht ich war". Anstelle von *sorpresa* kann auch ein anderes Substantiv stehen.

! Bei unbestimmtem Subjekt heißt es immer *andat**a** a finire* – mit weiblicher Endung.

Addirittura! = Das gibt's doch nicht!
Ma dai! = Ach komm!
sul serio = im Ernst

suscitare = (er)wecken
meraviglia *f* = Erstaunen

! Achten Sie u. a. auf die Verknüpfungselemente (z. B. Uhrzeiten, Ausdrücke wie *a quel punto, da qui …*), durch die sich ein Textzusammenhang ergibt.

accendere (→ *acceso*) = einschalten
distrarsi = sich ablenken
appendere (→ *appeso*) = aufhängen

? Und fällt Ihnen jetzt etwas ein, was Sie gern erzählen würden?

8 Auch Erzählen will gelernt sein! Der Räuber Eugenio kehrt mit leeren Händen heim. Was ist passiert? Bringen Sie seine Notizen in die richtige Reihenfolge.

a Alle otto e mezza sono finalmente sceso dalla macchina e sono andato verso l'ingresso della banca.

b Mi ero alzato nel cuore della notte per poter parcheggiare la macchina di fronte alla banca senza essere visto.

c Alle sette e mezza ho acceso la radio per distrarmi.

d Da qui ho guardato dentro: non c'era nessuno.

e Alle otto ho iniziato a preoccuparmi seriamente.

f Il direttore di solito arrivava in ufficio alle sette e questo io lo sapevo.

g A quel punto, leggendo la data sul calendario appeso alla parete, ho capito tutto: lunedì era un giorno festivo.

h Era lunedì mattina.

i Ero seduto in macchina e stavo aspettando da alcune ore l'arrivo del direttore della banca.

j Lunedì però erano già passate le sette ma non era ancora arrivato nessuno.

1	2	3	4	5	6	7	8	9	10
		b							

Occhio alle regole

Trapassato prossimo: Bildung

Das *trapassato prossimo* ist eine Vergangenheitsform, die sich aus dem *imperfetto* der Hilfsverben *avere* bzw. *essere* und dem *participio passato* des Hauptverbs zusammensetzt.

	parlare		*partire*	
io	*avevo*	*parlat**o***	*ero*	*partit**o/a***
tu	*avevi*	*parlat**o***	*eri*	*partit**o/a***
lui/lei/Lei	*aveva*	*parlat**o***	*era*	*partit**o/a***
noi	*avevamo*	*parlat**o***	*eravamo*	*partit**i/e***
voi	*avevate*	*parlat**o***	*eravate*	*partit**i/e***
loro	*avevano*	*parlat**o***	*erano*	*partit**i/e***

? Wissen Sie noch, welche Verben die zusammengesetzten Zeiten mit *avere* und welche mit *essere* bilden? Gibt es Unterschiede im Vergleich zum Deutschen?

Trapassato prossimo: Gebrauch

Das *trapassato prossimo* entspricht der deutschen Vorvergangenheit: Es bezeichnet Vorgänge, die sich zeitlich vor anderen Handlungen in der Vergangenheit abgespielt haben. Letztere werden im Italienischen u. a. durch das *imperfetto* oder das *passato prossimo* ausgedrückt.

*Non avevamo un ombrello perché Franco lo **aveva lasciato** in albergo.*	Wir hatten keinen Regenschirm dabei, weil Franco ihn im Hotel hatte liegen lassen.
*Quando sono arrivato in stazione, il treno **era** già **partito**.*	Als ich am Bahnhof angekommen bin, war der Zug schon abgefahren.

Wenn man in der Vergangenheit erzählt, wechselt man ständig zwischen *imperfetto*, *passato prossimo* und *trapassato prossimo*. Dabei wird meist das *imperfetto* für die Rahmen- und Zustandsbeschreibung, das *passato prossimo* für die eigentliche Handlung und das *trapassato prossimo* für die bereits abgeschlossenen Ereignisse verwendet.

***Ero** a letto, quando **ho sentito** un rumore. Cos'**era successo**?*	Ich war im Bett, als ich ein Geräusch gehört habe. Was war passiert?

Die Ortspräpositionen *a … di* und *a … da*

Die Präpositionen *a … di* dienen zur Angabe des Ortes bzw. der geografischen Lage.

***a** destra **della** chiesa*	rechts von der Kirche	***a** est **di** Modena*	östlich von Modena
***a** sinistra **del** palazzo*	links vom Gebäude	***a** sud **delle** Alpi*	südlich der Alpen

Die Präpositionen *a … da* benötigt man, um die Entfernung von einem bestimmten Ort anzugeben.

***a** poche centinaia di metri **dalla** spiaggia*	wenige hundert Meter vom Strand entfernt
***a** venti chilometri **dalla** costa*	zwanzig Kilometer von der Küste entfernt

! *A … di* kann auch im übertragenen Sinne verwendet werden, z. B. *al centro della questione* (im Mittelpunkt der Frage).

Ripasso

9 Bilden Sie aus den angegebenen Wörtern die Entsprechungen zu den deutschen Verbformen.

! Einige Verben der Bewegung (z. B. *passeggiare, nuotare, camminare, sciare*) verlangen *avere* als Hilfsverb. Reflexive Verben (*arrabbiarsi, vestirsi* usw.) erfordern hingegen *essere*.

erano ♦ avevate ♦ si erano ♦ aveva ♦ rimaste ♦ alzata ♦ avevamo ♦ nuotato ♦ detto ♦ raccontato ♦ arrabbiati ♦ aperto ♦ avevo ♦ si era

wir hatten gesagt ____________

ihr wart geschwommen ____________

ich hatte erzählt ____________

sie waren geblieben ____________

sie hatten sich geärgert ____________

sie war aufgestanden ____________

er hatte geöffnet ____________

10 Verbinden Sie die beiden Spalten zu sinnvollen Sätzen.

servire = (hier:) nötig sein
passare = (hier:) bestehen

a Avevo studiato davvero tanto,	1 se ti avevo detto che non serviva?
b Quando ti ho telefonato	2 il film era già cominciato.
c Ti avevo detto che ero in città,	3 così sono riuscita a passare il test.
d Perché mi hai fatto un regalo	4 eppure non mi hai chiamato.
e Vi avevo chiesto di non andare	5 eri già uscita di casa.
f Quando siamo arrivati al cinema	6 ma voi non mi avete ascoltato.

11 Ergänzen Sie nun die Sätze mit den passenden Verben und setzen Sie diese ins *trapassato prossimo*.

piovere ♦ mangiare ♦ alzarsi ♦ ricevere ♦ dimenticare ♦ prenotare

a Lunedì ho avuto il mal di pancia, perché nel fine settimana ____________ troppo.

b Ieri sera si è addormentato presto perché la mattina ____________ alle cinque.

c Quel giorno vi siete persi perché ____________ la piantina a casa.

d Il terreno era bagnato perché ____________ tutto il giorno.

e In albergo non abbiamo trovato posto perché non ____________.

f Siccome non ____________ l'invito, non è venuta alla vostra festa.

perdersi = sich verlaufen
piantina *f* = Stadtplan
terreno *m* = Boden

12 *Imperfetto, passato prossimo* oder *trapassato prossimo*? Setzen Sie die Verben in die richtige Zeitform.

Sabato ________________ (essere) per me un giorno come tutti gli altri. Dopo una bella dormita ________________ (alzarsi) verso le nove e ________________ (andare) al bar a fare colazione. Ma quando ________________ (stare rientrando) a casa ________________ (succedere) qualcosa di strano. Davanti alla porta di casa ________________ (esserci) un pacchetto. Per chi ________________ (essere)? Io di sicuro non l'________________ (ordinare). E chi l'________________ (mettere) lì? Forse qualcuno che ________________ (sbagliarsi)? L'________________ (raccogliere), l'________________ (aprire) e … sapete cosa ________________ (esserci) dentro?

dormita *f* = Schlaf

sbagliarsi = sich irren
raccogliere (→ *raccolto*) = aufnehmen

? Wie geht die Geschichte weiter? Erfinden Sie einen möglichen Schluss!

13 Ergänzen Sie, wenn nötig, die Präpositionen *a*, *di* und *da* – allein oder mit dem bestimmten Artikel.

a L'autostrada è ________ circa dieci chilometri ________ qui.

b ________ destra ________ c'è un negozio di abbigliamento.

c ________ nord ________ Alpi gli inverni sono molto freddi.

d Il pallone si è fermato ________ pochi centimetri ________ linea di porta.

e La stazione? Sarà ________ cento metri ________.

f La zona ________ sud-est ________ Torino si chiama Monferrato.

pallone *m* = Ball
linea di porta *f* = Torlinie

14 Arbeiten Sie nun die mündlichen Übungen A–C zum *trapassato prossimo* durch. Die Anweisungen erhalten Sie auf der CD.

1/2–4

Seconda parte

Lettura

15 **Waren Sie schon einmal im Urlaub an einem See? Was hat Ihnen dabei gefallen? Was hat Ihnen nicht gefallen? Notieren Sie einige Stichwörter auf Italienisch.**

Versuchen Sie, den Text zunächst ohne Wörterbuch zu verstehen.

16 **Zurück aus dem Urlaub meldet sich Carla bei ihrer Freundin Mirella. Lesen Sie ihre E-Mail.**

Da: Carla Mariani **Data:** venerdì 30 luglio 2010 23.45 **A:** Mirella Esposito

Oggetto: Siamo tornati!

Cara Mirella,

ti scrivo solo poche righe per avvisarti che siamo appena rientrati. Le vacanze sono andate benissimo! Non ero mai stata prima sul Lago Trasimeno e devo dire che ne sono rimasta davvero soddisfatta. Vuoi sapere come abbiamo trascorso le giornate? Beh, abbiamo fatto un po' di tutto: ci siamo rilassati in riva al lago, abbiamo fatto escursioni in bici, gite in barca, passeggiate nella natura … A proposito di natura, conosci l'isola Polvese? È un'oasi naturale dove si organizzano diverse attività educative in campo ambientale. In poche parole, si insegna ai giovani a proteggere l'ambiente e a vivere in modo sostenibile. Naturalmente questo è un tema che riguarda tutti, anche quelli un po' meno giovani come me e Franco. Anche noi, che ci lamentiamo sempre dell'inquinamento e del rumore della città, abbiamo imparato moltissimo! Poi, tanto per cambiare, abbiamo visitato le città d'arte della regione: e così finalmente siamo stati a Perugia (ti ho anche mandato una cartolina con la famosa Fontana Maggiore, l'hai già ricevuta?). Oops, quasi dimenticavo: naturalmente abbiamo anche gustato i prodotti tipici del luogo. Eh sì, lo so cosa stai pensando: i piaceri della tavola sono una tentazione alla quale non so resistere. Avrai anche ragione, ma la cucina era davvero ottima! ;-) Pensa che una volta abbiamo mangiato il pesce in un ristorante che, a quanto pare, è il migliore dell'Umbria. Non ti dico che sapore … semplicemente eccezionale! Per farla breve, credo di essere tornata a casa con qualche chilo di troppo …

Baci e a presto!
Carla

? Was könnte der Ausdruck *tanto per cambiare* bedeuten? Könnte er auch ironisch gemeint sein?

***tentazione** f* = Versuchung

17 **Welche der folgenden Aussagen sind im Text enthalten?**

a In vacanza Carla e Franco hanno fatto molte cose diverse.
b All'isola Polvese Carla e Franco si sono annoiati.
c Carla e Franco non abitano in città.
d Carla non sa dire di no ai piaceri della buona cucina.
e Il pesce dell'Umbria è il migliore d'Italia.

18 **Zwei Übersetzungen in der folgenden Liste sind vertauscht. Welche sind das?**

riga *f*	Zeile
avvisare	Bescheid geben
rientrare	zurück-, heimkommen
rimanere soddisfatto di qn./qc.	zufrieden mit jmdm./etw. sein
riva *f*	Ufer
escursione *f*	Ausflug
oasi naturale *f*	„Naturoase"
educativo	erzieherisch
campo *m*	Gebiet
ambientale	Umwelt-
proteggere	betreffen
ambiente *m*	Umwelt
sostenibile	(hier:) nachhaltig
riguardare	schützen
lamentarsi di qn./qc.	sich über jmdn./etw. beschweren
inquinamento *m*	Umweltverschmutzung
rumore *m*	Lärm
gustare	(aus)kosten
prodotto *m*	Produkt
piacere *m*	Freude
resistere a qn./qc.	jmdm./etw. widerstehen
a quanto pare	wie es aussieht; anscheinend
sapore *m*	Geschmack
eccezionale	außerordentlich; wunderbar
Per farla breve …	Um es kurz zu machen …

Lesen Sie den Text noch einmal, sobald Sie diese Aufgabe gemacht haben. Das hilft Ihnen, sich den Wortschatz besser einzuprägen.

rimanere → rimasto

! *Oasi naturale* ist die umgangssprachliche Bezeichnung für *area naturale protetta* (Naturschutzgebiet). Beachten Sie, dass die Betonung auf das *o-* fällt: ***o**asi*.

proteggere → protetto
resistere → resistito

Occhio alle regole

! Am häufigsten werden die Relativpronomen ***che*** und ***cui*** gebraucht, die unveränderlich sind. ***Cui*** wird nach einer Präposition verwendet: *Sono queste le cose* ***di cui*** *volevate parlare?*

! Bei *buono* bzw. *cattivo* im Sinne von „gutherzig“ bzw. „böse“ wird nur die regelmäßige Form verwendet, z. B. *Lui è più buono o più cattivo di te?*

Das Wort *peggio* kann auch als Adjektiv im Sinne von *peggiore* verwendet werden. Der Ausdruck *peggio per te/me/lui* … heißt soviel wie „selber schuld“.

Die Relativpronomen *il quale / la quale / i quali / le quali*

Relativpronomen dienen dazu, zwei Sätze miteinander zu verbinden. Besonders in der Schriftsprache finden dabei die Relativpronomen *il quale / la quale / i quali / le quali* Verwendung. Diese sind veränderlich und richten sich in Geschlecht und Zahl nach der Person oder Sache, auf die sie sich beziehen. Sie können zwar sowohl das Relativpronomen *che* als auch *cui* ersetzen, werden allerdings bevorzugt anstelle von *cui* mit Präpositionen gebraucht. Dabei verschmilzt die Präposition mit dem bestimmten Artikel *il/la/i/le.*

I piaceri della tavola sono una tentazione ***alla quale*** *(= a cui) non so resistere.* — Die Freude am Essen ist eine Versuchung, der ich nicht widerstehen kann.

Unregelmäßige Komparativ- und Superlativformen

Neben den regelmäßigen Komparativ- und Superlativformen weisen einige Adjektive auch unregelmäßige Formen auf, die besonders bei abstrakten Bedeutungen oder aber einer gepflegten Ausdrucksweise benutzt werden. Die wichtigsten sind:

Adjektiv	Komparativ	relativer Superlativ	absoluter Superlativ
buono	*più buono /* ***migliore***	*il più buono /* ***il migliore***	*buonissimo /* ***ottimo***
cattivo	*più cattivo /* ***peggiore***	*il più cattivo /* ***il peggiore***	*cattivissimo /* ***pessimo***
grande	*più grande /* ***maggiore***	*il più grande /* ***il maggiore***	*grandissimo /* ***massimo***
piccolo	*più piccolo /* ***minore***	*il più piccolo /* ***il minore***	*piccolissimo /* ***minimo***

Il caffè in questo bar è ***ottimo****, secondo me è* ***il migliore*** *della zona.* — Der Kaffee in dieser Bar ist sehr gut; meiner Meinung nach ist er der beste der Gegend.

Ho due fratelli ***maggiori*** *e uno* ***minore****.* — Ich habe zwei größere und einen kleineren Bruder.

Auch bei einigen Adverbien wird der Komparativ unregelmäßig gebildet:

Adverb	Komparativ	absoluter Superlativ
bene	***meglio***	*molto bene / benissimo*
male	***peggio***	*molto male / malissimo*
molto	***(di) più***	*moltissimo*
poco	***(di) meno***	*molto poco / pochissimo*

Die Präposition *di* bei ***di più*** bzw. ***di meno*** erscheint nur dann, wenn der Satz kein Vergleichselement enthält.

Le basta così o ne vuole ***di più****?* — Reicht es Ihnen so oder wollen Sie mehr davon?

Mangio e bevo molto ***più di*** *te.* — Ich esse und trinke viel mehr als du.

19 **Verbinden Sie die Sätze mit *che* oder *cui*. Beispiel: *Ti piace il libro? Stai leggendo un libro. > Ti piace il libro che stai leggendo?***

a Franco abita in un quartiere. Il quartiere è molto malfamato.

malfamato = berüchtigt

b Come si chiama la ragazza? Hai parlato della ragazza prima.

c Il corso di ballo è cominciato in aprile. Marina partecipa al corso.

partecipare a qc. = an etw. teilnehmen

d Quello è il professore. Il professore insegna matematica.

e Come si chiama il tuo amico? Sei andato all'opera con il tuo amico.

20 **Formulieren Sie folgende Sätze um, indem Sie *il quale / la quale / …* verwenden.**

a L'album, di cui questa canzone fa parte, non è ancora in vendita.

far(e) parte di qc. = zu etw. dazugehören

b Di dove sono le ragazze con cui avete fatto amicizia?

c Questi sono gli errori a cui bisogna fare attenzione.

d Ecco la lista dei clienti per cui abbiamo lavorato.

e La piazza in cui si trova la torre di Pisa si chiama "Piazza dei Miracoli".

condizioni del tempo *fpl* = Wetterverhältnisse

21 Markieren Sie die richtige Bedeutung.

a Le condizioni del tempo oggi sono peggiori (più cattive / più piccole / più buone) di ieri.
b Umberto Eco è uno dei maggiori (più piccoli / più buoni / più grandi) scrittori italiani viventi.
c La differenza tra le vostre proposte è davvero minima (buonissima / piccolissima / grandissima).
d Complimenti, hai fatto proprio un ottimo (piccolissimo / grandissimo / buonissimo) lavoro!
e Secondo me quel film è migliore (più cattivo / più buono / più grande) di questo.

22 Ergänzen Sie die Sätze mit den unregelmäßigen Komparativ- und Superlativformen aus dem Kasten. Gleichen Sie diese dem dazugehörigen Substantiv an, wenn es nötig ist.

ottimo ♦ migliore ♦ più ♦ peggio ♦ pessimo ♦ minimo

reputazione *f* = Ruf
impresa *f* = Unternehmen
fidarsi di qn./qc. = sich auf jmdn./etw. verlassen
rischio *m* = Risiko

a La sua ____________ reputazione ha fatto perdere a quell'impresa quasi tutti i clienti.
b Riccardo è il mio ____________ amico, di lui mi posso fidare al cento per cento.
c ____________ per te se non vuoi venire con noi al cinema. Ci andiamo da soli.
d Non preoccuparti per questa terapia. I rischi per la salute sono ____________.
e Non posso proprio spendere ____________ di così, sennò non mi restano più soldi.
f L'antipasto era ____________. Non vedo l'ora che arrivi il primo.

23 Wie sagt man's auf Italienisch? Übersetzen Sie.

a Weißt du, was mir passiert ist? ____________________
b Ich fasse es nicht! ____________________
c Ach komm! ____________________
d Im Ernst? ____________________
e Es hat angefangen zu schneien. ____________________
f Es hat nie aufgehört zu regnen. ____________________

1/5

24 Hören Sie sich nun die Anweisungen auf der CD an und nehmen Sie an einer kleinen Unterhaltung teil.

Guarisci in fretta!

Unità 2

Hier lernen Sie:

- wie Sie über Ihr Befinden sprechen und Genesungswünsche ausdrücken
- wie Sie über die Zukunft sprechen
- wie Sie die Notwendigkeit einer Handlung betonen
- das *futuro anteriore*
- das Passiv
- die Konstruktion *andare* + *participio passato*

Prima parte

Ascolto

1 **Im Dialog werden Sie einige Wörter hören, die Sie wahrscheinlich schon aus anderen Kontexten kennen. Ordnen Sie sie den entsprechenden Bedeutungen zu.**

debole ♦ leggero ♦ difficoltà ♦ basso ♦ principale ♦ grave

niedrig	______	Haupt-	______
ernst(haft)	______	schwach	______
leicht	______	Schwierigkeit	______

1/6

2 **An einem Sonntagvormittag fühlt sich Rosanna nicht wohl und geht in eine Apotheke, die Notdienst hat (*farmacia di turno*). Hören Sie sich das Gespräch an und entscheiden Sie anschließend, ob folgende Behauptungen richtig oder falsch sind.**

		vero	falso
a	Rosanna va in farmacia perché non riesce a mangiare e ha mal di denti.		
b	Rosanna non è ancora andata da un dottore.		
c	Il farmacista è sicuro che Rosanna ha un'allergia alimentare.		
d	Rosanna deve prendere una pastiglia dopo ogni pasto.		
e	Lo sciroppo aiuta a digerire meglio.		
f	Il farmacista consiglia a Rosanna di farsi visitare da un dottore.		
g	Se il problema rimane, Rosanna deve tornare in farmacia.		

! Der Ausdruck *medico di guardia* bezeichnet einen Arzt, der nachts oder am Wochenende – in der Praxis oder bei Hausbesuchen – Notdienst hat.

farmacista *m/f* = Apotheker/in

3 Folgende Wörter und Wendungen kamen im Dialog vor. Zwei Übersetzungen sind dabei vertauscht. Welche?

Che tipo di …?	Was für (ein/e) …?
disturbo *m*	Beschwerden
nausea *f*	Übelkeit
fare fatica a fare qc.	es rechtzeitig schaffen, etw. zu tun
digerire (-isc-)	verdauen
colpo di sole *m*	Sonnenstich
fare in tempo a fare qc.	Mühe haben, etw. zu tun
soffrire di qc.	unter etw. leiden
pressione *f*	Blutdruck
simile	ähnlich
allergia alimentare *f*	Lebensmittelallergie
analisi *f*	Untersuchung
respirare	atmen
pastiglia *f*	Tablette
sciogliere	auflösen
assumere	(hier:) einnehmen
a stomaco vuoto	mit leerem Magen
a digiuno	nüchtern
sciroppo *m*	Sirup
pasto *m*	Mahlzeit
servire a qc.	zu etw. dienen
visitare	(hier:) untersuchen
specialista *m/f*	Spezialist/in
peggiorare	schlechter werden
pronto soccorso *m*	Notaufnahme
prescrivere	verschreiben
rimettersi da qc.	sich von etw. erholen
guarigione *f*	Genesung

soffrire → sofferto
sciogliere → sciolto
assumere → assunto

peggiorare ≠ migliorare
prescrivere → prescritto

! *Riprendersi* (→ *ripreso*) bedeutet das Gleiche wie *rimettersi* (→ *rimesso*).

? Beachten Sie: *digerire → digestione*, *guarire (-isc-) → guarigione*. Was bedeuten also *digestione* und *guarire*?

4 Eine Ergänzung passt jeweils nicht. Welche?

a	passare	1	le vacanze	2	l'appuntamento	3	il tempo
b	passare	1	per Milano	2	da te	3	tra Roma e Torino
c	è passato/a	1	un autobus	2	un treno	3	una via
d	andare	1	fra	2	via	3	avanti
e	andare	1	ottimo	2	meglio	3	peggio
f	andare	1	a finire	2	a volere	3	a prendere
g	andare	1	in giro	2	in pensione	3	in età

pensione *f* = Ruhestand

Quattro chiacchiere

5 Finden Sie die passenden Reaktionen.

Ma cosa ti sei fatto alla spalla?

Le è passato il raffreddore?

Che (tipo di) disturbi ha?

Come ti senti?

Bene, faccio molto movimento e questo mi aiuta.

Mi sono ferito lavorando a casa.

Benissimo, la mia salute è ottima.

Ho avuto un piccolo incidente.

Mi sono fatto male giocando a calcio.

Faccio fatica a respirare.

Non mi sento bene in generale.

Mi sento in (grande) forma.

No, anzi, sto peggio di ieri.

Mi sento un po' giù.

Non sono mai stato meglio, scoppio di salute!

Sì, La ringrazio, la Sua cura ha funzionato.

Non (mi) è ancora andato via del tutto, ma sto già meglio.

Mi fa molto male la testa.

ferirsi = sich verletzen
incidente *m* = Unfall
in generale = im Allgemeinen
anzi = im Gegenteil
cura *f* = Behandlung
scoppiare di salute = vor Gesundheit strotzen

? *E come si sente Lei adesso?*

6 **Hören Sie sich nun an, wie folgende Medikamente eingenommen werden sollen, und machen Sie sich Notizen.**

	quanto/e?	quando?
pastiglie per la digestione:	2–3 al giorno	prima dei pasti
sciroppo per la tosse:		
compresse per la febbre:		
gocce per l'insonnia:		
pastiglie per il mal di testa:		

1/7

pronto = prompt
compressa *f* = Tablette
gocce *fpl* = Tropfen
insonnia *f* = Schlaflosigkeit

7 **Wie drückt man Genesungswünsche auf Italienisch aus? Ergänzen Sie die Texte und finden Sie es heraus.**

fretta ♦ guarisci ♦ ti riprenderai ♦ presto ♦ forma ♦ pronta

a Rimettiti ______________!
b Vedrai che ti passerà in ______________!
c Le auguro una ______________ guarigione!
d ______________ in fretta!
e Vedrai che ______________ presto!
f Ti vogliamo di nuovo in ______________ … e al più presto! ;-)

! Eine direkte Entsprechung für „Gute Besserung!" gibt es nicht. Für formelle Situationen können Sie sich Text c merken.

? Welche Genesungswünsche werden am häufigsten verwendet?

Occhio alle regole

Lesen Sie sämtliche Konjugationen laut vor. So lassen sie sich am besten einprägen.

Futuro anteriore: Bildung

Das *futuro anteriore* ist eine zusammengesetzte Zeitform, die aus dem *futuro semplice* der Hilfsverben *avere* bzw. *essere* und dem *participio passato* des Hauptverbs besteht.

	gustare		*guarire*	
io	*avrò*	*gustato*	*sarò*	*guarito/a*
tu	*avrai*	*gustato*	*sarai*	*guarito/a*
lui/lei/Lei	*avrà*	*gustato*	*sarà*	*guarito/a*
noi	*avremo*	*gustato*	*saremo*	*guariti/e*
voi	*avrete*	*gustato*	*sarete*	*guariti/e*
loro	*avranno*	*gustato*	*saranno*	*guariti/e*

Das Futur II wird im Deutschen als schwerfällig empfunden und daher meist durch das Perfekt ersetzt.

Futuro anteriore: Gebrauch

Das *futuro anteriore* entspricht weitgehend dem deutschen Futur II. Es wird für Handlungen in der Zukunft verwendet, die vor anderen zukünftigen Handlungen bzw. vor einem in der Zukunft liegenden Zeitpunkt abgeschlossen sein werden.

Dopo che ***avrà preso*** *due o tre pastiglie si sentirà già meglio.* — Nachdem Sie zwei, drei Tabletten eingenommen haben (werden), werden Sie sich schon besser fühlen.

Appena la nausea Le ***sarà passata****, potrà ricominciare a mangiare qualcosa.* — Sobald die Übelkeit weg ist (vergangen sein wird), werden Sie wieder anfangen können, etwas zu essen.

Tra una settimana ***saremo*** *già* ***rientrati****.* — In einer Woche werden wir schon zurückgekehrt sein.

Das *futuro anteriore* wird auch gebraucht, um Vermutungen oder Unsicherheit in Bezug auf die Vergangenheit zum Ausdruck zu bringen.

Hai sentito che confusione? – Sì, ***sarà stato*** *il vicino.* — Hast du den Lärm gehört? – Ja, das wird der Nachbar gewesen sein.

Matteo ***sarà*** *già* ***arrivato*** *a Napoli a quest'ora?* — Wird Matteo um diese Uhrzeit schon in Neapel angekommen sein?

8 **Bilden Sie aus den angegebenen Wörtern die Entsprechungen zu den deutschen Verbformen.**

avranno ♦ avrai ♦ sciolta ♦ digerito ♦ avrà ♦ si sarà ♦ assunto ♦ gustato ♦ saremo ♦ capito ♦ arrivati ♦ avrò

ich werde verdaut haben ______

sie werden verstanden haben ______

wir werden angekommen sein ______

Sie werden eingenommen haben ______

sie wird sich aufgelöst haben ______

du wirst gekostet haben ______

sciogliersi = sich auflösen

9 **Verbinden Sie die beiden Spalten zu sinnvollen Sätzen.**

a	Quando avrai riordinato la tua camera	1	aggiungerai dell'aglio.
b	Appena avrà fatto l'analisi	2	ti chiamerò.
c	Deciderò che cosa fare	3	dovrà aspettare una ventina di giorni.
d	Dopo che si sarà sciolto il burro	4	potrai uscire a giocare con gli amici.
e	Appena la riunione sarà finita	5	dopo che avrò parlato con lui.
f	Dopo che avrà presentato la domanda	6	sceglieremo la terapia da seguire.

presentare la domanda = den Antrag stellen

10 **Bilden Sie Sätze nach folgendem Muster:** ***io / arrivare in Germania / telefonare ai miei genitori → Quando sarò arrivato in Germania, telefonerò ai miei genitori.***

a io / finire di mangiare / accendere la televisione

______

b Lei / finire questo corso / parlare l'italiano ancora meglio

______

c noi / andare in pensione / avere più tempo libero

______

d smettere di piovere / noi / uscire di casa

______

e noi / rientrare / avvisare Giovanna

______

f il dottore / finire di telefonare / voi / potere entrare

______

accendere = einschalten

***pensione** f* = Ruhestand

! Wiederholen Sie am besten das *futuro semplice*, bevor Sie diese Übungen machen!

11 **Arbeiten Sie nun die mündlichen Übungen A–C zu den Zukunftsformen durch. Die Anweisungen erhalten Sie auf der CD.**

1/8–10

Seconda parte

Lettura

12 **Lesen Sie nun folgenden Text.**

Curarsi ai piedi di un vulcano

Oltre alle diverse località termali presenti su tutta la penisola, esiste in Italia un luogo dove si possono fare dei trattamenti terapeutici con fanghi di origine vulcanica. Si tratta dell'isola di Vulcano, che si trova a nord-est della Sicilia e fa parte dell'arcipelago delle Eolie. Ci si può arrivare andando in treno da Messina a Milazzo e prendendo da qui il traghetto che porta direttamente al porto di Vulcano.

L'isola era già conosciuta dagli antichi Romani per le attività vulcaniche da cui prende il nome, ma è diventata meta di viaggi soltanto negli ultimi decenni grazie al turismo. Alla diffusione della sua immagine sembra aver contribuito soprattutto il film "Vulcano", girato negli anni '50 con la popolare attrice Anna Magnani in concorrenza al film "Stromboli" con Ingrid Bergman. Oggigiorno l'isola viene visitata da migliaia di turisti, affascinati dalla bellezza delle sue spiagge di sabbia nera ma anche desiderosi di godere dei vantaggi offerti dai suoi fanghi termali. La "Pozza dei fanghi" è particolarmente amata dai visitatori. Qui è possibile immergersi a cielo aperto in una specie di lago formato da fango caldo.

I fanghi di Vulcano sono adatti principalmente alla cura dei reumatismi così come di malattie delle vie respiratorie e della pelle. D'altra parte, per non correre rischi, attività terapeutiche di questo tipo vanno svolte con una certa prudenza o, nella migliore delle ipotesi, sotto controllo medico. In particolare bisogna fare attenzione a non rimanere immersi nei fanghi o a respirare i vapori per periodi di tempo troppo lunghi. Infine non va dimenticato che ci si trova su un'isola con almeno un vulcano ancora attivo, anche se l'ultima grande eruzione è avvenuta nel lontano 1890.

trattamento *m* = Behandlung
arcipelago *m* = Archipel
pozza *f* = (wörtl.) Lache
immergersi (→ *immerso*) = eintauchen
respiratorio = Atmungs-
vapore *m* = Dampf
eruzione *f* = (Vulkan-)Ausbruch

13 Welche Aussage ist jeweils im Text enthalten?

a 1 Il traghetto per andare all'isola di Vulcano parte da Messina.
2 Il traghetto per andare all'isola di Vulcano parte da Milazzo.

b 1 L'isola di Vulcano è diventata famosa negli anni '50 grazie al film "Vulcano".
2 Il film "Vulcano" è stato un successo negli anni '50 grazie all'isola di Vulcano.

c 1 I turisti visitano l'isola di Vulcano per le spiagge e per i fanghi vulcanici.
2 I turisti visitano l'isola di Vulcano soprattutto per le spiagge e meno per i fanghi vulcanici.

d 1 Le attività terapeutiche con i fanghi vulcanici possono essere svolte senza alcun rischio.
2 Non mancano dei rischi nello svolgere attività terapeutiche con i fanghi vulcanici.

svolgere *(→ svolto)* = ausführen

rischio *m* = Risiko

e 1 Dal 1890 i vulcani dell'isola non sono più attivi.
2 Dal 1890 non ci sono più state eruzioni dei vulcani dell'isola.

14 Lesen Sie den Text noch einmal und finden Sie die Entsprechungen für folgende Wendungen.

! In ein paar Fällen müssen die Wendungen erst noch „zusammengestellt" werden.

von etw. seinen Namen herleiten ____________________

einen Film drehen ____________________

unter freiem Himmel ____________________

unter ärztlicher Aufsicht ____________________

im Idealfall ____________________

es darf nicht vergessen werden ____________________

15 Finden Sie folgende Ausdrücke im Text und kreuzen Sie die richtige Bedeutung an.

a Si tratta di …
1 Es wird behandelt als … 2 Es handelt sich um …

b in concorrenza a …
1 in Konkurrenz zu … 2 parallel zu …

c una specie di …
1 eine Art … 2 ein Beispiel von …

d D'altra parte …
1 Andererseits … 2 Ein anderer Teil von …

In altre parole

Nutzen Sie Ihre Reise- oder Wartezeiten, indem Sie mit Vokabeln „spielen“: sie gruppieren, neu ordnen usw.

16 **Ordnen Sie zu.**

a	curarsi		thermal
b	oltre a		Ortschaft
c	località *f*		Halbinsel
d	termale		sich (aus)kurieren
e	presente		Fango, Schlamm
f	penisola *f*		therapeutisch
g	terapeutico		(hier:) außer, neben
h	fango *m*		anwesend

a	origine *f*		populär
b	far(e) parte di qc.		zu etw. dazugehören
c	diffusione *f*		zu etw. beitragen
d	immagine *f*		(hier:) Image
e	contribuire (-isc-) a qc.		heutzutage
f	popolare		Herkunft
g	attrice *f*		Verbreitung
h	oggigiorno		Schauspielerin

! Die männliche Form von *at**trice*** lautet *at**tore***, die von *scrit**trice*** heißt *scrit**tore*** usw.

a	affascinare		Vorsicht
b	godere (di) qc.		Risiken eingehen
c	vantaggio *m*		genießen
d	adatto a/per		geeignet für
e	correre rischi		insbesondere
f	svolgere		Vorteil
g	prudenza *f*		ausführen, ausüben
h	in particolare		faszinieren

correre → corso
svolgere → svolto

Occhio alle regole

Das Passiv

Auch im Italienischen können transitive Verben im Passiv verwendet werden. Das Passiv wird durch eine Form von ***essere*** und das ***participio passato*** des Hauptverbs gebildet, z. B. *è amato, era venduto, è stato aperto, sarebbe scritto* usw. Dabei wird das *participio passato* in Geschlecht und Zahl dem Subjekt des Satzes angeglichen.

*L'isola **era** già **conosciuta** dagli antichi Romani.*	Die Insel war schon den alten Römern bekannt (wurde ... gekannt).

In den einfachen (und niemals in den zusammengesetzten!) Zeitformen kann das Passiv mithilfe von ***venire*** anstelle von *essere* gebildet werden. Damit wird der Vorgang der Handlung besonders betont.

*Oggigiorno l'isola **è/viene visitata** da migliaia di turisti.*	Heutzutage wird die Insel von tausenden Touristen besucht.

In Aktivsätzen steht der Urheber im Vordergrund, in Passivsätzen das Objekt der Handlung. Der Urheber wird in Passivsätzen durch die Präposition ***da*** (von) angegeben.

Il dottore visita il paziente.	Der Arzt untersucht den Patienten. (Aktiv)
*Il paziente viene visitato **dal** dottore.*	Der Patient wird vom Arzt untersucht. (Passiv)

In einem Passivsatz muss der Urheber nicht zwingend erwähnt werden. Analog dazu kann das Subjekt bei Aktivsätzen unbestimmt bleiben – dies geschieht im Italienischen meist durch die unpersönliche Form *si* bzw. durch die 3. Person Plural (*loro*). Vergleichen Sie:

*(Loro) Non **fanno** sconti.*	Sie geben keine Rabatte.
*Non **si fanno** sconti.*	Man gibt keine Rabatte.
*Non **vengono fatti** sconti.*	Rabatte werden nicht gegeben.

Die Konstruktion *andare + participio passato*

Um die Notwendigkeit einer Handlung zu betonen, benutzt man u. a. die Form *andare + participio passato*, z. B. *va fatto* (muss getan werden), *andava ordinato* (musste bestellt werden), *andrebbe spedito* (müsste verschickt werden) usw. Dabei wird die Endung des *participio passato* stets dem Subjekt angeglichen.

*La domanda **va presentata** in segreteria.*	Der Antrag muss im Sekretariat gestellt werden.

! Aktive und passive Formen gibt es auch im Deutschen, z. B. „ich liebe dich – du wirst (von mir) geliebt".

! Beachten Sie die Passiv-Formen in den zusammengesetzten Zeiten, z. B. *Non **sono/erano/saranno** ancora **state prese** delle decisioni.*

! Diese Form kann nur mit den einfachen und nicht mit den zusammengesetzten Zeiten von *andare* gebildet werden.

Ripasso

17 **Zur Bildung des Passivs benötigen Sie in erster Linie das Hilfsverb *essere*. Wiederholen Sie die einfachen Zeitformen von *essere*, die Sie bereits kennen sollten.**

	presente	*imperfetto*	*futuro*	*condizionale*
io				
tu				
lui/lei/Lei				
noi		eravamo		
voi				sareste
loro			saranno	

18 **Ebenso gefragt ist das Verb *venire*. Ergänzen Sie folgende Konjugationen.**

	presente	*imperfetto*	*futuro*	*condizionale*
io	vengo			
tu				
lui/lei/Lei				verrebbe
noi				
voi		venivate		
loro			verranno	

19 **Kreuzen Sie nun an, ob folgende Aussagen zur Passivbildung richtig oder falsch sind.**

		vero	falso
a	Tutti i verbi, transitivi e intransitivi, hanno una forma passiva.	☐	☐
b	Il passivo di un verbo si può sempre formare con l'aiuto di "essere".	☐	☐
c	Il passivo di un verbo si può sempre formare anche con l'aiuto di "venire".	☐	☐
d	Nei tempi composti il passivo si può formare soltanto con l'aiuto di "essere".	☐	☐
e	Nelle frasi passive la persona o cosa che fa l'azione si indica con la preposizione "da".	☐	☐
f	Nelle frasi passive non è sempre necessario indicare la persona o cosa che fa l'azione.	☐	☐

tempo composto *m* = zusammengesetzte Zeit

azione *f* = Handlung

20 **Wer hat was gemacht? Ergänzen Sie folgende Passivsätze mit dem richtigen Verb im *passato prossimo* (*è stato/a, sono stati/e ...*).**

progettare ♦ scrivere ♦ comporre ♦ girare ♦ costruire ♦ dipingere

a Le opere "Aida" e "Rigoletto" ____________________ da Giuseppe Verdi.

b Il Museo delle Scienze NEMO ad Amsterdam ____________________ da Renzo Piano.

c "Sostiene Pereira" ____________________ da Antonio Tabucchi.

d Il Colosseo ____________________ dai Romani.

e La Mona Lisa ____________________ da Leonardo da Vinci.

f Il film "Cinema Paradiso" ____________________ da Giuseppe Tornatore.

! Vorsicht! Das *participio passato* einiger Verben in dieser Auswahl ist unregelmäßig! Schauen Sie im Zweifelsfall im alphabetischen Wortschatz nach.

21 **Setzen Sie folgende Sätze ins Passiv. Verwenden Sie dabei *essere* und – wenn möglich – *venire*.**

a Domani l'insegnante spiegherà nuovamente questo tema.

____

b Dopo sette anni di lavoro hanno riaperto il teatro La Fenice di Venezia.

____

c Milioni di turisti visitano l'Italia ogni anno.

____

d Il Presidente della Regione leggerà il messaggio di auguri.

____

testimone m = Zeuge
colpevole m = Täter
scalare = besteigen

e Molti testimoni hanno riconosciuto il colpevole.

____

f Reinhold Messner ha scalato le sette montagne più alte del mondo.

____

22 Verbinden Sie folgende Satzteile zu sinnvollen Sätzen.

guinzaglio m = Leine
a parte = getrennt

a	Il cane va tenuto al guinzaglio,	1	almeno un mese prima.
b	La pressione andrà controllata	2	a parte.
c	Le tende andrebbero lavate	3	non si può andare avanti così.
d	La visita andava prenotata	4	altrimenti scappa.
e	Le bevande vanno pagate	5	una volta al giorno.
f	Qualcosa andrà cambiato:	6	in acqua fredda.

23 Wandeln Sie nun folgende Sätze nach dem Beispiel um.

a Domani deve essere fatta la spesa. → Domani va fatta la spesa.

b Gabriella deve essere informata al più presto. → ______________

c Il bagno doveva essere pulito ieri. → ______________

d Prima dovrà essere fatto l'esame scritto. → ______________

rifiuti mpl = Müll
buttare = werfen
pattumiera f = Mülleimer

e Il pasto dovrebbe essere gustato con calma. → ______________

f I rifiuti devono essere buttati nella pattumiera. → ______________

1/11

24 Und nun stellen Sie Fragen mithilfe von *andare* im Präsens und dem *participio passato*. Zunächst sprechen Sie; danach hören Sie die richtige Version zur Kontrolle sowie die Antwort.

Beispiel: quando / comprare / biglietti → Quando vanno comprati i biglietti?

a come / lavare / questa maglia
b quanto / sale / mettere nel minestrone
c per quanto tempo / prendere / queste pastiglie
d dove / ritirare / i documenti
e come / fissare / l'appuntamento

ritirare = abholen

1/12–14

25 Arbeiten Sie nun die mündlichen Übungen A–C zum Passiv durch. Die Anweisungen erhalten Sie auf der CD.

1/15

26 Sie gehen nun in eine Apotheke, weil Sie sich nicht wohl fühlen. Hören Sie sich die Anweisungen auf der CD an und nehmen Sie an einer kleinen Unterhaltung teil.

Sai usare il computer?

Unità 3

Hier lernen Sie:

- wie Sie um Rat bitten bzw. Rat erteilen
- wie Sie Vermutungen äußern
- das *passato prossimo* der Modalverben *dovere, potere* und *volere*
- das Pronominaladverb *ci*
- die Präposition *su*

Prima parte

Ascolto

Versuchen Sie bei neuen Wörtern, ihre Bedeutung mithilfe Ihnen bereits bekannter Vokabeln (auch aus anderen Sprachen) zu erschließen.

1 Im Dialog werden Sie einige Begriffe rund um den PC hören, deren Bedeutung sich leicht erschließen lässt. Ordnen Sie zu.

sito (Internet) ♦ virus ♦ indirizzo (Internet) ♦ installare ♦ navigare in Internet ♦ documento

(Internet-)Adresse	______	Website	______
im Internet surfen	______	Datei	______
installieren	______	Virus	______

1/16

So machen Sie diese Hörverständnisübung richtig: zuhören – Behauptungen lesen – nochmals zuhören – danach ankreuzen.

2 *Vero o falso?* Sie hören ein Telefongespräch zwischen Ruggero und Gabriele. Entscheiden Sie anschließend, ob folgende Behauptungen richtig oder falsch sind.

		vero	falso
a	Gabriele sta aspettando una risposta da Ruggero.	☐	☐
b	Sul sito Internet del Salone del Gusto si trova il calendario delle manifestazioni.	☐	☐
c	Ruggero ha letto l'e-mail ma non ha ancora avuto tempo di rispondere.	☐	☐
d	Secondo Ruggero è suo figlio che ha causato il problema al computer.	☐	☐
e	Il problema al computer di Ruggero dipende sicuramente dal collegamento.	☐	☐
f	Alla fine Ruggero decide di non andare a Torino domenica.	☐	☐
g	Elisa oggi ha dovuto alzarsi molto presto.	☐	☐

salone *m* = (hier:) Ausstellung
manifestazione *f* = Veranstaltung
causare = verursachen

3 Ordnen Sie zu.

a	meno male che …	Programm (*auch am PC*)
b	spedire (-isc-)	Plan; Kalender
c	inviare	ganz, gesamt, vollständig
d	intero	Veranstaltung
e	programma *m*	zum Glück …
f	calendario *m*	senden, schicken
g	manifestazione *f*	senden, schicken

a	tipo *m*	Ratschlag, Empfehlung
b	esattamente	genau (*Adverb*)
c	appunto	an jmdm./etw. liegen
d	scoprire	zufällig
e	per caso	entdecken
f	consiglio *m*	Typ
g	dipendere da qn./qc.	gerade

a	controllare	sich mit etw. auskennen
b	essere pratico di qc.	kontaktieren
c	esperto *m*	überprüfen
d	collegamento *m*	Experte
e	al tuo posto	todmüde
f	contattare	Verbindung
g	intendersi di qc.	an deiner Stelle
h	stanco morto	sich mit etw. auskennen

! Das Substantiv *Internet* kann männlich oder weiblich sein. Es wird im Italienischen klein- oder großgeschrieben und ohne Artikel benutzt.

scoprire → scoperto

! Die Adjektive *esperto* und *pratico* bedeuten beide „erfahren, routiniert".

! Die Form *intender**sene*** ist auch möglich: *io **me ne** intendo, tu **te ne** intendi …*

4 *Cercare di fare qc.* und *provare a fare qc.* bedeuten beide „versuchen, etw. zu tun". Ergänzen Sie folgende Sätze mit den Präpositionen *di* oder *a* – nur wenn sie nötig sind.

a Hai già provato _____ la televisione digitale?

b Ho cercato _____ parlargli, ma non è servito a niente.

c Prova _____ chiamarlo a casa, se non lo trovi al lavoro.

d Ho già provato _____ tutto il possibile, ma non ci riesco.

e Se cerchi _____ Luigi per parlargli, è appena uscito.

f Cerca _____ capirmi: non avevo altra scelta!

? Was bedeuten die Verben *cercare* und *provare* ohne Präpositionen?

Unità 3

! Auch im Italienischen mangelt es nicht an englischen Wörtern, wenn es um den PC geht: *e-mail, provider, file* usw. Anstelle von *lo schermo* kann man z. B. auch *il monitor* sagen.

! Das Wort *mouse* ist im Italienischen männlich: ***il** mouse*!

Ergänzen Sie diese Liste mit weiteren Begriffen, die Sie eventuell brauchen.

5 Ordnen Sie zu.

schermo ♦ tastiera ♦ mouse ♦ altoparlante (*m*) ♦ lettore CD/DVD ♦ computer ♦ tasto ♦ cavo/filo

6 **Ordnen Sie die folgenden Formulierungen den richtigen Redeabsichten zu. Welche drei Sätze fallen aus der Reihe? Was drücken sie aus?**

Mi potresti dare un consiglio? ♦ Secondo me è meglio se … ♦ Fai come vuoi. ♦ Perché non …? ♦ Vorrei chiederti un consiglio. ♦ Che (cosa) ti devo dire! ♦ Ti conviene … ♦ Tu (che) cosa faresti al mio posto? ♦ Io ti consiglierei di … ♦ Secondo me faresti meglio a … ♦ Lo devi decidere tu! ♦ Cosa mi consiglieresti di fare? ♦ Secondo te come faccio a …?

chiedere un consiglio	dare un consiglio

7 **Auf welche der Redeabsicht *dare un consiglio* zugeordneten Ausdrücke folgt der *infinito*, auf welche das *indicativo presente*? Vorsicht: Eine Formulierung kann mit beiden Zeitformen verwendet werden.**

Infinito: ____________________

____

Indicativo presente: ____________________

____

8 **Am besten einen Experten fragen! Ordnen Sie die Satzteile einander zu und bitten Sie um den „richtigen" Ratschlag.**

a Lei che è un esperto di economia,
b Tu che sei un appassionato di viaggi,
c Voi che sapete tutto di calcio,
d Lei che è pratica di cucina,
e Tu che ne capisci di computer,
f Lei che è del posto,

1 mi spiega come si prepara il tiramisù?
2 che investimenti mi consiglierebbe?
3 mi sa dire come arrivo a Ferrara?
4 mi aiuti a installare un programma?
5 mi dite chi ha vinto più Mondiali?
6 dove mi consiglieresti di andare?

Der Begriff „Redeabsicht" bezeichnet den Grund oder Zweck für eine Äußerung. Eine Redeabsicht kann man auf vielfältige Weise ausdrücken, je nach Situation.

Prägen Sie sich eine oder zwei dieser Formulierungen ein, damit Sie sie bei Bedarf parat haben.

appassionato = leidenschaftlich
investimento *m* = Geldanlage

? *E di che cosa si intende Lei?*

? Welche dieser Sätze drücken eine stärkere Vermutung aus?

9 **Sie kennen bereits einige grammatische Strukturen, mit denen man Vermutungen äußern kann. Ordnen Sie diesen folgende Sätze zu.**

a Avrai installato dei programmi nuovi.
b In Asia saranno già le tre di notte.
c Forse è il postino che suona alla porta.
d Sarà stato il vento a chiudere la finestra.
e Potrebbe dipendere da un virus.
f Probabilmente Le passerà presto.
g Non dovrebbe essere niente di grave.
h Dovrebbe essere stato Marco a telefonare.
i Potrebbe avere avuto un problema.

avverbio: ____________________

condizionale presente di *dovere/potere*: ____________________

futuro semplice: ____________________

futuro anteriore: ____________________

guasto *m* = Panne

10 ***Qual è la causa del guasto?*** **Formulieren Sie folgende Vermutungen um, indem Sie das *futuro semplice* bzw. *anteriore* verwenden.**

a Potrebbe dipendere dal motore. → ____________________

b Forse non funziona la chiave. → ____________________

c Potrebbe mancare l'olio. → ____________________

d Forse si è rotto il cambio. → ____________________

e Potrebbe essere finita la benzina. → ____________________

f Forse il pedale è difettoso. → ____________________

cambio *m* = Getriebe

difettoso = defekt

Occhio alle regole

Das *passato prossimo* der Modalverben *dovere, potere* und *volere*

Das *passato prossimo* der Modalverben *dovere, potere* und *volere* wird mit ***avere*** gebildet.

*Non **ho** ancora potuto leggere la tua e-mail.*	Ich habe deine E-Mail noch nicht lesen können.
***Ha** dovuto partire da solo.*	Er hat alleine abreisen müssen.

Bei intransitiven Verben, die das Hilfsverb *essere* verlangen, kann **auch *essere*** anstelle von *avere* gebraucht werden:

*Perché non **sei** voluto rimanere per la cena?* = *Perché non hai voluto rimanere per la cena?*	Warum hast du nicht zum Abendessen bleiben wollen?
*Faceva così caldo che **sono** dovuto uscire.* = *Faceva così caldo che ho dovuto uscire.*	Es war so heiβ, dass ich habe weggehen müssen.

Bei der Bildung des *passato prossimo* mit *essere* wird das *participio passato* der Modalverben – wie sonst üblich – dem Subjekt angeglichen.

*Sofia è dovut**a** andare in ufficio di corsa.*	Sofia hat schnell ins Büro gehen müssen.
*Purtroppo non siamo potut**i** restare più a lungo.*	Leider haben wir nicht länger bleiben können.

Wird das Modalverb von *essere* begleitet, kommt **nur *avere*** als Hilfsverb in Frage. Das Gleiche gilt, wenn auf das Modalverb kein Infinitiv folgt.

***Ha** voluto **essere** il più veloce a tutti i costi.*	Er hat um jeden Preis der Schnellste sein wollen.
*Volevamo venire a trovarvi, ma non **abbiamo potuto**.*	Wir wollten euch besuchen, aber wir konnten nicht.

Eine Besonderheit ergibt sich, wenn das Modalverb ein **reflexives Verb** begleitet. In diesem Fall kann sowohl *essere* als auch *avere* als Hilfsverb verwendet werden, je nachdem, ob das Reflexivpronomen vor oder nach der verbalen Konstruktion steht. Inhaltlich sind die Sätze gleichwertig.

*Oggi Elisa **si è** dovuta alzare presto.* = *Oggi Elisa **ha** dovuto alzar**si** presto.*	Heute hat Elisa früh aufstehen müssen.
*Non **mi sono** proprio potuta addormentare.* = *Non **ho** proprio potuto addormentar**mi**.*	Ich habe wirklich nicht einschlafen können.

! Diese Ausführungen gelten auch für die anderen zusammengesetzten Zeiten, z. B. *trapassato prossimo* oder *futuro anteriore*.

! Intransitive Verben können kein direktes Objekt nach sich ziehen, z. B. *andare, dormire* usw. Wenn Sie auf der sicheren Seite sein wollen, verwenden Sie bei Modalverben immer *avere*.

! Die Verben *alzarsi* (aufstehen) und *addormentarsi* (einschlafen) sind im Italienischen reflexiv.

Ripasso

11 Ergänzen Sie das passende Hilfsverb. Jede Verbform darf nur einmal eingesetzt werden, auch wenn sie in mehr als nur eine Lücke passt.

! Berücksichtigen Sie auch den Hinweis zu den intransitiven Verben in den Grammatikerklärungen!

sono ♦ ha ♦ hai ♦ sono ♦ ho ♦ è

a Ieri a mezzogiorno non _____ voluto mangiare, perché avevo problemi di digestione.
b Da quando ci siamo sposati mio fratello non _______ ancora voluto venire a trovarci.
c Riccardo, ma come!? Non _______ voluto provare la mia torta di mele?
d Mi scusi per il ritardo ma _______ dovuto rimanere al lavoro più a lungo del solito.
e Signora, perché non _______ voluto curarsi da uno specialista?
f I Carabinieri non _______ ancora potuti arrivare sul luogo dell'incidente.

incidente *m* = Unfall

12 Ergänzen Sie das Modalverb im *passato prossimo*.

impegnato = beschäftigt
convincere = überzeugen
favore *m* = Gefallen
partita *f* = (Fußball-)Spiel

a Scusa se non _________________ (potere) telefonarti prima, ma ero impegnato in una riunione importante.
b Non c'erano più treni, quindi i miei figli _________________ (dovere) chiamare un taxi.
c Abbiamo provato a convincerlo in tutti i modi, ma alla fine non _________________ (volere) venire.
d _________________ (voi – potere) farmi quel favore che vi ho chiesto?
e Saremmo rimasti molto volentieri più a lungo, ma i bambini erano stanchi e _________________ (dovere) andare a casa.
f Mi spiegate perché non _________________ (loro – volere) vedere la partita?

13 Setzen Sie die Sätze ins *passato prossimo*.

a Devo rientrare in ufficio stasera. → _________________
b Vuoi proprio contribuire alla spesa? → _________________
c Dobbiamo scappare a casa! → _________________
d Deve prendere le gocce ogni sera? → _________________
e Potete visitare il museo? → _________________
f Non vogliono proprio accontentarmi. → _________________

14 **Formulieren Sie folgende Sätze um, indem Sie das Reflexivpronomen nach bzw. vor die verbale Konstruktion setzen.**

a Avete voluto davvero sposarvi in Australia?

____

b L'aula era così piena che alcuni studenti si sono dovuti sedere per terra.

____

per terra = auf dem Boden

c Ieri sera abbiamo voluto divertirci ballando.

____

d Ti sei potuta riposare come desideravi in vacanza?

____

e A causa dello sciopero mia figlia ha dovuto fermarsi a Milano un giorno in più.

____

a causa di = aufgrund, wegen
sciopero *m* = Streik

f L'ufficio era già chiuso, per cui non ho potuto informarmi sulla mia pratica.

____

pratica *f* = Akte

15 **Ordnen Sie die Satzteile.**

a potresti / consiglio / dare / un / mi / ? → ______________

b faccio / … ? / secondo / come / a / te → ______________

c mi / di / consiglieresti / ? / cosa / fare → ______________

d mio / che / ? / cosa / al / faresti / posto / tu → ______________

e posto / così / tuo / … / farei / al → ______________

f a / meglio / … / secondo / faresti / me → ______________

16 **Arbeiten Sie nun die mündlichen Übungen A–C zum *passato prossimo* der Modalverben durch. Die Anweisungen erhalten Sie auf der CD.**

1/17–19

Seconda parte

Lettura

17 **Was können Sie heutzutage schon alles mit dem Internet erledigen? Können Sie einige dieser Tätigkeiten auf Italienisch benennen?**

! Ein Blog ist eine Art öffentliches Tagebuch im Internet, das ständig durch neue Gedanken, Notizen oder Kommentare – meist zu klar definierten Themen – erweitert wird.

18 **Lesen Sie nun folgenden Ausschnitt aus einer Blog-Seite.**

26 gennaio
Primi passi in Internet: opportunità e rischi

Oggi vorrei rivolgermi a chi non ha ancora molta esperienza con l'affascinante mondo di Internet. Vi è già capitato di invidiare i vostri figli che riescono a prenotare i biglietti del treno senza andare in stazione, a parlare con gli amici oltreoceano vedendoli sul portatile e a leggere gli articoli di una rivista senza doverla comprare in edicola? Allora è giunto anche per voi il momento di provare!
Prima di muovere i primi passi in Internet è bene però chiedersi: "Che cos'è Internet?", "Che cosa la rende così straordinaria?" Per fare un primo esempio, Internet è considerata il più democratico tra tutti i mezzi di comunicazione di massa, perché consente all'opinione pubblica di esprimersi direttamente sulle questioni di attualità. Da questo punto di vista i suoi meriti sono fuori discussione, ma non mancano anche dei rischi. Pensate ad esempio a quello che succede quando cercate delle informazioni nella rete delle reti. Moltissime volte infatti vi capiterà di non conoscere l'indirizzo esatto di un sito. Potete allora servirvi di un cosiddetto motore di ricerca, con il quale trovare rapidamente i siti che si occupano di un tema che vi sta a cuore. Anche se naturalmente sta a voi la scelta delle pagine da aprire, non serve molto a capire che i motori di ricerca svolgono una funzione centrale e molto delicata nella società dell'informazione e che buona parte della libertà di Internet dipende dalla loro indipendenza.
D'altra parte esiste anche un altro rischio: la gran quantità di informazioni presenti in Internet non è automaticamente una garanzia della loro qualità. E allora chi si occupa di selezionare le informazioni? Chi ci aiuta a distinguere tra buona e cattiva informazione? I motori di ricerca? Oppure altri siti in Internet? E come facciamo ad essere certi che le loro scelte siano giuste?

oltreoceano = in Übersee
mezzo di comunicazione di massa *m* = Massenmedium
attualità *f* = Zeitgeschehen

19 **Welche der folgenden Aussagen sind implizit im Text enthalten?**

a È possibile vivere felicemente anche senza imparare a usare Internet.
b Una delle tante possibilità che Internet offre è quella di trovare informazioni attraverso motori di ricerca.
c I motori di ricerca svolgono un ruolo molto importante, perché selezionano le informazioni per l'utente.
d La grande quantità di informazioni presente in Internet è un vantaggio assoluto.
e È bene avvicinarsi a Internet in modo critico, imparando a scoprirne i vantaggi e i rischi.

selezionare = auswählen
utente *m* = Benutzer
assoluto = absolut, uneingeschränkt

20 **Zwei Übersetzungen in der folgenden Liste wurden vertauscht. Welche sind es?**

opportunità *f*	Chance, Gelegenheit
rivolgersi a qn.	sich an jmdn. wenden
esperienza *f*	Erfahrung
capitare	passieren, vorkommen
invidiare	beneiden
portatile *m*	Laptop
rivista *f*	Zeitschrift
rendere	machen, werden lassen
straordinario	außergewöhnlich
considerare	erlauben, ermöglichen
consentire	(hier:) betrachten
opinione pubblica *f*	öffentliche Meinung
esprimersi	sich äußern
questione *f*	Angelegenheit
merito *m*	Verdienst, Vorzug
rete *f*	Netz
servirsi di qc.	benutzen, sich etw. bedienen
cosiddetto	sogenannter/e/es
motore di ricerca *m*	Suchmaschine
rapidamente	schnell (*Adverb*)
occuparsi di qc.	sich mit etw. befassen
delicato	heikel
società *f*	Gesellschaft
libertà *f*	Freiheit
garanzia *f*	Garantie
selezionare	auswählen
distinguere	unterscheiden

rivolgere → rivolto

! Auf *rendere* (*→ reso)* kann auch ein anderes Adjektiv folgen, z. B. *rendere triste/felice/famoso* usw. Beispiel: *Questo è il film che lo ha reso famoso.*

! *Espresso* ist nicht nur der bekannte Muntermacher, sondern auch das *participio passato* von *esprimere*.

distinguere → distinto

giungere → giunto

21 Im vorigen Text kamen auch einige feste Wendungen vor. Stellen Sie diese aus den Wortteilen im Kasten zusammen und ordnen Sie sie den deutschen Entsprechungen zu.

i primi passi ♦ essere ♦ vi ♦ a cuore ♦ da questo ♦ il momento ♦ sta ♦ è giunto ♦ a voi ♦ sta ♦ muovere ♦ punto di vista ♦ fuori discussione

es ist die Zeit gekommen ____________________

die ersten Schritte machen ____________________

aus diesem Gesichtspunkt ____________________

außer Frage stehen ____________________

es liegt euch am Herzen ____________________

es liegt an euch ____________________

! Das Verb *salvare* bedeutet auch „retten".

22 Für Computerfreaks: Ergänzen Sie die fehlenden Verben. Was bedeuten sie?

cancellare ♦ scaricare ♦ cliccare ♦ salvare ♦ inserire ♦ fare doppio clic

a Per navigare in Internet da un sito all'altro, bisogna ____________________ su dei collegamenti chiamati link.

b È meglio ____________________ un file senza aprirlo, se non sapete esattamente chi lo ha inviato.

c Per aprire un file bisogna selezionarne il simbolo e ____________________.

d Prima di ____________________ dei file dal web è bene chiedersi: la pagina in cui mi trovo è davvero affidabile?

e Per poter usare certi servizi in Internet, è necessario ____________________ i propri dati personali.

f Bisogna ____________________ un file, se non volete perdere i dati che avete creato.

affidabile = vertrauenswürdig

dati *mpl* = Daten

creare = erstellen

Occhio alle regole

Das Pronominaladverb *ci*

Das Pronominaladverb *ci* kann u. a. Ergänzungen mit den Präpositionen *a*, *con*, *di* und *su* ersetzen.

*Credi **alle** sue parole? – E chi **ci** crede?*	Glaubst du seinen Worten? – Wer glaubt denn daran?
*Sei riuscito **a** riparare la macchina? – No, non **ci** sono riuscito.*	Hast du es geschafft, das Auto zu reparieren? – Nein, ich habe es nicht geschafft.
*E chi parla adesso **con** Sabrina? **Ci** parli tu?*	Und wer redet jetzt mit Sabrina? Redest du mit ihr?
*Capisci qualcosa **di** economia? – Beh, sì, qualcosa **ci** capisco.*	Verstehst du etwas von Wirtschaft? – Nun, ja, ich verstehe etwas davon.
*Posso contare **sul** Suo aiuto? – Sì, **ci** può contare.*	Kann ich auf Ihre Hilfe zählen? – Ja, Sie können darauf zählen.

Am besten Sie prägen sich ein paar gängige Wendungen mit *ci*, die Sie bei Italienern hören, ein.

Das Pronominaladverb *ci* wird auch in Verbindung mit einigen Verben gebraucht, die dann eine besondere Bedeutung erhalten, z. B. *metterci* (brauchen – bei Zeitangaben), *volerci* (nötig sein, brauchen), *tenerci a qn./qc.* (Wert auf jmdn./etw. legen), *entrarci* (zu tun haben).

*Ma quanto **ci mette** Mara ad arrivare?*	Aber wie lange braucht Mara, um hinzukommen?
*Per entrare **ci vuole** il biglietto.*	Um hineinzugehen, ist die Karte nötig.
*No, grazie, **ci tengo** alla mia salute.*	Nein, danke, ich lege Wert auf meine Gesundheit.
*Ma (che) cosa **c'entra**?*	Aber was hat es damit zu tun?

! Auf *entrarci* folgt die Präposition *con*: *Ma (che) cosa c'entra **con** quello che ho detto?*

Die Präposition *su*

Außer in der Bedeutung „auf" und „über" wird die Präposition *su* in einer Vielzahl anderer Fälle verwendet, u. a.

- bei Seen, Flüssen oder Meeren, z. B. *sul Lago Trasimeno, sul Po, sul Tevere, sul Mar Tirreno*;
- bei Medien, z. B. *sul giornale, sulla rivista, sul libro, su Internet, sul primo canale* (im ersten Fernsehsender);
- bei Themen, z. B. *un libro sulla cucina italiana, una domanda sulla Sua relazione* (Vortrag), *una conferenza sull'economia*.

Dabei ist die Präposition *su* nicht immer die einzige Möglichkeit – so kann man beispielsweise auch *al Lago Trasimeno, nel giornale* oder *in Internet* sagen.

Ripasso

23 Ergänzen Sie das Pronominaladverb *ci*, wenn nötig.

a Non _____ capisco cosa è scritto su quel cartello.

b Ti intendi di informatica? – No, purtroppo non _____ capisco proprio niente.

c Sei riuscito a riparare la lavatrice? – Sì, è stata dura, ma alla fine _____ sono riuscito.

d Hai già parlato con la segretaria? – No, non _____ ho ancora parlato.

e Signora Cuomo, _____ pensa che riuscirà a trovare la strada per le terme?

f Vedrai che risolviamo il problema. Adesso non _____ pensare più.

g Se proprio _____ tieni, puoi venire con noi.

***lavatrice** f* = Waschmaschine
duro = hart
risolvere = lösen

24 Ergänzen Sie die richtige Präposition.

su ♦ sul ♦ nel ♦ al ♦ in ♦ sul ♦ nel

a Ogni anno migliaia di turisti tedeschi scelgono di fare le vacanze _____ lago di Garda.

b Quest'estate facciamo una crociera _____ Danubio.

c Mi scusi, avrei una domanda _____ quello che ha appena detto.

d I suoi figli passano ore e ore a navigare _____ Internet.

e _____ giornale di oggi c'è un articolo _____ tema dell'immigrazione.

f _____ manuale c'è scritto che non serve una password per questo programma.

! Jedes Wort darf nur einmal eingesetzt werden, auch wenn es in mehr als nur eine Lücke passt!

***crociera** f* = Kreuzfahrt
***immigrazione** f* = Einwanderung
***manuale** m* = Handbuch

25 Vervollständigen Sie folgende Sätze mit den richtigen Wörtern.

portatile ♦ sito Internet ♦ navigare ♦ schermo ♦ indirizzo ♦ inserire

a Domenica non ho fatto altro che _______________ in Internet.

b Leggere sullo _______________ è più faticoso che leggere sulla carta.

c Ecco, Lei deve andare verso il basso, cliccare su "Modulo" e poi _______________ i Suoi dati personali.

d Oggigiorno anche le piccole e medie imprese hanno un _______________.

e Se vuole usare il computer anche in viaggio, allora dovrebbe comprarsi un _______________.

f Mi dai il tuo _______________ di posta elettronica? Così ci scriviamo delle e-mail.

faticoso = anstrengend
***impresa** f* = Unternehmen

1/20

26 Arbeiten Sie nun eine mündliche Übung zum Pronominaladverb *ci* durch. Die Anweisungen erhalten Sie auf der CD.

1/21

27 Zum Schluss nehmen Sie wieder an einer kleinen Unterhaltung teil. Andrea hat ein Problem mit dem PC und fragt Sie um Rat.

Mi ricordo …

Unità 4

Hier lernen Sie:

- wie Sie von Ihrem Leben erzählen
- wie Sie Wohlwollen und Abneigung ausdrücken
- wie Sie Unmut äußern
- den *condizionale passato*
- das *passato remoto*

Prima parte

Ascolto

1 **Im Dialog werden Sie einige typische italienische Wendungen hören. Ordnen Sie sie vorab ihren deutschen Entsprechungen zu.**

farne di tutti i colori ♦ perdersi di vista ♦ andare per la propria strada ♦ da cosa nasce cosa ♦ Che fine ha fatto?

sich aus den Augen verlieren ______

den eigenen Weg gehen ______

Was ist aus … geworden? ______

es bunt treiben ______

eins zieht das andere nach sich ______

1/22

2 ***Vero o falso?*** **Sie hören ein Gespräch zwischen Ornella und Nonna Giorgia, die sich über ein Foto unterhalten. Entscheiden Sie anschließend, ob folgende Behauptungen richtig oder falsch sind.**

		vero	falso
a	Laura è diventata un ottimo medico.	☐	☐
b	Laura oggi ha una famiglia numerosa.	☐	☐
c	La nonna non andava d'accordo con uno dei ragazzi sulla foto.	☐	☐
d	La nonna e Giorgio erano dei buoni amici.	☐	☐
e	Alcune compagne di classe della nonna erano gelose di lei perché Filippo era il suo ragazzo.	☐	☐
f	La nonna ha conosciuto il nonno dopo aver finito la scuola.	☐	☐

Stellen Sie sich die Dialogsituation so genau wie möglich vor.

geloso = eifersüchtig

In altre parole

3 Ordnen Sie zu.

a	cantina *f*		Schulklasse
b	classe *f*		Gymnasium
c	liceo *m*		Prüfung, Klausur
d	ricordare		sich vergrößern
e	compito (per casa) *m*		Keller
f	esame *m*		(hier:) Studium
g	voto *m*		Note
h	studio *m*		Hausaufgabe
i	allargarsi		sich erinnern

a	sbagliarsi		ertragen, aushalten
b	sopportare		arrogant
c	decisamente		(hier:) echt, wirklich
d	arrogante		lächeln
e	vanitoso		lebhaft
f	sorridere		sich mit jmdm. verstehen
g	vivace		wunderbar (*Adverb*)
h	intendersi con qn.		sich irren
i	a meraviglia		eitel

a	carino		umziehen
b	geloso		reif
c	lasciarsi		wer weiß
d	trasferirsi (-isc-)		sich trennen
e	chissà		schüchtern
f	sensibile		sensibel
g	maturo		sich vorstellen
h	timido		hübsch
i	immaginarsi		eifersüchtig

! „Falsche Freunde" sind Wörter, die ähnlich klingen, aber unterschiedliche Bedeutungen haben. „Kantine" heißt z. B. auf Italienisch *mensa* und nicht *cantina*!

! Die Verben *ricordare* und *dimenticare* können auch reflexiv verwendet werden: *ricordar**si*** und *dimenticar**si***. Die Bedeutung bleibt gleich.

sorridere → *sorriso*

4 *Che tipo era? – Era un tipo …* Ordnen Sie die Adjektive ihren Definitionen zu.

generoso ♦ serio ♦ sincero ♦ egoista ♦ allegro ♦ curioso

chi vuole sempre sapere tutto ____________________

chi dice le cose come stanno ____________________

chi è sempre pronto ad aiutare gli altri ____________________

chi non ride tanto ____________________

chi mette di buon umore anche gli altri ____________________

chi pensa solo a sé stesso ____________________

! Man kann auch sagen: *Che persona era? – Era una persona …*

buon umore *m* = gute Laune

! An Wortverbindungen mit *insieme* mangelt es bei diesem Thema nicht, oder?

innamorarsi = sich verlieben

maturità *f* = Abitur

perlomeno = zumindest

? Haben Sie schon gemerkt, dass eine Verwandtschaftsbezeichnung zwei Entsprechungen im Deutschen hat? Welche?

5 ***Da cosa nasce cosa …*** **Ergänzen Sie die passenden Verben in der 1. Person Plural des *passato prossimo*.**

innamorarsi ♦ conoscersi ♦ andare a vivere insieme ♦ sposarsi ♦ mettersi insieme ♦ essere/stare insieme

Il nonno e io frequentavamo la stessa scuola. Lì __________, anche se in realtà non ci siamo parlati molte volte durante i primi anni del liceo. Poi, a pochi mesi dalla maturità, abbiamo iniziato a uscire insieme ed è lì che __________. È stato il mio primo grande amore: __________ e ho capito subito che era l'uomo della mia vita. __________ per alcuni anni fino al 15 novembre del 1965, quando finalmente __________. Subito dopo il matrimonio non avevamo ancora una casa tutta per noi, ma perlomeno __________ in un piccolo appartamento fuori città. Abbiamo avuto un figlio e una figlia e dopo trentacinque anni possiamo dire che siamo ancora felicemente sposati!

6 **Werfen Sie nun einen Blick auf den Stammbaum der Familie und ergänzen Sie die passenden Verwandtschaftsbezeichnungen.**

suocero ♦ genero ♦ genitori ♦ nuora ♦ cognato ♦ suocera ♦ suoceri ♦ cognata ♦ nipoti

Sara e Luigi sono i __________ di Alessia e i __________ di Francesco: Sara è la __________ e Luigi è il __________. Alessia è la __________ di Giulia e la __________ di Antonio e Giorgia. Stefania e Ornella sono le __________ di Alessia e Francesco, ma anche di Antonio e Giorgia. Francesco è il __________ di Sara e Luigi e il __________ di Lorenzo.

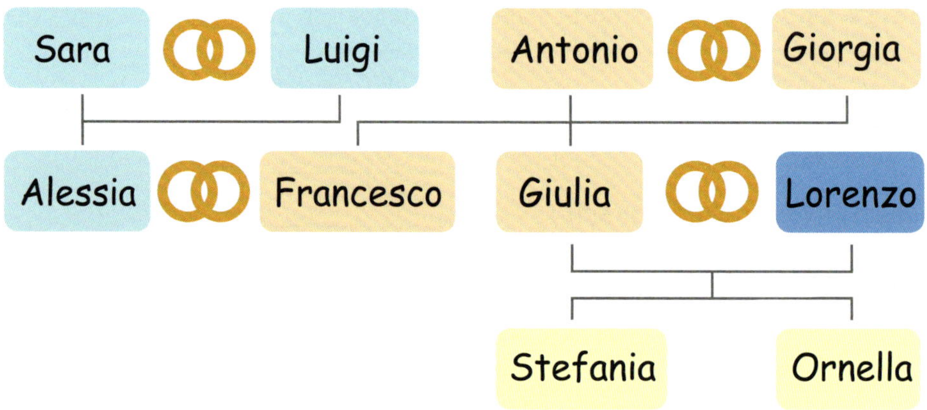

7 **Es gibt mehrere Möglichkeiten, Wohlwollen und Abneigung gegenüber anderen Menschen auszudrücken. Ordnen Sie die Wendungen mit ähnlicher Bedeutung einander zu.**

a ha un carattere difficile
b siamo amici per la pelle
c ci intendiamo a meraviglia
d non lo sopporto proprio
e è il mio più caro amico
f litighiamo sempre
g mi sta decisamente antipatico
h mi è veramente simpatico
i ha un bel carattere
j non mi piace molto

1 siamo molto amici

2 non lo posso proprio vedere

3 è il mio migliore amico

4 mi è proprio antipatico

5 andiamo molto d'accordo

6 ha un caratteraccio

7 lo trovo simpatico

8 non mi è particolarmente simpatico

9 è una persona molto gradevole

10 siamo come cane e gatto

Achten Sie auch auf die kleinen Unterschiede in der Wortwahl (z. B. *mi* ***è*** *simpatico / mi* ***sta*** *simpatico*) und merken Sie sich die für Sie leichtere Variante.

amici per la pelle *mpl* = Busenfreunde
litigare = streiten
gradevole = angenehm

8 **Menschen aus drei Generationen erzählen über ihre eigene Jugend. Ergänzen Sie die Texte mit den passenden Zeitangaben. Vorsicht: Eine Zeitangabe ist jeweils ungeeignet.**

! *Ai miei tempi* = *Quando ero giovane io.*

! Merken Sie sich: ***da** bambino, **da** giovane, **da** adulto* …

Nonno Antonio, 69 anni

da bambino ♦ poi ♦ al giorno d'oggi ♦ ai miei tempi ♦ da giovane

Mi ricordo che ______________ la maggior parte delle famiglie era povera e non c'erano ancora le comodità che ci sono ______________. ______________ non avevo a casa né giocattoli né il televisore. Così uscivo ogni pomeriggio con gli altri bambini e giocavo con loro in strada. Qualche anno dopo, ______________, ho iniziato a lavorare e così non avevo più molto tempo per giocare.

Lorenzo, 43 anni

in questi anni ♦ a sedici anni ♦ erano anni ♦ allora ♦ negli anni

Mi ricordo che ______________ sono andato per la prima volta a ballare in discoteca. ______________ felici, in cui mi divertivo uscendo con gli amici e frequentando le ragazze. ______________ '80 il mondo stava lentamente cambiando ma ______________ la politica non aveva più la stessa importanza di prima. Quand'ero giovane io si pensava di più a cose come la carriera, la ricchezza o anche la famiglia.

Erzählen Sie nun auch etwas von Ihrem Leben oder Ihrer Jugend auf Italienisch. So merken Sie sich diese Zeitangaben am schnellsten.

Stefania, 20 anni

con il tempo ♦ una volta ♦ a una certa età ♦ a quei tempi ♦ oggi

______________ si conoscevano solo poche persone e i contatti si perdevano facilmente. ______________ si resta in contatto con gli amici grazie a Internet e qui si conosce anche tanta nuova gente. Anche se all'inizio sembrava una cosa stranissima, ______________ tutti si sono abituati a Internet, anche gli adulti. Forse ______________ vedrò le cose diversamente, ma secondo me le relazioni oggi non sono meno importanti di prima, sono semplicemente cambiate.

abituarsi a qc. = sich an etw. gewöhnen

relazione *f* = Beziehung

Occhio alle regole

Condizionale passato: Bildung

Der *condizionale passato* ist eine Zeitform, die aus dem *condizionale presente* der Hilfsverben *avere* bzw. *essere* und dem *participio passato* des Hauptverbs zusammengesetzt ist.

	cercare		*tornare*	
io	*avrei*	*cercato*	*sarei*	*tornato/a*
tu	*avresti*	*cercato*	*saresti*	*tornato/a*
lui/lei/Lei	*avrebbe*	*cercato*	*sarebbe*	*tornato/a*
noi	*avremmo*	*cercato*	*saremmo*	*tornati/e*
voi	*avreste*	*cercato*	*sareste*	*tornati/e*
loro	*avrebbero*	*cercato*	*sarebbero*	*tornati/e*

? Wissen Sie noch, wann der *condizionale presente* verwendet wird?

Condizionale passato: Gebrauch

1 Der *condizionale passato* bezeichnet eine Handlung, die in der Vergangenheit unter anderen Umständen hätte stattfinden können. Er dient auch dazu, einen Wunsch auszudrücken, der nicht in Erfüllung gegangen ist.

Sarebbe *sicuramente* ***diventata*** *un ottimo medico.* — Sie wäre bestimmt eine sehr gute Ärztin geworden.

Ieri non ho avuto tempo, altrimenti ***avrei riordinato*** *la casa.* — Gestern habe ich keine Zeit gehabt, sonst hätte ich das Haus aufgeräumt.

Avrei *proprio* ***voluto*** *vederlo!* — Ich hätte ihn wirklich sehen wollen!

Mi ***sarebbe piaciuto*** *molto uscire con voi.* — Ich wäre sehr gern mit euch weggegangen.

2 Durch den *condizionale passato* – oft in Verbindung mit den Modalverben *potere* und *dovere* – kann man auch einen Ratschlag in Bezug auf eine vergangene Situation formulieren sowie Unmut oder Kritik zum Ausdruck bringen.

Al tuo posto ***avrei chiuso*** *la porta a chiave.* — An deiner Stelle hätte ich die Tür verschlossen.

Sarebbe stato *meglio telefonare prima.* — Es wäre besser gewesen, früher anzurufen.

Ma ***avresti potuto*** *chiamarmi!* — Du hättest mich doch anrufen können!

Sarebbero dovuti *venire anche loro.* — Sie hätten auch mitkommen sollen.

! Für diese Sprechabsichten wird in der Umgangssprache oft auch das *imperfetto* verwendet, z. B. ***Potevi*** *chiamarmi!* = *Avresti potuto chiamarmi!*

3 Schließlich benutzt man den *condizionale passato* im Nebensatz, wenn das Verb des Hauptsatzes in der Vergangenheit steht und die Handlung des Nebensatzes nach der des Hauptsatzes eintritt (sogenannte „Zukunft in der Vergangenheit“).

Allora non pensavo che Antonio ***sarebbe diventato*** *mio marito.* — Damals dachte ich mir nicht, dass Antonio mein Mann werden würde.

Chi poteva immaginarsi che ***sarebbe andata*** *a finire così?* — Wer konnte sich vorstellen, dass es so ausgehen würde?

Ripasso

? Wie lautet das *participio passato* von *prendere*? Schlagen Sie es gegebenenfalls im Wortschatz nach.

9 Konjugieren Sie *prendere* und *diventare* im *condizionale passato*.

	prendere	diventare
io	__________	__________
tu	__________	__________
lui/lei/Lei	__________	__________
noi	__________	__________
voi	__________	__________
loro	__________	__________

10 Bilden Sie die Entsprechungen zu den deutschen Verbformen.

raccontato ♦ imparato ♦ saremmo ♦ sarei ♦ sbagliato ♦ avrebbe ♦ avreste ♦ mi sarei ♦ avrebbero ♦ rimasti ♦ ammalato ♦ stato ♦ sopportato ♦ ti saresti

wir wären geblieben __________

du hättest dich geirrt __________

er hätte erzählt __________

ich wäre krank geworden __________

sie hätten gelernt __________

ihr hättet ertragen __________

ich wäre gewesen __________

11 Verbinden Sie zu sinnvollen Sätzen.

se no = andernfalls

a Ieri non mi sentivo bene,
b Mi è passato il mal di gola,
c Meno male che mi hanno dato le ferie,
d Non sono riuscito a finire gli studi,
e Meno male che hai riparato il computer,
f Non abbiamo avuto una bambina,

1 se no l'avremmo chiamata Cecilia.
2 se no mi sarei ammalato di stress.
3 se no avrei dovuto comprarne un altro.
4 altrimenti avrei preso le pastiglie.
5 altrimenti sarei diventato ingegnere.
6 altrimenti sarei andato a lavorare.

12 ***Il nonno compie gli anni!*** **Setzen Sie die folgenden Sätze in die Vergangenheit wie im Beispiel.**

a So che Luciano verrà al compleanno del nonno.

Sapevo che Luciano sarebbe venuto al compleanno del nonno.

b So che i nipotini gli canteranno una canzone.

c So che i suoi figli gli faranno una grande sorpresa.

d So che verranno anche i parenti più lontani.

e So che anche i vicini gli faranno gli auguri.

f So che andremo a festeggiare nel locale più "in" della città.

g So che il nonno e la nonna balleranno il liscio.

h So che il nonno si commuoverà.

festeggiare = feiern

liscio *m* = Gesellschaftstanz

commuoversi (→ *commosso*) = gerührt sein

13 **Arbeiten Sie nun die mündlichen Übungen A–C zum *condizionale passato* durch. Die Anweisungen erhalten Sie auf der CD.**

1/23–25

Was tun, wenn Sie Schwierigkeiten mit einer mündlichen Übung haben? Hören Sie sich einige Aufgaben und die Lösungen an – beginnen Sie dann wieder von vorne und wiederholen Sie die ersten Sätze.

Seconda parte

Lettura

14 **Haben Ihnen Ihre Großeltern etwas von ihrem Leben erzählt? Woran können Sie sich noch erinnern?**

15 **Lesen Sie nun folgenden Zeitungsartikel.**

Memoro – La Banca della Memoria

Ci sono lo scrittore Andrea Camilleri e il premio Nobel per la Medicina Rita Levi Montalcini. E con loro operai, contadini, pescatori, artigiani, casalinghe, soldati … Che cos'hanno in comune? Sono tutti nati prima del 1940. E hanno molto da raccontare. Come i loro nonni avevano fatto con loro e come loro, forse, non sono riusciti a fare con i nipoti. Perché la società nel frattempo è cambiata e guarda al passato con meno attenzione di un tempo. A contare oggi sono soltanto le mille informazioni da elaborare nel presente.

Ma è proprio così? E cosa succede se si unisce la tradizione alla tecnologia? Sì, perché ora i racconti dei nonni si trovano in rete, grazie all'iniziativa di quattro giovani di Torino. La loro idea? Intervistare persone nate prima del 1940 e pubblicare le interviste in un sito Internet, in forma di video della durata di pochi minuti. Nel 2007 hanno iniziato con parenti e amici, poi il progetto pian piano si è allargato. Un paio d'anni dopo il bilancio è più che positivo: centinaia di interviste, migliaia di iscritti, un numero crescente di visitatori del sito www.memoro.org, l'iniziativa che si è estesa nel frattempo anche ad altri paesi, tra cui la Germania.

È il web a creare un ponte tra le generazioni? O sono i giovani ad aver capito che certe esperienze sono universali, che si vive il presente e si va incontro al futuro solo con l'aiuto del passato? Comunque sia, molte di queste interviste vale in ogni caso la pena di ascoltarle.

I protagonisti principali sono loro: i nonni, con i loro racconti e il loro ritratto, a volte commovente, di un'Italia che non c'è più. E non mancano gli episodi divertenti, come quello che ci racconta Maria dello zio Bruno: "Un giorno zio Bruno […] all'uscita della scuola con due compagni andò a giocare sulla spiaggia. Faceva un caldo soffocante e i ragazzi […] decisero di fare un bagno nel mare. La spiaggia era deserta […] e per non bagnare gli abiti buoni della scuola i tre si svestirono e si tuffarono nudi nel mare. Giocarono felici […] nell'acqua ma all'improvviso il sangue si gelò nelle loro vene, due carabinieri intimarono loro di uscire dal mare. Furono portati nella caserma […] e minacciati di fare anni di prigione perché avevano dato scandalo per aver fatto il bagno nudi. Fu chiamato il padre che a sua volta […] punì lo zio. Da allora zio Bruno, pur abitando a due passi dal mare, non ha mai più fatto un bagno di mare o preso il sole sulla spiaggia. O tempi o mores …".

Lassen Sie sich nicht von den neuen Verbformen am Textende beirren. Die Erklärungen dazu erfahren Sie später in der Rubrik *Occhio alle regole*.

! Das lateinische Zitat in der letzten Zeile lautet korrekt *O tempora o mores!*

elaborare = verarbeiten

soffocante = erstickend
deserto = menschenleer
svestirsi = sich ausziehen
tuffarsi = springen (ins Wasser)
gelarsi = erstarren
vena *f* = Vene
intimare = anordnen
caserma *f* = Kaserne
mores (lateinisch) = Sitten

16 Welche Aussage ist jeweils im Text enthalten?

a 1 Andrea Camilleri e Rita Levi Montalcini hanno lavorato in passato come operai, contadini, pescatori, artigiani …
2 Andrea Camilleri e Rita Levi Montalcini hanno qualcosa in comune con alcuni operai, contadini, pescatori, artigiani …

b 1 Oggigiorno sembra esserci meno interesse per i racconti dei nonni.
2 L'interesse per i racconti dei nonni non è cambiato nel corso del tempo.

c 1 Sul sito di Memoro si spiega l'idea di fare interviste a persone nate prima del 1940.
2 Sul sito di Memoro si possono vedere e ascoltare interviste a persone nate prima del 1940.

d 1 L'articolo indica alcuni motivi che possono spiegare il successo di Memoro.
2 L'articolo esprime dei dubbi sulle vere intenzioni degli organizzatori di Memoro.

e 1 Lo zio Bruno e i suoi amici furono puniti perché erano andati a fare il bagno invece di rimanere a scuola.
2 Lo zio Bruno e i suoi amici furono puniti perché avevano fatto il bagno nudi.

f 1 L'ultima frase esprime l'idea che certe regole dipendono dai tempi in cui si vive.
2 L'ultima frase esprime nostalgia per i tempi passati che non ci sono più.

17 Lesen Sie den Text noch einmal und kreuzen Sie die richtige Bedeutung an.

a creare un ponte
1 eine Brücke schlagen
2 eine Tür aufmachen

a Comunque sia …
1 Trotzdem war es …
2 Wie dem auch sei …

a a sua volta
1 seinerseits
2 noch einmal

intenzione f = Absicht

! ***Furono puniti*** = wurden bestraft. *Furono* ist eine neue Vergangenheitsform von *essere*. Mehr dazu in der Rubrik *Occhio alle regole*.

? Im Namen *Memoro* steckt auch ein Wörtchen, das etwas sehr Wertvolles bezeichnet. Welches?

In altre parole

18 **Zwei Übersetzungen in der folgenden Liste wurden vertauscht. Welche sind das?**

memoria *f*	Gedächtnis
avere in comune	gemeinsam haben
nel frattempo	inzwischen
unire (-isc-)	verbinden
pubblicare	veröffentlichen
in forma di	als; in Gestalt von
pian piano	allmählich, langsam
bilancio *m*	Bilanz
iscritto/a *m/f*	Angemeldete/r
crescente	rührend
estendersi	sich ausbreiten
generazione *f*	Generation
universale	allgemein, universell
andare incontro a qn./qc.	jmdm./etw. entgegengehen
valere la pena	sich lohnen
protagonista *m/f*	Protagonist/in
ritratto *m*	Porträt
commovente	wachsend
episodio *m*	Episode, Vorfall
nudo	nackt
all'improvviso	plötzlich
minacciare	(be)drohen
prigione *f*	Gefängnis
scandalo *m*	Skandal
punire (-isc-)	(be)strafen

! Die Ausdrücke ***in** forma di* und ***sotto** forma di* sind bedeutungsgleich.

! Beachten Sie auch das Verb *iscriversi* (sich anmelden).

estendersi → *esteso*

! *(Non) vale la pena fare qualcosa.* = Es lohnt sich (nicht), etwas zu tun. / *Non (ne) vale la pena.* = Das lohnt sich nicht. / *(Non)* ***ne*** *è* ***valsa*** *la pena.* = Es hat sich (nicht) gelohnt.

Passato remoto: Bildung

Der Text in der Rubrik *Lettura* enthält einige Beispiele einer weiteren Vergangenheitsform, des sogenannten *passato remoto* (z. B. *andò, decisero, si svestirono, si gelò, furono portati* usw.). Dieses wird bei regelmäßigen Verben durch Anhängen folgender Endungen an den Verbstamm gebildet (der betonte Vokal ist jeweils unterstrichen):

	parl**are**	cred**ere**	part**ire**
io	parl**ai**	cred**ei** / cred**etti**	part**ii**
tu	parl**asti**	cred**esti**	part**isti**
lui/lei/Lei	parl**ò**	cred**é** / cred**ette**	part**ì**
noi	parl**ammo**	cred**emmo**	part**immo**
voi	parl**aste**	cred**este**	part**iste**
loro	parl**arono**	cred**erono** / cred**ettero**	part**irono**

Wir empfehlen Ihnen, das *passato remoto* zunächst einmal nicht aktiv zu benutzen. Es genügt, wenn Sie es wiedererkennen können.

Bei einigen Verben ändert sich der Stamm in der 1. und 3. Person Singular sowie in der 3. Person Plural. Außerdem werden bei diesen Personen die Endungen *-i*, *-e* und *-ero* angehängt. Die anderen Personen werden regelmäßig konjugiert, wie das Beispiel von *avere* zeigt: *io* ***ebbi****, tu avesti, lui/lei/Lei* ***ebbe****, noi avemmo, voi aveste, loro* ***ebbero***.

Einige wenige Verben verlangen darüber hinaus in der 2. Person Singular sowie in der 1. und 2. Person Plural den gleichen Verbstamm wie im *imperfetto* (z. B. *fac-* bei *fare* oder *dic-* bei *dire*). Weitere Verben sind schließlich ganz unregelmäßig (z. B. *essere* und *dare*).

Das Verb *andare* bildet das *passato remoto* regelmäßig: *andai, andasti, andò …*

	fare	dire	essere	dare
io	feci	dissi	fui	diedi
tu	facesti	dicesti	fosti	desti
lui/lei/Lei	fece	disse	fu	diede
noi	facemmo	dicemmo	fummo	demmo
voi	faceste	diceste	foste	deste
loro	fecero	dissero	furono	diedero

Passato remoto: Gebrauch

Das *passato remoto* wird vorwiegend in der gehobenen Schriftsprache (z. B. literarischen Texten) und in Mittel- und Süditalien bisweilen auch in der gesprochenen Sprache verwendet. Es drückt Ereignisse aus, die weit in der Vergangenheit zurückliegen und keinen direkten Bezug zur Gegenwart haben. Häufig wird es bei Erzählungen oder historischen Darstellungen gebraucht.

Benutzen Sie in der mündlichen Kommunikation weiterhin das *passato prossimo*!

I tre ***si svestirono*** *e* ***si tuffarono*** *nudi nel mare.*	Die drei zogen sich aus und sprangen nackt ins Meer.
Giuseppe Verdi ***nacque*** *nel 1813 e* ***morì*** *nel 1901.*	Giuseppe Verdi wurde 1813 geboren und starb 1901.

Ripasso

! Achten Sie besonders auf den Verbstamm: Ist er Ihnen z. B. aus dem *condizionale presente* oder dem *futuro semplice* bereits bekannt? Sprechen Sie gegebenenfalls die Konjugationen laut vor.

19 Welche Verben sind Formen des *passato remoto* und welche nicht? Ordnen Sie zu und bestimmen Sie die Zeitform jedes Verbs.

andrò ♦ verremo ♦ dovetti ♦ darete ♦ potemmo ♦ andò ♦ disse ♦ faremmo ♦ aprirò ♦ dovevi ♦ aprirono ♦ fece

passato remoto	altri tempi

20 Geben Sie zu folgenden Formen des *passato remoto* den *infinito presente* an. Um welche Person des *passato remoto* handelt es sich jeweils?

vendesti	____________	preferii	____________
fecero	____________	foste	____________
spiegaste	____________	regalò	____________
poté	____________	venni	____________
impararono	____________	prese	____________
bevvi	____________	avemmo	____________

21 Suchen Sie nun in diesem Text alle Formen des *passato remoto* heraus und übersetzen Sie sie angemessen.

A quanto pare, il poeta Dante Alighieri aveva una memoria eccezionale e di lui si racconta il seguente aneddoto. Un giorno Dante incontrò in piazza un signore, il quale gli chiese: "Qual è il cibo più buono del mondo?". Dante ci pensò un attimo e poi rispose: "Un uovo". Poi ognuno andò per la sua strada. Un anno dopo Dante passò per la stessa piazza e incontrò nuovamente lo stesso signore. Questi gli chiese: "Con che cosa?". E Dante rispose prontamente: "Con il sale."

***aneddoto** m* = Anekdote

prontamente = prompt

1/26

22 Zum Schluss nehmen Sie wieder an einer kleinen Unterhaltung teil. Ihre Enkelin hat ein altes Foto von Ihnen gefunden und will nun einiges von Ihnen wissen!

Un mare di emozioni

Unità 5

Hier lernen Sie:

- wie Sie den Urlaub planen
- wie Sie Ihre Meinung äußern
- wie Sie zustimmen und widersprechen
- den *congiuntivo presente*
- die Adjektivbildung durch *in-* und *-bile*
- *qualsiasi* und *qualunque*

Prima parte

Ascolto

Versuchen Sie, bei Dialogen oder Texten Unbekanntes auf Bekanntes zurückzuführen.

1 **Im Dialog werden Sie einige bekannte Verben im *congiuntivo presente* hören. Können Sie sie erkennen? Ordnen Sie die Konjunktivformen den entsprechenden Infinitiven zu.**

possa ♦ sia ♦ abbiano ♦ vada ♦ abbia ♦ faccia

andare	______	essere	______
avere	______	fare	______
avere	______	potere	______

1/27

Überlegen Sie sich kurz: Wie würden Sie sich über Ihre Urlaubspläne unterhalten?

2 ***Vero o falso?* Sie hören ein Gespräch zwischen Luigi und Francesca, die sich über ihre Urlaubspläne unterhalten. Entscheiden Sie anschließend, ob folgende Behauptungen richtig oder falsch sind.**

		vero	falso
a	Luigi e Francesca sanno già da molto tempo dove andranno in vacanza.		
b	A Luigi l'aria di campagna non fa bene.		
c	Francesca pensa che Luigi sia pigro.		
d	Francesca ha già telefonato a un'agenzia di viaggi per avere informazioni sulla crociera.		
e	Francesca è sicura di trovare dei posti liberi sulla nave.		
f	Luigi ha voglia di andare in vacanza.		
g	Luigi è pienamente d'accordo con la decisione di fare una crociera.		

pienamente = völlig

3 Folgende Wörter und Wendungen kamen im Dialog vor. Zwei Übersetzungen wurden vertauscht. Welche?

fare le valigie	einpacken
qualcosa di diverso	etwas anderes
solito	üblich
agriturismo *m*	Bauernhof, wo man Urlaub machen kann
dintorni *mpl*	Prospekt
all'estero	im/ins Ausland
capitale *f*	Hauptstadt
stancarsi	müde werden
villaggio turistico *m*	Feriendorf
pigro	faul
crociera *f*	Kreuzfahrt
dépliant *m*	Umgebung
agenzia (di) viaggi *f*	Reisebüro
cartina *f*	Landkarte
partecipare a qc.	an etw. teilnehmen
scherzare	scherzen, spaßen
giovanotto *m*	junger Mann
innamorato	verliebt

! Das Wort *agriturismo* bezeichnet auch den Urlaub auf dem Bauernhof.

! Im Dialog werden *solito* und *innamorato* als Substantive verwendet.

4 Hören Sie sich den Dialog noch einmal an und kreuzen Sie die richtige Bedeutung an.

1/27

Sie können auch zunächst die richtige Bedeutung ankreuzen und erst danach Ihre Antworten mithilfe des Dialogs überprüfen.

a Non ti pare di essere un po' troppo pigro?
  1 Du bist richtig faul, nicht wahr?
  2 Meinst du nicht, dass du ein wenig zu faul bist?

b Può darsi che …
  1 Es kann (gut) sein, dass …
  2 Das kann es geben, dass …

c Altro che …
  1 Von wegen …
  2 Anders als …

d Non sono mica (più) un …
  1 Ich bin (noch) kein …
  2 Ich bin doch kein … (mehr).

e … eccome!
  1 … selbstverständlich!
  2 … und wie (auch)!

f Non vedo proprio l'ora di partire!
  1 Ich möchte wirklich so gerne abreisen!
  2 Ich kann wirklich nicht erwarten, abzureisen!

5 Was kann man alles im Urlaub machen? Ordnen Sie folgende Beschäftigungen den passenden Urlaubsarten zu.

notturno = Nacht-
in voga = en vogue
godersi = genießen
canto *m* = Gesang

fare escursioni in collina ♦ passare le serate nei locali notturni ♦ seguire itinerari storici e culturali ♦ scoprire i quartieri più in voga ♦ godersi la tranquillità della campagna ♦ conoscere gli altri passeggeri ♦ leggere sotto l'ombrellone ♦ partecipare a una gara di canto ♦ fotografare le chiese e i monumenti ♦ fare un giro a cavallo ♦ passeggiare nel bosco ♦ andare in bicicletta per i campi ♦ prendere il sole ♦ visitare le mostre d'arte ♦ guardare il tramonto sul mare

Prägen Sie sich besonders gut die Urlaubs- oder Freizeitbeschäftigungen ein, die Sie am meisten interessieren. Schlagen Sie auch weitere in Ihrem Wörterbuch nach.

agriturismo	vacanze in città	crociera

Wissen Sie nun, was diese Wörter bedeuten?

collina *f*	______	itinerario *m*	______
passeggero *m*	______	ombrellone *m*	______
cavallo *m*	______	bosco *m*	______
campo *m*	______	tramonto *m*	______

6 **Es gibt selten nur eine Möglichkeit, etwas auf Italienisch auszudrücken. Sehen Sie sich die folgenden Ausdrücke aus dem Dialog und ihre Varianten an.**

a A un certo punto del dialogo Francesca dà ragione a Luigi. Quale delle seguenti espressioni usa Francesca? Con quali potrebbe dirgli la stessa cosa?

1 Sono d'accordo con te.
2 Hai ragione.
3 Lo penso anch'io.
4 Non mi convinci.
5 La penso anch'io così.

convincere = überzeugen

b Francesca vuole sapere che cosa pensa Luigi della sua proposta di fare qualcosa di diverso dal solito. Che domanda gli fa? Quali altre domande potrebbe fargli?

1 Cosa ne pensi?
2 Lo credi anche tu?
3 Pensi di sì?
4 Che te ne pare?
5 Che ne dici?

! In etwas formelleren Situationen kann man auch fragen: *Qual è il tuo/Suo/vostro parere?* Dabei bedeutet *parere* „Meinung, Ansicht".

c Francesca dice "Altro che ...!" per contraddire Luigi. In quali altri modi potrebbe esprimere il suo dissenso?

1 A me non sembra proprio.
2 Vedi un po' tu.
3 Non sono d'accordo.
4 Io la penso diversamente.
5 Non direi proprio.

contraddire qn. = jmdm. widersprechen
dissenso *m* = Meinungsverschiedenheit

7 **Um ihre Meinungen auszutauschen, verwenden Francesca und Luigi bestimmte Verben und Ausdrucksformen. Setzen Sie nun in den folgenden Sätzen den passenden Ausdruck aus dem Kasten ein.**

sembra ♦ credo ♦ pensi ♦ secondo te ♦ a mio parere

a Mi ____________ che Michela non sia ancora pronta per andare a vivere da sola.
b ____________ dobbiamo invitare i tuoi genitori?
c ____________ che io non abbia voglia di andare in vacanza?
d ____________ la crisi non sarà di breve durata.
e ____________ che Filippo non sia adatto per quel tipo di lavoro.

crisi *f* = Krise
durata *f* = Dauer

Occhio alle regole

Congiuntivo presente: Bildung

Der *congiuntivo presente* der **regelmäßigen Verben** wird folgendermaßen gebildet:

	*parl**are***	*ved**ere***	*part**ire***	*cap**ire***
io	*parl**i***	*ved**a***	*part**a***	*cap**isca***
tu	*parl**i***	*ved**a***	*part**a***	*cap**isca***
lui/lei/Lei	*parl**i***	*ved**a***	*part**a***	*cap**isca***
noi	*parl**iamo***	*ved**iamo***	*part**iamo***	*cap**iamo***
voi	*parl**iate***	*ved**iate***	*part**iate***	*cap**iate***
loro	*parl**ino***	*ved**ano***	*part**ano***	*cap**iscano***

! Bei den Verben auf *-care* und *-gare* wird – wie im *indicativo presente* – ein ***h*** vor der Endung eingefügt: *cercare* → *cerc**h**i*.

- Die 1. Person Plural entspricht der Form im *indicativo presente*.
- Die Verben auf ***-ere*** und ***-ire*** weisen dieselben Endungen auf.
- Die Verben auf ***-ire*** mit der Stammerweiterung ***-isc-*** behalten auch im Konjunktiv diese Unregelmäßigkeit.

Die Verben, die im *indicativo presente* **unregelmäßig** sind, sind es auch im *congiuntivo presente*. An den unregelmäßigen Verbstamm werden dieselben Konjunktivendungen der Verben auf *-ere* und *-ire* angefügt. Dabei lässt sich oft der unregelmäßige Verbstamm von der 1. Person Singular im *indicativo presente* ableiten (z. B. *poss**o*** → *poss**a***, *vogli**o*** → *vogli**a***). Die Verben *essere* und *avere* sind ganz unregelmäßig.

Bei einigen Verben ändert sich der Stamm in der 1. und 2. Person Plural (z. B. bei *dovere*: *dobbiamo, dobbiate*). Ziehen Sie am besten im Zweifelsfall die Verbkonjugationen im Anhang zu Rate.

	essere	*avere*	*potere*	*volere*
io	***sia***	***abbia***	*poss**a***	*vogli**a***
tu	***sia***	***abbia***	*poss**a***	*vogli**a***
lui/lei/Lei	***sia***	***abbia***	*poss**a***	*vogli**a***
noi	***siamo***	***abbiamo***	*poss**iamo***	*vogl**iamo***
voi	***siate***	***abbiate***	*poss**iate***	*vogl**iate***
loro	***siano***	***abbiano***	*poss**ano***	*vogli**ano***

Weitere wichtige unregelmäßige Verben sind *andare (**vada**), dare (**dia**), dovere (**deva*** oder ***debba**), fare (**faccia**), sapere (**sappia**), stare (**stia**)* und *venire (**venga**)*.

Im *congiuntivo presente* sind die ersten drei Personen im Singular gleich. Deshalb setzt man häufig zum besseren Verständnis das Personalpronomen ein:

*Credi che **io** abbia ancora vent'anni?* — Meinst du, dass ich noch zwanzig Jahre alt bin?

Congiuntivo presente: Gebrauch

! In der gesprochenen Sprache kann der Konjunktiv in bestimmten Fällen durch den Indikativ ersetzt werden.

Der *congiuntivo presente* wird hauptsächlich verwendet, um Meinungen, Vermutungen, Hoffnungen und Wünsche in Bezug auf die Gegenwart oder die Zukunft wiederzugeben. Dabei wird er oft in **Nebensätzen** gebraucht, an deren Anfang die Konjunktion ***che*** (dass) steht. Im Hauptsatz befinden sich dann bestimmte Wörter und Wendungen, die den Konjunktiv einleiten. Dazu zählen:

1 Folgende Verben und Ausdrücke:

- Verben der Meinungsäußerung und Vermutung, wie *credere, pensare, supporre, avere l'impressione;*
- Verben und Ausdrücke der Wunschvorstellung, Hoffnung und Erwartung, wie *sperare, volere, preferire, non vedere l'ora;*
- Verben und Ausdrücke der Unsicherheit, wie *sembrare, parere, non essere sicuro/a, non sapere, può darsi.*

Non ***ti pare*** *che sia ora di decidere?*	Meinst du nicht, dass es an der Zeit ist zu entscheiden?
Non sono sicuro *che sia una buona idea.*	Ich bin mir nicht sicher, ob es eine gute Idee ist.
Può darsi *che abbiano ancora dei posti liberi sulla nave.*	Es kann gut sein, dass sie noch freie Plätze auf dem Schiff haben.

Vorsicht! Nach Verben wie *sapere* bzw. *essere sicuro che* und Ausdrücken wie *secondo me, per me, a mio parere/modo di vedere* steht der Indikativ:

Secondo me *tu non* ***hai*** *proprio voglia di andare in vacanza.*	Meiner Meinung nach hast du gar keine Lust, in Urlaub zu gehen.
Sono sicuro / So *che* ***è*** *una buona idea.*	Ich bin mir sicher / Ich weiß, dass es eine gute Idee ist.

2 Verbindungen zwischen dem Verb *essere* und bestimmten Substantiven, Adjektiven oder Adverbien, z. B.:

- *è un peccato / una sfortuna …;*
- *è importante / bello / difficile / facile / necessario / probabile …;*
- *è bene / male / meglio …*

È un peccato *che Carlo sia malato.*	Es ist schade, dass Carlo krank ist.
È importante *che non costi molto.*	Es ist wichtig, dass es nicht viel kostet.
È meglio *che Lei si informi prima di partire.*	Es ist besser, wenn Sie sich erkundigen, bevor Sie abreisen.

3 Unpersönliche Ausdrücke wie *basta* und *bisogna*:

D'accordo, ma ***basta*** *che non si vada troppo in giro.*	Einverstanden, aber nur, wenn man nicht zu viel herumläuft.
Bisogna *che Lei si sbrighi, altrimenti perderà il treno!*	Sie müssen sich beeilen, ansonsten werden Sie den Zug verpassen!

Wenn Haupt- und Nebensatz das gleiche Subjekt haben, wird der Konjunktiv durch eine Infinitivkonstruktion ersetzt:

Penso ***di essere*** *una persona intelligente. = Penso* ***che*** ~~*io*~~ ***sia*** *una persona intelligente.*

! Wissen Sie noch? Das Verb *supporre* (vermuten, annehmen) wird im *indicativo presente* wie folgt konjugiert: *suppongo, supponi, suppone …*

! Auf *non so …* folgt *se* mit Konjunktiv: *Non so* ***se sia*** *una buona idea.*

è un peccato = es ist schade
sfortuna *f* = Pech, Unglück

! *Basta che …* kann sowohl „Es reicht, wenn …" als auch „Nur, wenn …" bedeuten.

Ripasso

8 ***Indicativo presente* oder *congiuntivo presente*? Ordnen Sie zu.**

vengano ♦ voglia
vado ♦ possiate
avete ♦ prendano
preferisca ♦ sanno
parta ♦ deve ♦
vogliono ♦ faccio

indicativo presente	**congiuntivo presente**

? Zu welcher Spalte würden Formen wie *sappiamo* oder *scendiamo* passen?

9 **Vervollständigen Sie die Konjugationen folgender Verben im *congiuntivo presente*.**

	cambi**are**	conosc**ere**	dorm**ire**	fin**ire**
io				
tu	cambi			
lui / lei / Lei				finisca
noi				
voi		conosciate		
loro			dormano	

? Fällt Ihnen an der Konjugation von *cambiare* etwas Besonderes auf?

10 **Ergänzen Sie die Sätze mit dem *congiuntivo presente*.**

a Penso proprio che ___________ (essere) ora di partire.

b Non ti pare che tu ___________ (dovere) cominciare a studiare per l'esame?

c Non siamo sicuri che Lucia ___________ (potere) venire al nostro matrimonio.

d È meglio che Lei ___________ (andare), si è fatto tardi.

e È molto probabile che le autorità ___________ (prendere) una decisione.

f Sono a vostra disposizione, basta che voi mi ___________ (chiamare).

farsi tardi = spät werden
autorità *f* = Behörde
disposizione *f* = Verfügung

11 Verbinden Sie die beiden Spalten zu sinnvollen Sätzen.

a È proprio una sfortuna	1 che piova; faceva così caldo!
b Supponi anche tu	2 che Giulia mi chiami più tardi.
c Basta	3 che lui ci capisca: non sa l'italiano.
d È difficile	4 che prenotiate il biglietto in anticipo.
e Vuoi	5 che il treno sia in ritardo!
f Non è poi così male	6 che ti dica quello che penso?
g Può darsi	7 che Giovanni sia in ufficio a quest'ora?

in anticipo = im Voraus

12 *Indicativo presente* oder *congiuntivo presente*? Markieren Sie die richtige Möglichkeit.

a Credi che Giulia (è / sia) incinta?
b Ho l'impressione che Paolo (sta / stia) solo cercando di guadagnare tempo.
c A mio parere il mio capo (sbaglia / sbagli) a decidere così.
d È importante che (viene / venga) tanta gente alla manifestazione.
e Preferisco che loro (tornano / tornino) già oggi.
f Domani andiamo a Ischia; speriamo che (fa / faccia) bel tempo.

incinta = schwanger
guadagnare tempo = Zeit gewinnen
capo *m* = Chef
manifestazione *f* = Kundgebung

13 Bilden Sie nun Sätze mit dem *congiuntivo presente*.

a Paolo è un bravo ragazzo. → *Credo che …* ______________________.
b L'Italia vince la partita. → *Speriamo che …* ______________________.
c Arriva l'estate. → *Non vedo l'ora che …* ______________________.
d La festa finisce così presto! → *È un peccato che …* ______________________.
e Ti fa male mangiare così tanto! → *Non pensi che …* ______________________?
f Ti spiego quello che penso? → *Vuoi che ti …* ______________________?

14 Arbeiten Sie nun die mündlichen Übungen A–F zum *congiuntivo presente* durch. Die Anweisungen erhalten Sie auf der CD.

1/28–33

Seconda parte

Lettura

15 **Lesen Sie nun einen Ausschnitt aus dem Prospekt, den Francesca in der Post gefunden hat.**

prendersi cura di qn./qc. = sich um jmdn./etw. kümmern
avventuroso = abenteuerlich
alimentazione *f* = Kost
equilibrato = ausgewogen
accogliente = einladend, gemütlich
fascino *m* = Faszination
affidarsi a qn./qc. = sich auf jmdn./etw. verlassen
esigenza *f* = Bedürfnis, Anspruch

Un mare di emozioni

Prendetevi cura di voi stessi e scoprite l'esperienza unica e indimenticabile di una crociera. Voglia di sole, relax, divertimento, ottima cucina, nuove conoscenze? In una crociera tutto è possibile, tranne lo stress. Provate l'emozione di una vacanza a trecentosessanta gradi, in cui non dovete rinunciare al minimo desiderio.

La crociera è una vacanza per tutti i gusti. Chi ama prendersi cura del proprio corpo ha l'imbarazzo della scelta: centro benessere, sauna, idromassaggi, salone di bellezza e molto altro ancora. Oppure desiderate mantenervi in forma? Allora corsi di nuoto, esercizi in palestra, yoga, attività sportive all'aperto o escursioni nella natura sono quello che fa per voi. Se invece preferite il divertimento, per voi non mancano giochi di gruppo, corsi di ballo, serate in discoteca o attività per single. E per i più piccoli abbiamo un programma speciale fatto di giochi avventurosi e feste in piscina.

La crociera è una vacanza fatta su misura per voi, per la quale diamo il meglio di noi. È un'occasione imperdibile, se volete trascorrere due settimane da sogno. Sulle nostre navi ogni piacere è a portata di mano e ogni attività è praticabile in qualsiasi momento della giornata, da soli o in compagnia.

Gustate l'ottima qualità della nostra cucina e il piacere di un'alimentazione sana ed equilibrata. Godetevi il comfort delle nostre cabine grandi e accoglienti. Scoprite da vicino il fascino di luoghi storici e paradisi naturali. E per qualunque desiderio affidatevi al nostro personale esperto, che vi assisterà 24 ore su 24 e troverà la soluzione migliore alle vostre esigenze. Perché una crociera vi offre la massima comodità al minimo sforzo. Che cosa si può desiderare di più?

16 Welche Aussage ist jeweils im Text enthalten?

a 1 In una crociera è possibile anche un po' di stress.
2 Una crociera è una vacanza assolutamente senza stress.

b 1 La crociera è una vacanza che solo turisti di un certo tipo dovrebbero fare.
2 La crociera è una vacanza che tutti possono fare.

c 1 In questa crociera si organizzano attività anche per i bambini.
2 Questa crociera non offre nessuna attività speciale per i bambini.

d 1 Tutte le attività possono essere fatte in ogni momento della giornata.
2 Alcune attività si fanno in determinati momenti della giornata.

e 1 Durante la crociera gli ospiti restano per tutto il tempo sulla nave.
2 Durante la crociera gli ospiti possono visitare dei luoghi sulla terraferma.

determinato = bestimmt

terraferma *f* = Festland

17 Bestimmte Formulierungen werden in Werbetexten besonders häufig verwendet. Lesen Sie den Prospekt noch einmal und finden Sie dabei die Entsprechungen für folgende Ausdrücke.

ein vollkommener Urlaub ______________________

die Qual der Wahl haben ______________________

maßgeschneidert ______________________

und noch vieles mehr ______________________

das Richtige für Sie ______________________

zur Hand sein ______________________

mit der geringsten Mühe ______________________

18 *Un mare di …* heißt soviel wie „eine Menge" und wird u. a. in Verbindung mit *problemi, soldi, debiti* oder *guai* benutzt: *un mare di problemi, un mare di soldi* usw. Kennen Sie die Bedeutung folgender Redewendungen, die ebenso auf das Meer und die Schifffahrt anspielen? Ordnen Sie zu.

a essere in alto mare
b cercare per mari e per monti
c andare a gonfie vele
d andare controcorrente
e andare in porto

1 gegen den Strom schwimmen
2 sehr gut gehen/vorankommen
3 noch weit vom Ziel entfernt sein
4 überall suchen
5 zu einem guten Ende kommen

guaio *m* = Schlamassel, Schwierigkeit
debito *m* = Schuld (als Geldbetrag)
a gonfie vele = mit aufgeblähten Segeln
porto *m* = Hafen

In altre parole

19 Ordnen Sie zu.

a	emozione *f*		Unterwassermassage
b	unico		empfinden, fühlen
c	provare		einzig(artig)
d	rinunciare a qc.		Wellnesscenter
e	desiderio *m*		Schönheitssalon
f	centro benessere *m*		Wunsch
g	idromassaggio *m*		auf etw. verzichten
h	salone di bellezza *m*		Gefühl, Emotion
i	mantenersi in forma		sich in Form halten

assistere → assistito

a	palestra *f*		Gelegenheit
b	all'aperto		Bequemlichkeit
c	occasione *f*		Lösung
d	praticabile		mit jmdm. zusammen
e	in compagnia		betreuen
f	assistere		Turnhalle, Fitnesscenter
g	soluzione *f*		durchführbar
h	comodità *f*		im Freien

Adjektivbildung durch *in-* und *-bile*

Bei Adjektiven kann die Vorsilbe ***in-*** auf eine negative Bedeutung hinweisen, z. B.:

capace	fähig	***in**capace*	unfähig
completo	vollständig	***in**completo*	unvollständig
credibile	glaubhaft	***in**credibile*	unglaublich
esperto	erfahren	***in**esperto*	unerfahren
utile	nützlich	***in**utile*	unnütz

? Lesen Sie den Text in der Rubrik *Lettura* noch einmal: Können Sie darin einige dieser Adjektive finden?

Die Vorsilbe ***in-*** wird zu ***im***- vor ***b***, ***m*** und ***p*** bzw. zu ***ir-*** vor ***r***:

***m**aturo*	reif	***im**maturo*	unreif
***p**ossibile*	möglich	***im**possibile*	unmöglich
***r**ealizzabile*	realisierbar	***ir**realizzabile*	unrealisierbar
***r**egolare*	regelmäßig	***ir**regolare*	unregelmäßig

! Bei den Adjektiven auf *-bile* liegt die Betonung immer auf der drittletzten Silbe, z. B. *man**gia**bile*, *inspie**ga**bile* usw.

Adjektive mit der Endung auf ***-bile*** stammen in der Regel aus Verben und drücken eine Möglichkeit aus, z. B.:

sopportare	ertragen	*(in)sopporta**bile***	(un)erträglich
pensare	denken	*(im)pensa**bile***	(un)denkbar
prevedere	vorhersehen	*(im)prevedi**bile***	(un)vorhersehbar
spiegare	erklären	*(in)spiega**bile***	(un)erklärlich

20 Welche Vorsilbe passt zu welchem Adjektiv? Ordnen Sie zu.

in- ♦ ir- ♦ im-
in- ♦ in- ♦ im-
in- ♦ in- ♦ im-

giusto ♦ probabile ♦ colto
paziente ♦ felice ♦ solito
pensabile ♦ razionale ♦ certo

colto = gebildet
razionale = vernünftig

21 Von welchem Verb sind die unten angegebenen Adjektive auf *-bile* abgeleitet? Bilden Sie auch das Gegensatzwort mithilfe von *in-* (bzw. *im-* oder *ir-*).

________ → spiegabile → ________
________ → praticabile → ________
________ → discutibile → ________
________ → mangiabile → ________
________ → vivibile → ________
________ → bevibile → ________
________ → calcolabile → ________
________ → prevedibile → ________

Qualsiasi und *qualunque*

Die Adjektive ***qualsiasi*** und ***qualunque*** bedeuten beide „irgendein, jede(r) beliebige, x-beliebig" und sind unveränderlich. Sie sind weitestgehend austauschbar.

22 Ergänzen Sie *qualsiasi* oder *qualunque*, wo es nötig ist.

a Per ________ domanda rivolgetevi alla reception.

b Devo prendere una pastiglia ogni ________ giorno.

c Puoi venire a casa mia a ________ ora.

d Sono pronto a sentire tutte le tue ________ obiezioni.

e Per ________ dubbio puoi rivolgerti al professore.

f Il concerto avrà luogo con ________ tempo.

obiezione *f* = Einwand

Ripasso

23 Lesen Sie nun, wie Matteo seinem Freund Demis von den Urlaubsplänen seiner Eltern erzählt. Ergänzen Sie dabei den Text mit den angegebenen Verben in der richtigen Zeitform (*indicativo presente* oder *congiuntivo presente*).

partire ♦ ascoltare ♦ fare ♦ tornare ♦ pensare ♦ aspettare

Oggetto: Come va?

Caro Demis,

come va? Io sto bene, però speravo di avere un po' più di tranquillità in questi giorni a casa! I miei genitori infatti non sono ancora andati in vacanza; con questo brutto tempo può darsi che ____________ ancora qualche giorno. Ormai però hanno deciso di andare in crociera; dicono che così possono sia rilassarsi che tenersi in forma. Secondo me mio padre non lo ____________ davvero, lui vuole solo passare il tempo a leggere e a prendere il sole. E pensa che il dottore gli ha ripetuto più volte: "Signor Bianchi, bisogna assolutamente che Lei ____________ più sport! Almeno un'ora di movimento al giorno!". Spero proprio che mio padre lo ____________ e non ____________ a casa ingrassato. In ogni caso, non vedo l'ora che i miei genitori ____________ per le vacanze, così ho la casa tutta per me!

Un salutone da Matteo

ingrassare = dick werden

24 Markieren Sie die richtige Möglichkeit.

a Devo trasferirmi o no? Sono proprio (certo / incerto) …
b Mi pare che la Sua relazione sia (completa / incompleta): mancano ancora due capitoli.
c Peccato che sia andata così, la sua scelta è stata davvero (felice / infelice).
d Questo apparecchio non serve a niente, è perfettamente (utile / inutile)!
e Il sig. Aquino lavora per diverse organizzazioni internazionali: deve essere una persona molto (competente / incompetente).
f Non mi sembra (giusto / ingiusto) che non ci facciano entrare: in fondo abbiamo pagato!

***relazione** f* = (hier): Bericht
***apparecchio** m* = Gerät
in fondo = schließlich

1/34

25 Zum Schluss nehmen Sie wieder an einer kleinen Unterhaltung teil. Es geht um Urlaubspläne.

Chi cerca trova

Unità 6

Hier lernen Sie:

- wie Sie sich über Wohnungen informieren
- wie Sie Informationen einholen
- die zusammengesetzten Pronomen
- den *congiuntivo passato*
- den Gebrauch des *congiuntivo* nach Konjunktionen

Prima parte

Ascolto

? Wie konjugiert man z. B. die Verben *essere* und *avere* in dieser Zeitform?

1 **Bei einem Verkaufsgespräch will der Kunde manchmal andeuten, dass noch keine Entscheidung gefallen ist. Welche Zeitform kommt dafür am besten in Frage?**

a Indicativo presente
b Futuro semplice
c Congiuntivo presente
d Imperfetto
e Condizionale presente
f Passato remoto

2/1

2 ***Vero o falso?*** **Lina und Simone informieren sich bei einem Makler über eine Ferienwohnung. Hören Sie den Dialog zwischen ihnen und *signor Bini* und entscheiden Sie anschließend, ob folgende Behauptungen richtig oder falsch sind.**

	vero	falso
a Il sig. Bini ha saputo da una sua collega che Lina e Simone sono interessati a un appartamento.		
b Lina e Simone vorrebbero un appartamento fuori città e possibilmente isolato.		
c Lina e Simone preferiscono l'appartamento di 82 metri quadrati.		
d Il sig. Bini potrebbe affittare anche un appartamento al pianoterra in centro città.		
e Non ci sono negozi vicino all'appartamento a cui sono interessati Lina e Simone.		
f Lina e Simone potrebbero portare con sé anche il loro cane.		
g Lina e Simone dovrebbero versare come cauzione l'affitto per l'intero soggiorno.		

isolato = abgeschieden

! Das Wort *affittare* bedeutet sowohl „mieten" als auch „vermieten".

pianoterra *m* = Erdgeschoss

soggiorno *m* = Aufenthalt

3 **Zwei Übersetzungen in der folgenden Liste wurden vertauscht. Welche?**

affittare	(ver)mieten
isolato	abgeschieden
lungomare *m*	Strandpromenade
luminoso	hell
vista *f*	(hier:) Ausblick
appena	(hier:) knapp
delizioso	entzückend
spazioso	geräumig
pianoterra *m*	Erdgeschoss
superiore	oberer/e/es
Che io sappia …	Soviel ich weiß …
collegato	verbunden
nel giro di …	im Laufe (von) …
firmare	abführen, einzahlen
contratto *m*	Vertrag
affitto *m*	Miete
assicurare	versichern
compreso	inbegriffen
in anticipo	im Voraus
innanzitutto	zuallererst
versare	unterschreiben
cauzione *f*	Kaution
contanti *mpl*	Bargeld
a sufficienza	genügend
bonifico *m*	Überweisung
soggiorno *m*	(hier:) Aufenthalt
dare un'occhiata a qc.	einen Blick auf etw. werfen

! Das Gegenteil von *superiore* lautet *inferiore*.

! Die Rechnungen für Dienstleistungen rund um die Wohnung wie Strom, Gas, Wasser, Telefon usw. nennt man *bollette*.

4 **Im Dialog benutzt Lina ein besonderes Wort, um ihre Bewunderung auszudrücken. Welches? Welche anderen Wörter wären zum gleichen Zweck möglich?**

Accidenti!

Auguri!

Caspita!

Complimenti!

Però!

Buona fortuna!

Salute!

Perbacco!

Hören Sie sich gegebenenfalls noch einmal den Dialog an!

5 Ordnen Sie zu.

la cucina	il lavandino	l'ingresso
il giardino	i fornelli	il corridoio
il water	la camera da letto	la camera dei bambini
il lavello	la vasca da bagno	il bidè
il salotto	il ripostiglio	il bagno

! Anstelle von *salotto* kann man auch *soggiorno* sagen.

! Das Wort *cucina* bezeichnet auch den Kochherd.

! Für „Kinderzimmer" wird oft das Verkleinerungswort *cameretta* benutzt.

6 **Welches der drei Gespräche verläuft *nicht* nach dem dargestellten Muster?**

- Dialogo 1
- Dialogo 2
- Dialogo 3

2/2–4

richiesta *f* = Anfrage, Anliegen

7 **Zusätzliche Wünsche bzw. Fragestellungen leitet man meistens durch bestimmte Floskeln oder auch einzelne Wörter ein. Welche sind das? Hören Sie sich die Dialoge noch einmal an und schreiben Sie sie auf.**

Dialogo 1 | Dialogo 2 | Dialogo 3

? Welche dieser Floskeln ist Ihrer Meinung nach am höflichsten?

Occhio alle regole

Die zusammengesetzten Pronomen

Wie Sie wissen, unterscheidet man bei den unbetonten Objektpronomen zwischen direkten (z. B. *lo, la, li, le* … = ihn, sie, es, sie …) und indirekten (z. B. *mi, ti, gli, le* … = mir, dir, ihm, ihr …). Ähnlich wie im Deutschen kann man auch im Italienischen direkte und indirekte Objektpronomen miteinander kombinieren (z. B. ich gebe es ihm). Wenn **zwei unbetonte Objektpronomen** aufeinanderfolgen, ergeben sich folgende Kombinationen:

	mi	***ti***	***gli / le***	***Le***	***ci***	***vi***
lo	*me lo*	*te lo*	*glielo*	*Glielo*	*ce lo*	*ve lo*
la	*me la*	*te la*	*gliela*	*Gliela*	*ce la*	*ve la*
li	*me li*	*te li*	*glieli*	*Glieli*	*ce li*	*ve li*
le	*me le*	*te le*	*gliele*	*Gliele*	*ce le*	*ve le*

- Das direkte Objektpronomen folgt immer auf das indirekte Objektpronomen.
- In der 1. und 2. Person Singular und Plural nimmt das indirekte Objektpronomen neue Formen an (*mi* → *me, ti* → *te, ci* → *ce, vi* → *ve*).
- Die aus *gli/le/Le* und *lo/la/li/le* zusammengesetzten Objektpronomen werden immer zusammengeschrieben (*glielo/Glielo, gliela/Gliela* usw.).
- Stehen die anderen zusammengesetzten Objektpronomen vor dem Verb, werden sie getrennt geschrieben. Werden sie aber an einen Infinitiv angehängt, dann werden sie zusammengeschrieben.

Spero che la Sua collega ***Gliel'****abbia detto.*	Ich hoffe, dass Ihre Kollegin es Ihnen gesagt hat.
Certo, ***me l'****ha detto.*	Sicher, sie hat es mir gesagt.
Ve lo *posso mostrare. = Posso mostrar****velo****.*	Ich kann sie (= die Wohnung) Ihnen zeigen.

Auch die **Reflexivpronomen** lassen sich **mit den unbetonten Objektpronomen** kombinieren. Dabei ändert sich das Reflexivpronomen in der 3. Person Singular und Plural (*si* → *se*).

	mi	***ti***	***si***	***ci***	***vi***	***si***
lo	*me lo*	*te lo*	*se lo*	*ce lo*	*ve lo*	*se lo*
la	*me la*	*te la*	*se la*	*ce la*	*ve la*	*se la*
li	*me li*	*te li*	*se li*	*ce li*	*ve li*	*se li*
le	*me le*	*te le*	*se le*	*ce le*	*ve le*	*se le*

Se lo *ricorda? – Sì,* ***me lo*** *ricordo.*	Erinnern Sie sich daran? – Ja, ich erinnere mich daran.
E tu, ***te lo*** *ricordi? – No, io* ***me lo*** *sono dimenticato.*	Und erinnerst du dich daran? – Nein, ich habe es vergessen.

! Betonte Objektpronomen sind hingegen *me, te, lui, lei* … bzw. *a me, a te, a lui, a lei* … Sie werden u. a. zur Hervorhebung verwendet.

! Vor *h* und Vokal werden die Pronomen *lo* und *la* meist mit Apostroph geschrieben – auch bei zusammengesetzten Objektpronomen.

! Wissen Sie noch, dass das *participio passato* an das direkte Objektpronomen angeglichen wird, wenn dieses vor dem Verb steht? Das gilt auch hier, z. B.: *Le scarpe non glie****le*** *ho comprat****e****.*

Congiuntivo passato

Der *congiuntivo passato* wird mit dem *congiuntivo presente* der Hilfsverben *essere* bzw. *avere* und dem *participio passato* des jeweiligen Verbs gebildet.

	affittare		*arrivare*	
io	*abbia*	*affittato*	*sia*	*arrivato/a*
tu	*abbia*	*affittato*	*sia*	*arrivato/a*
lui/lei/Lei	*abbia*	*affittato*	*sia*	*arrivato/a*
noi	*abbiamo*	*affittato*	*siamo*	*arrivati/e*
voi	*abbiate*	*affittato*	*siate*	*arrivati/e*
loro	*abbiano*	*affittato*	*siano*	*arrivati/e*

Der *congiuntivo passato* wird in einem Nebensatz verwendet, wenn das Verb des Hauptsatzes im Präsens steht und die Handlung des Nebensatzes bereits abgeschlossen ist. Haupt- und Nebensatz können nicht das gleiche Subjekt haben und im Hauptsatz muss sich ein Konjunktivauslöser befinden (→ *Unità 5*). Bei gleichem Subjekt benutzt man hingegen den Infinitiv.

*Spero che la Sua collega Gliel'**abbia detto**.* — Ich hoffe, dass Ihre Kollegin es Ihnen gesagt hat.

*Suppongo che Giovanni **sia** già **arrivato**.* — Ich vermute, dass Giovanni schon angekommen ist.

*Credo di **aver**glielo **detto** (= che io gliel'abbia detto).* — Ich glaube, es ihm gesagt zu haben.

! Der Konjunktiv wird hier von Verben wie *spero* und *suppongo* ausgelöst. Vergleichen Sie: ***So** che la Sua collega Gliel'**ha** detto.*

Gebrauch des *congiuntivo* nach Konjunktionen

Nach folgenden Konjunktionen steht in der Regel der *congiuntivo*: *nonostante* (obwohl), *sebbene* (obwohl), *purché* (nur … wenn), *in modo che* (damit), *perché* (damit), *prima che* (bevor), *a meno che (non)* (es sei denn), *nel caso che* (im Falle, dass).

*Posso mostrarvelo **prima che firmiate** il contratto.* — Ich kann sie Ihnen zeigen, bevor Sie den Vertrag unterschreiben.

***A meno che (non)** ne **vogliate** uno in centro città.* — Es sei denn, Sie wollen eine in der Innenstadt.

***Nel caso che** non **vi siate** ancora **iscritti**, potete farlo ora.* — Im Falle, dass Sie sich noch nicht angemeldet haben, können Sie das jetzt tun.

! In der Konjunktion *a meno che (non)* dient das Wort *non* oft nur zur Verstärkung und hat keine eigene Bedeutung.

Perché wird nur im Sinne von „damit" mit dem Konjunktiv verwendet. In der Bedeutung von „weil" benutzt man den Indikativ.

*Ti ho cercato **perché** **ho** bisogno del tuo aiuto.* — Ich habe dich gesucht, weil ich deine Hilfe brauche.

*Ti ho cercato **perché** tu **possa** aiutarmi.* — Ich habe dich gesucht, damit du mir helfen kannst.

! Bei gleichem Subjekt im Haupt- und Nebensatz ist eine Infinitivkonstruktion üblich: *Ho studiato **per / in modo da passare** l'esame.*

Ripasso

8 Vervollständigen Sie die Tabelle mit den zusammengesetzten Objektpronomen.

	mi	ti	gli / le	Le	ci	vi
lo	______	te lo	______	______	______	______
la	______	______	______	______	ce la	______
li	______	______	glieli	______	______	______
le	______	______	______	______	______	______

9 Ergänzen Sie die Sätze mit den passenden Pronomen.

glielo ♦ ce la ♦ te lo ♦ ve lo ♦ gliele ♦ me la ♦ glieli

restituire = zurückgeben
riportare = zurückbringen
prestare = leihen

a Non sapete ancora cos'è successo? Allora ________ dico io.
b Sai la strada per arrivare a teatro? – No, ma ________ mostra Paolo.
c Hai già restituito i libri alla biblioteca? – No, ________ riporto dopo.
d Non abbiamo una macchina per andare a Roma. Per fortuna ________ presta Filippo.
e Marco ha già saputo le novità? – No, ma ________ racconto io domani.
f Non hai un ombrello? Non preoccuparti, ________ do io.
g I bambini desiderano tanto un gelato … – E va bene, dopo ________ compriamo!

10 Beantworten Sie die Fragen nach dem Muster.

a Ti ricordi l'indirizzo? → Sì, me lo ricordo.

b Lisa si dimentica sempre l'indirizzo? → Sì, ____________

c Luigi si mette la giacca nuova? → No, ____________

d Vi ricordate il vostro primo amore? → Sì, ____________

e Signora, si ricorda di pulire? → Sì, ____________

f Ti chiedi mai perché Tina non viene? → No, ____________

11 Markieren Sie die richtige Konjunktion.

a Ti perdono, (perché / purché / sebbene) tu mi prometta di non farlo più.
b (Sebbene / In modo che / Nel caso che) sia molto stanco, penso di lavorare anche nel fine settimana.
c (A meno che / Nel caso che / Perché) ti venga in mente, fammi una telefonata.
d Ti ho stirato la camicia, (prima che / nel caso che / in modo che) tu possa metterti il vestito nuovo stasera.
e Viene con noi anche Marco, (perché / a meno che non / in modo che) abbiate qualcosa in contrario.
f (Nonostante / Perché / Nel caso che) abbia fatto dei progressi, non sa ancora scrivere bene in francese.

perdonare = verzeihen
promettere = versprechen

stirare = bügeln

12 Indikativ oder Konjunktiv? Setzen Sie die Verben in die richtige Zeitform.

a Vi ho telefonato, perché non ____________ (voi / avere) ancora risposto al mio invito.

b Anche se ____________ (io / avere) preso due pastiglie, continua a farmi male la testa.

c Nonostante ____________ (io / avere) chiamato il servizio clienti, non sono ancora riuscito a risolvere il mio problema.

d Dopo che ____________ (io / avere) fatto di tutto per aiutarlo, ecco come mi ringrazia!

e Ti ho chiamato un taxi, perché ____________ (tu / potere) arrivare in stazione in tempo.

f È meglio che tu vada a casa prima che ____________ (iniziare) a piovere.

servizio clienti *m* = Kundenservice
risolvere = lösen

13 Arbeiten Sie nun die mündlichen Übungen A–E zu den zusammengesetzten Objektpronomen sowie zum *congiuntivo passato* durch. Die Anweisungen erhalten Sie auf der CD.

2/5–9

Seconda parte

Lettura

14 Was könnten folgende Wörter im Rahmen einer Wohnungsanzeige bedeuten? Versuchen Sie, eine kurze Definition auf Italienisch zu geben.

posto auto ____________________

cucina abitabile ____________________

doppi servizi ____________________

cucinino ____________________

angolo cottura ____________________

Wenn Ihnen diese Texte Schwierigkeiten bereiten, bearbeiten Sie zunächst lieber die Rubrik *In altre parole.*

15 Lesen Sie nun folgende Wohnungsanzeigen.

Annunci immobiliari

1 MONOLOCALE, zona stazione, pianterreno, 29 mq circa, ben tenuto, riscaldamento autonomo, posto auto, cantina, € 430 più spese condominiali.

2 RUSTICO, 25 km dal centro, 300 mq, 1 salone spazioso, 5 camere, cucina abitabile, doppi servizi, completamente ristrutturato, affittasi a € 2250, anche ad uso commerciale.

3 VILLINO UNIFAMILIARE, zona periferia, ingresso, salotto con angolo cottura, 3 camere, studio, bagno con vasca idromassaggio, lavanderia, piccolo giardino, € 645.

4 ATTICO, centro storico, semi arredato, soggiorno, cucina, camera, cameretta, ripostiglio, riscaldamento autonomo, vendesi € 250.000.

5 QUADRILOCALE, centrale, uso ufficio, stabile in ottimo stato, pavimenti in marmo, aria condizionata, impianto di allarme, videocitofono, € 850 tutto compreso.

6 MANSARDA completamente arredata, zona ben servita, 35 mq, 2 locali, cucinino, divano letto, lavatrice, riscaldamento centralizzato, libera subito, € 330 mensili.

7 CASA INDIPENDENTE, appena fuori città, 4 locali, 2 balconi + terrazza grande, vista sul mare, in vendita a prezzo interes-

ben tenuto = gut erhalten
stabile *m* = Gebäude
impianto di allarme *m* = Alarmanlage
videocitofono *m* = Videosprechanlage

Was bedeutet *si* in den Formen *vende**si*** und *affitta**si***?

16 Sind folgende Behauptungen richtig oder falsch?

		vero	falso
a	Se si prende il monolocale si pagano € 430 in tutto.		
b	Nell'attico mancano alcuni mobili.		
c	Le stanze del villino unifamiliare sono: salotto, tre camere, bagno e cucina.		
d	Il quadrilocale sarebbe ideale per una famiglia numerosa.		
e	Se si prende il quadrilocale non si devono pagare altre spese oltre all'affitto.		
f	Si devono aspettare ancora due mesi prima di poter affittare la mansarda.		

17 Welche Anzeige ist für folgende Personen interessant?

a La signora Rovelli sta aspettando un bambino e così, per avere un po' più di spazio, lei e suo marito cercano una piccola abitazione da affittare in città.

b Mario è uno studente di ingegneria e sta preparando l'esame finale. Per evitare distrazioni vorrebbe abitare da solo per circa un anno in un appartamento a buon mercato.

c I signori Sbardella cercano un'abitazione adatta ad avviare un'attività di agriturismo.

d Il Dott. Filippi cerca un appartamento in città per aprire uno studio dentistico.

e Loredana e Ludovico vorrebbero comprare una casa possibilmente non troppo lontana dal centro città.

abitazione *f* = Haus, Wohnung
evitare = (ver)meiden
distrazione *f* = Ablenkung
avviare = starten, in die Wege leiten

In altre parole

Möchten Sie die italienischen Begriffe für die Gegenstände in Ihrer Umgebung lernen? Schreiben Sie die Wörter auf selbstklebende Zettel und heften Sie sie eine Zeit lang an die Gegenstände.

! Zur Angabe des Materials kommen zwei Präpositionen in Frage: *pavimento **in/di** marmo*.

Und worauf würden Sie bei einer neuen Wohnung oder einer Ferienwohnung besonderen Wert legen? Äußern Sie Ihre Wünsche.

18 Ordnen Sie zu.

a	annuncio *m*		Gegend
b	immobiliare		Betriebskosten (eines Hauses)
c	zona *f*		renovieren
d	riscaldamento *m*		Kochnische
e	spese condominiali *fpl*		Arbeitszimmer
f	ristrutturare		Heizung
g	angolo cottura *m*		Anzeige
h	studio *m*		Immobilien-

a	lavanderia *f*		Marmor
b	arredare		Waschmaschine
c	stato *m*		(Fuß-)Boden
d	pavimento *m*		Schlafcouch
e	marmo *m*		Zustand
f	aria condizionata *f*		Klimaanlage
g	divano letto *m*		möblieren, einrichten
h	lavatrice *f*		Waschraum im Keller

19 Was bedeutet was? Finden Sie die richtigen Begriffe in den Wohnungsanzeigen.

un appartamento di quattro stanze ______________________

una casa di campagna ______________________

una casa per una famiglia ______________________

con molti servizi pubblici ______________________

20 Suchen Sie nun in den Wohnungsanzeigen passende Synonyme für folgende Wörter.

pianoterra ______________ indipendente ______________

soggiorno ______________ camera/stanza ______________

21 Verbinden Sie zu sinnvollen Sätzen.

a	La mail dovrebbe esserti già arrivata:	1	ce lo puoi scrivere?
b	Rina aveva la borsa in mano,	2	ma non gliel'ho permesso.
c	Vedrai che Pino arriverà puntuale;	3	ve lo consiglio vivamente.
d	Non sappiamo il numero dell'albergo;	4	eppure gliel'hanno rubata.
e	I ragazzi volevano tornare tardi	5	me l'ha promesso.
f	Il risotto ai funghi è eccezionale,	6	te l'ho inviata ieri sera.

vivamente = wärmstens

promettere (→ *promesso*) = versprechen

22 Schreiben Sie die Sätze um, indem Sie die unterstrichenen Wörter durch zusammengesetzte Objektpronomen ersetzen. In einigen Fällen sind zwei Varianten möglich.

a Puoi spiegarmi la tua idea?

Me la puoi spiegare? / Puoi spiegarmela?

b Mi mandi una cartolina da Colonia?

c Devo comprare le caramelle ai bambini?

caramella *f* = Bonbon

d Vuoi mostrarci la tua collezione di francobolli?

collezione *f* = Sammlung
francobollo *m* = Briefmarke

e Ho scritto una lettera a Paolo.

f Puoi prendere tu un regalo a Livia?

g Signora, mi dispiace, ma Le devo vietare l'ingresso.

23 Übersetzen Sie folgende Sätze.

a Ich gebe es ihm. →

b Er schenkt sie (*fem. Sg.*) dir. →

c Sie sagt es ihm. →

d Bringst du es uns? →

e Ich zeige sie (*mask. Pl.*) Ihnen. →

f Erzählen Sie sie (*fem. Pl.*) mir? →

24 *Congiuntivo presente* oder *congiuntivo passato*? Ergänzen Sie die passende Zeitform.

a Può darsi che ________________ (succedere) qualcosa; di solito non c'è così tanto traffico a quest'ora.

sennò = ansonsten

b Non credo che il postino ________________ (passare); sennò l'avrei sentito.

c Non vedo l'ora che ________________ (arrivare) domenica.

d È importante che si ________________ (smettere) di litigare; non si poteva certo andare avanti in quel modo.

e È un peccato che Fabio ________________ (dovere) lavorare. Ha perso uno spettacolo fantastico.

dolore m = Schmerz

f Signora Riccardi, bisogna che Lei mi ________________ (ascoltare), altrimenti non Le passeranno mai i dolori.

25 Setzen Sie die passenden Begriffe ein.

Verticale:

1 Movimento di denaro da un conto in banca a un altro.
2 Quello che si firma quando si affitta un appartamento.
3 La parola che si usa negli annunci immobiliari per indicare una stanza.

Orizzontale:

4 Un sinonimo di "salotto".
5 Nome di una stanza e di qualcosa che si trova in questa stanza.
6 Documento che indica quanto si deve pagare per la luce o per il gas.

2/10

Sie erhalten diesmal keine Anweisungen auf Deutsch. Haken Sie stattdessen die Checkliste ab. Nach den Sprechpausen hören Sie wie üblich eine Musterlösung zur Kontrolle.

26 Sie haben sich bereits bei einem Immobilienmakler über eine Mietwohnung für den Sommer informiert und nun ist ein Gespräch vor Ort geplant. Nehmen Sie daran teil und gehen Sie dabei Ihre Checkliste durch.

- appartamento per l'estate / già parlato con la collega
- tranquillo ma non isolato + luminoso
- 1° piano
- possibile portare animali?
- affitto?
- anticipo?
- possibile darci un'occhiata?

Cos'è successo?

Unità 7

Hier lernen Sie:

- wie Sie über einen Unfall berichten
- wie Sie nach dem Grund fragen und den Grund angeben
- wie Sie widersprechen
- das *gerundio passato*
- die Relativpronomen *il cui / la cui …* und *di cui*
- den Infinitiv nach *prima di* und *dopo*

Prima parte

Ascolto

? Wie konjugiert man *andare* in dieser Zeitform?

1 Welche Zeitform dient im Italienischen dazu, den Verlauf einer Handlung in der Vergangenheit zu betonen (z. B. „… war gerade dabei zu …")?

a Passato remoto
b Condizionale passato
c Presente di *stare* + gerundio
d Imperfetto
e Imperfetto di *stare* + gerundio
f Imperfetto di *stare* + *per*

2/11

2 *Vero o falso?* Zwei *vigili urbani* nehmen einen Verkehrsunfall (*incidente m*) auf, der sich soeben ereignet hat. Hören Sie den Dialog und entscheiden Sie anschließend, ob folgende Behauptungen richtig oder falsch sind.

Diese Wörter in der Randspalte helfen Ihnen beim Hörverständnis.

tamponare = auffahren
precedenza *f* = Vorfahrt
veicolo *m* = Fahrzeug
rilievo *m* = (hier:) Feststellung

	vero	falso
a I due vigili urbani sono passati per caso vicino al luogo dove è successo l'incidente.	☐	☐
b Il signore e la signora sono d'accordo su come è andato l'incidente.	☐	☐
c La signora ha frenato perché aveva visto arrivare un camion.		
d Secondo il signore non era necessario frenare perché il camion era ancora lontano.	☐	☐
e La signora non aveva mai avuto un incidente prima, il signore ne aveva avuto uno.	☐	☐
f Secondo la signora è il signore che stava andando troppo veloce.	☐	☐
g L'incidente è successo in un momento in cui c'era molto traffico.	☐	☐
h I due vigili danno ragione alla signora.	☐	☐

3 Ordnen Sie zu.

a	lasciar passare		abbiegen
b	fermo		jmdm. widersprechen
c	svoltare		jmdn./etw. bemerken
d	contraddire qn.		plötzlich
e	frenare		anhalten
f	di colpo		(hier:) stehend
g	accorgersi di qn./qc.		vorbeilassen
h	camion *m*		Lastkraftwagen
i	fermarsi		bremsen

a	motivo *m*		Schaden
b	distanza *f*		abstreiten, verneinen
c	bisogno *m*		Abgesehen davon, dass …
d	negare		Verdammt!
e	prudente		(hier:) Bedarf
f	danno *m*		Entfernung
g	Mannaggia!		Grund
h	A parte il fatto che …		vorsichtig

a	rispettare		sich beruhigen
b	colpa *f*		Stoßzeit
c	limite *m*		schreien
d	calmarsi		Stau
e	gridare		befolgen
f	ora di punta *f*		Unterschrift
g	coda *f*		Begrenzung
h	pezzo *m*		Schuld
i	firma *f*		(hier:) Weile

! Das Verb *contraddire* wird wie *dire* konjugiert (*contraddico, contraddici* usw.). Das *passato prossimo* lautet *contraddetto.*

accorgersi → accorto

! Das Wort *coda* bedeutet auch „Schlange" und in diesem Sinne ist auch *fila* möglich. „Sich anstellen" heißt also *mettersi in fila/coda,* „Schlange stehen" hingegen *fare la fila/coda.*

4 Das Possessivadjektiv steht in der Regel vor dem dazugehörigen Substantiv. Nur in einigen festen Ausdrücken ist es umgekehrt. Setzen Sie diese an der richtigen Stelle ein.

da parte mia ♦ è colpa mia ♦ sono affari miei ♦ di testa mia ♦ in vita mia ♦ a casa mia ♦ per merito mio ♦ per conto mio

bei mir zu Hause	______	Es ist meine Sache.	______
dank mir	______	für mich (allein)	______
Es ist meine Schuld!	______	in meinem Leben	______
meinerseits	______	eigenwillig	______

? Haben Sie die Wendungen *Si faccia gli affari/i fatti Suoi!* bzw. *Non sono affari/fatti Suoi!* schon einmal gehört? Was bedeuten sie?

Quattro chiacchiere

2/12–14

5 **Hören Sie sich nun an, wie drei Verkehrsunfälle geschildert werden, und entscheiden Sie anschließend, welche der folgenden Abbildungen zu welchem Unfall passt.**

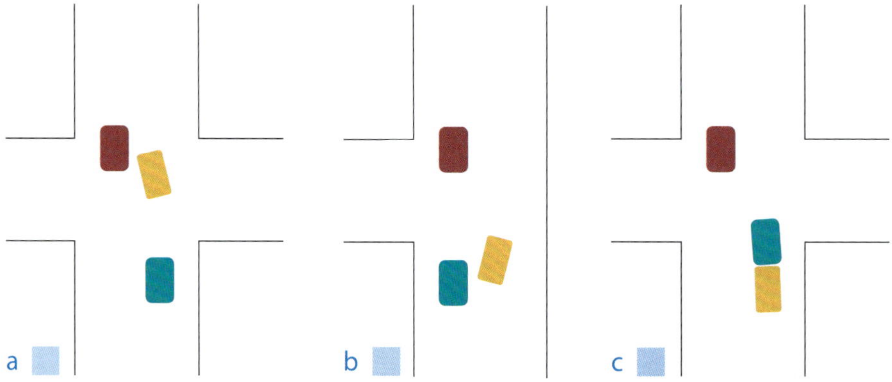

Weil man nicht *alles* verstanden hat, denkt man oft, man habe *nichts* verstanden. Hier geht es aber wieder „nur" darum, eine konkrete Aufgabe zu lösen. Das ist ja im wahren Leben auch nicht viel anders.

accelerare = Gas geben
freccia *f* = Blinker
sorpassare = überholen
urtare = anfahren

6 **Es gibt selten nur eine Möglichkeit, etwas auf Italienisch auszudrücken. Sehen Sie sich die folgenden Ausdrücke aus dem Dialog und ihre Varianten an.**

a All'inizio del dialogo il signore contraddice la signora in modo gentile. Che espressioni usa? Come potrebbe dirle la stessa cosa senza essere scortese?

1 Non per contraddirLa, ma …
2 Mi dispiace contraddirLa, ma …
3 … le cose non sono andate proprio come dice Lei.
4 Macché! Non è mica vero!
5 … le cose sono andate un po' diversamente.

(s)cortese = (un)höflich

Macché! = Ach was!

b Più tardi è la signora a non essere d'accordo con quello che sta dicendo il signore. Come glielo dice? Come potrebbe dirgli la stessa cosa senza essere troppo gentile?

1 Ma come sarebbe a dire "..."?
2 Ma come?!
3 Guardi che non è (andata) così.
4 Non vorrà mica negare che ...?
5 Ma cosa sta dicendo?

c Alla fine sia il signore che la signora si contraddicono usando delle espressioni non proprio gentili. Quali sono queste espressioni? Come si potrebbe dire la stessa cosa?

1 Ma mi faccia il piacere!
2 Ma non mi faccia ridere!
3 Non mi prenda in giro!
4 Non Le viene forse il dubbio che ...?
5 Questa è bella!

7 Einige Floskeln sollen erkennen lassen, dass Sie gerade nach passenden Worten suchen. Welche sind das?

... ci mancherebbe ...
... per così dire ...
... a dire il vero ...
... come dire ...
... cioè ...
... come no ...
... diciamo così ...
... senz'altro ...

8 *Mica* als Verstärkung eines verneinten (Frage-)Satzes kennen Sie schon aus *Unità 5*. Fügen Sie dieses Wörtchen in folgende Sätze ein.

a Non vorrà negare che arrivava un camion? ______________________
b Non è a casa Sua! ______________________
c Come mi tratti?! Non sono un ragazzino! ______________________
d Non serve fermarsi: non siamo stanchi. ______________________
e Non sarai tu che mi fai questi scherzi? ______________________
f Non sono stato io a sporcare la parete! ______________________

! Neben der Wortwahl ist natürlich auch die Tonart entscheidend. Stimmt sie nicht, dann klingen auch die höflichsten Floskeln schnell respektlos.

Ma mi faccia il piacere! = Aber ich bitte Sie!

prendere in giro = auf den Arm nehmen

? Wie lauten die Ausdrücke 1–3 in der Du-Form?

Merken Sie sich diese Floskeln. Sie werden Ihnen immer wieder nützlich sein.

scherzo *m* = Spaß, Witz

parete *f* = Wand

distributore *m* = Tankstelle

ragione *f* = (hier:) Grund

9 Ordnen Sie die Satzteile und unterstreichen Sie die Ausdrücke, mit denen man auf Italienisch nach dem Grund fragt.

a distributore / mai / il / è / chiuso / come / oggi

____?

b non / tempo / ragione / per / libero / hai / quale / mai

____?

c che / frenato / motivo / per / ha / non / all'incrocio

____?

d mai / vedere / perché / voluto / i nostri / i Carabinieri / documenti / hanno

____?

Das *gerundio passato*

Das *gerundio passato* ist eine Zeitform, die aus dem ***gerundio presente*** der Hilfsverben *essere* bzw. *avere* und dem ***participio passato*** des jeweiligen Verbs zusammengesetzt wird, z. B. *essendo venuto, avendo viaggiato* usw. Das *gerundio passato* gibt in der Regel ein kausales oder konzessives Verhältnis an und kann nur verwendet werden, wenn die dadurch ausgedrückte Handlung zeitlich vor der Handlung des Hauptsatzes liegt.

*Non **avendo visto** nessun veicolo, ho pensato che la signora avrebbe girato.*	Da ich kein Fahrzeug gesehen hatte, habe ich gedacht, dass die Dame abbiegen würde.
*Pur **avendo perso** il treno, sono riuscito ad arrivare al lavoro in tempo.*	Obwohl ich den Zug verpasst hatte, habe ich es geschafft, rechtzeitig zur Arbeit zu kommen.

! Ein konzessives (= einräumendes) Verhältnis wird im Deutschen z. B. von den Konjunktionen „obwohl" oder „auch wenn" eingeleitet.

pur(e) = auch wenn, obwohl

Mit dem Hilfsverb *essere* wird das *participio passato* an das Subjekt angeglichen.

*Essendo già andat**a** a vedere questo film, non vuole venire con noi al cinema.*	Da sie schon in diesem Film war, will sie nicht mit uns ins Kino kommen.
*Essendo partit**i** per Milano, i coniugi Moffa non sono a casa.*	Da die Eheleute Moffa nach Mailand abgereist sind, sind sie nicht zu Hause.

Wenn das **Subjekt** des Nebensatzes weggelassen wird – wie es in der gesprochenen Sprache meist der Fall ist –, dann ist es identisch mit dem Subjekt des Hauptsatzes. Eine Ausnahme stellen Sätze mit unpersönlichen Verben im *gerundio* dar.

Avendo già comprato un biglietto, vorrei assolutamente andare a teatro.	Da **ich** schon eine Karte gekauft habe, möchte **ich** unbedingt ins Theater gehen.
Avendo iniziato a piovere, decisero di interrompere la gita.	Da **es** angefangen hatte zu regnen, entschieden **sie**, den Ausflug abzubrechen.

Reflexivpronomen, Objektpronomen und Pronominaladverbien werden an das Hilfsverb angehängt. Das gilt aber nicht für die betonten Objektpronomen.

*Essendo**si** iscritta, ha diritto di partecipare al corso.*	Da sie sich eingeschrieben hat, hat sie ein Anrecht, am Kurs teilzunehmen.
*Avendo**mi** riconosciuto, mi ha salutato.*	Da sie mich wiedererkannt hat, hat sie mich begrüßt.
*Avendo**ci** già pensato, so cosa fare.*	Da ich schon darüber nachgedacht habe, weiß ich, was ich tun soll.
*Avendo scelto **lui**, guardano con ottimismo al futuro.*	Da sie ihn gewählt haben, blicken sie optimistisch in die Zukunft.

! Pronominaladverbien sind z. B. *ci* (→ *Unità 3*) oder *ne*.

Ripasso

Erinnern Sie sich noch an das *passato remoto*? Schauen Sie gegebenenfalls in *Unità 4* nach.

persino = sogar
bisnonno *m* = Urgroßvater

10 Verbinden Sie zu sinnvollen Sätzen.

a Avendo finito di lavorare,
b Avendo sentito gridare,
c Pur avendo smesso di nevicare,
d Essendomi sposato molto giovane,
e Non avendo ricevuto risposta,
f Pur avendo perso il lavoro,

1 non ho smesso di essere ottimista.
2 adesso sono persino bisnonno!
3 abbiamo preferito non uscire.
4 ho pensato di chiamarvi.
5 tornai a casa.
6 siamo usciti a dare un'occhiata.

11 Schreiben Sie die Sätze um, indem Sie den Grund durch das *gerundio presente* oder das *gerundio passato* angeben.

a Siccome eravamo già stati avvisati, non ci siamo meravigliati della notizia.

____

b Siccome avevo visto il camion, mi sono fermata.

____

idraulico *m* = Klempner

c Siccome avevamo avuto un problema con il riscaldamento, abbiamo deciso di chiamare l'idraulico.

____

guadagnare = (hier:) gewinnen

d Siccome non era ancora sicura su cosa fare, preferì guadagnare un po' di tempo.

____

e Siccome non avevamo trovato nessuna stanza libera, abbiamo dovuto dormire in macchina.

____

____

____

f Siccome avevo il pomeriggio libero, sono andata a passeggiare con Luca.

____

____

____

12 Ergänzen Sie das passende Pronomen bzw. Pronominaladverb.

a Avendo ________ ristrutturata, potemmo vendere la casa a un prezzo più alto.

b Non essendo ________ informato, non sapeva quale decisione prendere.

c Pur avendo ________ già letti molti, continuo a comprare romanzi gialli.

d Non essendo ________ mai stati prima, quest'anno abbiamo deciso di fare un viaggio in Liguria.

e Pur essendo ________ trasferiti, non eravamo ancora soddisfatti della nostra casa.

f Avendo ________ invitato, lo abbiamo fatto felice.

13 Ergänzen Sie folgende Sätze mit den passenden Substantiven. Fügen Sie dem Substantiv jeweils das richtige Possessivadjektiv hinzu.

da parte ♦ per merito ♦ in vita ♦ affari ♦ per colpa ♦ per conto ♦ casa

! Merken Sie sich die Wortverbindung *per colpa mia/tua/sua* … (durch meine/deine/seine Schuld …).

a Si è scusato almeno il tuo collega? ____________ ieri hai lavorato fino a tardi.

b Va bene se andiamo a ____________? – Certo, ____________ non ho problemi.

c Che cosa vuole Lei da me? Ma si faccia gli ____________!

d Grazie di cuore a tutti voi. ____________ abbiamo ottenuto questo successo.

e I tuoi amici vengono con noi? – No, vanno ____________.

f Che fortuna! Non ho ancora avuto un'operazione ____________.

14 Wie sagen Sie es auf Italienisch? Übersetzen Sie.

a Ich will Ihnen nicht widersprechen, aber …

____

b Sie wollen doch nicht bestreiten, dass …

____

c Ich fuhr 100 km/h.

____

d Nimm mich nicht auf den Arm!

____

e Ach was! Das stimmt doch nicht!

____

15 Arbeiten Sie nun die mündlichen Übungen A–B zum *gerundio passato* durch. Die Anweisungen erhalten Sie auf der CD.

2/15–16

Seconda parte

Lettura

16 **Lesen Sie nun folgenden Leserbrief und die Antwort darauf.**

L'angolo della posta

Caro Direttore,
la settimana scorsa ho assistito a un episodio che mi ha molto colpito. Ero in vacanza in Gran Bretagna, nella patria delle file ordinate, e mi trovavo appunto anch'io in mezzo a uno di questi modelli di buone maniere: stavo aspettando di fare il biglietto per un musical. Ad un tratto, dopo aver fatto il biglietto, ho notato che qualcuno stava provando a fare il furbo e a guadagnare qualche posizione nella fila. Visto che ne è subito nato un litigio con gli altri presenti, ho potuto anche riconoscere la nazionalità di quei maleducati. Indovini un po' ... Erano italiani: padre, madre e due bambini. Forse non l'avranno fatto apposta. Forse la loro nazionalità sarà solo una coincidenza. Però mi sono chiesto: perché mai noi italiani dobbiamo sempre farci notare dappertutto? Perché non siamo capaci di nascondere i nostri difetti almeno all'estero e di dare una volta tanto il buon esempio ai nostri figli? Ci sarebbe un po' da vergognarsi. Non trova?
Massimo da Mantova

Caro Massimo,
dopo aver letto l'episodio da Lei descritto, sembra difficile darLe torto. Tuttavia mi permetta un'osservazione. Sa se in quella fila ordinata c'erano altri italiani in attesa? E reagisce allo stesso modo se a comportarsi così sono dei tedeschi, dei francesi o degli spagnoli? Forse è anche vero che noi italiani abbiamo un rapporto non sempre facile con le file. Il punto però è un altro. E cioè che tendiamo ad accorgerci di ciò che conferma i nostri pregiudizi e non teniamo invece conto di ciò che li contraddice. Con questo non sto dicendo niente di nuovo: si tratta di meccanismi psicologici, la cui esistenza è già stata dimostrata da tempo. Ed esserne consapevoli purtroppo non basta ad evitarli. Tuttavia si può almeno cercare di mettere in discussione di tanto in tanto quello che si crede. La prossima volta che farà la fila, in Italia o all'estero, si chieda: di che nazionalità sono le persone che se ne stanno tranquille aspettando il loro turno? E sono sempre e solo gli italiani a non rispettare la fila? Mi creda, anche favorendo lo spirito critico si può dare un buon esempio ai propri figli.
Il Direttore

***patria** f* = Heimat

! Der Ausdruck *ciò che* bedeutet *quello che* ([das,] was).

***litigio** m* = Streit

di tanto in tanto = ab und zu

una volta tanto = (hier:) endlich

? Und was meinen Sie? Würden Sie dieser Antwort zustimmen?

17 **Welche der folgenden Aussagen fasst den Briefwechsel am besten zusammen?**

a Il direttore è fondamentalmente d'accordo con quello che scrive Massimo.
b Il direttore non è assolutamente d'accordo con quello che scrive Massimo.
c Il direttore non è d'accordo soltanto con la conclusione di Massimo, cioè che gli italiani non rispettano le file.
d Il direttore vuole far capire a Massimo che è bene mettere in discussione le proprie idee sul mondo.
e Il direttore vuole far capire a Massimo che è possibile vivere senza pregiudizi.

fondamentalmente = grundsätzlich

***conclusione** f* = Schluss

18 **Zwei Übersetzungen in der folgenden Liste wurden vertauscht. Welche sind das?**

assistere a qc.	bei etw. anwesend sein
colpire (-isc-)	beeindrucken; treffen
modello *m*	Vorbild, Muster
buone maniere *fpl*	gute Manieren
a(d) un tratto	plötzlich, auf einmal
notare	(be)merken
fare il furbo	absichtlich tun
guadagnare	(hier:) gewinnen
visto che	da; in Anbetracht der Tatsache, dass …
maleducato	ungezogen
indovinare	(er)raten
fare apposta	schlau sein
dappertutto	überall
nascondere	verbergen
difetto *m*	Fehler, Macke
vergognarsi	sich schämen
torto *m*	Unrecht
osservazione *f*	(hier:) Anmerkung, Einwand
reagire (-isc-) a qc.	auf etw. reagieren
tendere a qc.	zu etw. neigen
confermare	bestätigen
pregiudizio *m*	Vorurteil
tenere conto di qc.	etw. berücksichtigen
dimostrare	beweisen
consapevole	bewusst
evitare	(ver)meiden
mettere in discussione	in Frage stellen
aspettare il proprio turno	warten, bis man an der Reihe ist
favorire (-isc-)	begünstigen, fördern
spirito critico *m*	kritischer Geist

assistere → *assistito*

! Das Verb *guadagnare* heißt auch „verdienen".

! *Nascondere* bedeutet auch „verstecken"; das *participio passato* lautet *nascosto*.

Haben Sie heute schon eine italienischsprachige Zeitung oder Zeitschrift gelesen? Schauen Sie zum Beispiel im Internet nach.

Occhio alle regole

Die Relativpronomen *il cui / la cui* ... und *di cui*

Die Relativpronomen *il cui / la cui / i cui / le cui* entsprechen den deutschen Formen „dessen" bzw. „deren". Dabei richtet sich der bestimmte Artikel nach dem darauffolgenden Substantiv, das gleichzeitig **Subjekt** des Nebensatzes ist.

! Hier ist *esistenza* das Subjekt des Verbs *essere.*

Si tratta di un problema, ***la cui*** *esistenza è nota.* — Es handelt sich um ein Problem, dessen Existenz bekannt ist.

Das unveränderliche Relativpronomen *di cui* (in der Schriftsprache auch *del quale / della quale / dei quali / delle quali*) wird hingegen bevorzugt, wenn man sich auf ein Substantiv bezieht, das **Objekt** des Nebensatzes ist.

! Die Präposition *di* verbindet die Substantive *azienda* und *nome*: *Conosco (che cosa?) il nome* ***dell'****azienda.* → *... azienda,* ***di*** *cui conosco il nome.*

Come trovo l'indirizzo Internet di un'azienda, ***di cui*** *conosco il nome?* — Wie finde ich die Internet-Adresse einer Firma, deren Namen ich kenne?

Der Infinitiv nach *prima di* und *dopo*

Neben dem *infinito presente* auf *-are/-ere/-ire* gibt es im Italienischen auch den *infinito passato*. Dieser besteht aus dem Hilfsverb *avere* bzw. *essere* im ***infinito presente*** und dem ***participio passato*** des Hauptverbs, z. B. *essere diventato, avere scelto, avere aperto.*

Diese Zeitformen können u. a. im Zusammenhang mit den Präpositionen *prima di* und *dopo* verwendet werden: Auf *prima di* folgt meist der *infinito presente*, auf *dopo* ausschließlich der *infinito passato*.

! In Verbindung mit der Präposition *dopo* wird beim Hilfsverb – besonders bei *avere* – das *-e* der Endung meist weggelassen, z. B. *dopo aver**r** aperto.*

Dopo aver fatto *il biglietto ho notato qualcosa.* — Nachdem ich die Karte gekauft hatte, habe ich etwas bemerkt.

Prima di giudicare *bisognerebbe conoscere i fatti.* — Bevor man urteilt, sollte man die Tatsachen kennen.

Beide Konstruktionen sind allerdings nur dann möglich, wenn das **Subjekt** des Hauptsatzes mit dem des Nebensatzes übereinstimmt. Wenn dies nicht der Fall ist, muss *dopo che* und der Indikativ bzw. *prima che* und der Konjunktiv (→ *Unità 6*) verwendet werden.

Dopo che avevi telefonato*, ho ricevuto la tua e-mail.* — Nachdem **du** angerufen hattest, habe **ich** deine E-Mail erhalten.

Prima che *tu* ***parta****, vorrei parlarti.* — Bevor **du** abreist, möchte **ich** dich sprechen.

Bei einer Passivform wird der *infinito passato* durch ***essere stato*** gebildet; bei reflexiven Verben wird das jeweilige Reflexivpronomen an ***esser-*** angehängt. In beiden Fällen wird das *participio passato* an das Subjekt angeglichen.

*Dopo essere stat****a*** *investit****a****, è stata immediatamente portata al pronto soccorso.* — Nachdem sie angefahren wurde, wurde sie umgehend zur Notaufnahme gebracht.

*Dopo esser****si*** *alzat****i****, si sono subito messi a lavorare.* — Nachdem sie aufgestanden sind, haben sie gleich angefangen zu arbeiten.

19 Verbinden Sie die Sätze mit *il cui / la cui / i cui / le cui* nach dem Beispiel.

a L'Andalusia è meta di turisti anche d'inverno. Il clima dell'Andalusia è mite.

L'Andalusia, il cui clima è mite, è meta di turisti anche d'inverno.

b Il professore di inglese lascerà la scuola. La sua bravura è nota.

c Giuseppe parla il tedesco. Sua moglie è altoatesina.

d L'autista dovrà pagare i danni. Il suo errore ha provocato l'incidente.

e Come si chiama quella tua amica? I suoi fratelli vivono in America.

f Il sig. Luzi è malato. Le sue figlie lavorano con me.

bravura *f* = Können

altoatesino = Südtiroler

provocare = verursachen

20 Verbinden Sie die Sätze mit *di cui* nach dem Beispiel.

a Abitiamo di fronte a una trattoria. Amo la sua cucina.

Abitiamo di fronte a una trattoria, di cui amo la cucina.

b È un collega. Tutti ammirano la sua passione per il lavoro.

c È uno scrittore. Ho a casa tutti i suoi libri.

d Quel signore è il sindaco della città. Ho salutato sua figlia.

e È un grave problema. Si nega ancora la sua esistenza.

f Quello è il vicino di casa. Ho conosciuto sua moglie.

! Beachten Sie, dass auch hier das Possessivadjektiv entfallen muss. Wenn davor kein bestimmter Artikel steht (z. B. *sua figlia*), muss dieser im neuen Satz eingefügt werden.

21 **Wandeln Sie folgende Sätze nach dem Muster um und verwenden Sie dabei *prima di* bzw. *dopo* und den Infinitiv. Vorsicht: Nicht alle Sätze lassen sich umformulieren!**

a Prendi la pastiglia prima che tu vada a dormire!

Prendi la pastiglia prima di andare a dormire!

b Prima che andiate, bevete ancora un caffè con noi!

c Dopo che ho incontrato Gianni al mercato l'ho invitato a casa mia.

d Dopo che avrai letto il libro ci possiamo incontrare per parlarne.

e Andrò a trovarli prima che si arrabbino.

f È meglio se ci mettiamo la giacca prima che usciamo.

g Dopo che ha guardato il telegiornale si è messo a dormire.

***telegiornale** m* = Fernsehnachrichten

22 **Bilden Sie Sätze mit *dopo* und dem *infinito passato* nach dem Muster.**

a (loro) / riconoscersi / salutarsi

Dopo essersi riconosciuti, si sono salutati.

b (lei) / trasferirsi a Roma / iniziare a conoscere nuova gente

c (lui) / addormentarsi al volante / uscire di strada

d (loro) / mettersi in fila / notare qualcosa di strano

e le mie figlie / stancarsi di fare il bagno / tornare sulla spiaggia

f i nostri nipoti / ricordarsi del nostro anniversario / farci gli auguri

g Guglielmo / farsi male / smettere di fare sport

***volante** m* = Steuer
uscire di strada = vom Weg abkommen

***anniversario** m* = Jahrestag

2/17

23 **Arbeiten Sie nun eine mündliche Übung zum *infinito* durch. Die Anweisungen erhalten Sie auf der CD.**

2/18

24 **Tja, leider ist es passiert: Jemand ist gerade in Ihr Auto gefahren. Steigen Sie nun bitte aus und sprechen Sie den Unfallverursacher an. Vielleicht kann man ja mit ihm reden …**

A cena da amici

Unità 8

Hier lernen Sie:

- wie Sie über das Essen sprechen
- wie Sie sich als Gast oder Gastgeber ausdrücken
- Besonderheiten der *si*-Form
- die Konstruktion *far(e)* + *infinito*
- die Pronomen *me ne, te ne* usw.

Prima parte

Ascolto

1 **Kennen Sie schon einige Formulierungen, um ein Kompliment für die gute Küche auf Italienisch auszusprechen?**

2/19

2 ***Vero o falso?* Claudio und Lucia sind bei Anna und Antonio zum Abendessen eingeladen. Hören Sie sich das Gespräch an und entscheiden Sie anschließend, ob folgende Behauptungen richtig oder falsch sind.**

		vero	falso
a	A Claudio e Lucia è piaciuto quello che hanno mangiato.		
b	Antonio vorrebbe mangiare ancora un po' di dolce, anche se non potrebbe.		
c	Quest'estate i genitori di Antonio hanno festeggiato le nozze d'argento.		
d	La madre di Antonio ha preparato gli involtini di melanzane con i tagliolini.		
e	Alla festa Anna avrebbe voluto mangiare porzioni un po' più grandi.		
f	Claudio e Lucia pensano di riuscire a prendere l'ultimo autobus.		

! *Tagliolini* ist eine Bezeichnung für dünne Bandnudeln.

bontà *f* = (hier:) Wohlgeschmack

2/19

3 **Hören Sie das Gespräch noch einmal und kreuzen Sie die richtige(n) Antwort(en) an.**

polpetta *f* = Fleischklößchen

a Cosa si è mangiato alla festa?
- 1 le polpette di melanzane con i tagliolini
- 2 gli involtini di melanzane con i tagliolini
- 3 i dolcetti alle mandorle
- 4 i biscotti alle mandorle

b Cosa si è fatto alla festa?
- 1 si è ballato
- 2 si è giocato
- 3 si è brindato
- 4 si è cantato

4 Ordnen Sie zu.

a squisito	☐	es schaffen, etw. zu tun
b cuoco/a *m/f*	☐	Scheibchen
c esagerare	☐	sich zieren, Umstände machen
d fare complimenti	☐	sich auf Diät setzen
e fettina *f*	☐	silberne Hochzeit
f farcela a fare qc.	☐	Koch/Köchin
g mettersi a dieta	☐	übertreiben
h nozze d'argento *fpl*	☐	vorzüglich

a mania *f*	☐	Aubergine
b abituarsi a qn./qc.	☐	Mandel
c involtino *m*	☐	Roulade
d melanzana *f*	☐	Schafskäse
e dolcetto *m*	☐	köstlich
f mandorla *f*	☐	Marotte
g delizioso	☐	sich an jmdn./etw. gewöhnen
h pecorino *m*	☐	Kleingebäck

a porzione *f*	☐	kosten, probieren
b non poterne più	☐	begleiten
c passare	☐	(hier:) reichen
d assaggiare	☐	sich beeilen
e accompagnare	☐	Portion
f disturbarsi	☐	nicht mehr können
g sbrigarsi	☐	sich stören lassen, sich Umstände machen

5 Nicht nur *complimenti*, sondern viele andere Substantive lassen sich mit *fare* kombinieren. Was bedeuten sie nur in dieser Wortverbindung? Ordnen Sie zu und finden Sie es heraus.

notizia ♦ visita ♦ storie ♦ impressione ♦ piacere ♦ domanda ♦ pena

a Grazie per essere venuto a farmi ________________. Mi ha fatto davvero molto ________________.

b Su, non fare ________________: mangia la pappa!

c Quei bambini sono così poveri che mi fanno proprio ________________.

d L'episodio davanti al teatro di Londra mi ha fatto veramente ________________.

e Signora Mattei, ha già fatto ________________ per ricevere la pensione?

f L'incidente ha fatto ________________: ne parlano anche i giornali.

! In Ausrufesätzen bedeutet *che* mit Substantiv „was für (ein/e) …", *che* mit Adjektiv hingegen „wie …". Beispiele: *Che bontà! – Che porzioni! – Che buono!*

? Welcher Ausdruck im Dialog bedeutet „(Herzlichen) Glückwunsch"? Hören Sie sich den Dialog gegebenenfalls nochmal an.

pappa *f* = Brei

pensione *f* = Ruhestand

Quattro chiacchiere

6 Ein Essen mit Gästen wird mit typischen Floskeln geradezu garniert. Bringen Sie diese in die richtige Reihenfolge.

Prägen Sie sich eine oder zwei Floskeln ein, damit Sie sie für den „Ernstfall" parat haben.

c Cin cin! Alla salute!

b Grazie, con piacere.

i Grazie di essere venuti.

j Vi ho portato un pensierino.

e Ciao! Puntuale come sempre, eh?

h Per me invece basta così.

l Oh, che carino, ma non dovevi disturbarti!

a Innanzitutto facciamo un bel brindisi!

k Uh, si è fatto tardi. Ora dobbiamo proprio andare!

d E ora … buon appetito!

f Grazie, altrettanto.

g Non fare complimenti, prendine ancora un po'.

1	2	3	4	5	6	7	8	9	10	11	12
	j										

7 Wann sagt man was? Ordnen Sie die Sätze der passenden Situation zu.

Grazie (ancora) per l'invito.

È pronto! Venite a tavola?

Grazie, ma non dovevate!

Sono io a ringraziare voi per essere venuti!

Prego, accomodatevi!

Alla nostra!

Permesso?

ospite m/f = Gast

padrone di casa m = Gastgeber

a gli ospiti sono arrivati e sono alla porta ______

b gli ospiti stanno entrando nella casa di chi li ha invitati ______

c il padrone di casa riceve un regalo dagli ospiti ______

d gli ospiti non sono ancora seduti a tavola ______

e si fa un brindisi tutti assieme ______

f dopo cena gli ospiti stanno per tornare a casa ______

g gli ospiti hanno appena ringraziato per l'invito ______

8 **Setzen Sie in diesen zwei Ausschnitten aus dem Dialog die fehlenden Wörter ein. Überprüfen Sie anschließend Ihre Antwort mithilfe der Höraufnahme.**

Claudio: È stata veramente una serata splendida e la cena era ______________!

Lucia: Ma lo sai che sei proprio brava ____ ________ ____ mangiare?

Claudio: Eh sì, sei davvero un'____________ ____________!

Anna: Oh, grazie, ma adesso non esagerate. Ma … volete ancora un po' di dolce? Lucia, Claudio, ____ ____ ________ dare ancora un po'?

Lucia: No, grazie, per me basta così.

Anna: Su, non fate ______________, prendetene ancora una fettina!

Claudio: Grazie, ma anch'io non ____ ____ ________ più.

…

Anna: … Comunque dai suoi è stata una gran bella festa: si è mangiato, bevuto …

Antonio: Ti ricordi cosa abbiamo mangiato?

Anna: Come no? Gli involtini di melanzane con i tagliolini. Come _____ _____ tua madre non li fa ______________.

Antonio: E poi i dolcetti alle mandorle … hmmm, ______________! E il pecorino … che ______________!

Anna: Sì, ma che porzioni! Alla fine _____ _____ potevo ________ _____.

Antonio: Sì, sì, ma abbiamo mangiato ______________ bene.

…

9 **Es gibt viele Möglichkeiten, um Komplimente über das gute Essen auszusprechen. Unterstreichen Sie alle passenden Formulierungen im Text oben.**

2/20

? Mit welchem Wort kann man allgemein ein Kompliment aussprechen? Es steht auch – in einer anderen Bedeutung – in diesen Textausschnitten.

Wissen Sie nun, was Sie bei einem Essen mit Gästen sagen sollten? Testen Sie sich bei einem Abendessen zu Hause. Vielleicht haben Sie auch italienische Freunde, die Sie einladen können?

Occhio alle regole

Besonderheiten der *si*-Form

Die *si*-Form stellt im Italienischen eine unpersönliche Konstruktion dar (z. B. *si mangia* = man isst). Dabei sind folgende Besonderheiten zu beachten.

! Man sagt sonst ja ***Abbiamo** mangiato e bevuto.*

! Wie in den einfachen Zeiten steht hier das Verb in der 3. Person Singular oder Plural, je nachdem, ob ein Objekt im Singular oder Plural auf das Verb folgt.

1 Mit der *si*-Form werden die zusammengesetzten Zeiten stets durch das Hilfsverb ***essere*** gebildet. Das gilt auch dann, wenn das Verb sonst das Hilfsverb *avere* verlangt.

*Si **è** mangiato e bevuto.*	Man hat gegessen und getrunken.

- Folgt auf das Verb ein **direktes Objekt**, wird das *participio passato* in Geschlecht und Zahl dem Objekt angeglichen.

*Si sono apert**i** i regali.*	Man hat die Geschenke geöffnet.
*Si è preparat**a** una torta.*	Man hat eine Torte gebacken.
*Si sono lett**e** delle poesie.*	Man hat einige Gedichte vorgelesen.

- Bei Verben, die ursprünglich das Hilfsverb *essere* verlangen, steht das *participio passato* im Maskulinum Plural (*-i*). Das Verb wird immer in der 3. Person Singular konjugiert.

*Poi si **è** andat**i** insieme in spiaggia.*	Dann ist man zusammen zum Strand gegangen.
*Si **è** partit**i** ieri notte alle tre.*	Man ist gestern Nacht um drei abgefahren.

2 **Reflexive Verben** bilden die unpersönliche Form durch *ci si* und die 3. Person Singular.

*Come **ci si** sent**e** dopo venticinque anni di matrimonio?*	Wie fühlt man sich nach fünfundzwanzig Jahren Ehe?

- In den zusammengesetzten Zeiten der reflexiven Verben steht das *participio passato* im Maskulinum Plural. Das Verb wird immer in der 3. Person Singular konjugiert.

***Ci si** era già accomodat**i** a tavola, quando arrivò la telefonata.*	Man hatte sich schon zu Tisch gesetzt, als der Anruf kam.

3 **Adjektive** oder **Substantive**, die auf *essere* in der *si*-Form folgen, stehen immer im Maskulinum Plural.

*Una volta **si era** felic**i** con poco.*	Früher war man mit wenig glücklich.
*Si può godere di certi vantaggi solo se **si è** student**i**.*	Man kann gewisse Vorteile genießen, nur wenn man Student ist.

10 **Was hat man am Hochzeitstag (*anniversario di matrimonio*) alles gemacht? Verbinden Sie die Verben mit den passenden Ergänzungen und formulieren Sie Sätze mit *si* und dem *passato prossimo*.**

cucinare	delle canzoni popolari
guardare	dei piatti tipici
telefonare	una poesia
rimanere	agli amici
giocare	a tombola
cantare	un film
andare	svegli fino a tardi
nuotare	in spiaggia
recitare	in mare

! Wissen Sie noch, welches Hilfsverb *nuotare* verlangt?

recitare = vorlesen

Si è recitata … ____________________

____

____

____

11 **Ergänzen Sie die passenden reflexiven Verben in der *si*-Form und verwenden Sie dabei das *indicativo presente*.**

allenarsi ♦ rilassarsi ♦ mettersi ♦ incontrarsi ♦ abituarsi

allenarsi = trainieren

a Che cosa ____________ per andare all'opera?

b Se ____________ al traffico, conviene vivere in città.

c Quando ____________ per discutere del progetto?

d Se ____________, si possono fare escursioni molto lunghe in montagna.

e Facendo yoga ____________.

12 **Arbeiten Sie nun die mündlichen Übungen A–B zur *si*-Form durch. Die Anweisungen erhalten Sie auf der CD.**

2/21–22

Seconda parte

Lettura

13 **Lesen Sie nun folgenden Zeitschriftenartikel.**

Perbacco! Alcune curiosità sul nettare degli dei

Lo sapevate che ...?

1 Ogni anno sono ben tre milioni i turisti che visitano i luoghi dove si fa il vino. A spiegare questo successo sono anche le numerose *Strade del vino* presenti nel Bel Paese, che portano direttamente alle aziende agricole che producono il vino. Con un po' di fortuna è anche possibile partecipare a degustazioni e visitare da vicino cantine e vigneti. Come arrivarci? Basta seguire i cartelli!

2 La legge italiana ha stabilito quattro categorie di qualità per classificare i vini, che vengono distinti in base all'origine, al tipo di vigneto, alla modalità di produzione ecc. I vini più semplici sono i cosiddetti "vini da tavola", quelli più pregiati portano invece i nomi "DOC" e "DOCG". Non preoccupatevi, per una volta i file del computer non c'entrano!

3 Secondo una ricerca di mercato i consumatori scelgono un vino più in base all'etichetta che non all'origine o alla classificazione. Non solo: nel decidere se comprare o meno un determinato vino si fanno influenzare anche dal colore e dalla forma della bottiglia. Dite la verità: come scegliete voi un vino?

4 Pare che bere regolarmente un po' di vino (più o meno un bicchiere al giorno) faccia bene alla salute. Secondo questa tesi, il vino conterrebbe alcune sostanze che facilitano la digestione, migliorano la circolazione e aiutano a prevenire malattie cardio-circolatorie. Allora ... cosa aspettate? Alla salute!

5 Il vino arricchisce già da tempo non solo le tavole ma anche le conversazioni degli italiani. Non sono pochi infatti i modi di dire che si riferiscono al vino. Tra i più noti si ricordano "Buon vino fa buon sangue" e "Dire pane al pane, vino al vino". Per non dimenticare il latino "In vino veritas" ...

6 Secondo la superstizione rovesciare il vino porta fortuna ... specialmente se è del vino rosso a essere rovesciato su una tovaglia bianca!

7 Per togliere le macchie di vino rosso basta usare ... un po' di vino bianco. Strano ma vero: con vino bianco, latte e un po' d'acqua si ottengono ottimi risultati. Che possa funzionare anche il contrario?

8 La passione per il vino non conosce proprio limiti. Sapevate ad esempio che esiste un'associazione di collezionisti di etichette di vino?

❗ Der Ausdruck *Perbacco!* (Donnerwetter!) setzt sich aus *per* und *Bacco*, dem Namen des römischen Gottes des Weines, zusammen.

nettare degli dei *m* = Göttertrank

cardio-circolatorio = Herz-Kreislauf-

❗ *Buon sangue* heißt soviel wie „gute Stimmung".

origine *f* = Herkunft

determinato = bestimmt

collezionista *m* = Sammler

14 Welche der folgenden Behauptungen sind im Text enthalten?

a Seguendo le *Strade del vino* i turisti possono visitare cantine e vigneti.
b La legge italiana vieta la produzione di vini poco pregiati.
c Per i consumatori la cosa più importante quando scelgono un vino è la sua qualità.
d La parola "vino" fa parte di alcune espressioni della lingua italiana.
e C'è chi pensa che rovesciare del vino rosso su una tovaglia bianca porti fortuna.
f Sia il vino bianco che quello rosso possono essere usati per togliere le macchie.
g C'è gente che colleziona per hobby etichette di vino.

15 Ersetzen Sie die kursiv gedruckten Redensarten durch die passenden Umschreibungen und konjugieren Sie die darin enthaltenen Verben.

parlare apertamente ♦ non avere quello che si vuole ♦ esserci già tante cose di cui parlare ♦ non esserci problemi ♦ essere proprio noioso ♦ dovere risolvere il problema

a Al cinema mi sono addormentato: quel film *era una pizza!*
b Sono davvero contento: *è andato tutto liscio come l'olio*.
c Non invidio il mio capo: è lui che adesso *ha in mano la patata bollente*.
d Sono stanco delle tue bugie! È ora di *dire pane al pane e vino al vino!*
e Forse è meglio non discutere di queste cose: *c'è già tanta carne al fuoco*.
f Purtroppo i biglietti sono finiti e noi *siamo rimasti a bocca asciutta*.

vietare = verbieten
pregiato = wertvoll

rovesciare = verschütten

macchia *f* = Fleck

! In vielen Redensarten werden Speisen und Getränke erwähnt – natürlich in einer ganz anderen Bedeutung.

risolvere = lösen

liscio = glatt

bugia *f* = Lüge

In altre parole

16 Zwei Übersetzungen in der folgenden Liste sind vertauscht. Welche sind das?

curiosità *f*	Kuriosität, Merkwürdigkeit
ben	nicht weniger als
azienda agricola *f*	landwirtschaftlicher Betrieb
produrre	herstellen
degustazione *f*	(Wein-)Probe
cantina *f*	Weinkellerei
vigneto *m*	Weinberg
legge *f*	Gesetz
stabilire (-isc-)	enthalten
classificare	eingruppieren, einordnen
in base a	aufgrund, nach, gemäß
modalità *f*	Art und Weise
pregiato	wertvoll
ricerca *f*	Untersuchung
consumatore *m*	Verbraucher
etichetta *f*	Etikett
influenzare	beeinflussen
contenere	festlegen, beschließen
sostanza *f*	Stoff
facilitare	erleichtern
circolazione *f*	Kreislauf
prevenire	vorbeugen
conversazione *f*	Gespräch, Konversation
modo di dire *m*	Redensart
superstizione *f*	Aberglaube
rovesciare	verschütten
macchia *f*	Fleck
associazione *f*	Verein

produrre → prodotto

Gibt es ein Thema, für das Sie sich besonders interessieren? Dann sammeln Sie hierzu alle wichtigen Wörter und helfen Sie sich dabei mit einem guten Wörterbuch. Dort finden Sie auch Beispielsätze.

! *Prevenire* setzt sich aus *pre-* und *-venire* zusammen. Daher wird es wie folgt konjugiert: *pre**vengo**, pre**vieni**, pre**viene*** usw. Das *participio passato* lautet *prevenuto*.

Occhio alle regole

Die Konstruktion *far(e) + infinito*

Die Konstruktion *far(e) + infinito* entspricht in der Regel dem deutschen „lassen" + Infinitiv. In einigen Fällen eignet sich jedoch eine andere Wiedergabe im Deutschen.

Antonio lo hanno ***fatto*** *anche* ***cantare****!*	Antonio haben sie auch singen lassen!
Ogni tanto mi ***fa arrabbiare****.*	Manchmal ärgert sie mich.
Quello è il comico che mi ***fa*** *sempre* ***ridere****.*	Das ist der Komiker, der mich immer zum Lachen bringt.

Wenn *fare* in der Bedeutung von „zulassen" verwendet wird, kann man es auch durch *lasciare* ersetzen. *Far fare* bedeutet hingegen „machen lassen".

Fammi entrare! = ***Lasciami*** *entrare!*	Lass mich reinkommen!
Gli ho ***fatto fare*** *degli esami.*	Ich habe ihn einige Untersuchungen machen lassen.

Me ne, te ne usw.

Wenn ein unbetontes indirektes Objektpronomen auf das Pronominaladverb *ne* trifft, ergeben sich Formen, die an die zusammengesetzen Objektpronomen (→ *Unità 6*) erinnern:

	mi	*ti*	*gli / le*	*Le*	*ci*	*vi*
ne	*me ne*	*te ne*	*gliene*	*Gliene*	*ce ne*	*ve ne*

Ho comprato delle mele. – ***Me ne*** *dai una?*	Ich habe Äpfel gekauft. – Gibst du mir einen (davon)?

Me ne, *te ne* usw. werden auch in Verbindung mit reflexiven Verben gebraucht, bei denen das Reflexivpronomen als indirektes Objekt dient, z. B. *prendersi*, *mettersi*, *comprarsi*.

Che belle penne! ***Me ne*** *compro una.*	Was für schöne Stifte! Ich kaufe mir einen (davon).
Io ***me ne*** *prendo ancora un pochino.*	Ich nehme mir noch ein bisschen davon.

Besonders in der gesprochenen Sprache werden die Pronomen *me ne*, *te ne* usw. auch zusammen mit einer besonderen Art von reflexiven Verben verwendet. Es handelt sich dabei um Verben, die im Vergleich zur Grundform eine stärkere Anteilnahme des Subjekts an der Handlung ausdrücken, z. B. *mangiarsi*, *bersi*, *farsi*, *guardarsi*, *leggersi*, *godersi* usw.

Quanto ***te ne*** *sei già mangiato?*	Wie viel hast du schon davon gegessen?
Vuoi una birra? Io ***me ne*** *bevo una.*	Willst du ein Bier? Ich trinke eins.

Beim Zusammentreffen der zwei Pronominaladverbien *ci* und *ne* ergibt sich die Form ***ce ne***.

In frigo ***ce ne*** *dovrebbe essere ancora.*	Im Kühlschrank dürfte es noch etwas davon geben.
Per te non ***ce n'è*** *proprio più!*	Für dich gibt es gar keine mehr (davon)!

! Auch bei *far(e)* im Infinitiv entfällt oft das *-e* am Wortende: *far cantare, far arrabbiare, far ridere* usw.

! Bedenken Sie, dass z. B. *mangiare* und *mangiar**si*** unterschiedliche Hilfsverben haben: ***ho*** *mangiato, mi* ***sono*** *mangiato.*

! Merken Sie sich auch die Form *andarsene* (weggehen): *io me ne vado, tu te ne vai* usw.

Ripasso

17 **Vervollständigen Sie die Sätze jeweils mit *fare* und einem passenden Verb aus der Auswahl. In einigen Fällen sind mehrere Zeitformen möglich.**

ridere ♦ diventare ♦ fare ♦ vedere ♦ chiamare ♦ uscire

a Carlo, se torna mia moglie mi ________________, per favore?

b Su, dai, ________________ quelle foto anche a me!

c Quell'esperienza mi ________________ un altro.

abbaiare = bellen

d ________________ il cane perché abbaiava.

e Ah, ah! Questa è bella! Tu sei sempre capace di ________________ tutti.

f Il dottore ti ________________ un'altra analisi?

18 **Verstärken Sie Ihre Aussage, indem Sie die Sätze nach dem Muster umwandeln.**

! Achten Sie darauf, ob das Hilfsverb geändert werden muss!

a Ho voglia di mangiare un dolce. → Ho voglia di mangiarmi un dolce.

b La sera bevono un'intera bottiglia. → ________________

c Ha già letto tutto il libro. → ________________

d Facciamo una bella passeggiata? → ________________

budino *m* = Pudding

e Avete mangiato tutto il budino? → ________________

f Guardi un film con me? → ________________

g Adesso voglio gustare la serata. → ________________

19 **Wandeln Sie die Sätze nach dem Muster um und verwenden Sie dabei *ne*.**

a Mi mangio una mela. → Me ne mangio una.

b Si è preso un bicchiere. → ________________

c Ti compri un cappotto? → ________________

d Vi siete bevuti una birra? → ________________

e Ci guardiamo un film di Risi? → ________________

f Si è letto un libro di Moravia. → ________________

g Vi fate un'altra partita a carte? → ________________

20 Setzen Sie die Verben ins *passato prossimo* und verwenden Sie dabei die *si*-Form. Achten Sie auch auf die Endung des *participio passato*.

a In marzo ____________________ (iniziare) i lavori di ristrutturazione dell'attico.

b Solo con il tempo ____________________ (diventare) davvero un team.

c Dalla prima lezione del corso ____________________ (fare) molti progressi.

d Alla conferenza ____________________ (negare) l'evidenza dei fatti.

e Ieri sera ____________________ (fare) due chiacchiere con gli amici.

f È commovente rivedere i luoghi dove ____________________ (crescere).

g Va bene bere, però ieri sera ____________________ (esagerato)!

h Prima di lasciarsi ____________________ (salutarsi).

evidenza *f* = Offensichtlichkeit

21 Bilden Sie Bedingungssätze nach dem Muster, indem Sie die *si*-Form zweimal verwenden.

a essere amico / aiutarsi in caso di bisogno

Se si è amici, ci si aiuta in caso di bisogno.

b essere attivo / mantenersi in forma

____

c essere nervoso / arrabbiarsi per poco

____

d essere distratto / dimenticarsi dell'anniversario di matrimonio

____

distratto = zerstreut

e essere ubriaco / comportarsi come non si vorrebbe

____

ubriaco = betrunken

f essere ospite / accomodarsi a tavola quando lo dice il padrone di casa

____

g essere appassionato / interessarsi delle etichette dei vini

____

appassionato = leidenschaftlich

💡 Nehmen Sie sich einzelne Wortschatzfelder vor und sammeln Sie alle Vokabeln, die Ihnen dazu einfallen.

22 Speisekarte … für Fortgeschrittene. Ordnen Sie zu.

polpette ♦ carciofi ♦ acciughe ♦ macedonia ♦ gamberetti ♦ brodo di tacchino ♦ cotoletta ♦ affettati ♦ coniglio ♦ peperoni

Aufschnitt	______	Garnelen	______
Truthahnbrühe	______	Sardellen	______
Fleischklößchen	______	Paprika(schoten)	______
Schnitzel	______	Artischocken	______
Kaninchen	______	Obstsalat	______

2/23

23 Helfen Sie nun Antonios Mutter bei der Zubereitung der *involtini di melanzane con i tagliolini*. Die Anweisungen erhalten Sie auf der CD.

! Am schnellsten antworten Sie mit *sì, ce n'è / ce ne sono* bzw. *no, non ce n'è / non ce ne sono.*

melanzane: 8
olio d'oliva: 1 bottiglia
tagliolini: no!
pomodori: 5
aglio: tanto
parmigiano: manca!

2/24

24 Zum Schluss nehmen Sie wie gewohnt an einer kleinen Unterhaltung teil. Sie sind zu Gast bei einem Freund und haben soeben das Essen richtig genossen.

Classici d'autore

Unità 9

Hier lernen Sie:

- wie Sie erzählen, was eine andere Person gesagt hat
- wie Sie telefonieren
- wie Sie über Bücher reden
- den *congiuntivo imperfetto*
- den *congiuntivo* in Haupt- und Relativsätzen
- die indirekte Rede

Prima parte

! Der Begriff *incontro con l'autore* bezeichnet ein öffentliches Gespräch mit einem Autor, machmal mit einer Lesung.

Ascolto

1 **Haben Sie schon einmal auf Italienisch telefoniert? Welche Formulierungen haben Sie dabei verwendet – z. B. um nach einem Gesprächspartner zu fragen oder um eine Nachricht entgegenzunehmen?**

2/25

2 ***Vero o falso?* Bei Ferdinando klingelt das Telefon. Hören Sie sich das Gespräch an und entscheiden Sie anschließend, ob folgende Behauptungen richtig oder falsch sind.**

urgentemente = dringend
riguardo a = bezüglich
rinviare = verschieben

		vero	falso
a	Roberta vorrebbe parlare urgentemente con Alessandra.		
b	Roberta sa perché Alessandra non risponde al telefono.		
c	Roberta vorrebbe informare Alessandra riguardo a un incontro con l'autore.		
d	Roberta sa che l'incontro con l'autore piacerebbe anche ad Alessandra.		
e	Roberta sa che Alessandra dovrebbe partecipare a una riunione venerdì sera.		
f	Alessandra non ha neppure provato a rinviare la riunione.		

2/25

3 **Hören Sie das Gespräch noch einmal und kreuzen Sie die richtige(n) Antwort(en) an.**

nominare = erwähnen
artigianato *m* = Handwerk
volontariato *m* = ehrenamtliche Tätigkeit

a Che libro nomina Roberta?
- 1 "Amore mio, è finita!"
- 2 "Amore mio, ho finito …"
- 3 "Amore mio infinito"

b Di che associazione fa parte Alessandra?
- 1 un'associazione di artigianato
- 2 un'associazione di volontariato
- 3 un'associazione di danza e teatro

4 Ordnen Sie zu.

a	tardo		dringend
b	urgente		vielleicht; etwa
c	messaggio *m*		sich melden
d	farsi sentire		zurückrufen
e	raggiungere		erreichen
f	richiamare		um etw. gehen, sich um etw. handeln
g	magari		spät (*Adjektiv*)
h	trattarsi di qc.		Nachricht

a	romanzo *m*		Gefühl
b	emozionante		bewegend, spannend
c	sentimento *m*		ehrenamtliche Tätigkeit
d	liberarsi di qc.		es sein lassen
e	impegno *m*		verschieben (*auch zeitlich*)
f	lasciar perdere		Roman
g	volontariato *m*		Verpflichtung
h	spostare		von etw. frei werden

a	promettere		(hier:) geben, verbinden (*am Telefon*)
b	di preciso		Schön wär's …!
c	darsi da fare		verschieben (*zeitlich*)
d	Magari …!		sich Mühe geben
e	interrompere		unterbrechen
f	passare		versprechen
g	rinviare		genau (*Adverb*)

raggiungere → raggiunto

! Beachten Sie die zwei verschiedenen Bedeutungen von *magari*.

promettere → promesso

interrompere → interrotto

5 Hören Sie sich den Dialog noch einmal an und kreuzen Sie die richtige Bedeutung an.

2/25

a Il fatto è che …
- 1 Es ist passiert, dass …
- 2 Die Sache ist die, dass …

b Possibile che non ce la faccia a …
- 1 Wie kann es sein, dass sie es nicht schafft …
- 2 Gut möglich, dass sie es nicht schafft …

c fare di tutto
- 1 keine Arbeit/Mittel scheuen
- 2 alles auf eine Karte setzen

d Sì che vengo!
- 1 Lass mich mitkommen!
- 2 Ja/Doch, ich komme wohl mit!

Quattro chiacchiere

2/26–31

! In diesen Situationen kann man auch ***in** casa* anstelle von *a casa* sagen.

6 Welches der sechs Gespräche verläuft nach dem dargestellten Muster?

- ☐ Dialogo 1
- ☐ Dialogo 2
- ☐ Dialogo 3
- ☐ Dialogo 4
- ☐ Dialogo 5
- ☐ Dialogo 6

salutare
↓
chiedere di parlare con qualcuno
↓
la persona desiderata non è in casa
↓
lasciare un messaggio
↓
ringraziare e salutare

2/26–31

! So buchstabiert man am Telefon: *A **come** Ancona, B **come** Bologna, C **come** Como* usw. Schauen Sie bei Interesse im Internet unter *alfabeto telefonico* nach.

7 Hören Sie sich die sechs Gespräche noch einmal an und ergänzen Sie die unten stehenden Textausschnitte.

1

● Pronto? Sono Katia. C'è Giovanni?
■ No, Giovanni purtroppo è uscito. Ha detto che avrebbe __________ __________. Vuoi che ____ __________ richiamare quando torna?
● No, grazie, non importa. Provo a chiamarlo ____ ______________.

2

● ______________ parlare con il Dott. Raffa?
■ Sì, attenda, ________ ______________, per cortesia. …
Mi dispiace, ma il dottore è ______________.
Devo riferirgli qualcosa?
● No, senta, è una questione che devo discutere con lui ______________.
Quando posso ______________?
■ Beh, può ______________ tra un'oretta …

3

● Ciao, ti ______________ in questo momento?
■ Ma, scusi, chi parla?
● Sono io, Walter.
■ Guardi che ha ______________ numero.

4

● Buongiorno, signora Turri. Sono Antonio. Mi può passare Davide?
■ Certo, ____ ____ ________ subito. Un attimo.

5

- Mirko purtroppo non è in casa. Dovrebbe rientrare a momenti. __________ ______ qualcosa?
- Sì, gli potresti dire di chiamare Rosanna quando torna? E che se non la trova a casa la dovrebbe __________ sul cellulare, perché è urgente.
- Va bene, gli scrivo un __________.

6

- Può __________ __________ un messaggio?
- Certo, mi dica.
- Allora, ____ ________ ______ … Anzi no, forse è meglio che mi dia un colpo di telefono lui.
- Va bene, mi può __________ un recapito telefonico, per favore?
- Il mio numero __________ ____ ____ ____.
- Va bene, allora glielo dico.

a momenti = in kurzer Zeit

dare un colpo di telefono a qn. = jmdn. kurz anrufen

recapito *m* = Adresse

! Man kann auch sagen: *chiamare* ***al*** *cellulare/telefonino.*

8 Schreiben Sie nun aus den obigen Texten die zu folgenden Sprechabsichten passenden Redemittel heraus.

Quali frasi si usano per …?

presentarsi: __________

chiedere di parlare con qualcuno: __________

chiedere chi è che telefona: __________

chiedere a chi telefona di aspettare: __________

dire che la persona cercata non c'è: __________

… o non può rispondere al telefono: __________

chiedere quando la si può trovare: __________

offrire aiuto a chi telefona: __________

chiedere di lasciare un messaggio: __________

dire che c'è un errore: __________

! Auch die Frage *Vuole lasciare un messaggio?* ist üblich.

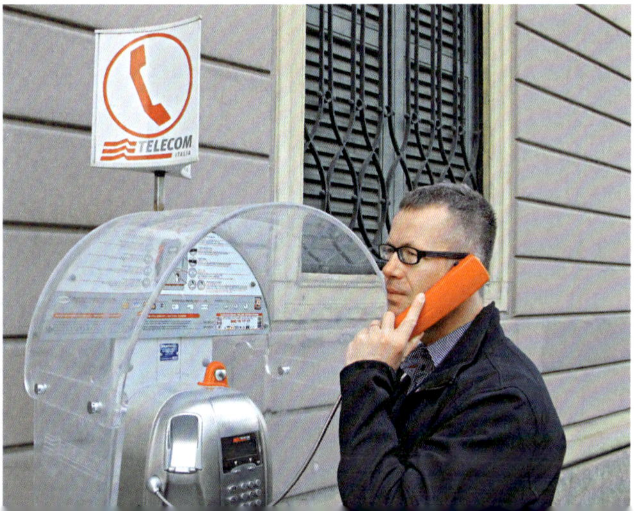

Stellen Sie sich verschiedene Situationen am Telefon vor und sprechen Sie Ihre Sätze laut – alleine oder zu zweit. So können Sie die verschiedenen Floskeln am besten einüben.

Occhio alle regole

> Indirekte Rede: Man berichtet über Äußerungen anderer Personen, ohne sie wörtlich wiederzugeben. *Dice: "Sto bene."* (= direkte Rede) / *Dice che sta bene.* (= indirekte Rede)

Die indirekte Rede

Die indirekte Rede wird von Verben wie *dire*, *affermare*, *pensare*, *rispondere* usw. eingeleitet – der Nebensatz beginnt in der Regel mit ***che***. Beim Wechsel von der direkten in die indirekte Rede ist vor allem die Zeitform des **Verbs im Hauptsatz** zu beachten.

1 Steht das Verb des Hauptsatzes im ***indicativo presente***, ändern sich die Zeitformen im Nebensatz nicht. Das gilt auch dann, wenn der Hauptsatz im *passato prossimo* steht, dieses sich aber auf die unmittelbare Vergangenheit bezieht.

Alessandra:	Alessandra **dice**/**ha detto** che …
"Un buon libro **è** come un nuovo amore."	… un buon libro **è** come un nuovo amore.
"**Ho provato** a spostare la riunione."	… **ha provato** a spostare la riunione.
"Venerdì **andrò** all'incontro con l'autore."	… venerdì **andrà** all'incontro con l'autore.

> Dieser Zeitenwechsel gilt auch, wenn der Hauptsatz im *passato prossimo* steht, dieses sich aber auf eine weiter zurückliegende Vergangenheit bezieht: *Alessandra mi **ha promesso** che mi **avrebbe richiamata**.*

2 Steht der Hauptsatz in der **Vergangenheit**, ändern sich die Zeitformen wie folgt: *presente* → *imperfetto, passato prossimo* → *trapassato prossimo, futuro semplice* → *condizionale passato, condizionale presente* → *condizionale passato.* Zeitformen wie *imperfetto, trapassato prossimo* und *condizionale passato* bleiben in diesem Fall allerdings unverändert.

Alessandra:	Alessandra **disse** che …
"Un buon libro **è** come un nuovo amore."	… un buon libro **era** come un nuovo amore.
"**Ho provato** a spostare la riunione."	… **aveva provato** a spostare la riunione.
"Venerdì **andrò** all'incontro con l'autore."	… venerdì **sarebbe andata** all'incontro con l'autore.
"**Vorrei** ascoltare Nove."	… **avrebbe voluto** ascoltare Nove.
"Non **ero** mai **stata** a un incontro con l'autore."	… non **era** mai **stata** (!) a un incontro con l'autore.

> Natürlich ändern sich generell auch Angaben wie Personal- oder Possessivpronomen, z. B. *io* → *lui/lei*, *mio* → *suo* usw.

- Weitere Veränderungen ergeben sich bei den Orts- und Zeitangaben, z. B. *oggi* → *quel giorno, stasera* → *la sera/quella sera, ieri* → *il giorno prima, domani* → *il giorno dopo, fra tre giorni* → *tre giorni dopo, qui/qua* → *lì/là, questo* → *quello* usw.

Alessandra:	Alessandra **disse** che …
"**Stasera** vado ad ascoltare Nove."	… **quella sera** andava ad ascoltare Nove.

Für die **indirekte Frage** gelten die gleichen Zeitveränderungen wie bei der indirekten Rede. Im Hauptsatz stehen aber Verben wie *chiedere, domandare, voler(e) sapere* usw. – der Nebensatz wird von der Konjunktion ***se*** bzw. von einem Fragewort eingeleitet.

Alessandra: "**Vieni** anche tu venerdì sera?"	Alessandra mi **ha chiesto se** … … **vengo** anch'io venerdì sera.

Congiuntivo imperfetto: Bildung

Der *congiuntivo imperfetto* der regelmäßigen Verben wird folgendermaßen gebildet:

	*dimostr**are***	*mett**ere***	*favor**ire***
io	*dimostr**assi***	*mett**essi***	*favor**issi***
tu	*dimostr**assi***	*mett**essi***	*favor**issi***
lui/lei/Lei	*dimostr**asse***	*mett**esse***	*favor**isse***
noi	*dimostr**assimo***	*mett**essimo***	*favor**issimo***
voi	*dimostr**aste***	*mett**este***	*favor**iste***
loro	*dimostr**assero***	*mett**essero***	*favor**issero***

Einige wenige Verben weisen Unregelmäßigkeiten beim Stamm auf, während die oben aufgeführten Endungen erhalten bleiben. Die wichtigsten dieser Verben sind: *bere (**bevessi**), dare (**dessi**), dire (**dicessi**), essere (**fossi**), fare (**facessi**)* und *stare (**stessi**)*.

! Im *congiuntivo imperfetto* tritt bei Verben auf *-ire* die Erweiterung *-isc-* nie auf: *spedire → io spedisco, tu spedisci … (indicativo presente) ↔ io spedissi, tu spedissi … (congiuntivo imperfetto).*

Gebrauch des *congiuntivo* in Haupt- und in Relativsätzen

In bestimmten Fällen kann der *congiuntivo* in einem **Hauptsatz** gebraucht werden, z. B.

- bei Fragen, die einen Zweifel ausdrücken und mit *Che …* beginnen:

*Che **stia** (magari) guidando?*	Ob sie (vielleicht) gerade fährt?
*Che **abbia** veramente **scritto** lui questo libro?*	Ob wirklich er dieses Buch geschrieben hat?

! Beachten Sie den Unterschied zwischen *stia* (*congiuntivo presente*: Gleichzeitigkeit) und *abbia scritto* (*congiuntivo passato*: Vorzeitigkeit).

- bei Sätzen, die mit *Magari …!* oder *Se …* beginnen (hier benutzt man den *congiuntivo imperfetto*, wenn man sich auf die Gegenwart bzw. Zukunft bezieht):

*Magari **potesse** venire!*	Schön wär's, wenn sie kommen könnte!
*Se **sapessi** cosa non ho fatto per rinviare la riunione …*	Wenn du wüsstest, was ich nicht alles getan habe, um die Sitzung zu verschieben …

Auch innerhalb von **Relativsätzen** kann man den *congiuntivo* verwenden, z. B. wenn der vorausgehende Hauptsatz einen *superlativo relativo* enthält:

*Il suo ultimo romanzo è il più bello che io **abbia** mai **letto**.*	Sein letzter Roman ist der schönste, den ich je gelesen habe.

! Der Gebrauch des *congiuntivo imperfetto* wird in *Unità 10* weiter vertieft.

Ripasso

9 Ergänzen Sie nun den Text in der indirekten Rede – setzen Sie dabei die Verben in die richtige Zeitform.

"Sto benissimo! Ho appena fatto una cura alle terme di Saturnia. Me l'aveva prescritta il mio dottore perché non mi ero sentita molto bene negli ultimi mesi. Avevo avuto mal di schiena e avevo fatto fatica a fare sport. Ma adesso mi è passato tutto! Vorrei tanto ricominciare subito a correre e a nuotare ma il dottore mi ha detto che è meglio aspettare ancora un po'. Fra due settimane mi farà una visita e poi deciderà il da farsi."

il da farsi = was zu tun ist

Un mese fa ho incontrato Rossella. Ha detto che __________ benissimo e che __________ appena __________ una cura alle terme di Saturnia. Gliel'__________ __________ il suo dottore perché non ____ ____ __________ molto bene nei mesi prima. __________ __________ mal di schiena e __________ __________ fatica a fare sport. Ma in quel momento le __________ __________ tutto. __________ tanto __________ ricominciare subito a correre e a nuotare ma il dottore le __________ __________ che ______ meglio aspettare ancora un po'. Due settimane dopo le __________ __________ una visita e poi __________ __________ il da farsi.

10 Vervollständigen Sie den *congiuntivo imperfetto* folgender Verben.

	essere	dare	fare	stare
io	fossi			
tu		dessi		stessi
lui/lei/Lei			facesse	
noi	fossimo			
voi			faceste	
loro		dessero		stessero

11 Setzen Sie die in Klammern angegebenen Verben in der richtigen Zeitform ein.

a Elio non è ancora arrivato. Che ci __________ (stare) aspettando da un'altra parte?

b Se tu __________ (sapere) quanta fatica ho fatto per trovare questo regalo …

c Non riesco proprio a comprendere la decisione di Stefano. Che __________ (esserci) dietro qualche motivo che non ci ha detto?

d Luca non ha ancora richiamato. – Che __________ (dimenticarsi) di farlo?

e Magari __________ (potere) venire anche voi al nostro anniversario di matrimonio!

comprendere = begreifen

12 Bilden Sie Sätze mit dem *superlativo relativo* nach dem Muster.

a città / affascinante / io / vedere

È la città più affascinante che io abbia mai visto.

b insegnante / preparato / (loro) / avere

____

c vacanza / rilassante / (noi) / fare

____

d persona / arrogante / io / conoscere

____

e qual è / film / divertente / tu / vedere / ?

____

f qual è / libro / interessante / (voi) / leggere / ?

____

? In welchen Sätzen wäre auch der *congiuntivo presente* möglich?

13 Arbeiten Sie nun die mündlichen Übungen A–C zur indirekten Rede und zum *congiuntivo imperfetto* durch. Die Anweisungen erhalten Sie auf der CD.

2/32–34

Seconda parte

Lettura

14 **Haben Sie schon einmal ein Buch auf Italienisch gelesen? Welches? Wie fanden Sie es? Kennen Sie einige Autoren der italienischen Literatur?**

15 **Lesen Sie nun, wie einige Klassiker der italienischen Literatur vorgestellt werden.**

Classici d'autore

1 Un litigio di troppo. E la decisione di andare a vivere sugli alberi e di non scendere mai più. Letture, viaggi, amori ... da allora tutta la vita del protagonista si svolge sugli alberi. Fino al sorprendente finale. Romanzo di fantasia ma anche riflessione sul ruolo dell'intellettuale nella società contemporanea.

profondo *m* = Tiefe
saggezza *f* = Weisheit

2 Sono tra le poesie più conosciute della letteratura italiana, perché parlano al profondo del cuore dall'alto della saggezza. I versi del più grande poeta italiano dell'Ottocento, l'uomo che "odia la vita e te la fa amare".

... non s'ha da ... = ... darf nicht ...

3 "Questo matrimonio non s'ha da fare". Le avventure di Renzo e Lucia in un capolavoro di analisi storica e psicologica. Il più importante romanzo italiano di tutti i tempi e un capitolo fondamentale nella storia della lingua italiana.

nevrosi *f* = Neurose

4 Uno psicanalista vuole vendicarsi di un suo paziente e ne pubblica le memorie. Ne nasce un racconto in prima persona di come si vive con la malattia e si cerca di superarla. Il viaggio nel mondo interiore del protagonista diventa un'analisi delle nevrosi della società moderna.

monaco *m* = Mönch
abbazia *f* = Abtei

5 La storia è ambientata nel Medioevo: due monaci cercano la verità su una serie di morti misteriose in un'abbazia del Nord Italia. Romanzo storico, giallo oppure opera filosofica? Un grande successo letterario degli anni '80 in edizione economica.

fiaba *f* = Märchen
burattino *m* = Hampelmann

6 I film, le opere teatrali e i racconti a fumetti ispirati a questa fiaba ormai non si contano più. Con traduzioni in più di 240 lingue, è il libro italiano più letto al mondo. Per i più piccoli, ma non solo, le avventure indimenticabili di un burattino escono ora in una nuova versione illustrata.

16 Welches Buch passt zu welcher Beschreibung? Ordnen Sie zu.

Italo Svevo, La coscienza di Zeno ____

Italo Calvino, Il barone rampante ____

Umberto Eco, Il nome della rosa ____

Carlo Collodi, Le avventure di Pinocchio ____

Giacomo Leopardi, Canti ____

Alessandro Manzoni, I promessi sposi ____

rampante = aufsteigend

canto *m* = Gedicht

17 Welche der folgenden Behauptungen sind in den Texten enthalten?

a Il protagonista del romanzo di Calvino vive sugli alberi da quando è nato.
b Le poesie di Leopardi sono adatte solo a persone sagge.
c Il romanzo di Manzoni tratta di un matrimonio che qualcuno vuole impedire.
d Il romanzo di Svevo è scritto in forma autobiografica.
e Il romanzo di Eco ha avuto un grande successo perché costa poco.
f Il romanzo di Collodi ha ispirato numerosi film, fumetti e opere teatrali.

saggio = weise
trattare di qc. = von etw. handeln
impedire = (ver)hindern

Bleiben Sie am Ball mit Ihrem Italienisch und besorgen Sie sich doch gleich nach diesem Kurs eine Lektüre oder ein Hörbuch für das Niveau B1!

In altre parole

18 **Zwei Übersetzungen in der folgenden Liste sind vertauscht. Welche sind das?**

litigio *m*	Streit
lettura *f*	Lektüre
svolgersi	sich abspielen
sorprendente	überraschend
finale *m*	Finale, Ende
riflessione *f*	Überlegung
ruolo *m*	Rolle
intellettuale *m/f*	Intellektuelle/r
contemporaneo	zeitgenössisch
verso *m*	Vers
poeta *m*	Dichter
avventura *f*	Werk
capolavoro *m*	Meisterwerk
psicologico	psychologisch
fondamentale	fundamental, wesentlich
vendicarsi di qn./qc.	sich an jmdm./für etw. rächen
superare	überstehen
interiore	innerlich
ambientare qc. in qc.	etw. in etw. spielen lassen
Medioevo *m*	Mittelalter
una serie di	eine Reihe von
misterioso	rätselhaft
opera *f*	Abenteuer
edizione *f*	Ausgabe
fumetti *mpl*	Comics
ispirare	inspirieren, beeinflussen
traduzione *f*	Übersetzung
versione *f*	Fassung

! Beachten Sie das *participio passato* sowie das Hilfsverb von *svolgersi*: *si è svolto.*

Können Sie diese Vokabeln auch richtig anwenden? Versuchen Sie, mit neuen Wörtern Sätze zu bilden.

19 ***Che libro è?* Ordnen Sie den Buchbeschreibungen jeweils das passende Genre zu.**

romanzo rosa ♦ (romanzo) giallo ♦ libro di fantascienza ♦ saggio ♦ manuale

a Il libro tratta della crisi economica attuale. ____________

b È la storia di una morte misteriosa e inspiegabile. ____________

c Il libro racconta una storia d'amore bellissima e indimenticabile. ____________

d È un libro per imparare una lingua straniera da soli. ____________

e Nel libro si parla di un viaggio pazzesco sul pianeta Marte. ____________

! *Di (che) cosa parla/tratta il libro?* Mit dieser Frage können Sie sich über den Inhalt eines Buches erkundigen.

pianeta *m* = Planet

20 Kreuzen Sie die passende(n) Reaktion(en) an.

a Pronto? C'è Guglielmo in casa?
1 Sì, te lo passo. 2 Me lo passa? 3 No, è appena uscito.

b Gli devo dire qualcosa?
1 Gli lascio un messaggio. 2 Sì, gli dica che … 3 No, grazie, non importa.

c Il dott. Bruni in questo momento è occupato.
1 Mi può far richiamare? 2 Cosa sta facendo? 3 Può riprovare?

d Quando posso trovarlo?
1 Riprovi fra un'ora. 2 Veramente non lo so. 3 Chi parla, scusi?

21 Wie sagen Sie es auf Italienisch? Übersetzen Sie.

a Hallo? Hier ist Herbert. Könnte ich mit Giuliano sprechen, bitte?

b Die Sache ist die, dass es sehr dringend ist.

c Hast du schon versucht, ihn auf dem Handy anzurufen?

d Sie haben sich verwählt.

e Worum geht es?

f Möchten Sie eine Nachricht hinterlassen?

g Schön wär's, wenn er kommen könnte!

h Wenn du wüsstest, was ich nicht alles getan habe …

Fällt es Ihnen schwer, auf Italienisch zu telefonieren? Überlegen Sie sich genau vor einem Telefonat, was Sie alles sagen möchten. Schreiben Sie sich gegebenenfalls auch einige Formulierungen auf.

concorso *m* = Wettbewerb
termine *m* = Frist
abbozzare = entwerfen
fare impazzire = verrückt machen

22 Ergänzen Sie den Text in der indirekten Rede mit den richtigen Adjektiven und Pronomen sowie den passenden Orts- und Zeitangaben.

"Verrei volentieri al ristorante con te, ma purtroppo oggi ho da fare. Una settimana fa sono stata in biblioteca e ho letto l'annuncio di un concorso di poesia. Vorrei tanto iscrivermi, ma il termine per l'iscrizione è appena fra due giorni. Così ieri ho abbozzato un testo, stasera lo faccio vedere a mio marito e poi domani lo miglioro. Questo concorso qui mi sta facendo impazzire da una settimana!"

Moira mi disse che sarebbe venuta volentieri al ristorante con ____, ma che purtroppo ________ ________ aveva da fare. ____ ________________ ________ era stata in biblioteca e aveva letto l'annuncio di un concorso di poesia. Avrebbe tanto voluto iscriversi, ma il termine per l'iscrizione era appena ____ ________ ________. Così ____ ________ ________ aveva abbozzato un testo, ________ ________ lo avrebbe fatto vedere a _____ marito e poi ____ ________ ________ lo avrebbe migliorato. ________ concorso ____ la stava facendo impazzire da una settimana!"

23 Wandeln Sie nun folgenden Text in die indirekte Rede um.

passione *f* = Leidenschaft
realizzare = verwirklichen

"Sto cercando casa in Italia. Fra due settimane partirò per la Liguria con mia moglie e darò un'occhiata a qualche villetta. Abbiamo già fissato un appuntamento con un'agenzia immobiliare. Da piccolo andavo sempre lì in vacanza con i miei genitori e così mi è rimasta la passione per quella terra. Vorrei tanto vivere in una casa vicino al mare, però ci vogliono molti soldi e non so se sarà possibile realizzare questo sogno."

Hans mi disse che ...

24 Zum Schluss nehmen Sie wie gewohnt an einer kleinen Unterhaltung teil. Bei Ihnen klingelt das Telefon ...

2/35

Mi piacerebbe ...

Unità 10

Hier lernen Sie:

- wie Sie Ihre Wünsche und Ziele ausdrücken
- wie Sie Ihre Sprachkenntnisse beschreiben
- den *congiuntivo trapassato*
- die Zeitenfolge im *congiuntivo*
- die Bedingungssätze

Prima parte

! Sie können Sätze wie folgt formulieren: ***Mi piacerebbe*** *imparare a usare il computer …*

Ascolto

1 Im Dialog geht es um Freizeitbeschäftigungen. Was würden *Sie* gerne tun, wenn Sie Zeit dazu hätten?

primo soccorso *m* = Erste Hilfe
dipingere = malen
fai da te *m* = das Heimwerken
taglio e cucito *m* = Schnitt- und Näharbeiten

imparare a usare il computer	☐	fare un corso di cucina	☐
studiare la storia dell'arte	☐	fare un corso di primo soccorso	☐
leggere libri di filosofia	☐	imparare una lingua straniera	☐
imparare a dipingere	☐	studiare la storia della letteratura	☐
imparare l'arte del fai da te	☐	fare un corso di taglio e cucito	☐

2/36

2 *Vero o falso?* Sie hören ein Gespräch zwischen Michele und Giulio. Entscheiden Sie anschließend, ob folgende Behauptungen richtig oder falsch sind.

citare = zitieren, erwähnen

! Der Ausdruck *Università della Terza Età* bezeichnet Einrichtungen, die Bildungsprogramme speziell für Erwachsene und Senioren anbieten.

		vero	falso
a	Michele non pensava che Giulio avesse così tanti hobby.	☐	☐
b	Michele cita Picasso per far capire a Giulio che si può essere sempre giovani.	☐	☐
c	Michele ha portato il programma dei corsi all'Università della Terza Età perché sapeva che Giulio voleva vederlo.	☐	☐
d	Giulio pensa di non essere più capace di mettersi a studiare.	☐	☐
e	Michele non ha grandi difficoltà a capire lo spagnolo ma fa ancora fatica a parlarlo.	☐	☐
f	Michele non vorrebbe frequentare altri corsi.	☐	☐
g	Alla fine anche Giulio pensa di iscriversi all'Università della Terza Età.	☐	☐

3 Ordnen Sie zu.

a sbrigare	Kreuzworträtsel
b parole crociate *fpl*	Jugend(zeit)
c passatempo *m*	Ruhestand
d giovinezza *f*	zumindest
e perlomeno	Hobby, Zeitvertreib
f impiegare	erledigen
g pensione *f*	sich jmdm./etw. widmen
h dedicarsi a qn./qc.	einsetzen

a passione *f*	in der Lage sein, etw. zu tun
b pittura *f*	Gewohnheit
c convincere	sich Ziele setzen
d essere in grado di fare qc.	Leidenschaft
e abitudine *f*	(hier:) auch, ebenfalls
f porsi degli obiettivi	sich bemühen
g impegnarsi	überzeugen
h pure	Malerei

a cavarsela	selbstverständlich (*Adverb*)
b ovviamente	sich durchschlagen
c arrangiarsi	(hier:) Reihe
d disponibile	vorwiegend
e persino	(hier:) hilfsbereit
f ritrovarsi con qn.	sich behelfen
g fila *f*	sogar
h per la maggior parte	sich mit jmdm. zusammenfinden

convincere → convinto

! Beachten Sie die unregelmäßige Konjugation von *porre: pongo, poni, pone, poniamo, ponete, pongono; imperfetto: ponevo, …; congiuntivo presente: ponga, …; participio passato: posto.*

! Merken Sie sich: *Come **me la** sono cavat**a**? – **Te la** sei cavat**a** benissimo!*

4 Hören Sie sich den Dialog noch einmal an und kreuzen Sie die richtige Bedeutung an.

2/36

a Ci risiamo!
1 Wir sind gleich wieder da! — 2 Schon wieder!

b È tutta questione di …
1 Es ist alles eine Frage des/der … — 2 Man soll sich immer fragen …

c Mi sono messo in testa di …
1 Ich habe mir in den Kopf gesetzt … — 2 Als Hauptziel habe ich …

d fare un pensierino su qc.
1 über etw. nachdenken — 2 mit etw. liebäugeln

! Um Ihre Ziele zu benennen, können Sie natürlich auch sagen: *Ho deciso di … / Ho in mente di …* (Ich habe vor, …) / *Il mio obiettivo è/sarebbe di …* usw.

Quattro chiacchiere

5 Ordnen Sie folgende Aussagen zur Sprachkompetenz dem richtigen Niveau zu.

a Il francese lo sto imparando da poco.
b L'inglese l'ho imparato bene.
c Mi faccio capire alla meno peggio.
d Riesco quasi sempre a farmi capire.
e Faccio ancora qualche errore.
f Il tedesco lo parlo già abbastanza bene.
g Non so una parola di cinese.
h Capisco quasi tutto ma faccio ancora fatica a esprimermi.
i So dire solo poche parole, non di più.
j Me la cavo abbastanza bene.
k So di avere ancora molto da imparare.
l Non so ancora parlare il russo ma mi piacerebbe impararlo.

livello principianti

livello intermedio/ avanzato

6 ***Com'è il Suo italiano?*** **Was trifft auf Sie zu? Kreuzen Sie an.**

Riesco a farmi capire ogni volta che ne ho bisogno. ☐
Riesco a portare avanti una conversazione. ☐
Capisco bene l'italiano se non lo si parla troppo in fretta. ☐
Devo fare ancora molta pratica. ☐
L'italiano per me è una lingua molto difficile. ☐
Ho qualche problema con le coniugazioni. ☐
Devo rinfrescare qualche argomento di grammatica. ☐
Dovrei ripassare il vocabolario che ho imparato in questo corso. ☐
Avrei bisogno di leggere di più. ☐
Devo assolutamente migliorare la mia pronuncia. ☐
Mi piacerebbe perfezionare il mio italiano in Italia. ☐

alla meno peggio = schlecht und recht

principiante *m* = Anfänger
(inter)medio = mittlerer/e/es
avanzato = fortgeschritten

portare avanti = (hier:) führen

rinfrescare = auffrischen
ripassare = wiederholen

! Merken Sie sich: *Sono* ***portato/a*** *per le lingue.* (Ich bin sprachbegabt.) / *Sono* ***negato/a*** *per le lingue.* (Ich bin zum Sprachenlernen unbegabt.)

7 ***Non ci capisco un'acca!*** **Das ist nicht die einzige italienische Redensart, die auf Buchstaben oder Zahlen anspielt. Ersetzen Sie die kursiv gedruckten Redensarten durch die passenden Umschreibungen aus dem Kasten und konjugieren Sie diese, wenn nötig.**

di corsa ♦ fare una grande confusione ♦ non valere niente ♦ dall'inizio alla fine ♦ fare chiarezza ♦ fare tutto il possibile ♦ dire cose strane

a E io credevo che Filippo fosse un ragazzo intelligente: da un po' di tempo invece non fa altro che *dare i numeri*.
b Bell'amico che sei! Io *mi sono fatto in quattro* per te e tu non mi ringrazi neanche!
c Non per essere pignoli, però con lui è meglio *mettere i puntini sulle i*.
d Siamo partiti *in quattro e quattr'otto* appena abbiamo ricevuto la vostra telefonata.
e Oggi il bambino ha *fatto un quarantotto* perché non voleva proprio saperne di mangiare il minestrone.
f Sarà anche una brava cantante ma come attrice *non vale un'acca*.
g Ecco, in questo libro trovi la storia dell'antica Roma *dalla a alla z*.

8 **Wer hat es gesagt? Ordnen Sie folgenden Zitaten bzw. Sprichwörtern die richtige Quelle zu.**

Oscar Wilde ♦ Antoine de Saint-Exupéry ♦ Albert Einstein ♦ proverbio cinese ♦ William Shakespeare ♦ Cicerone ♦ proverbio italiano

a Tutti i grandi sono stati bambini una volta ma pochi di loro se ne ricordano. ____________
b Essere o non essere, questo è il problema. ____________
c So resistere a tutto, tranne che alle tentazioni. ____________
d Tutto il mondo è paese. ____________
e L'immaginazione è più importante della conoscenza. ____________
f Il vero amico si riconosce nei pericoli. ____________
g Fa più rumore un albero che cade che una foresta che cresce. ____________

! *Non capire un'acca* heißt „gar nichts verstehen", weil das ***h*** keinen eigenen Laut hat.

confusione *f* = (hier:) Lärm

pignolo = kleinlich, pedantisch

! Den Buchstaben ***z*** spricht man *zeta* aus.

proverbio *m* = Sprichwort

tentazione *f* = Versuchung

foresta *f* = Wald

Occhio alle regole

Congiuntivo trapassato: Bildung und Gebrauch

Der *congiuntivo trapassato* wird aus dem *congiuntivo imperfetto* der Hilfsverben *avere* bzw. *essere* und dem *participio passato* des jeweiligen Verbs zusammengesetzt.

	promettere		*diventare*	
io	*avessi*	*promesso*	*fossi*	*diventato/a*
tu	*avessi*	*promesso*	*fossi*	*diventato/a*
lui/lei/Lei	*avesse*	*promesso*	*fosse*	*diventato/a*
noi	*avessimo*	*promesso*	*fossimo*	*diventati/e*
voi	*aveste*	*promesso*	*foste*	*diventati/e*
loro	*avessero*	*promesso*	*fossero*	*diventati/e*

! Der *congiuntivo trapassato* ist das Pendant zum *congiuntivo passato*. Vergleichen Sie: ***Credo** che tu ti **sia** riposato.* / ***Credevo** che tu ti **fossi** riposato.*

Der *congiuntivo trapassato* wird in einem Nebensatz verwendet, wenn sich im Hauptsatz ein Konjunktivauslöser (→ *Unità 5*) in der Vergangenheit befindet und sich die Handlung des Nebensatzes vor der des Hauptsatzes abspielt.

*Non sapevo che tu **fossi** già **andato** in pensione.* – Ich wusste nicht, dass du schon in den Ruhestand gegangen warst.

*Non ve l'abbiamo detto perché pensavamo che l'**aveste** già **saputo**.* – Wir haben es euch nicht gesagt, weil wir dachten, dass ihr es schon erfahren hattet.

Zeitenfolge im *congiuntivo*

! Beim gleichen Subjekt im Haupt- und Nebensatz tritt eine Infinitivkonstruktion an die Stelle des *congiuntivo*: *Credeva di fare (= che ~~lui~~ facesse) / di aver fatto (= che ~~lui~~ avesse fatto) una bella figura.*

Wenn ein Konjunktivauslöser im Hauptsatz steht, hängt die Zeitform im Nebensatz von der Zeit im Hauptsatz sowie vom Zeitverhältnis zwischen Haupt- und Nebensatz ab.

Zeitform im Hauptsatz	Zeitverhältnis	Zeitform im Nebensatz: *congiuntivo …*	Beispiel
Presente	Gleichzeitigkeit	*… presente*	*Penso che lui **vada** a teatro.*
	Nachzeitigkeit		
	Vorzeitigkeit	*… passato*	*Penso che lui **sia andato** a teatro.*
Passato	Gleichzeitigkeit	*… imperfetto*	*Ho pensato / Pensavo che lui **andasse** a teatro.*
	Vorzeitigkeit	*… trapassato*	*Ho pensato / Pensavo che lui **fosse andato** a teatro.*

Im Zeitsystem entspricht der *congiuntivo trapassato* dem *trapassato prossimo*. Das Gleiche gilt für den *congiuntivo imperfetto* und den *indicativo imperfetto*. Vergleichen Sie:
*Sapevo che **eri arrivato**. → Non sapevo che tu **fossi arrivato**.*
*Sapevo che **avevi** molti passatempi. → Non sapevo che tu **avessi** molti passatempi.*

Bedingungssätze

Wie in anderen Sprachen gibt es auch im Italienischen drei Typen von Bedingungssätzen. Diese lassen sich danach unterscheiden, ob die ausgedrückte Bedingung realisierbar (realer Bedingungssatz), nur theoretisch realisierbar (potenzieller Bedingungssatz) oder unmöglich (irrealer Bedingungssatz) ist. Je nach Typ von Bedingungssatz werden unterschiedliche Zeitformen benötigt.

1 Der **reale Bedingungssatz** – Bedingung und Folge gelten als realisierbar; als Zeitformen kommen *indicativo presente* oder *futuro semplice* in Frage.

***Se** stasera **ho** tempo, **preparo** un dolce per domani.* — Wenn ich heute Abend Zeit habe, backe ich für morgen einen Kuchen.
***Se** non **cambieremo** idea, quest'estate **partiremo** per l'Egitto.* — Wenn wir unsere Meinung nicht ändern (werden), werden wir diesen Sommer nach Ägypten gehen.

2 Der **potenzielle Bedingungssatz** – Bedingung und Folge sind zwar theoretisch realisierbar, werden jedoch als wenig wahrscheinlich bis sehr unwahrscheinlich eingestuft. Als Zeitformen werden *congiuntivo imperfetto* im *se*-Satz und *condizionale presente* im Hauptsatz verwendet.

***Frequenterei** ancora più corsi **se** solo **avessi** tempo.* — Ich würde noch mehr Kurse besuchen, wenn ich nur die Zeit hätte.
*Ti **aiuterei** volentieri **se potessi**.* — Ich würde dir gerne helfen, wenn ich könnte.

3 Der **irreale Bedingungssatz** – die Bedingung ist nicht mehr erfüllbar, da sie sich auf die Vergangenheit bezieht. Sie wird durch den *congiuntivo trapassato* ausgedrückt, während im Hauptsatz der *condizionale passato* steht.

***Se** lo **avessi saputo**, ti **avrei portato** il programma.* — Wenn ich es gewusst hätte, hätte ich dir das Programm mitgebracht.
***Se** ne **avessi avuto** la possibilità, **avrei fatto** l'università.* — Wenn ich die Möglichkeit gehabt hätte, hätte ich studiert.

Die Zeitformen der Bedingungssätze im Überblick:

Bedingungssatz	Bedingung (Nebensatz)	Folge (Hauptsatz)
Realer Bedingungssatz	*Se **vado** al cinema,*	*te lo **dico**.*
	*Se **avrò** voglia,*	***andrò** a passeggiare.*
Potenzieller Bedingungssatz	*Se **fossi** in pensione,*	***avrei** più tempo libero.*
Irrealer Bedingungssatz	*Se lo **avessi saputo** prima,*	*non lo **avrei invitato**.*

! Bedingungssätze erkennt man im Italienischen u. a. am Wörtchen **se** (wenn). Beachten Sie aber, dass der *se*-Satz nicht unbedingt am Anfang stehen muss. Beispiel: *Se lo sai, me lo dici? / Me lo dici se lo sai?*

Wiederholen Sie gegebenenfalls die Erklärungen zum *condizionale passato* in *Unità 4*. Dann verstehen Sie den irrealen Bedingungssatz leichter.

! Beim irrealen Bedingungssatz wird in der Alltagssprache häufig das *imperfetto* verwendet: *Se lo **sapevo**, te lo **dicevo**. = Se lo avessi saputo, te lo avrei detto.*

Ripasso

9 Ergänzen Sie die Verbformen im *congiuntivo trapassato*.

tu	________	ispirato	io	________	arrabbiato
io	________	sorriso	voi	________	punito
loro	________	contraddetto	noi	________	versato
voi	________	superato	loro	________	influenzato
Lei	________	sbrigata	lui	________	piaciuto
noi	________	diventate	tu	________	lamentata

? In welchen Sätzen wäre im Prinzip auch der *congiuntivo imperfetto* möglich?

***orecchiette** fpl* = „Öhrchen" (Nudelsorte)

***microonde** m* = Mikrowelle

10 *Congiuntivo passato* oder *congiuntivo trapassato*? Setzen Sie die Verben in die richtige Zeitform.

a Mi sembra che non gli ________ (voi / insegnare) le buone maniere.

b In quel momento non eravamo sicuri se lo ________ (lui / fare apposta).

c Speravano che io gli ________ (cucinare) le orecchiette alla pugliese.

d Ho l'impressione che tu ________ (provare) a fare il furbo.

e È probabile che il microonde ________ (rompersi).

f Credevamo che ________ (loro / capire) le nostre difficoltà.

impegnarsi per qc. = sich um etw. bemühen

***inventore** m* = Erfinder

***capo di Stato** m* = Staatsoberhaupt

? Setzen Sie anschließend die Sätze in die Vergangenheit: *Se fossi stato un astronauta …*

11 Was würden Sie tun, wenn …? Bilden Sie Sätze mit *Se fossi …* und dem *condizionale presente*.

astronauta
assaggiatore
scrittore
inventore
regista
capo di Stato

costruire la macchina del tempo
fare un viaggio sulla luna
impegnarsi per la pace nel mondo
gustarsi i miei cibi preferiti
girare un film sulla mia vita
scrivere un libro in tutte le lingue

Se fossi un astronauta …

____

____

____

____

____

____

12 Verbinden Sie zu sinnvollen Sätzen.

a Se ti avessero invitato,
b Comprerei una villetta al mare
c Se fossi di nuovo bambino
d Mi farebbe decisamente piacere
e Se si fosse presentata,
f Se ci avessero lasciato passare,

1 l'avremmo sicuramente notata.
2 avresti detto di sì?
3 imparerei a suonare il piano.
4 se solo lo potessi.
5 non saremmo arrivati in ritardo.
6 se rinviassero la riunione.

13 Setzen Sie die Verben in die richtige Zeitform.

a Un giallo non __________ (essere) più emozionante se si leggesse subito il finale.

b Se __________ (trattarsi) di un problema grave, Paolo si sarebbe fatto sentire.

c __________ (reagire) diversamente se ci fossimo davvero accorti della situazione.

d Se __________ (essere) possibile, preferirei evitare di rivolgermi a lui.

e Forse saremmo potuti andare d'accordo se __________ (avere) qualcosa in comune.

f Se __________ (esprimersi) meglio, forse mi avrebbero anche capito.

g Se ci __________ (rimanere) un po' più di tempo, avremmo visitato Roma con più calma.

14 Arbeiten Sie nun eine mündliche Übung zum *congiuntivo trapassato* durch. Die Anweisungen erhalten Sie auf der CD.

2/37

Seconda parte

Lettura

15 Welche der folgenden Aussagen bringt Ihre Ansicht zum Sprachenlernen am besten zum Ausdruck?

imparare a memoria = auswendig lernen

a Cerco di imparare a memoria sia le regole grammaticali che i vocaboli.
b La grammatica la trovo un po' noiosa. Preferisco usare direttamente la lingua e imparare sbagliando.
c Per imparare bene una lingua bisogna fare un po' di tutto: scrivere, ascoltare, parlare, ma soprattutto leggere.
d La cosa migliore è passare le vacanze nel paese di cui si vuole imparare la lingua; così si fa esercizio tutti i giorni.

16 Lesen Sie nun folgenden Text.

Ora viene il bello! Consigli pratici per perfezionare l'italiano

Chi ha imparato una lingua straniera se ne sarà probabilmente già reso conto: man mano che si progredisce con il livello diminuisce anche la velocità di apprendimento. Pur trattandosi di un fenomeno assolutamente normale, è evidente che può essere influenzato da diversi fattori, tra i quali il modo di imparare. A questo proposito offriamo di seguito alcuni consigli pratici che possono aiutare ad apprendere l'italiano in modo più efficace.

Leggere è un'attività preziosa, ma che può anche rivelarsi frustrante se si devono continuamente cercare parole nuove nel dizionario. L'importante allora è procurarsi testi adatti al proprio livello. Ancora meglio è se trattano temi che interessano da vicino il lettore. Internet è particolarmente utile in questo senso, perché permette di accedere a un'infinità di riviste, giornali, blog e siti di ogni tipo.

Seguire il telegiornale o le trasmissioni televisive di attualità è un ottimo metodo per migliorare la propria capacità di ascolto, perché in genere si conoscono, in tutto o in parte, gli avvenimenti a cui le notizie fanno riferimento. Diversi telegiornali in lingua italiana sono disponibili gratuitamente su Internet.

Anche guardare film in lingua originale può essere un esercizio interessante ed efficace. Se all'inizio possono ancora servire i sottotitoli, con il tempo si dovrebbe riuscire a capire sempre di più aiutandosi semplicemente con il contesto.

Parlare in italiano il più possibile può essere naturalmente di grande aiuto nell'imparare la lingua. Per trarre i maggiori vantaggi da questa attività conviene però accompagnarla con altri metodi, come lo studio del vocabolario o della grammatica. Solo così si può migliorare effettivamente il proprio modo di esprimersi. Chi non vive in Italia può iscriversi a corsi di conversazione nel proprio paese.

In ogni occasione la cosa più importante è farsi capire, senza pretendere di parlare in modo perfettamente corretto. Se anche persone madrelingua ogni tanto commettono degli errori, a maggior ragione ciò se lo può permettere chi sta imparando una lingua straniera. Allo stesso tempo, però, è bene farsi correggere, perché altrimenti non ci si libererà mai dai propri errori più frequenti.

apprendimento m = Erwerb, Lernen

sottotitolo m = Untertitel

apprendere = (er)lernen, sich aneignen

trarre = (hier:) entnehmen

rivelarsi = sich erweisen

infinità f = Unendlichkeit

attualità f = Zeitgeschehen

17 Welche der folgenden Aussagen fasst den Text am besten zusammen?

a Una lingua straniera la si impara più velocemente all'inizio che non a un livello più avanzato.

b Impiegando le strategie giuste, è possibile mantenere la stessa velocità di apprendimento di una lingua straniera a qualsiasi livello di conoscenza.

c Nonostante la velocità di apprendimento di una lingua straniera diminuisca con l'aumentare del livello, è possibile continuare a fare dei buoni progressi.

d Le strategie di apprendimento non influenzano minimamente la velocità con cui si impara una lingua straniera.

avanzato = fortgeschritten

diminuire = geringer werden

non … minimamente = nicht im Geringsten

18 Welche der folgenden Behauptungen sind in den Texten enthalten?

a È bene leggere perché così si devono cercare molte parole nuove nel dizionario.

b Guardare il telegiornale può servire a imparare una lingua soprattutto se si conoscono già le notizie che vengono date.

c Anche guardare dei film in lingua straniera può essere utile, purché ci siano i sottotitoli.

d Frequentare dei corsi di conversazione è un metodo che basta da solo a perfezionare la propria conoscenza di una lingua straniera.

e In generale quando si comunica è sufficiente farsi capire; gli errori che si fanno parlando non possono mai essere completamente eliminati.

In altre parole

rendere → reso

! Das Wort *madrelingua* ist auch ein Substantiv und heißt sowohl „Muttersprache" als auch „Muttersprachler/in".

pretendere → preteso

commettere → commesso

permettere → permesso

correggere → corretto

! Ein Wort wie *frustr**ante*** stammt vom sog. *participio presente* des Verbs (hier: *frustr**are***). Das *participio presente* wird als Verbform kaum verwendet und kommt fast nur als Substantiv oder Adjektiv vor.

19 Zwei Übersetzungen in der folgenden Liste wurden vertauscht. Welche sind das?

rendersi conto di qc.	etw. bemerken
man mano che …	während; in dem Maße, wie …
progredire (-isc-)	Fortschritte machen
diminuire (-isc-)	geringer werden, (sich) verkleinern
fenomeno *m*	Phänomen
evidente	offenbar, offensichtlich
di seguito	im Folgenden
efficace	wirksam
prezioso	wertvoll
frustrante	frustrierend
continuamente	in der Tat, tatsächlich
dizionario *m*	Wörterbuch
procurarsi	sich besorgen, sich verschaffen
accedere a qc.	auf etw. zugreifen
telegiornale *m*	Fernsehnachrichten, Tagesschau
trasmissione *f*	Sendung
avvenimento *m*	Ereignis
fare riferimento a qc.	auf etw. Bezug nehmen
contesto *m*	Kontext, Zusammenhang
effettivamente	ständig, laufend (*Adverb*)
pretendere	verlangen, fordern
madrelingua	muttersprachlich
commettere	begehen
a maggior ragione	erst recht
permettersi	sich leisten
correggere	korrigieren
frequente	häufig

20 Ergänzen Sie folgende Sätze mit den passenden Substantiven und Adjektiven auf *-ante* bzw. *-(i)ente*. Ihre Bedeutung lässt sich oft vom dazugehörigen Verb ableiten.

ubbidiente ♦ seguente ♦ conducente ♦ rinfrescante ♦ contenente ♦ amante

a La soluzione dell'esercizio la trovi alla pagina _______________.

b Bambini, fate i bravi e siate _______________ con la nonna.

c Mamma mia, che afa! Ho proprio bisogno di una bibita _______________.

d Piero è un grande _______________ della musica: sa suonare ben tre strumenti.

e Signora Guidi, Lei dovrebbe mangiare soprattutto cibi _______________ vitamine.

f Durante il viaggio è vietato disturbare il _______________.

21 *Congiuntivo imperfetto* oder *congiuntivo trapassato*? Oder beides?

a Lo stavamo aspettando già da molte ore e non immaginavamo assolutamente quello che ____________________ (succedere).

b Non vedevo l'ora che i miei suoceri ____________________ (partire) per le vacanze!

c Davvero sei ingrassato? E io avevo l'impressione che tu ____________________ (dimagrire).

d Speravo tanto che Luca non ____________________ (tornare) da sua madre.

e Credevi veramente che Lara ____________________ (rimanere) a casa invece di andare in discoteca?

f Scusa, ma mi pareva proprio che tu me lo ____________________ (dire).

! Fragen Sie sich: Ist die Handlung des Nebensatzes vor der des Hauptsatzes oder gleichzeitig erfolgt?

ingrassare = zunehmen
dimagrire = abnehmen

22 Wählen Sie die richtige Form.

a Se ci avessero avvisato di queste difficoltà, almeno (avessimo potuto / avremmo potuto / potremmo) cercare di evitarle.

b Se (ci fosse / ci sarebbe / ci sarebbe stato) meno traffico, si respirerebbe meglio.

c Non avremmo dovuto pulire il pavimento se i bambini (facessero / avessero fatto / avrebbero fatto) un po' più di attenzione.

d Non (avremmo scoperto / scopriremmo / avessimo scoperto) il suo piano se non si fosse contraddetta.

e Prenderei questo appartamento, se i costi per il riscaldamento non (sarebbero stati / fossero / sarebbero) così alti.

f Se non avessimo letto il giornale, non (sapessimo / avremmo saputo / avessimo saputo) che abbiamo vinto alla lotteria.

vincere *(→ vinto)* = gewinnen

23 Wandeln Sie die Sätze nach dem Beispiel um.

a Se mi resta tempo, do un'occhiata alla partita.

Se mi restasse tempo, darei un'occhiata alla partita.

b Se il giornale pubblicherà la notizia, sarà uno scandalo.

c Vado dal dottore se continuo ad avere la febbre.

guaio m = Schlamassel, Schwierigkeit

d Se non mi ascolti, sarai sempre in mezzo ai guai.

e Se ti stanchi a stare a casa tutto il giorno, devi trovarti un hobby.

f Ti accompagno volentieri dal dentista se non sono occupato.

g Se i nostri figli andranno a vivere da soli, impareranno ad arrangiarsi.

24 Wandeln Sie die Sätze nach dem Beispiel um.

a Se mi offrissero il lavoro, accetterei senza neanche pensarci.

Se mi avessero offerto il lavoro, avrei accettato senza neanche pensarci.

urgenza f = Notfall

b Se capitasse un'urgenza, dovremmo interrompere la riunione.

c Non impiegherei tutto questo tempo se qualcuno mi aiutasse.

d Non spenderesti così tanti soldi al ristorante se imparassi a cucinare.

e Se accettassi la sua proposta rinuncerei ai miei progetti per il futuro.

scorciatoia f = Abkürzung

f Eviteremmo la coda se prendessimo la scorciatoia.

g Se non dovessi lavare la macchina, leggerei un buon libro.

2/38–39

25 Arbeiten Sie nun zwei mündliche Übungen zu den Bedingungssätzen durch. Die Anweisungen erhalten Sie auf der CD.

2/40

26 Zum Schluss nehmen Sie ein letztes Mal an einer kleinen Unterhaltung teil.

Anhang

Hier finden Sie:

- Übersicht über die wichtigsten Verbformen
- Lösungen der Übungen und Transkription der Dialoge und Hörverständnisaufgaben
- Alphabetischer Wortschatz Italienisch – Deutsch

1 Hilfsverben

avere *haben (Voll- und Hilfsverb)*

Indicativo

Presente	Imperfetto	Passato remoto	Futuro semplice
ho	avevo	**ebbi**	**avrò**
hai	avevi	avesti	**avrai**
ha	aveva	**ebbe**	**avrà**
abbiamo	avevamo	avemmo	**avremo**
avete	avevate	aveste	**avrete**
hanno	avevano	**ebbero**	**avranno**

Passato prossimo	Trapassato prossimo	Trapassato remoto	Futuro anteriore
ho avuto	avevo avuto	ebbi avuto	avrò avuto
hai avuto	avevi avuto	avesti avuto	avrai avuto
ha avuto	aveva avuto	ebbe avuto	avrà avuto
abbiamo avuto	avevamo avuto	avemmo avuto	avremo avuto
avete avuto	avevate avuto	aveste avuto	avrete avuto
hanno avuto	avevano avuto	ebbero avuto	avranno avuto

Congiuntivo

Presente	Passato	Imperfetto	Trapassato
abbia	abbia avuto	avessi	avessi avuto
abbia	abbia avuto	avessi	avessi avuto
abbia	abbia avuto	avesse	avesse avuto
abbiamo	abbiamo avuto	avessimo	avessimo avuto
abbiate	abbiate avuto	aveste	aveste avuto
abbiano	abbiano avuto	avessero	avessero avuto

Condizionale		Imperativo	Modi indefiniti
Presente	**Passato**		**Presente / Passato**
avrei	avrei avuto	–	**Infinito**
avresti	avresti avuto	**abbi**	avere / avere avuto
avrebbe	avrebbe avuto	**abbia**	**Gerundio**
avremmo	avremmo avuto	**abbiamo**	avendo / avendo avuto
avreste	avreste avuto	**abbiate**	**Participio**
avrebbero	avrebbero avuto	**abbiano**	avente / avuto

essere *sein (Voll- und Hilfsverb)*

Indicativo

Presente	Imperfetto	Passato remoto	Futuro semplice
sono	**ero**	**fui**	**sarò**
sei	**eri**	**fosti**	**sarai**
è	**era**	**fu**	**sarà**
siamo	**eravamo**	**fummo**	**saremo**
siete	**eravate**	**foste**	**sarete**
sono	**erano**	**furono**	**saranno**

Passato prossimo	Trapassato prossimo	Trapassato remoto	Futuro anteriore
sono stato/a	ero stato/a	fui stato/a	sarò stato/a
sei stato/a	eri stato/a	fosti stato/a	sarai stato/a
è stato/a	era stato/a	fu stato/a	sarà stato/a
siamo stati/e	eravamo stati/e	fummo stati/e	saremo stati/e
siete stati/e	eravate stati/e	foste stati/e	sarete stati/e
sono stati/e	erano stati/e	furono stati/e	saranno stati/e

Congiuntivo

Presente	Passato	Imperfetto	Trapassato
sia	sia stato/a	**fossi**	fossi stato/a
sia	sia stato/a	**fossi**	fossi stato/a
sia	sia stato/a	**fosse**	fosse stato/a
siamo	siamo stati/e	**fossimo**	fossimo stati/e
siate	siate stati/e	**foste**	foste stati/e
siano	siano stati/e	**fossero**	fossero stati/e

Condizionale / Imperativo / Modi indefiniti

Condizionale Presente	Condizionale Passato	Imperativo	Modi indefiniti: Presente / Passato
sarei	sarei stato/a	–	**Infinito**
saresti	saresti stato/a	**sii**	essere / essere stato
sarebbe	sarebbe stato/a	**sia**	**Gerundio**
saremmo	saremmo stati/e	**siamo**	essendo / essendo stato
sareste	sareste stati/e	**siate**	**Participio**
sarebbero	sarebbero stati/e	**siano**	– / **stato**

2 Regelmäßige Verben

Verben auf *-are*

Beispiel: **parlare** *sprechen*

Indicativo

Presente	Imperfetto	Passato remoto	Futuro semplice
parl**o**	parl**avo**	parl**ai**	parl**erò**
parl**i**	parl**avi**	parl**asti**	parl**erai**
parl**a**	parl**ava**	parl**ò**	parl**erà**
parl**iamo**	parl**avamo**	parl**ammo**	parl**eremo**
parl**ate**	parl**avate**	parl**aste**	parl**erete**
parl**ano**	parl**avano**	parl**arono**	parl**eranno**

Passato prossimo	Trapassato prossimo	Trapassato remoto	Futuro anteriore
ho parlato	avevo parlato	ebbi parlato	avrò parlato
hai parlato	avevi parlato	avesti parlato	avrai parlato
ha parlato	aveva parlato	ebbe parlato	avrà parlato
abbiamo parlato	avevamo parlato	avemmo parlato	avremo parlato
avete parlato	avevate parlato	aveste parlato	avrete parlato
hanno parlato	avevano parlato	ebbero parlato	avranno parlato

Congiuntivo

Presente	Passato	Imperfetto	Trapassato
parl**i**	abbia parlato	parl**assi**	avessi parlato
parl**i**	abbia parlato	parl**assi**	avessi parlato
parl**i**	abbia parlato	parl**asse**	avesse parlato
parl**iamo**	abbiamo parlato	parl**assimo**	avessimo parlato
parl**iate**	abbiate parlato	parl**aste**	aveste parlato
parl**ino**	abbiano parlato	parl**assero**	avessero parlato

Condizionale: Presente	Condizionale: Passato	Imperativo	Modi indefiniti: Presente / Passato
parl**erei**	avrei parlato	–	**Infinito**
parl**eresti**	avresti parlato	parl**a**	parl**are** / avere parlato
parl**erebbe**	avrebbe parlato	parl**i**	**Gerundio**
parl**eremmo**	avremmo parlato	parl**iamo**	parl**ando** / avendo parlato
parl**ereste**	avreste parlato	parl**ate**	**Participio**
parl**erebbero**	avrebbero parlato	parl**ino**	parl**ante** / parl**ato**

Verben auf *-ere*
Beispiel: **vendere** *verkaufen*

Indicativo

Presente	Imperfetto	Passato remoto	Futuro semplice
vendo	vendevo	vendei/-etti	venderò
vendi	vendevi	vendesti	venderai
vende	vendeva	vendé/-ette	venderà
vendiamo	vendevamo	vendemmo	venderemo
vendete	vendevate	vendeste	venderete
vendono	vendevano	venderono/-ettero	venderanno

Passato prossimo	Trapassato prossimo	Trapassato remoto	Futuro anteriore
ho venduto	avevo venduto	ebbi venduto	avrò venduto
hai venduto	avevi venduto	avesti venduto	avrai venduto
ha venduto	aveva venduto	ebbe venduto	avrà venduto
abbiamo venduto	avevamo venduto	avemmo venduto	avremo venduto
avete venduto	avevate venduto	aveste venduto	avrete venduto
hanno venduto	avevano venduto	ebbero venduto	avranno venduto

Congiuntivo

Presente	Passato	Imperfetto	Trapassato
venda	abbia venduto	vendessi	avessi venduto
venda	abbia venduto	vendessi	avessi venduto
venda	abbia venduto	vendesse	avesse venduto
vendiamo	abbiamo venduto	vendessimo	avessimo venduto
vendiate	abbiate venduto	vendeste	aveste venduto
vendano	abbiano venduto	vendessero	avessero venduto

Condizionale		Imperativo	Modi indefiniti
Presente	**Passato**		**Presente / Passato**
venderei	avrei venduto	–	**Infinito**
venderesti	avresti venduto	vendi	vendere / avere venduto
venderebbe	avrebbe venduto	venda	**Gerundio**
venderemmo	avremmo venduto	vendiamo	vendendo / avendo venduto
vendereste	avreste venduto	vendete	**Participio**
venderebbero	avrebbero venduto	vendano	vendente / venduto

Verben auf *-ire* ohne Stammerweiterung
Beispiel: **servire** *(be)dienen*

Indicativo

Presente	Imperfetto	Passato remoto	Futuro semplice
servo	servivo	servii	servirò
servi	servivi	servisti	servirai
serve	serviva	servì	servirà
serviamo	servivamo	servimmo	serviremo
servite	servivate	serviste	servirete
servono	servivano	servirono	serviranno

Passato prossimo	Trapassato prossimo	Trapassato remoto	Futuro anteriore
ho servito	avevo servito	ebbi servito	avrò servito
hai servito	avevi servito	avesti servito	avrai servito
ha servito	aveva servito	ebbe servito	avrà servito
abbiamo servito	avevamo servito	avemmo servito	avremo servito
avete servito	avevate servito	aveste servito	avrete servito
hanno servito	avevano servito	ebbero servito	avranno servito

Congiuntivo

Presente	Passato	Imperfetto	Trapassato
serva	abbia servito	servissi	avessi servito
serva	abbia servito	servissi	avessi servito
serva	abbia servito	servisse	avesse servito
serviamo	abbiamo servito	servissimo	avessimo servito
serviate	abbiate servito	serviste	aveste servito
servano	abbiano servito	servissero	avessero servito

Condizionale		Imperativo	Modi indefiniti
Presente	**Passato**		**Presente / Passato**
servirei	avrei servito	–	**Infinito**
serviresti	avresti servito	servi	servire / avere servito
servirebbe	avrebbe servito	serva	**Gerundio**
serviremmo	avremmo servito	serviamo	servendo / avendo servito
servireste	avreste servito	servite	**Participio**
servirebbero	avrebbero servito	servano	servente / servito

Verben auf *-ire* mit Stammerweiterung
Beispiel: **guarire** *gesund werden*
(bei transitiver Bedeutung – im Sinne von „jmdn. heilen" – ist das Hilfsverb *avere*)

Indicativo

Presente	Imperfetto	Passato remoto	Futuro semplice
guar**isco**	guar**ivo**	guar**ii**	guar**irò**
guar**isci**	guar**ivi**	guar**isti**	guar**irai**
guar**isce**	guar**iva**	guar**ì**	guar**irà**
guar**iamo**	guar**ivamo**	guar**immo**	guar**iremo**
guar**ite**	guar**ivate**	guar**iste**	guar**irete**
guar**iscono**	guar**ivano**	guar**irono**	guar**iranno**

Passato prossimo	Trapassato prossimo	Trapassato remoto	Futuro anteriore
sono guarito/a	ero guarito/a	fui guarito/a	sarò guarito/a
sei guarito/a	eri guarito/a	fosti guarito/a	sarai guarito/a
è guarito/a	era guarito/a	fu guarito/a	sarà guarito/a
siamo guariti/e	eravamo guariti/e	fummo guariti/e	saremo guariti/e
siete guariti/e	eravate guariti/e	foste guariti/e	sarete guariti/e
sono guariti/e	erano guariti/e	furono guariti/e	saranno guariti/e

Congiuntivo

Presente	Passato	Imperfetto	Trapassato
guar**isca**	sia guarito/a	guar**issi**	fossi guarito/a
guar**isca**	sia guarito/a	guar**issi**	fossi guarito/a
guar**isca**	sia guarito/a	guar**isse**	fosse guarito/a
guar**iamo**	siamo guariti/e	guar**issimo**	fossimo guariti/e
guar**iate**	siate guariti/e	guar**iste**	foste guariti/e
guar**iscano**	siano guariti/e	guar**issero**	fossero guariti/e

Condizionale | **Imperativo** | **Modi indefiniti**

Presente	Passato		Presente / Passato
guar**irei**	sarei guarito/a	–	**Infinito**
guar**iresti**	saresti guarito/a	guar**isci**	guar**ire** / essere guarito
guar**irebbe**	sarebbe guarito/a	guar**isca**	**Gerundio**
guar**iremmo**	saremmo guariti/e	guar**iamo**	guar**endo** / essendo guarito
guar**ireste**	sareste guariti/e	guar**ite**	**Participio**
guar**irebbero**	sarebbero guariti/e	guar**iscano**	guar**ente** / guarito

3 Unregelmäßige Verben

bere *trinken*

Indicativo

Presente	Imperfetto	Passato remoto	Futuro semplice
bevo	**bevevo**	**bevvi/bevetti**	**berrò**
bevi	**bevevi**	**bevesti**	**berrai**
beve	**beveva**	**bevve/bevette**	**berrà**
beviamo	**bevevamo**	**bevemmo**	**berremo**
bevete	**bevevate**	**beveste**	**berrete**
bevono	**bevevano**	**bevvero/bevettero**	**berranno**

Passato prossimo	Trapassato prossimo	Trapassato remoto	Futuro anteriore
ho bevuto	avevo bevuto	ebbi bevuto	avrò bevuto
hai bevuto	avevi bevuto	avesti bevuto	avrai bevuto
ha bevuto	aveva bevuto	ebbe bevuto	avrà bevuto
abbiamo bevuto	avevamo bevuto	avemmo bevuto	avremo bevuto
avete bevuto	avevate bevuto	aveste bevuto	avrete bevuto
hanno bevuto	avevano bevuto	ebbero bevuto	avranno bevuto

Congiuntivo

Presente	Passato	Imperfetto	Trapassato
beva	abbia bevuto	**bevessi**	avessi bevuto
beva	abbia bevuto	**bevessi**	avessi bevuto
beva	abbia bevuto	**bevesse**	avesse bevuto
beviamo	abbiamo bevuto	**bevessimo**	avessimo bevuto
beviate	abbiate bevuto	**beveste**	aveste bevuto
bevano	abbiano bevuto	**bevessero**	avessero bevuto

Condizionale		Imperativo	Modi indefiniti
Presente	**Passato**		**Presente / Passato**
berrei	avrei bevuto	–	**Infinito**
berresti	avresti bevuto	**bevi**	bere / avere bevuto
berrebbe	avrebbe bevuto	**beva**	**Gerundio**
berremmo	avremmo bevuto	**beviamo**	**bevendo** / avendo bevuto
berreste	avreste bevuto	**bevete**	**Participio**
berrebbero	avrebbero bevuto	**bevano**	**bevente / bevuto**

dare *geben*

Indicativo

Presente	Imperfetto	Passato remoto	Futuro semplice
do	davo	**diedi/detti**	**darò**
dai	davi	**desti**	**darai**
dà	dava	**diede/dette**	**darà**
diamo	davamo	**demmo**	**daremo**
date	davate	**deste**	**darete**
danno	davano	**diedero/dettero**	**daranno**

Passato prossimo	Trapassato prossimo	Trapassato remoto	Futuro anteriore
ho dato	avevo dato	ebbi dato	avrò dato
hai dato	avevi dato	avesti dato	avrai dato
ha dato	aveva dato	ebbe dato	avrà dato
abbiamo dato	avevamo dato	avemmo dato	avremo dato
avete dato	avevate dato	aveste dato	avrete dato
hanno dato	avevano dato	ebbero dato	avranno dato

Congiuntivo

Presente	Passato	Imperfetto	Trapassato
dia	abbia dato	**dessi**	avessi dato
dia	abbia dato	**dessi**	avessi dato
dia	abbia dato	**desse**	avesse dato
diamo	abbiamo dato	**dessimo**	avessimo dato
diate	abbiate dato	**deste**	aveste dato
diano	abbiano dato	**dessero**	avessero dato

Condizionale / Imperativo / Modi indefiniti

Presente	Passato	Imperativo	Presente / Passato
darei	avrei dato	–	**Infinito**
daresti	avresti dato	**dai/da'**	dare / avere dato
darebbe	avrebbe dato	**dia**	**Gerundio**
daremmo	avremmo dato	diamo	dando / avendo dato
dareste	avreste dato	date	**Participio**
darebbero	avrebbero dato	**diano**	dante / dato

dire *sagen*

Indicativo

Presente	**Imperfetto**	**Passato remoto**	**Futuro semplice**
dico	**dicevo**	**dissi**	dirò
dici	**dicevi**	**dicesti**	dirai
dice	**diceva**	**disse**	dirà
diciamo	**dicevamo**	**dicemmo**	diremo
dite	**dicevate**	**diceste**	direte
dicono	**dicevano**	**dissero**	diranno

Passato prossimo	**Trapassato prossimo**	**Trapassato remoto**	**Futuro anteriore**
ho detto	avevo detto	ebbi detto	avrò detto
hai detto	avevi detto	avesti detto	avrai detto
ha detto	aveva detto	ebbe detto	avrà detto
abbiamo detto	avevamo detto	avemmo detto	avremo detto
avete detto	avevate detto	aveste detto	avrete detto
hanno detto	avevano detto	ebbero detto	avranno detto

Congiuntivo

Presente	**Passato**	**Imperfetto**	**Trapassato**
dica	abbia detto	**dicessi**	avessi detto
dica	abbia detto	**dicessi**	avessi detto
dica	abbia detto	**dicesse**	avesse detto
diciamo	abbiamo detto	**dicessimo**	avessimo detto
diciate	abbiate detto	**diceste**	aveste detto
dicano	abbiano detto	**dicessero**	avessero detto

Condizionale / Imperativo / Modi indefiniti

Condizionale – Presente	**Condizionale – Passato**	**Imperativo**	**Modi indefiniti – Presente / Passato**
direi	avrei detto	–	**Infinito**
diresti	avresti detto	**di'**	dire / avere detto
direbbe	avrebbe detto	**dica**	**Gerundio**
diremmo	avremmo detto	**diciamo**	**dicendo** / avendo detto
direste	avreste detto	dite	**Participio**
direbbero	avrebbero detto	**dicano**	**dicente** / **detto**

fare *machen, tun*

Indicativo

Presente	Imperfetto	Passato remoto	Futuro semplice
faccio	**facevo**	**feci**	**farò**
fai	**facevi**	**facesti**	**farai**
fa	**faceva**	**fece**	**farà**
facciamo	**facevamo**	**facemmo**	**faremo**
fate	**facevate**	**faceste**	**farete**
fanno	**facevano**	**fecero**	**faranno**

Passato prossimo	Trapassato prossimo	Trapassato remoto	Futuro anteriore
ho fatto	avevo fatto	ebbi fatto	avrò fatto
hai fatto	avevi fatto	avesti fatto	avrai fatto
ha fatto	aveva fatto	ebbe fatto	avrà fatto
abbiamo fatto	avevamo fatto	avemmo fatto	avremo fatto
avete fatto	avevate fatto	aveste fatto	avrete fatto
hanno fatto	avevano fatto	ebbero fatto	avranno fatto

Congiuntivo

Presente	Passato	Imperfetto	Trapassato
faccia	abbia fatto	**facessi**	avessi fatto
faccia	abbia fatto	**facessi**	avessi fatto
faccia	abbia fatto	**facesse**	avesse fatto
facciamo	abbiamo fatto	**facessimo**	avessimo fatto
facciate	abbiate fatto	**faceste**	aveste fatto
facciano	abbiano fatto	**facessero**	avessero fatto

Condizionale / Imperativo / Modi indefiniti

Presente	Passato	Imperativo	Presente / Passato
farei	avrei fatto	–	**Infinito**
faresti	avresti fatto	**fai/fa'**	fare / avere fatto
farebbe	avrebbe fatto	**faccia**	**Gerundio**
faremmo	avremmo fatto	**facciamo**	**facendo** / avendo fatto
fareste	avreste fatto	fate	**Participio**
farebbero	avrebbero fatto	**facciano**	**facente / fatto**

sapere *wissen*

Indicativo

Presente	Imperfetto	Passato remoto	Futuro semplice
so	sapevo	**seppi**	**saprò**
sai	sapevi	**sapesti**	**saprai**
sa	sapeva	**seppe**	**saprà**
sappiamo	sapevamo	**sapemmo**	**sapremo**
sapete	sapevate	**sapeste**	**saprete**
sanno	sapevano	**seppero**	**sapranno**

Passato prossimo	Trapassato prossimo	Trapassato remoto	Futuro anteriore
ho saputo	avevo saputo	ebbi saputo	avrò saputo
hai saputo	avevi saputo	avesti saputo	avrai saputo
ha saputo	aveva saputo	ebbe saputo	avrà saputo
abbiamo saputo	avevamo saputo	avemmo saputo	avremo saputo
avete saputo	avevate saputo	aveste saputo	avrete saputo
hanno saputo	avevano saputo	ebbero saputo	avranno saputo

Congiuntivo

Presente	Passato	Imperfetto	Trapassato
sappia	abbia saputo	sapessi	avessi saputo
sappia	abbia saputo	sapessi	avessi saputo
sappia	abbia saputo	sapesse	avesse saputo
sappiamo	abbiamo saputo	sapessimo	avessimo saputo
sappiate	abbiate saputo	sapeste	aveste saputo
sappiano	abbiano saputo	sapessero	avessero saputo

Condizionale / Imperativo / Modi indefiniti

Presente	Passato		Presente / Passato
saprei	avrei saputo	–	**Infinito**
sapresti	avresti saputo	**sappi**	sapere / avere saputo
saprebbe	avrebbe saputo	**sappia**	**Gerundio**
sapremmo	avremmo saputo	**sappiamo**	sapendo / avendo saputo
sapreste	avreste saputo	**sappiate**	**Participio**
saprebbero	avrebbero saputo	**sappiano**	sapiente / saputo

stare *sich befinden, stehen*

Indicativo

Presente	Imperfetto	Passato remoto	Futuro semplice
sto	stavo	**stetti**	**starò**
stai	stavi	**stesti**	**starai**
sta	stava	**stette**	**starà**
stiamo	stavamo	**stemmo**	**staremo**
state	stavate	**steste**	**starete**
stanno	stavano	**stettero**	**staranno**

Passato prossimo	Trapassato prossimo	Trapassato remoto	Futuro anteriore
sono stato/a	ero stato/a	fui stato/a	sarò stato/a
sei stato/a	eri stato/a	fosti stato/a	sarai stato/a
è stato/a	era stato/a	fu stato/a	sarà stato/a
siamo stati/e	eravamo stati/e	fummo stati/e	saremo stati/e
siete stati/e	eravate stati/e	foste stati/e	sarete stati/e
sono stati/e	erano stati/e	furono stati/e	saranno stati/e

Congiuntivo

Presente	Passato	Imperfetto	Trapassato
stia	sia stato/a	**stessi**	fossi stato/a
stia	sia stato/a	**stessi**	fossi stato/a
stia	sia stato/a	**stesse**	fosse stato/a
stiamo	siamo stati/e	**stessimo**	fossimo stati/e
stiate	siate stati/e	**steste**	foste stati/e
stiano	siano stati/e	**stessero**	fossero stati/e

Condizionale / Imperativo / Modi indefiniti

Presente	Passato	Imperativo	Presente / Passato
starei	sarei stato/a	–	**Infinito**
staresti	saresti stato/a	**stai/sta'**	stare / essere stato
starebbe	sarebbe stato/a	**stia**	**Gerundio**
staremmo	saremmo stati/e	stiamo	stando / essendo stato
stareste	sareste stati/e	state	**Participio**
starebbero	sarebbero stati/e	**stiano**	stante / stato

venire *kommen*

Indicativo

Presente	Imperfetto	Passato remoto	Futuro semplice
vengo	venivo	**venni**	**verrò**
vieni	venivi	venisti	**verrai**
viene	veniva	**venne**	**verrà**
veniamo	venivamo	venimmo	**verremo**
venite	venivate	veniste	**verrete**
vengono	venivano	**vennero**	**verranno**

Passato prossimo	Trapassato prossimo	Trapassato remoto	Futuro anteriore
sono venuto/a	ero venuto/a	fui venuto/a	sarò venuto/a
sei venuto/a	eri venuto/a	fosti venuto/a	sarai venuto/a
è venuto/a	era venuto/a	fu venuto/a	sarà venuto/a
siamo venuti/e	eravamo venuti/e	fummo venuti/e	saremo venuti/e
siete venuti/e	eravate venuti/e	foste venuti/e	sarete venuti/e
sono venuti/e	erano venuti/e	furono venuti/e	saranno venuti/e

Congiuntivo

Presente	Passato	Imperfetto	Trapassato
venga	sia venuto/a	venissi	fossi venuto/a
venga	sia venuto/a	venissi	fossi venuto/a
venga	sia venuto/a	venisse	fosse venuto/a
veniamo	siamo venuti/e	venissimo	fossimo venuti/e
veniate	siate venuti/e	veniste	foste venuti/e
vengano	siano venuti/e	venissero	fossero venuti/e

Condizionale / Imperativo / Modi indefiniti

Condizionale: Presente	Condizionale: Passato	Imperativo	Modi indefiniti: Presente / Passato
verrei	sarei venuto/a	–	**Infinito**
verresti	saresti venuto/a	**vieni**	venire / essere venuto
verrebbe	sarebbe venuto/a	**venga**	**Gerundio**
verremmo	saremmo venuti/e	veniamo	venendo / essendo venuto
verreste	sareste venuti/e	venite	**Participio**
verrebbero	sarebbero venuti/e	**vengano**	veniente / **venuto**

volere *wollen*

Indicativo

Presente	Imperfetto	Passato remoto	Futuro semplice
voglio	volevo	**volli**	**vorrò**
vuoi	volevi	volesti	**vorrai**
vuole	voleva	**volle**	**vorrà**
vogliamo	volevamo	volemmo	**vorremo**
volete	volevate	voleste	**vorrete**
vogliono	volevano	**vollero**	**vorranno**

Passato prossimo	Trapassato prossimo	Trapassato remoto	Futuro anteriore
ho voluto	avevo voluto	ebbi voluto	avrò voluto
hai voluto	avevi voluto	avesti voluto	avrai voluto
ha voluto	aveva voluto	ebbe voluto	avrà voluto
abbiamo voluto	avevamo voluto	avemmo voluto	avremo voluto
avete voluto	avevate voluto	aveste voluto	avrete voluto
hanno voluto	avevano voluto	ebbero voluto	avranno voluto

Congiuntivo

Presente	Passato	Imperfetto	Trapassato
voglia	abbia voluto	volessi	avessi voluto
voglia	abbia voluto	volessi	avessi voluto
voglia	abbia voluto	volesse	avesse voluto
vogliamo	abbiamo voluto	volessimo	avessimo voluto
vogliate	abbiate voluto	voleste	aveste voluto
vogliano	abbiano voluto	volessero	avessero voluto

Condizionale / Imperativo / Modi indefiniti

Presente	Passato	Imperativo	Modi indefiniti: Presente / Passato
vorrei	avrei voluto	–	**Infinito**
vorresti	avresti voluto	–	volere / avere voluto
vorrebbe	avrebbe voluto	**voglia**	**Gerundio**
vorremmo	avremmo voluto	**vogliamo**	volendo / avendo voluto
vorreste	avreste voluto	**vogliate**	**Participio**
vorrebbero	avrebbero voluto	**vogliano**	volente / voluto

4 Weitere unregelmäßige Verben

andare *gehen*

Ind. pres.	**Futuro sempl.**	**Cong. pres.**	**Imperativo**
vado	**andrò**	**vada**	–
vai	…	**vada**	**vai/va'**
va		**vada**	**vada**
andiamo	**Condiz. pres.**	andiamo	andiamo
andate	**andrei**	andiate	andate
vanno	…	**vadano**	**vadano**

dovere *müssen, sollen*

Ind. pres.	**Futuro sempl.**	**Cong. pres.**	**Imperativo**
devo/debbo	**dovrò**	**debba/deva**	–
devi	…	**debba/deva**	–
deve		**debba/deva**	–
dobbiamo	**Condiz. pres.**	**dobbiamo**	–
dovete	**dovrei**	**dobbiate**	–
devono/debbono	…	**debbano/devano**	–

parere *scheinen* (Participio passato: **parso**)

Ind. pres.	**Futuro sempl.**	**Cong. pres.**	**Imperativo**
paio	**parrò**	**paia**	–
pari	…	**paia**	–
pare		**paia**	–
paiamo	**Condiz. pres.**	**paiamo**	–
parete	**parrei**	**paiate**	–
paiono	…	**paiano**	–

piacere *gefallen* (Participio passato: **piaciuto**)

Ind. pres.	**Futuro sempl.**	**Cong. pres.**	**Imperativo**
piaccio	piacerò	**piaccia**	–
piaci	…	**piaccia**	piaci
piace		**piaccia**	**piaccia**
piacciamo	**Condiz. pres.**	**piacciamo**	**piacciamo**
piacete	piacerei	**piacciate**	piacete
piacciono	…	**piacciano**	**piacciano**

potere *dürfen, können*

Ind. pres.	**Futuro sempl.**	**Cong. pres.**	**Imperativo**
posso	**potrò**	**possa**	–
puoi	…	**possa**	–
può		**possa**	–
possiamo	**Condiz. pres.**	**possiamo**	–
potete	**potrei**	**possiate**	–
possono	…	**possano**	–

produrre *herstellen* (Participio pass.: **prodotto**, gerundio pres.: **producendo**)

Ind. pres.	**Futuro sempl.**	**Cong. pres.**	**Imperativo**
produco	produrrò	**produca**	–
produci	…	**produca**	**produci**
produce		**produca**	**produca**
produciamo	**Condiz. pres.**	**produciamo**	**produciamo**
producete	produrrei	**produciate**	**producete**
producono	…	**producano**	**producano**

rimanere *bleiben* (Participio passato: **rimasto**)

Ind. pres.	**Futuro sempl.**	**Cong. pres.**	**Imperativo**
rimango	**rimarrò**	**rimanga**	–
rimani	…	**rimanga**	rimani
rimane		**rimanga**	**rimanga**
rimaniamo	**Condiz. pres.**	rimaniamo	rimaniamo
rimanete	**rimarrei**	rimaniate	rimanete
rimangono	…	**rimangano**	**rimangano**

salire *einsteigen, hinaufgehen*

Ind. pres.	**Futuro sempl.**	**Cong. pres.**	**Imperativo**
salgo	salirò	**salga**	–
sali	…	**salga**	sali
sale		**salga**	**salga**
saliamo	**Condiz. pres.**	saliamo	saliamo
salite	salirei	saliate	salite
salgono	…	**salgano**	**salgano**

scegliere *(aus)wählen* (Participio passato: **scelto**)

Ind. pres.	**Futuro sempl.**	**Cong. pres.**	**Imperativo**
scelgo	sceglierò	**scelga**	–
scegli	…	**scelga**	scegli
sceglie		**scelga**	**scelga**
scegliamo	**Condiz. pres.**	scegliamo	scegliamo
scegliete	sceglierei	scegliate	scegliete
scelgono	…	**scelgano**	**scelgano**

spegnere *ausschalten* (Participio passato: **spento**)

Ind. pres.	**Futuro sempl.**	**Cong. pres.**	**Imperativo**
spengo	spegnerò	**spenga**	–
spegni	…	**spenga**	spegni
spegne		**spenga**	**spenga**
spegniamo	**Condiz. pres.**	spegniamo	spegniamo
spegnete	spegnerei	spegniate	spegnete
spengono	…	**spengano**	**spengano**

tacere *schweigen* (Participio passato: **taciuto**)

Ind. pres.	**Futuro sempl.**	**Cong. pres.**	**Imperativo**
taccio	tacerò	**taccia**	–
taci	…	**taccia**	taci
tace		**taccia**	**taccia**
taciamo	**Condiz. pres.**	**tacciamo**	**tacciamo**
tacete	tacerei	**tacciate**	tacete
tacciono	…	**tacciano**	**tacciano**

tenere *halten*

Ind. pres.	**Futuro sempl.**	**Cong. pres.**	**Imperativo**
tengo	**terrò**	**tenga**	–
tieni	…	**tenga**	**tieni**
tiene		**tenga**	**tenga**
teniamo	**Condiz. pres.**	teniamo	teniamo
tenete	**terrei**	teniate	tenete
tengono	…	**tengano**	**tengano**

togliere *entfernen, wegnehmen* (Participio passato: **tolto**)

Ind. pres.	**Futuro sempl.**	**Cong. pres.**	**Imperativo**
tolgo	toglierò	**tolga**	–
togli	…	**tolga**	togli
toglie		**tolga**	**tolga**
togliamo	**Condiz. pres.**	togliamo	togliamo
togliete	toglierei	togliate	togliete
tolgono	…	**tolgano**	**tolgano**

uscire *(hin)ausgehen*

Ind. pres.	**Futuro sempl.**	**Cong. pres.**	**Imperativo**
esco	uscirò	**esca**	–
esci	…	**esca**	**esci**
esce		**esca**	**esca**
usciamo	**Condiz. pres.**	usciamo	usciamo
uscite	uscirei	usciate	uscite
escono	…	**escano**	**escano**

Einige Verben mit unregelmäßigem *participio passato*

Infinito	**Participio passato**	
accendere	acceso	einschalten
accorgersi di qc.	accorto	etw. bemerken
aprire	aperto	öffnen
chiedere	chiesto	fragen
chiudere	chiuso	schließen
commettere	commesso	begehen
conoscere	conosciuto	kennen(lernen)
convincere	convinto	überzeugen
correre	corso	rennen
crescere	cresciuto	wachsen
decidere	deciso	entscheiden
deludere	deluso	enttäuschen
difendere	difeso	verteidigen
dipendere da qc.	dipeso	an etw. liegen
discutere di qc.	discusso	über etw. diskutieren
distinguere	distinto	unterscheiden
distruggere	distrutto	zerstören
dividere	diviso	teilen
esprimere	espresso	ausdrücken
intendere	inteso	verstehen; beabsichtigen
leggere	letto	lesen

mettere	messo	legen, setzen, stellen
morire	morto	sterben
muovere	mosso	bewegen
nascere	nato	geboren werden
nascondere	nascosto	verstecken
offrire	offerto	anbieten
perdere	perso	verlieren
permettere	permesso	erlauben, zulassen
piangere	pianto	weinen
prendere	preso	nehmen
proteggere	protetto	(be)schützen
raggiungere	raggiunto	erreichen
rendere	reso	zurückgeben; werden lassen
resistere	resistito	widerstehen
ridere	riso	lachen
risolvere	risolto	(auf)lösen
rispondere	risposto	antworten
rivolgere	rivolto	richten
rompere	rotto	(zer)brechen
scendere	sceso	aussteigen
scoprire	scoperto	entdecken
scrivere	scritto	schreiben
smettere	smesso	aufhören
soffrire di qc.	sofferto	unter etw. leiden
sorridere	sorriso	lächeln
succedere	successo	passieren
svolgere	svolto	ausführen, ausüben
trascorrere	trascorso	verbringen
vedere	visto	sehen
vincere	vinto	gewinnen
vivere	vissuto	leben

Einige Verben mit unregelmäßigen *futuro semplice* und *condizionale presente*

Infinito	**Futuro semplice**	**Condizionale presente**	
cadere	cadrò	cadrei	fallen
godere	godrò	godrei	genießen
vedere	vedrò	vedrei	sehen
vivere	vivrò	vivrei	leben

Einige Verben mit unregelmäßigem *passato remoto* (1./3. Person Singular sowie 3. Person Plural)

Infinito	Passato remoto	
cadere	caddi / cadde / caddero	fallen
chiedere	chiesi / chiese / chiesero	fragen
chiudere	chiusi / chiuse / chiusero	schließen
conoscere	conobbi / conobbe / conobbero	kennen(lernen)
convincere	convinsi / convinse / convinsero	überzeugen
correre	corsi / corse / corsero	rennen
crescere	crebbi / crebbe / crebbero	wachsen
decidere	decisi / decise / decisero	entscheiden
discutere di qc.	discussi / discusse / discussero	über etw. diskutieren
distinguere	distinsi / distinse / distinsero	unterscheiden
dividere	divisi / divise / divisero	teilen
esprimere	espressi / espresse / espressero	ausdrücken
mettere	misi / mise / misero	legen, setzen, stellen
muovere	mossi / mosse / mossero	bewegen
nascere	nacqui / nacque / nacquero	geboren werden
perdere	persi / perse / persero	verlieren
piacere	piacqui / piacque / piacquero	gefallen
piangere	piansi / pianse / piansero	weinen
prendere	presi / prese / presero	nehmen
produrre	produssi / produsse / produssero	herstellen
ridere	risi / rise / risero	lachen
rimanere	rimasi / rimase / rimasero	bleiben
rispondere	risposi / rispose / risposero	antworten
rompere	ruppi / ruppe / ruppero	(zer)brechen
scegliere	scelsi / scelse / scelsero	(aus)wählen
scendere	scesi / scese / scesero	aussteigen
scrivere	scrissi / scrisse / scrissero	schreiben
spegnere	spensi / spense / spensero	ausschalten
svolgere	svolsi / svolse / svolsero	ausführen, ausüben
tacere	tacqui / tacque / tacquero	schweigen
tenere	tenni / tenne / tennero	halten
togliere	tolsi / tolse / tolsero	entfernen, wegnehmen
vedere	vidi / vide / videro	sehen
vincere	vinsi / vinse / vinsero	gewinnen
vivere	vissi / visse / vissero	leben

Unità 1

1

d Sai cosa mi è successo?

2

a falso b vero c vero d falso e falso f vero g vero

Testo della registrazione

Martina: Ah, Carla, ciao!
Carla: Ciao, Martina, da quanto tempo che non ci vediamo! Come va?
Martina: Bene, grazie. E tu, come stai? Ma … non sei stata in vacanza?
Carla: Eh sì, per ben tre settimane sul Lago Trasimeno, in Umbria. Ne avevo proprio bisogno.
Martina: Ah, bello! E siete stati a Castiglione del Lago?
Carla: No, io volevo andare lì, ma Franco ha insistito per stare dalle parti di Tuoro.
Martina: Tuoro? Non lo conosco.
Carla: È un piccolo comune a nord del lago. Lì ci fu la famosa battaglia di Annibale contro i Romani. Cosa vuoi, Franco va matto per la storia e io ho voluto accontentarlo. A lui sembrava di essere tornato ai tempi dell'antica Roma …
Martina: Ma dai!
Carla: Comunque, anche la zona di Tuoro è stupenda. Il nostro albergo era a poche centinaia di metri dalla spiaggia e da lì si poteva anche prendere il traghetto per le isole.
Martina: Ah, già, ho sentito parlare di un'isola dove si portano gli studenti in gita …
Carla: Sì, quella è l'Isola Polvese, che è nella parte meridionale del lago. L'abbiamo visitata ed è davvero meravigliosa.
Martina: E com'era il tempo lì? Qui c'era un'afa tremenda!
Carla: Beh, era sereno e faceva caldo anche lì, ma non troppo. Sai, nella zona del lago il clima resta abbastanza mite durante tutto l'anno.
Martina: Meglio per voi …
Carla: A proposito di tempo! Lo sai cosa ci è successo in vacanza?
Martina: No, racconta!
Carla: Dunque, un giorno eravamo andati a visitare l'Isola Maggiore e mentre eravamo lì è scoppiato un temporale. A quel punto abbiamo cercato di corsa un posto dove ripararci e siamo entrati in una chiesa.
Martina: Non avevate un ombrello?
Carla: No, perché Franco, tanto per cambiare, lo aveva lasciato in albergo. Insomma, in quella chiesa erano scappati anche altri turisti, anche loro tutti bagnati, e sai chi c'era tra di loro?
Martina: Chi c'era?
Carla: Un vecchio collega di lavoro di Franco. Non si vedevano da almeno vent'anni. Eppure, appena Franco ha detto qualche parola, lui lo ha riconosciuto subito. Non ti dico la sorpresa!
Martina: Davvero una bella coincidenza.
Carla: Eh sì, il mondo è proprio piccolo.
Martina: E, senti, volevamo andare a mangiare qualcosa assieme una volta. Che ne dici di incontrarci la prossima settimana?

3

a	insistere per qc.	auf etw. drängen
b	dalle parti di	in der Gegend von
c	comune *m*	Gemeinde
d	famoso	berühmt
e	andare matto per qn./qc.	nach jmdm./etw. verrückt sein
f	storia *f*	Geschichte
g	accontentare	zufriedenstellen
h	stupendo	wundervoll, wunderbar
i	traghetto *m*	Fähre

a	meridionale	südlich, Süd-
b	meraviglioso	wunderschön
c	afa *f*	Hitze
d	tremendo	furchtbar, schrecklich
e	sereno	heiter
f	mite	mild
g	scoppiare	ausbrechen
h	di corsa	ganz schnell
i	ripararsi	sich schützen, sich flüchten

a	lasciare	liegen lassen
b	insomma	kurz und gut
c	scappare	eilen, (weg)laufen
d	bagnato	nass
e	eppure	trotzdem, dennoch
f	appena	sobald
g	riconoscere	wiedererkennen
h	sorpresa *f*	Überraschung
i	coincidenza *f*	Zufall

4

nord / settentrionale	≠	sud / meridionale
est / orientale	≠	ovest / occidentale
bagnarsi / bagnato	≠	asciugarsi / asciutto

5

a Era splendido.
b Non ha mai smesso di piovere.
c Tirava un forte vento.
d C'era una fitta nebbia.
e Era sempre nuvoloso.
f Un giorno è scoppiato un gran temporale.
g Ogni tanto pioveva.
h Una volta ha nevicato anche in pianura.
i Faceva molto freddo.
j Faceva un gran caldo.

? Das *passato prossimo* benutzt man bei einmaligen bzw. aufeinanderfolgenden sowie bei vollendeten Handlungen in der Vergangenheit. Das *imperfetto* dient hingegen zur Beschreibung von Zuständen, von Handlungen unbestimmter Dauer sowie von wiederholten, gewohnheitsmäßigen oder gleichzeitig ablaufenden Handlungen in der Vergangenheit.

6

suscitare interesse:
A proposito! / Lo sai cosa mi è successo …? / Non ti dico la sorpresa quando … / Beh, pensa che …

esprimere meraviglia:
Davvero? / Non ci credo! / Addirittura! / Ma veramente? / Ma dai! / Sul serio?

esprimere interesse:
Cos'è successo? / E come è andata a finire? / E poi? / Su, racconta! / E allora?

7

Was = Che cosa / Cosa / Che?
Wer = Chi?
Wo = Dove?
Wann = Quando?
Wie = Come?
Warum = Perché?

8

h i b f j c e a d g

? Generell erfordern alle transitiven Verben – d.h. mit direktem Objekt, wie *mangiare (che cosa?)* oder *prendere (che cosa?)* – das Hilfsverb *avere*. Bei den intransitiven Verben kann man sich meist an den entsprechenden deutschen Formen orientieren. Es gibt jedoch einige Abweichungen – siehe u. a. den Randspaltentext neben der Übung 9.

9

avevamo detto / avevate nuotato / avevo raccontato / erano rimaste / si erano arrabbiati / si era alzata / aveva aperto

10

a–3 b–5 c–4 d–1 e–6 f–2

11

a avevo mangiato b si era alzato c avevate dimenticato d aveva piovuto
e avevamo prenotato f aveva ricevuto

12

era / mi sono alzato / sono andato / stavo rientrando / è successo / c'era / era / avevo ordinato / aveva messo / si era sbagliato / ho raccolto / ho aperto / c'era /

13

a a, da b A, – c A, delle d a, dalla e a, – f a, di

14 Mündliche Übungen

A

Setzen Sie folgende Sätze ins *trapassato prossimo*.

1 Ti ho mandato una cartolina.
Ti avevo mandato una cartolina.
2 Abbiamo già pagato.
Avevamo già pagato.
3 Il film ci è piaciuto.
Il film ci era piaciuto.
4 Tommaso si è vestito elegante.
Tommaso si era vestito elegante.
5 Siamo partiti per le Isole Eolie.
Eravamo partiti per le Isole Eolie.
6 Dove hai lasciato la macchina fotografica?
Dove avevi lasciato la macchina fotografica?
7 Eppure non ci ha riconosciuto.
Eppure non ci aveva riconosciuto.

B

Beantworten Sie nun folgende Fragen mithilfe der Wörter, die Sie im Anschluss hören. Verwenden Sie dabei das *trapassato prossimo* und achten Sie auch auf den Wechsel der grammatischen Person.

8 Eravate già stati sul Lago Trasimeno? sì
Sì, eravamo già stati sul Lago Trasimeno.
9 Vi era piaciuto? sì
Sì, ci era piaciuto.
10 Avevate preso un traghetto per le isole? no
No, non avevamo preso un traghetto per le isole.
11 E Lei era già venuto in vacanza in Italia prima? sì
Sì, ero già venuto in vacanza in Italia prima.
12 Dov'era stato? a Rimini
Ero stato a Rimini.
13 E Le era piaciuto? sì, abbastanza
Sì , mi era piaciuto abbastanza.
14 Era venuta anche sua moglie? sì
Sì, era venuta anche mia moglie.

c

Beantworten Sie nun folgende Fragen mithilfe des *trapassato prossimo*. Verwenden Sie dabei die Wörter, die Sie im Anschluss an die Fragen hören.

15 Perché Carla e Franco sono andati in vacanza a Tuoro? *Perché Franco aveva insistito.*	Franco / insistere
16 Perché hanno cercato un posto dove ripararsi sull'Isola Maggiore? *Perché si era messo a piovere.*	mettersi a piovere
17 Perché sono scappati in una chiesa? *Perché era scoppiato un temporale.*	scoppiare un temporale
18 Perché si sono bagnati? *Perché Franco aveva dimenticato l'ombrello.*	Franco / dimenticare l'ombrello
19 Perché un altro turista ha riconosciuto Franco nella chiesa? *Perché loro avevano lavorato insieme.*	loro / lavorare insieme
20 Perché l'incontro è stato una grande sorpresa? *Perché loro non si erano visti per molti anni.*	loro / non vedersi per molti anni

16

? Der Ausdruck *Tanto per cambiare* bedeutet „nur so zur Abwechslung".
Wenn er ironisch gemeint ist, dann heißt er soviel wie „Um beim Alten zu bleiben" bzw. „So wie immer".
Beispiel: *Franco, tanto per cambiare, aveva lasciato l'ombrello in albergo.*

17

a und d

18

proteggere = schützen   riguardare = betreffen

19

a Franco abita in un quartiere **che** è molto malfamato.
b Come si chiama la ragazza **di cui** hai parlato prima?
c Il corso di ballo **a cui** Marina partecipa è cominciato in aprile.
d Quello è il professore **che** insegna matematica.
e Come si chiama il tuo amico **con cui** sei andato all'opera?

20

a L'album, **del quale** questa canzone fa parte, non è ancora in vendita.
b Di dove sono le ragazze **con le quali** avete fatto amicizia?
c Questi sono gli errori **ai quali** bisogna fare attenzione.
d Ecco la lista dei clienti **per i quali** abbiamo lavorato.
e La piazza **nella quale** si trova la torre di Pisa si chiama "Piazza dei Miracoli".

21

a più cattive b più grandi c piccolissima d buonissimo e più buono

22

a pessima b migliore c Peggio d minimi e più f ottimo

23

a Lo sai cosa mi è successo?
b Non ci credo!
c Ma dai!
d Sul serio?
e Si è messo a nevicare.
f Non ha mai smesso di piovere.

24

Testo della registrazione

Alberto: Ah, ciao!

Sagen Sie: Hallo, Alberto. Aber … bist du nicht im Urlaub gewesen?

Lei: Ciao, Alberto. Ma … non sei stato in vacanza?
Alberto: Sì, ho appena trascorso due settimane di vacanza in Toscana con i miei nipoti!

Fragen Sie: Und seid ihr zufrieden gewesen?

Lei: E siete rimasti soddisfatti?
Alberto: Certo! È andato tutto molto bene. Beh, quasi tutto …

Fragen Sie: Warum? Was ist passiert?

Lei: Perché? Cos'è successo?
Alberto: Sai, una volta è scoppiato un temporale proprio mentre stavamo facendo un'escursione. Naturalmente non avevamo l'ombrello …

Fragen Sie: Hattet ihr ihn vergessen?

Lei: Lo avevate dimenticato?
Alberto: No, è che quando eravamo partiti c'era ancora il sole …

Fragen Sie: Und wie ist es zu Ende gegangen?

Lei: E come è andata a finire?
Alberto: È andata a finire che ci siamo bagnati dalla testa ai piedi e siamo tornati in albergo per asciugarci! A proposito, com'era il tempo qui?

Sagen Sie: Es war herrlich. Es hat nur einmal geregnet.

Lei: Era splendido. Ha piovuto solo una volta.
Alberto: Beh, meglio per voi.

Unità 2

1

niedrig	=	basso	Haupt-	=	principale
ernst(haft)	=	grave	schwach	=	debole
leicht	=	leggero	Schwierigkeit	=	difficoltà

2

a falso b vero c falso d falso e vero f vero g falso

Testo della registrazione

Rosanna: Buongiorno.
Farmacista: Buongiorno, signora. Mi dica.
Rosanna: Dunque, io da ieri non mi sento molto bene.
Farmacista: Che tipo di disturbi ha?
Rosanna: Mi sento debole, ho un po' di nausea, di mal di testa e faccio fatica a digerire.
Farmacista: Forse ha preso un leggero colpo di sole … È già stata da un dottore?
Rosanna: No, purtroppo non ho fatto in tempo.
Farmacista: Soffre di bassa pressione?
Rosanna: No, normalmente no.
Farmacista: Ha già avuto disturbi simili in passato?
Rosanna: Sì, la settimana scorsa, ma poi mi sono andati via subito. Prima avevo mangiato delle arachidi, proprio come ieri.
Farmacista: Allora potrebbe anche avere un'allergia alimentare, ma bisognerebbe fare delle analisi per esserne certi. Ha anche difficoltà a respirare?
Rosanna: No, respiro abbastanza bene.
Farmacista: Allora, guardi, per il momento Le darei queste pastiglie da prendere una ogni ora. Vanno sciolte nell'acqua e assunte a stomaco vuoto. Dopo che ne avrà prese due o tre si sentirà già meglio.
Rosanna: E devo rimanere a digiuno?
Farmacista: Appena la nausea Le sarà passata, potrà ricominciare a mangiare qualcosa. Prenda allora anche un cucchiaio di questo sciroppo dopo i pasti principali.
Rosanna: A cosa serve?
Farmacista: L'aiuterà a digerire meglio.
Rosanna: Ma cosa ne pensa, è grave?
Farmacista: Guardi, per quello che Le posso dire io, non dovrebbe essere niente di grave. Ma si faccia visitare da un dottore la prossima settimana. C'è per esempio il dott. Romagnoli che è uno specialista in allergie alimentari.

Rosanna:	E se oggi non mi passa?
Farmacista:	Se non Le passa o se peggiora, può andare al pronto soccorso oppure dal medico di guardia. Loro Le possono prescrivere qualcosa di più forte. Ecco, Le do anche i numeri di telefono.
Rosanna:	Grazie, molto gentile.
Farmacista:	Si figuri. Vedrà che si rimetterà presto. Ecco a Lei. Sono 16 euro e 50 in tutto.
Rosanna:	Ecco. La ringrazio.
Farmacista:	Le auguro una pronta guarigione, signora. Arrivederci.
Rosanna:	Grazie, arrivederci.

3

fare fatica a fare qc. = Mühe haben, etw. zu tun
fare in tempo a fare qc. = es rechtzeitig schaffen, etw. zu tun

? *Digestione* (*f*) bedeutet „Verdauung", *guarire* bedeutet „genesen".

4

a–2 b–3 c–3 d–1 e–1 f–2 g–3

5

Ma cosa ti sei fatto alla spalla?	Ho avuto un piccolo incidente. / Mi sono fatto male giocando a calcio. / Mi sono ferito lavorando a casa.
Le è passato il raffreddore?	Non (mi) è ancora andato via del tutto, ma sto già meglio. / No, anzi, sto peggio di ieri. / Sì, La ringrazio, la Sua cura ha funzionato.
Che (tipo di) disturbi ha?	Faccio fatica a respirare. / Non mi sento bene in generale. / Mi fa molto male la testa. / Mi sento un po' giù.
Come ti senti?	Mi sento in (grande) forma. / Bene, faccio molto movimento e questo mi aiuta. / Non sono mai stato meglio, scoppio di salute! / Benissimo, la mia salute è ottima.

6

sciroppo per la tosse:	un cucchiaio grande	più volte al giorno, ogni quattro ore
compresse per la febbre:	due al giorno	lontano dai pasti
gocce per l'insonnia:	venti gocce all'inizio	la sera prima di andare a dormire
pastiglie per il mal di testa:	due al giorno	una al mattino, l'altra alla sera

Testo della registrazione

1
Dunque, queste pastiglie per la digestione vanno prese subito prima dei pasti. Ne prenda due o tre al giorno, a seconda del bisogno.

2
Le darei questo sciroppo per la tosse. Ne deve prendere un cucchiaio grande più volte al giorno, ogni quattro ore.

3
Le consiglio queste compresse per la febbre. Sono forti, quindi ne bastano due al giorno. Mi raccomando, le prenda lontano dai pasti.

4
Le gocce per l'insonnia vanno prese la sera subito prima di andare a dormire. Inizi con venti gocce; se vede che non basta, allora ne prenda pure trenta o al massimo quaranta.

5
Ecco, queste sono le pastiglie per il mal di testa. Ne deve prendere due al giorno, una al mattino e l'altra alla sera, con un bicchiere d'acqua. È meglio se le assume a stomaco pieno.

7

a presto b fretta c pronta d Guarisci e ti riprenderai f forma

? Am häufigsten werden die Genesungswünsche a und d verwendet.

8

avrò digerito / avranno capito / saremo arrivati / avrà assunto / si sarà sciolta / avrai gustato

9

a–4 b–6 c–5 d–1 e–2 f–3

10

a Quando avrò finito di mangiare accenderò la televisione.
b Quando avrà finito questo corso parlerà l'italiano ancora meglio.
c Quando saremo andati in pensione avremo più tempo libero.
d Quando avrà smesso di piovere usciremo di casa.
e Quando saremo rientrati avviseremo Giovanna.
f Quando il dottore avrà finito di telefonare potrete entrare.

11 Mündliche Übungen

A

Setzen Sie nun folgende Verben vom *futuro semplice* ins *futuro anteriore*.

1 troverò → *avrò trovato*
2 suonerà → *avrà suonato*
3 saliremo → *saremo saliti/e*
4 venderanno → *avranno venduto*
5 mi vestirò → *mi sarò vestito/a*
6 farete colazione → *avrete fatto colazione*
7 cercherai → *avrai cercato*
8 si romperà → *si sarà rotto/a*
9 scenderete → *sarete scesi/e*
10 prenderanno → *avranno preso*

B

Und nun „träumen" Sie laut auf Italienisch. Bilden Sie Sätze mit dem *futuro anteriore* der vorgegebenen Verben und der 1. Person Singular. Beginnen Sie Ihre Sätze mit *Tra un anno* („in einem Jahr").

11 fare un viaggio intorno al mondo
Tra un anno avrò già fatto un viaggio intorno al mondo.
12 imparare a suonare il piano
Tra un anno avrò già imparato a suonare il piano.
13 andare ad abitare in Italia
Tra un anno sarò già andato ad abitare in Italia.
14 diventare ricco e famoso
Tra un anno sarò già diventato ricco e famoso.
15 smettere di lavorare
Tra un anno avrò già smesso di lavorare.
16 comprare una villa al mare
Tra un anno avrò già comprato una villa al mare.

C

Bilden Sie nun Sätze mit dem *futuro semplice* und dem *futuro anteriore* in der angegebenen Person. Verbinden Sie die Sätze mit *Quando*.

17 Lei – prendere questo sciroppo – sentirsi meglio
Quando avrà preso questo sciroppo, si sentirà meglio.
18 noi – uscire dall'ufficio – venire a prendervi
Quando saremo usciti dall'ufficio, verremo a prendervi.
19 io – vestirsi – andare a prendere il giornale
Quando mi sarò vestita, andrò a prendere il giornale.
20 lei – finire gli studi – cercare lavoro negli Stati Uniti
Quando avrà finito gli studi, cercherà lavoro negli Stati Uniti.
21 io – guarire – tornare a sciare
Quando sarò guarito, tornerò a sciare.
22 loro – andare in pensione – non dovere più alzarsi presto la mattina
Quando saranno andati in pensione, non dovranno più alzarsi presto la mattina.

13

a–2 b–1 c–1 d–2 e–2

14

prendere il nome da qc. / girare un film / a cielo aperto / sotto controllo medico / nella migliore delle ipotesi / non va dimenticato

15

a–2 b–1 c–1 d–1

16

a	curarsi	sich (aus)kurieren
b	oltre a	(hier:) außer, neben
c	località *f*	Ortschaft
d	termale	thermal
e	presente	anwesend
f	penisola *f*	Halbinsel
g	terapeutico	therapeutisch
h	fango *m*	Fango, Schlamm

a	origine *f*	Herkunft
b	far(e) parte di qc.	zu etw. dazugehören
c	diffusione *f*	Verbreitung
d	immagine *f*	(hier:) Image
e	contribuire a qc.	zu etw. beitragen
f	popolare	populär
g	attrice *f*	Schauspielerin
h	oggigiorno	heutzutage

a	affascinare	faszinieren
b	godere (di) qc.	genießen
c	vantaggio *m*	Vorteil
d	adatto a/per	geeignet für
e	correre rischi	Risiken eingehen
f	svolgere	ausführen; ausüben
g	prudenza *f*	Vorsicht
h	in particolare	insbesondere

17

presente: sono, sei, è, siamo, siete, sono
imperfetto: ero, eri, era, eravamo, eravate, erano
futuro: sarò, sarai, sarà, saremo, sarete, saranno
condizionale: sarei, saresti, sarebbe, saremmo, sareste, sarebbero

18

presente: vengo, vieni, viene, veniamo, venite, vengono
imperfetto: venivo, venivi, veniva, venivamo, venivate, venivano
futuro: verrò, verrai, verrà, verremo, verrete, verranno
condizionale: verrei, verresti, verrebbe, verremmo, verreste, verrebbero

19

a falso b vero c falso d vero e vero f vero

20

a sono state composte b è stato progettato c è stato scritto d è stato costruito
e è stata dipinta f è stato girato

21

a Domani questo tema **sarà/verrà spiegato** nuovamente dall'insegnante.
b Dopo sette anni di lavoro **è stato riaperto** il teatro La Fenice di Venezia.
c L'Italia **è/viene visitata** ogni anno da milioni di turisti.
d Il messaggio di auguri **sarà/verrà letto** dal Presidente della Regione.
e Il colpevole **è stato riconosciuto** da molti testimoni.
f Le sette montagne più alte del mondo **sono state scalate** da Reinhold Messner.

22

a–4 b–5 c–6 d–1 e–2 f–3

23

b Gabriella va informata al più presto.
c Il bagno andava pulito ieri.
d Prima andrà fatto l'esame scritto.
e Il pasto andrebbe gustato con calma.
f I rifiuti vanno buttati nella pattumiera.

24

a Come va lavata questa maglia? – Questa maglia va lavata a mano.
b Quanto sale va messo nel minestrone? – Ne basta un pizzico.
c Per quanto tempo vanno prese queste pastiglie? – Per due settimane.
d Dove vanno ritirati i documenti? – I documenti vanno ritirati in segreteria.
e Come va fissato l'appuntamento? – L'appuntamento va fissato per telefono.

25 Mündliche Übungen

A

Setzen Sie folgende Sätze ins Passiv und verwenden Sie dabei das Hilfsverb *essere*.
Achten Sie auf die verschiedenen Zeitformen.

1 Molti studenti frequentano il corso.
Il corso è frequentato da molti studenti.

2 La polizia ci ha informato.
Siamo stati informati dalla polizia.

3 Mio fratello ha mandato una cartolina.
La cartolina è stata mandata da mio fratello.

4 Milioni di persone vedranno la partita.
La partita sarà vista da milioni di persone.

5 Tua figlia aprirà i regali.
I regali saranno aperti da tua figlia.

B

Setzen Sie folgende Sätze ins Passiv und verwenden Sie dabei das Hilfsverb *venire*.
Achten Sie wieder auf die verschiedenen Zeitformen.

6 I miei amici mi chiamano "Pippo".
Vengo chiamato "Pippo" dai miei amici.

7 Il dottore prescrive la terapia.
La terapia viene prescritta dal dottore.

8 Mia madre preparava i contorni.
I contorni venivano preparati da mia madre.

9 Vi avviseremo noi.
Verrete avvisati da noi.

10 L'ultimo che esce chiuderà la porta.
La porta verrà chiusa dall'ultimo che esce.

C

Und nun stellen Sie Fragen mit dem Passiv und den vorgegebenen Wörtern. Fangen Sie mit *Da chi …?* an.
Verwenden Sie jeweils das *passato prossimo*.

11 Alberto – vedere
Da chi è stato visto Alberto?

12 io – cercare
Da chi sono stato cercato?

13 queste borse – dimenticare
Da chi sono state dimenticate queste borse?

14 questi pacchi – portare
Da chi sono stati portati questi pacchi?

15 le birre – ordinare
Da chi sono state ordinate le birre?

26

Testo della registrazione

Sagen Sie: Guten Tag.

Lei:	Buongiorno.
Farmacista:	Buongiorno. Mi dica.

Sagen Sie: Heute fühle ich mich nicht so gut.

Lei:	Oggi non mi sento molto bene.
Farmacista:	Che tipo di disturbi ha?

Sagen Sie: Ich fühle mich schwach und habe Verdauungsschwierigkeiten.

Lei:	Mi sento debole e ho difficoltà a digerire.
Farmacista:	Ha già avuto disturbi simili in passato?

Sagen Sie: Ja, aber sie gingen gleich weg.

Lei:	Sì, ma sono andati via subito.
Farmacista:	Allora, guardi, per il momento Le darei queste pastiglie da prendere una ogni ora.

Fragen Sie: Wie müssen sie eingenommen werden?

Lei:	Come vanno prese?
Farmacista:	Vanno prese a stomaco vuoto e con un po' d'acqua.

Fragen Sie: Und soll ich nüchtern bleiben?

Lei:	E devo rimanere a digiuno?
Farmacista:	No, appena starà meglio potrà ricominciare a mangiare.

Fragen Sie: Und wenn es schlechter wird?

Lei:	E se peggiora?
Farmacista:	Allora è meglio se si fa visitare da un dottore.

Sagen Sie: Gut, danke.

Lei:	Va bene, grazie.

Unità 3

1

(Internet-)Adresse	=	indirizzo (Internet)	Website	=	sito (Internet)
im Internet surfen	=	navigare in Internet	Datei	=	documento
installieren	=	installare	Virus	=	virus

2

a vero b vero c falso d falso e falso f falso g vero

Testo della registrazione

Ruggero: Pronto?
Gabriele: Pronto? Ruggero? Ciao, sono io, Gabriele. Come stai?
Ruggero: Ah, Gabriele, ciao! Che sorpresa! Io sto bene, grazie. E tu?
Gabriele: Meno male che stai bene! Ma lo sai che sto aspettando una tua risposta!?
Ruggero: Una mia risposta?
Gabriele: Ma certo, ti ho spedito un'e-mail giorni fa per sapere se vuoi venire con me e Rita al Salone del Gusto di Torino domenica. Ti ho anche inviato l'indirizzo del sito Internet dove trovi l'intero programma e il calendario delle manifestazioni. So che non sei un tipo facile da convincere …
Ruggero: Oh scusa, Gabriele, ma non ho ancora potuto leggere la tua e-mail, perché ho un problema con il computer.
Gabriele: Ah, sì? E che tipo di problema?
Ruggero: Beh, non lo so esattamente. Sto appunto cercando di scoprirlo. Ma, senti, tu per caso sai usare il computer?
Gabriele: Beh, sì, qualcosa ci capisco.
Ruggero: Allora, tu che ne sai più di me, mi potresti dare un consiglio?
Gabriele: Ma certo, volentieri.
Ruggero: Da qualche giorno non riesco più a navigare in Internet. Secondo te da cosa può dipendere?
Gabriele: Forse avrai installato dei programmi nuovi o avrai aperto dei documenti pericolosi …
Ruggero: No, no, non ho fatto niente di particolare.
Gabriele: E hai già controllato se ci sono dei virus nel tuo computer?
Ruggero: No, non ci riesco. Sai, io non sono molto pratico di queste cose. C'è mio figlio che è un esperto, ma non mi vuole spiegare mai niente!
Gabriele: Forse potrebbe anche dipendere dal collegamento. Al tuo posto io proverei a contattare il provider. Forse loro possono aiutarti.
Ruggero: Va bene, lo farò. Ma adesso come faccio a decidere se venire con voi domenica?
Gabriele: Ascolta, io non mi intendo solo di computer ma anche di cucina, per cui segui il mio consiglio e vieni con noi.
Ruggero: E va be', d'accordo.
Gabriele: E porta anche tua moglie, mi raccomando. Ma, senti, ci posso parlare un attimo? Le volevo chiedere una cosa.
Ruggero: Elisa è già andata a dormire. Oggi si è dovuta alzare molto presto e così stasera era stanca morta.
Gabriele: Va bene, sarà per un'altra volta. Allora ci vediamo domenica! Stammi bene e … mi raccomando, guarda di non portarci dei virus …
Ruggero: Ah, ah, ah …

3

a	meno male che …	zum Glück …
b	spedire (-isc-)	senden, schicken
c	inviare	senden, schicken
d	intero	ganz, gesamt, vollständig
e	programma *m*	Programm (*auch am PC*)
f	calendario *m*	Plan; Kalender
g	manifestazione *f*	Veranstaltung

a	tipo *m*	Typ
b	esattamente	genau (*Adverb*)
c	appunto	gerade
d	scoprire	entdecken
e	per caso	zufällig
f	consiglio *m*	Ratschlag, Empfehlung
g	dipendere da qn./qc.	an jmdm./etw. liegen

a	controllare	überprüfen
b	essere pratico di qc.	sich mit etw. auskennen
c	esperto *m*	Experte
d	collegamento *m*	Verbindung
e	al tuo posto	an deiner Stelle
f	contattare	kontaktieren
g	intendersi di qc.	sich mit etw. auskennen
h	stanco morto	todmüde

4

a –   b di   c a   d –   e –   f di

? Das Verb *cercare* bedeutet „suchen“, das Verb *provare* u. a. „(an)probieren“ bzw. „testen“.

5

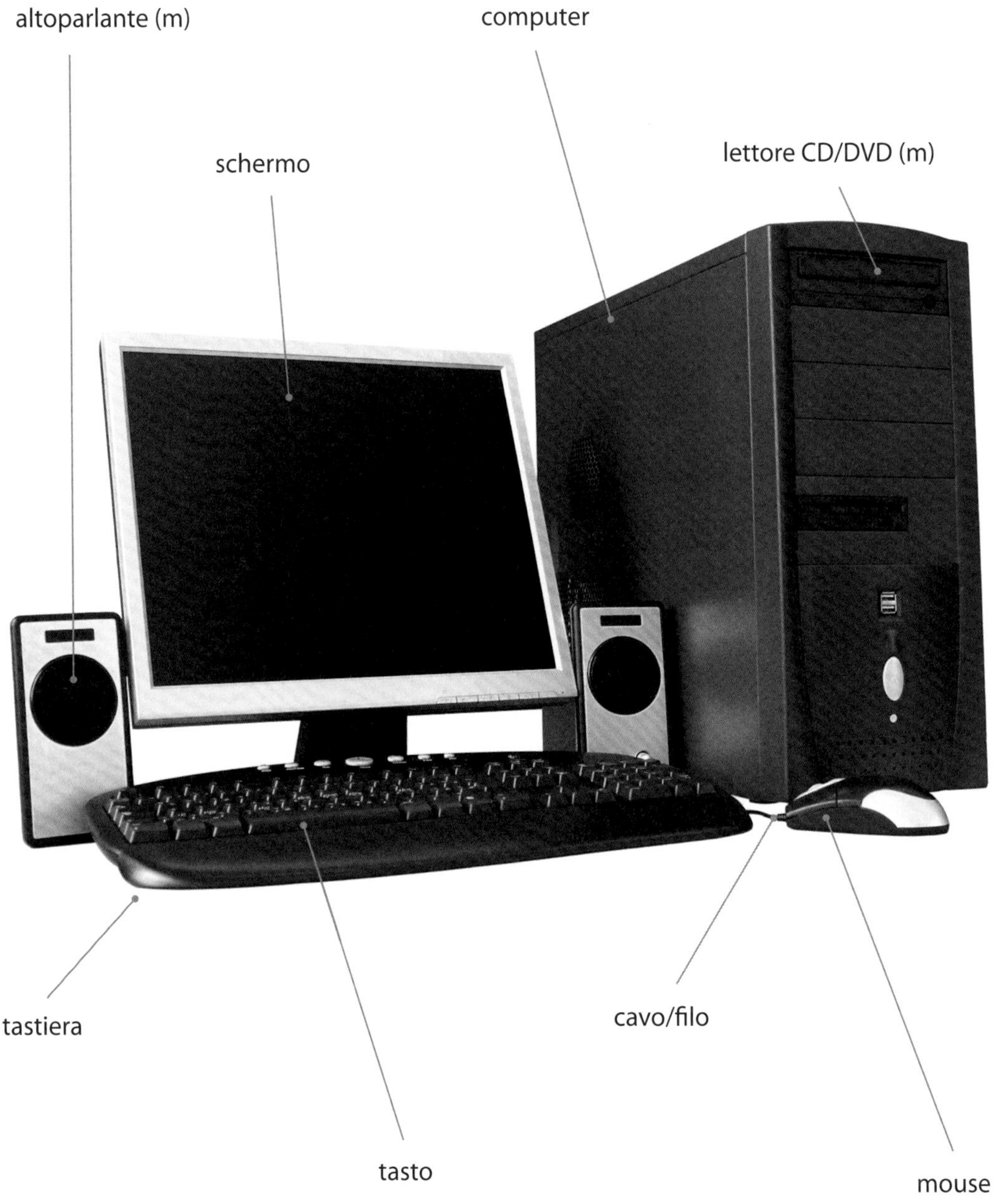
altoparlante (m)
computer
schermo
lettore CD/DVD (m)
tastiera
cavo/filo
tasto
mouse

6

chiedere un consiglio: Mi potresti dare un consiglio? / Vorrei chiederti un consiglio. / Tu (che) cosa faresti al mio posto? / Cosa mi consiglieresti di fare? / Secondo te come faccio a …?

dare un consiglio: Secondo me è meglio se … / Perché non …? / Ti conviene … / Io ti consiglierei di … / Secondo me faresti meglio a … /
Aus der Reihe fallen: *Fai come vuoi. / Che (cosa) ti devo dire! / Lo devi decidere tu!* Damit will man gar keinen Ratschlag erteilen.

7

Infinito: Perché non …? / Ti conviene … / Io ti consiglierei di … / Secondo me faresti meglio a …

Indicativo presente: Secondo me è meglio se … / Perché non …?

Auf *Perché non …?* können beide Zeitformen folgen; die Kombination mit dem *infinito* wird aber fast ausschließlich in der Schriftsprache verwendet.

8

a–2 b–6 c–5 d–1 e–4 f–3

9

avverbio: c f
condizionale presente di *dovere/potere*: e g h i
futuro semplice: b
futuro anteriore: a d

? Die Sätze f, g und h (mit dem Adverb *probabilmente* bzw. dem Modalverb *dovere*) drücken eine stärkere Vermutung aus.

10

a Dipenderà dal motore.
b Non funzionerà la chiave.
c Mancherà l'olio.
d Si sarà rotto il cambio.
e Sarà finita la benzina.
f Il pedale sarà difettoso.

11

a ho b è c hai d sono e ha f sono
Auch folgende Lösungen wären prinzipiell möglich: b ha d ho

12

a ho potuto b hanno dovuto c ha/è voluto d Avete potuto e abbiamo dovuto / siamo dovuti
f hanno voluto

13

a Ho/Sono dovuto rientrare in ufficio stasera.
b Hai proprio voluto contribuire alla spesa?
c Abbiamo dovuto / Siamo dovuti scappare a casa!
d Ha dovuto prendere le gocce ogni sera?
e Avete potuto visitare il museo?
f Non hanno proprio voluto accontentarmi.

14

a **Vi siete voluti** davvero **sposare** in Australia?
b L'aula era così piena che alcuni studenti **hanno dovuto sedersi** per terra.
c Ieri sera **ci siamo voluti/e divertire** ballando.
d **Hai potuto riposarti** come desideravi in vacanza?
e A causa dello sciopero mia figlia **si è dovuta fermare** a Milano un giorno in più.
f L'ufficio era già chiuso, per cui non **mi sono potuto/a informare** sulla mia pratica.

15

a Mi potresti dare un consiglio?
b Secondo te come faccio a …?
c Cosa mi consiglieresti di fare?
d Tu che cosa faresti al mio posto?
e Al tuo posto farei così …
f Secondo me faresti meglio a …

16 Mündliche Übungen

A

Beantworten Sie folgende Fragen nach den Angaben. Benutzen Sie dabei das Hilfsverb, das Sie in der Frage hören.

1 Sei potuto andare in banca stamattina? — no
No, non sono potuto andare in banca stamattina.
2 Hanno dovuto lavorare tutto il giorno domenica? — sì
Sì, hanno dovuto lavorare tutto il giorno domenica.
3 È voluta venire anche lei? — sì
Sì, è voluta venire anche lei.
4 Avete potuto prendere un taxi all'aeroporto? — no
No, non abbiamo potuto prendere un taxi all'aeroporto.
5 Il dottore ha voluto prescrivere un medicinale? — sì
Sì, il dottore ha voluto prescrivere un medicinale.

B

Wandeln Sie nun folgende Sätze um, indem Sie das Modalverb, das Sie im Anschluss hören, im *passato prossimo* einsetzen. Benutzen Sie dabei nur das Hilfsverb *avere*.

6 Non abbiamo parlato con lui. — potere
Non abbiamo potuto parlare con lui.

7 Luca, non hai ancora provato il mio tiramisù? — volere
Luca, non hai ancora voluto provare il mio tiramisù?

8 Era tardi e così sono rientrato. — dovere
Era tardi e così ho dovuto rientrare.

9 Questa notte non ho proprio dormito. — potere
Questa notte non ho proprio potuto dormire.

10 Marco non ha ancora guidato la macchina nuova. — volere
Marco non ha ancora voluto guidare la macchina nuova.

11 Avete preso il treno in tempo? — potere
Avete potuto prendere il treno in tempo?

C

Zum Schluss formulieren Sie einige Sätze um, indem Sie das Hilfsverb ändern.
Achten Sie auf die Stellung des Reflexivpronomens.

12 Non ti sei voluto curare ad Abano?
Non hai voluto curarti ad Abano?

13 Quest'anno non abbiamo potuto vederci quasi mai.
Quest'anno non ci siamo potuti vedere quasi mai.

14 Dopo tanto tempo si sono voluti incontrare.
Dopo tanto tempo hanno voluto incontrarsi.

15 Oggi mi sono proprio dovuta arrabbiare.
Oggi ho proprio dovuto arrabbiarmi.

16 Non si è neppure potuto lamentare.
Non ha neppure potuto lamentarsi.

17 Vi siete dovuti alzare presto stamattina?
Avete dovuto alzarvi presto stamattina?

19

b Una delle tante possibilità che Internet offre è quella di trovare informazioni attraverso motori di ricerca.
c I motori di ricerca svolgono un ruolo molto importante, perché selezionano le informazioni per l'utente.
e È bene avvicinarsi a Internet in modo critico, imparando a scoprirne i vantaggi e i rischi.

20

considerare = (hier:) betrachten
consentire = erlauben, ermöglichen

21

es ist die Zeit gekommen	è giunto il momento
die ersten Schritte machen	muovere i primi passi
aus diesem Gesichtspunkt	da questo punto di vista
außer Frage stehen	essere fuori discussione
es liegt euch am Herzen	vi sta a cuore
es liegt an euch	sta a voi

22

a cliccare (klicken) b cancellare (löschen) c fare doppio clic (doppelklicken) d scaricare (herunterladen) e inserire (*-isc-*) (einfügen) f salvare (speichern)

23

a – b ci c ci d ci e – f ci g ci

24

a al b sul c su d in e Nel, sul f Nel
Auch folgende Lösungen wären prinzipiell möglich: a sul d su e Sul f Sul

25

a navigare b schermo c inserire d sito Internet e portatile f indirizzo

26 Mündliche Übung

Beantworten Sie nun folgende Fragen nach den Angaben, die Sie im Anschluss hören. Verwenden Sie in Ihrer Antwort das Pronominaladverb *ci*.

1 Pensi tu a prenotare l'albergo? sì
Sì, ci penso io.
2 Posso contare su di te? sì
Sì, ci puoi contare.
3 Credi a quello che ti ha detto? no
No, non ci credo.
4 Provi a riparare la macchina, per favore? sì
Sì, ci provo.
5 Sei riuscito a togliere il virus dal computer? no
No, non ci sono riuscito.
6 Ci tiene alla Sua salute? sì
Sì, ci tengo.

27

Testo della registrazione

Andrea: Senti, ho un problema con il computer. Tu che ne sai qualcosa, mi daresti un consiglio?

Sagen Sie: Aber sicher, gerne. Was hast du für ein Problem?

Lei: Ma certo, volentieri. Che tipo di problema hai?
Andrea: Non riesco a leggere le e-mail. Tu sai da cosa può dipendere?

Fragen Sie: Also, hast du die Verbindung schon überprüft?

Lei: Dunque, hai già controllato il collegamento?
Andrea: Sì, l'ho controllato, ma mi sembra tutto a posto.

Fragen Sie: Und hast du schon versucht, im Internet zu surfen?

Lei: E hai già provato a navigare in Internet?
Andrea: Sì, ho provato e direi che funziona.

Sagen Sie: Vielleicht wirst du gefährliche Dateien geöffnet haben …

Lei: Forse avrai aperto dei documenti pericolosi …
Andrea: Beh, sì, ho scaricato qualche documento da Internet nei giorni scorsi.

Sagen Sie: Dann könnte es auch an einem Virus liegen.

Lei: Allora potrebbe anche dipendere da un virus.

Sagen Sie: Ich würde dir empfehlen, mit einem Experten darüber zu reden.

Lei: Ti consiglierei di parlarne con un esperto.
Andrea: Grazie. Comunque, la prossima volta che ci vediamo ti pago lo stesso un caffè!

Unità 4

1

sich aus den Augen verlieren	=	perdersi di vista
den eigenen Weg gehen	=	andare per la propria strada
Was ist aus … geworden?	=	Che fine ha fatto?
es bunt treiben	=	farne di tutti i colori
eins zieht das andere nach sich	=	da cosa nasce cosa

2

a falso b vero c vero d vero e vero f falso

Testo della registrazione

Ornella: Nonna! Guarda un po' cos'ho trovato in cantina!

Nonna: Cos'hai trovato? Ah, questa! Sai cos'è? È una foto dei miei compagni di classe al liceo. Vedi, questa sono io.

Ornella: Davvero? E ti ricordi chi era quella ragazza con gli occhiali?

Nonna: Certo che mi ricordo! Quella era Laura, una delle mie più care amiche. Era molto brava a scuola e spesso facevamo i compiti assieme. Ricordo anche che aveva iniziato a studiare Medicina all'università e che agli esami prendeva dei voti molto alti. Sarebbe sicuramente diventata un ottimo medico.

Ornella: Non ha finito gli studi pur essendo così brava?

Nonna: No, perché all'università ha conosciuto Piero, i due sono andati a vivere insieme, hanno avuto una bambina e da allora la famiglia si è allargata sempre di più. Se non mi sbaglio hanno avuto in tutto quattro figli e almeno cinque nipoti.

Ornella: E chi era invece quel ragazzo con i capelli lunghi?

Nonna: Hmmm … mi sono dimenticata il suo nome. Devo dire che non ci andavo molto d'accordo. Anzi, non lo sopportavo proprio.

Ornella: Perché? Che tipo era?

Nonna: Era un tipo decisamente arrogante e vanitoso. E poi voleva sempre avere ragione lui.

Ornella: E questo ragazzo bruttino che sorride così?

Nonna: Quello era Giorgio, un tipo molto vivace, un gran chiacchierone! Mi stava molto simpatico e ci intendevamo a meraviglia. Da giovani ne facevamo di tutti i colori. Purtroppo poi ci siamo persi di vista …

Ornella: E questo bel giovanotto?

Nonna: Beh, lui era Filippo, il più carino della classe. Siamo stati anche insieme per un breve periodo e ricordo che allora alcune delle mie compagne erano gelose di me. Poi però ci siamo lasciati e ognuno è andato per la sua strada.

Ornella: E lui che fine ha fatto?

Nonna: Lui qualche anno dopo si è sposato e a trent'anni si è trasferito negli Stati Uniti. Chissà se adesso è ancora lì …

Ornella: E il ragazzo con il cappotto chi era?

Nonna: Ma come? Non lo riconosci? Quello è tuo nonno!

Ornella: Il nonno? Andavate a scuola insieme?

Nonna:	Eh sì, è proprio così. A quell'età non lo trovavo ancora interessante. Lui era una persona sensibile e matura, ma anche molto timida: con le ragazze non apriva mai bocca! Poi con il passare del tempo ci siamo conosciuti meglio e …
Ornella:	… e da cosa nasce cosa …
Nonna:	Eh, già! Però chi poteva immaginarsi che sarebbe andata a finire così?

3

a	cantina *f*	Keller
b	classe *f*	Schulklasse
c	liceo *m*	Gymnasium
d	ricordare	sich erinnern
e	compito (per casa) *m*	Hausaufgabe
f	esame *m*	Prüfung, Klausur
g	voto *m*	Note
h	studio *m*	(hier:) Studium
i	allargarsi	sich vergrößern

a	sbagliarsi	sich irren
b	sopportare	ertragen, aushalten
c	decisamente	(hier:) echt, wirklich
d	arrogante	arrogant
e	vanitoso	eitel
f	sorridere	lächeln
g	vivace	lebhaft
h	intendersi con qn.	sich mit jmdm. verstehen
i	a meraviglia	wunderbar (*Adverb*)

a	carino	hübsch
b	geloso	eifersüchtig
c	lasciarsi	sich trennen
d	trasferirsi	umziehen
e	chissà	wer weiß
f	sensibile	sensibel
g	maturo	reif
h	timido	schüchtern
i	immaginarsi	sich vorstellen

4

chi vuole sempre sapere tutto	=	curioso
chi dice le cose come stanno	=	sincero
chi è sempre pronto ad aiutare gli altri	=	generoso
chi non ride tanto	=	serio
chi mette di buon umore anche gli altri	=	allegro
chi pensa solo a sé stesso	=	egoista

5

ci siamo conosciuti / ci siamo innamorati / ci siamo messi insieme / Siamo stati insieme / ci siamo sposati / siamo andati a vivere insieme

6

genitori / suoceri / suocera / suocero / cognata / nuora / nipoti / genero / cognato

? *Nipote* hat zwei Entsprechungen im Deutschen: „Enkel/in" und „Neffe/Nichte".

7

a–6 b–1 c–5 d–2 e–3 f–10 g–4 h–7 i–9 j–8

8

ai miei tempi / al giorno d'oggi / Da bambino / da giovane
a sedici anni / Erano anni / Negli anni / allora
Una volta / Oggi / con il tempo / a una certa età

? Der *condizionale presente* wird z. B. bei Bitten, Wünschen, Vorschlägen oder Ratschlägen verwendet (z. B. *Mi aiuteresti a … / Vorrei … / Che ne diresti di … / Sarebbe meglio …*), aber auch um etwas auszudrücken, was unter Umständen eintreten könnte (*Senza lo stress del lavoro mi sentirei meglio*).

9

prendere: avrei preso, avresti preso, avrebbe preso, avremmo preso, avreste preso, avrebbero preso
diventare: sarei diventato/a, saresti diventato/a, sarebbe diventato/a, saremmo diventati/e, sareste diventati/e, sarebbero diventati/e

10

saremmo rimasti / ti saresti sbagliato / avrebbe raccontato / mi sarei ammalato / avrebbero imparato / avreste sopportato / sarei stato

11

a–6 b–4 c–2 d–5 e–3 f–1

12

b Sapevo che i nipotini gli avrebbero cantato una canzone.
c Sapevo che i suoi figli gli avrebbero fatto una grande sorpresa.
d Sapevo che sarebbero venuti anche i parenti più lontani.
e Sapevo che anche i vicini gli avrebbero fatto gli auguri.
f Sapevo che saremmo andati a a festeggiare nel locale più "in" della città.
g Sapevo che il nonno e la nonna avrebbero ballato il liscio.
h Sapevo che il nonno si sarebbe commosso.

13 Mündliche Übungen

A

Wandeln Sie folgende Sätze in den *condizionale passato* um und sagen Sie, was man hätte tun können bzw. sollen.

1 Può chiedere un consiglio al tecnico.
Avrebbe potuto chiedere un consiglio al tecnico.
2 Devi contattare il medico.
Avresti dovuto contattare il medico.
3 È meglio prenotare.
Sarebbe stato meglio prenotare.
4 Possiamo aspettare ancora un po'.
Avremmo potuto aspettare ancora un po'.
5 Potete pagare con la carta di credito.
Avreste potuto pagare con la carta di credito.
6 Non devi correre rischi.
Non avresti dovuto correre rischi.

B

Bringen Sie Ihren Unmut zum Ausdruck, indem Sie folgende Sätze in den *condizionale passato* umwandeln.

7 Almeno potevi ascoltarmi!
Almeno avresti potuto ascoltarmi!
8 Però mi poteva chiamare!
Però mi avrebbe potuto chiamare!
9 Dovevi telefonare ieri!
Avresti dovuto telefonare ieri!
10 Ma non potevate avvisarmi prima?
Ma non avreste potuto avvisarmi prima?
11 Almeno poteva scrivermi una mail!
Almeno avrebbe potuto scrivermi una mail!
12 Dovevate rispondere entro settembre!
Avreste dovuto rispondere entro settembre!
13 Potevi almeno mandare un SMS!
Avresti potuto almeno mandare un SMS!

c

Was Sie schon alles wussten! Sagen Sie es laut, indem Sie Sätze mithilfe der Angaben bilden. Fangen Sie mit *Sapevo che* … an.

14 io – arrivare alla quarta unità di questo corso
Sapevo che sarei arrivato alla quarta unità di questo corso.

15 io – imparare molte cose nuove
Sapevo che avrei imparato molte cose nuove.

16 il mio italiano – migliorare
Sapevo che il mio italiano sarebbe migliorato.

17 io – anche divertirsi
Sapevo che mi sarei anche divertito.

18 io – avere voglia di continuare
Sapevo che avrei avuto voglia di continuare.

19 condizionale passato – non essere così difficile
Sapevo che il condizionale passato non sarebbe stato così difficile.

16

a–2 b–1 c–2 d–1 e–2 f–1

? Im Namen *Memoro* steckt das Wort *oro* („Gold").

17

a–1 b–2 c–1

18

crescente = wachsend
commovente = rührend

19

passato remoto: dovetti (dovere) / potemmo (potere) / andò (andare) / disse (dire) / aprirono (aprire) / fece (fare)

altri tempi: andrò (futuro semplice di andare) / verremo (futuro semplice di venire) / darete (futuro semplice di dare) / faremmo (condizionale presente di fare) / aprirò (futuro semplice di aprire) / dovevi (indicativo imperfetto di dovere)

20

vendesti (2. Person Singular) / vendere
fecero (3. Person Plural) / fare
spiegaste (2. Person Plural) / spiegare
poté (3. Person Singular) / potere
impararono (3. Person Plural) / imparare
bevvi (1. Person Singular) / bere

preferii (1. Person Singular) / preferire
foste (2. Person Plural) / essere
regalò (3. Person Singular) / regalare
venni (1. Person Singular) / venire
prese (3. Person Singular) / prendere
avemmo / (1. Person Plural) / avere

21

incontrò (begegnete) / chiese (fragte) / pensò (dachte … nach) / rispose (antwortete) / andò (ging) / passò (ging vorbei) / incontrò (begegnete) / chiese (fragte) / rispose (antwortete)

22

Testo della registrazione

Giulia: Guarda cos'ho trovato in mansarda!

Sagen Sie: Weißt du, was das ist? Es ist ein Foto meiner Schulkameraden am Gymnasium.

Lei: Sai cos'è? È una foto dei miei compagni di classe al liceo.
Giulia: E ci sei anche tu?

Sagen Sie: Ja, hier, das bin ich.

Lei: Sì, ecco, questo sono io.
Giulia: E chi era quel ragazzo con gli occhiali vicino a te?

Sagen Sie: Das war Riccardo, ein intelligenter Kerl, aber auch ein wenig arrogant. Er war mir nicht besonders sympathisch.

Lei: Quello era Riccardo, un tipo intelligente, ma anche un po' arrogante. Non mi era molto simpatico.
Giulia: E questo ragazzo con i capelli lunghi?

Sagen Sie: Das war Mario, mein bester Freund. Wir kamen wunderbar miteinander klar.

Lei: Quello era Mario, il mio migliore amico. Ci intendevamo a meraviglia.
Giulia: Davvero?

Sagen Sie: Ja, als Kinder hatten wir vieles gemeinsam.

Lei: Sì, da bambini avevamo molte cose in comune.
Giulia: E non siete rimasti amici?

Sagen Sie: Mit fünfundzwanzig Jahren ist er leider nach Deutschland umgezogen.

Lei: A venticinque anni purtroppo si è trasferito in Germania.

Fügen Sie hinzu: Ich hätte ihm gerne einige Briefe geschrieben, aber leider habe ich die Adresse nicht.

Lei: Gli avrei scritto volentieri qualche lettera, ma purtroppo non ho l'indirizzo.
Giulia: E non hai provato a cercare in Internet?

Sagen Sie: Nein, eigentlich habe ich es nicht versucht.

Lei: No, veramente non ci ho provato.
Giulia: Avanti, adesso guardiamo insieme! Su, dimmi come si chiama …

Unità 5

1

andare / vada
avere / abbiano
avere / abbia
essere / sia
fare / faccia
potere / possa

2

a falso b vero c vero d falso e falso f vero g falso

Testo della registrazione

Francesca: Luigi?
Luigi: Sì?
Francesca: Volevamo partire per le vacanze tra qualche giorno e non abbiamo ancora fatto le valigie.
Luigi: È vero, ma non sappiamo ancora dove andare.
Francesca: E allora, non ti pare che sia ora di decidere? A me piacerebbe fare qualcosa di diverso dal solito. Che ne dici?
Luigi: Di diverso? Cosa vuoi dire?
Francesca: Beh, potremmo andare in un agriturismo, per esempio ... Ne conosco uno bellissimo nei dintorni di Urbino.
Luigi: In un agriturismo? Ma lo sai che io soffro di allergia. Non penso che l'aria di campagna mi faccia bene.
Francesca: Allora potremmo andare all'estero e visitare qualche grande capitale europea ...
Luigi: No, guarda, io mi stanco a girare tutto il giorno per le città. Andiamo piuttosto in un villaggio turistico, così possiamo rilassarci.
Francesca: Non ti pare di essere un po' troppo pigro? Io ho voglia di muovermi, di fare dello sport ...
Luigi: Guarda, a me basta che non si vada troppo in giro e che io possa rilassarmi. Se tu vuoi fare dello sport, sei libera di farlo.
Francesca: Hai ragione. E allora perché non facciamo una bella crociera?
Luigi: Una crociera?
Francesca: Sì, proprio una crociera! Ho trovato l'altro giorno tra la posta questo dépliant di un'agenzia di viaggi. Guarda la cartina: potremmo partire da Venezia, fare il giro del Mediterraneo e arrivare a Genova. Può darsi che abbiano ancora dei posti liberi sulla nave.
Luigi: Sì, però una vacanza così è un po' noiosa.
Francesca: Altro che noiosa! Si possono fare tantissime cose in una crociera: conoscere nuove persone, fare sport, partecipare a un corso di ballo ...
Luigi: Francesca, stai scherzando? Credi che io abbia ancora vent'anni? Non sono mica più un giovanotto!
Francesca: Uffa, ma come sei difficile! Secondo me tu non hai proprio voglia di andare in vacanza.
Luigi: Certo che ho voglia, eccome! Solo che non sono sicuro che la crociera sia una buona idea.
Francesca: Ma certo che lo è! Avanti, cosa aspettiamo? Non vedo proprio l'ora di partire!
Luigi: Sì, però ... la crociera va bene per gli innamorati e noi ...
Francesca: Luigi!!!

3

dintorni *mpl*	=	Umgebung
dépliant *m*	=	Prospekt

4

a–2 b–1 c–1 d–2 e–2 f–2

5

agriturismo: fare escursioni in collina / godersi la tranquillità della campagna / fare un giro a cavallo / passeggiare nel bosco / andare in bicicletta per i campi

vacanze in città: passare le serate nei locali notturni / seguire itinerari storici e culturali / scoprire i quartieri più in voga / fotografare le chiese e i monumenti / visitare le mostre d'arte

crociera: conoscere gli altri passeggeri / leggere sotto l'ombrellone / partecipare a una gara di canto / prendere il sole / guardare il tramonto sul mare

collina *f*	=	Hügel	itinerario *m*	=	Route
passeggero *m*	=	Fahrgast	ombrellone *m*	=	Sonnenschirm
cavallo *m*	=	Pferd	bosco *m*	=	Wald
campo *m*	=	Acker, Feld	tramonto *m*	=	Sonnenuntergang

6

a Hai ragione. Alternativen: 1, 3, 5
b Che ne dici? Alternativen: 1, 4
c 1, 3, 4, 5

7

a sembra b Secondo te c Pensi d A mio parere e Credo

8

indicativo presente: vado, avete, sanno, deve, vogliono, faccio
congiuntivo presente: vengano, voglia, possiate, prendano, preferisca, parta

? Formen wie *sappiamo* oder *scendiamo* würden zu beiden Spalten passen, da die 1. Person Plural im *indicativo presente* und *congiuntivo presente* gleich ist.

9

camb**i**, camb**i**, camb**i**, camb**iamo**, camb**iate**, camb**ino**
conosc**a**, conosc**a**, conosc**a**, conosc**iamo**, conosc**iate**, conosc**ano**
dorm**a**, dorm**a**, dorm**a**, dorm**iamo**, dorm**iate**, dorm**ano**
fin**isca**, fin**isca**, fin**isca**, fin**iamo**, fin**iate**, fin**iscano**

? Bei Verben wie *cambiare* ist das *-i* des Stammes in der 1. Person Singular des *indicativo presente* unbetont. Bei allen Endungen, die mit *-i* beginnen, entfällt dieses *-i* des Stammes – z. B. in der 2. Person Singular des *indicativo presente* (*cambi*) sowie in den Formen des *congiuntivo presente* (siehe Konjugation oben). Das Gleiche gilt für Verben auf *-ciare*, *-giare*, *-gliare* und *-sciare*, z. B. *mangiare* (*mangi, mangi, mangi, mangiamo, mangiate, mangino*).

10

a sia b deva/debba c possa d vada e prendano f chiamiate

11

a–5 b–7 c–4 d–3 e–6 f–1 g–2

12

a sia b stia c sbaglia d venga e tornino f faccia

13

a Credo che Paolo **sia** un bravo ragazzo.
b Speriamo che l'Italia **vinca** la partita.
c Non vedo l'ora che **arrivi** l'estate.
d È un peccato che la festa **finisca** così presto.
e Non pensi che ti **faccia** male mangiare così tanto?
f Vuoi che ti **spieghi** quello che penso?

14 Mündliche Übungen

A

Vervollständigen Sie folgende Sätze mit den Wörtern, die Sie im Anschluss hören. Verwenden Sie dabei den *congiuntivo presente*.

1 Credo che … — lui / essere stanco
Credo che lui sia stanco.
2 Credo che … — tu / non avere voglia di uscire
Credo che tu non abbia voglia di uscire.
3 Penso che … — essere ora di iniziare
Penso che sia ora di iniziare.

4 Penso che … tu / potere andare
Penso che tu possa andare.
5 Ho l'impressione che … mancare / qualcuno
Ho l'impressione che manchi qualcuno.

B
Drücken Sie nun Wunschvorstellungen und Hoffnungen mithilfe des *congiuntivo presente* aus. Vervollständigen Sie dabei die Sätze mit den vorgegebenen Wörtern.
6 Spero che … domani / fare bel tempo
Spero che domani faccia bel tempo.
7 Speriamo che … loro / tornare presto
Speriamo che loro tornino presto.
8 Preferisco che … lui / passare a prendermi in ufficio
Preferisco che lui passi a prendermi in ufficio.
9 Non vedo l'ora che … arrivare / l'estate
Non vedo l'ora che arrivi l'estate.
10 Voglio che … venire / anche i miei genitori
Voglio che vengano anche i miei genitori.

C
Bejahen Sie nun folgende Fragen und verwenden Sie dabei die Ausdrücke, die Sie im Anschluss hören.
11 Sta piovendo? mi sembra che …
Sì, mi sembra che stia piovendo.
12 Secondo te Luisa chiamerà di nuovo? può darsi che …
Sì, può darsi che Luisa chiami di nuovo.
13 Devo essere presente all'incontro? è importante / Lei
Sì, è importante che Lei sia presente.
14 Devo aiutarti con le valigie? è meglio
Sì, è meglio che tu mi aiuti.
15 Devo proprio prendere questo sciroppo? bisogna / tu
Sì, bisogna che tu lo prenda.

D
Verneinen Sie nun folgende Sätze.
16 Sono sicuro che Marco lo sa.
Non sono sicuro che Marco lo sappia.
17 So che è una buona idea.
Non so se sia una buona idea.
18 So che Giuseppe è a casa.
Non so se Giuseppe sia a casa.
19 Sono sicuro che questa terapia è ideale.
Non sono sicuro che questa terapia sia ideale.

E

Es geht mit dem *congiuntivo presente* weiter. Vervollständigen Sie folgende Sätze mit den Wörtern, die Sie im Anschluss hören.

20	È bene che … *È bene che io sappia la verità.*	io / sapere la verità
21	È meglio che … *È meglio che voi parliate in inglese.*	voi / parlare in inglese
22	Basta che … *Basta che Lei stia attento.*	Lei / stare attento
23	È un peccato che … *È un peccato che voi siate così di fretta.*	voi / essere così di fretta
24	È una sfortuna che … *È una sfortuna che non ci siano più biglietti.*	non esserci più biglietti

F

Und schließlich vervollständigen Sie einige Fragen im *congiuntivo presente* mithilfe der vorgegebenen Wörter.

25	Ti pare che … *Ti pare che io sia una persona timida?*	io / essere una persona timida
26	Non pensi che … *Non pensi che sia meglio prenotare?*	essere meglio / prenotare
27	Non ha l'impressione che … *Non ha l'impressione che il treno sia in ritardo?*	il treno / essere in ritardo
28	Speri davvero che … *Speri davvero che lui smetta di fumare?*	lui / smettere di fumare
29	Preferite che … *Preferite che io vada da solo?*	io / andare da solo

16

a–2 b–2 c–1 d–1 e–2 (*scoprite da vicino il fascino di luoghi storici …*)

17

ein vollkommener Urlaub	=	una vacanza a trecentosessanta gradi
die Qual der Wahl haben	=	avere l'imbarazzo della scelta
maßgeschneidert	=	fatto su misura
und noch vieles mehr	=	e molto altro ancora
das Richtige für Sie	=	quello che fa per voi
zur Hand sein	=	essere a portata di mano
mit der geringsten Mühe	=	al minimo sforzo

18

a–3 b–4 c–2 d–1 e–5

19

a	emozione *f*	Gefühl, Emotion
b	unico	einzig(artig)
c	provare	empfinden, fühlen
d	rinunciare a qc.	auf etw. verzichten
e	desiderio *m*	Wunsch
f	centro benessere *m*	Wellnesscenter
g	idromassaggio *m*	Unterwassermassage
h	salone di bellezza *m*	Schönheitssalon
i	mantenersi in forma	sich in Form halten

a	palestra *f*	Turnhalle, Fitnesscenter
b	all'aperto	im Freien
c	occasione *f*	Gelegenheit
d	praticabile	durchführbar
e	in compagnia	mit jmdm. zusammen
f	assistere	betreuen
g	soluzione *f*	Lösung
h	comodità *f*	Bequemlichkeit

? Im Text erscheinen Adjektive wie *indimenticabile* (unvergesslich), *imperdibile* (es bezeichnet etwas, das man nicht verpassen kann bzw. sollte) und *praticabile* (durchführbar).

20

ingiusto – improbabile – incolto – impaziente – infelice – insolito – impensabile – irrazionale – incerto

21

spiegare	→	spiegabile	→	inspiegabile
praticare	→	praticabile	→	impraticabile
discutere	→	discutibile	→	indiscutibile
mangiare	→	mangiabile	→	immangiabile
vivere	→	vivibile	→	invivibile
bere	→	bevibile	→	imbevibile
calcolare	→	calcolabile	→	incalcolabile
prevedere	→	prevedibile	→	imprevedibile

22

a qualsiasi/qualunque b – c qualsiasi/qualunque d – e qualsiasi/qualunque
f qualsiasi/qualunque

23

aspettino – pensa – faccia – ascolti – torni – partano

24

a incerto b incompleta c infelice d inutile e competente f giusto

25

Testo della registrazione

Sagen Sie: Also, Federica, wohin könnten wir diesen Sommer in Urlaub fahren?

Lei: Allora, Federica, dove potremmo andare in vacanza quest'estate?
Federica: Potremmo andare in campeggio al Lago di Garda.

Sagen Sie: Campen gehen? Denkst du wirklich, dass das eine gute Idee ist?

Lei: Andare in campeggio? Pensi davvero che sia una buona idea?
Federica: Ma certo che è una buona idea! Il Lago di Garda è bellissimo e poi in campeggio non costa molto.

Sagen Sie: Ja, aber du weißt, dass ich Rückenschmerzen habe. Meinst du nicht, dass es besser ist, in einem Hotel zu schlafen?

Lei: Sì, ma lo sai che io ho mal di schiena. Non ti pare che sia meglio dormire in un albergo?
Federica: Ma se avevamo detto che volevamo fare una vacanza a contatto con la natura …

Sagen Sie: Dann gehen wir lieber auf einen Bauernhof ins Trentino. Was sagst du dazu?

Lei: Allora andiamo piuttosto in un agriturismo in Trentino. Che ne dici?

Fügen Sie hinzu: Dort können wir Spaziergänge im Wald machen, Ausflüge mit dem Pferd …

Lei: Lì possiamo fare passeggiate nel bosco, giri a cavallo …
Federica: Con il mal di schiena vuoi fare i giri a cavallo? E poi queste cose le possiamo fare anche al Lago di Garda.

Sagen Sie: Na gut. Aber nur, wenn man auf einem Bett schläft!

Lei: E va bene. Ma basta che si dorma su un letto!

Unità 6

1

e Condizionale presente

? **avere:** avrei, avresti, avrebbe, avremmo, avreste, avrebbero; **essere:** sarei, saresti, sarebbe, saremmo, sareste, sarebbero

2

a vero b falso c vero d vero e falso f vero g falso

Testo della registrazione

Lina:	Buongiorno.
Simone:	Buongiorno.
Sig. Bini:	Buongiorno, signori. In cosa posso esservi utile?
Lina:	Sono Lina Follini e questo è mio marito. Saremmo interessati ad affittare un appartamento per l'estate e vorremmo qualche informazione. Ne ho parlato la settimana scorsa al telefono con la Sua collega. Spero che Gliel'abbia detto.
Sig. Bini:	Certo, me l'ha detto. Prego, accomodatevi.
Lina:	Grazie.
Sig. Bini:	Allora, vediamo un po' … se non sbaglio vorreste un appartamento tranquillo, ma non troppo isolato, sui 70-75 metri quadrati, con cucina, due camere da letto, salotto e possibilmente balcone.
Lina:	Esattamente. Per tutto il mese di luglio.
Sig. Bini:	Dunque, per voi avrei un appartamento di 60 metri quadrati vicino al lungomare, molto carino, luminoso, con balcone e con vista sul mare. Oppure ne avrei un altro di 82 metri quadrati, appena fuori città, anche questo davvero delizioso e con una grande terrazza. Eccovi le foto.
Lina:	Beh, certo, la vista sul mare è bella, però per noi è importante che sia spazioso. Che ne dici, Simone?
Simone:	Sì, lo penso anch'io. E, senta, l'appartamento con la terrazza a che piano è?
Sig. Bini:	Al pianoterra, signore.
Simone:	Non ne avrebbe uno così grande a un piano superiore?
Sig. Bini:	No, purtroppo no. A meno che non ne vogliate uno in centro città.
Simone:	No, allora non importa. E … ancora una cosa. Sa se ci sono dei negozi nelle vicinanze?
Sig. Bini:	Beh, che io sappia c'è un panificio e … una farmacia. Comunque l'appartamento è in una zona ben collegata. Eventualmente potete prendere l'autobus e nel giro di venti minuti siete in centro.
Lina:	E, senta, forse chiedo troppo, ma per noi è molto importante che ci sia la possibilità di portare animali. Sa, con noi verrebbe anche Poldo, il nostro terrier.
Sig. Bini:	Sì, certo, può portare anche il Suo cane.
Lina:	Perfetto! E sarebbe possibile vedere l'appartamento prima di affittarlo?
Sig. Bini:	Naturalmente, si immagini. Posso mostrarvelo prima che firmiate il contratto.
Simone:	E quanto verrebbe l'affitto?
Sig. Bini:	Sarebbero 600 euro alla settimana.
Lina:	Caspita! Pensavo un po' di meno!

Sig. Bini:	Le assicuro che è davvero un buon prezzo, signora. E sono comprese anche le bollette.
Simone:	Dovremmo pagare in anticipo?
Sig. Bini:	Dunque, innanzitutto dovreste versare l'affitto di una settimana come cauzione. Nel caso che oggi non abbiate contanti a sufficienza, potete fare un bonifico nei prossimi giorni. Poi l'affitto dovreste pagarlo in anticipo all'inizio del soggiorno.
Lina:	Va bene, allora non resta altro che darci un'occhiata.
Sig. Bini:	Sono sicuro che vi piacerà.

3

firmare = unterschreiben
versare = abführen, einzahlen

4

Lina benutzt das Wort *Caspita!* Möglich wären auch *Accidenti!*, *Però!* und *Perbacco!*

5

la cucina 2	il lavandino 13	l'ingresso 1
il giardino 6	i fornelli 4	il corridoio 7
il water 14	la camera da letto 10	la camera dei bambini 8
il lavello 3	la vasca da bagno 12	il bidè 15
il salotto 5	il ripostiglio 9	il bagno 11

6

Das Gespräch 3 verläuft nicht nach dem dargestellten Muster.

Testo della registrazione

1

Signora:	Buongiorno.
Edicolante:	Buongiorno, signora. Mi dica.
Signora:	Volevo l'ultimo numero della rivista "Arte".
Edicolante:	Mi dispiace, ma non è ancora arrivato.
Signora:	E quando pensa che arriverà?
Edicolante:	Di solito esce verso la fine del mese.
Signora:	Ancora una cosa. Sa se sarà allegato anche un DVD?
Edicolante:	Hmmm … No, veramente non lo so.
Signora:	Va bene, La ringrazio.
Edicolante:	Di niente. Arrivederci.
Signora:	Arrivederci.

2

Farmacista: Buongiorno. Cosa desidera?
Signora: Buongiorno. Avrei bisogno di uno sciroppo per la tosse.
Farmacista: Ecco, questo è molto buono. Viene otto euro e quarantacinque.
Signora: E quanto ne devo prendere?
Farmacista: Dunque, dai tre ai cinque cucchiai al giorno, a seconda del bisogno.
Signora: Già che ci sono, Le chiedo anche un'altra cosa. Per caso sa a che ora riapre il negozio di calzature lì all'angolo?
Farmacista: No, guardi, questo proprio non Glielo so dire.
Signora: Va bene, non importa. Ecco a Lei.
Farmacista: Grazie. Ecco il resto. Arrivederci.
Signora: Grazie a Lei. Arrivederci.

3

Signora: Buonasera.
Tassista: Buonasera. Dove vuole andare?
Signora: Mi potrebbe portare in Largo Gemelli 18?
Tassista: Certo. I bagagli li dia pure a me.
Signora: E, senta, forse chiedo troppo, ma potrebbe poi aiutarmi a portare i bagagli in casa quando arriviamo? Sa, io abito al quarto piano e purtroppo l'ascensore è rotto.
Tassista: Certo, signora, non si preoccupi.
Signora: La ringrazio molto. Naturalmente Le darò anche una bella mancia.
Tassista: Si figuri, lo faccio volentieri. Allora, possiamo andare?

7

Dialogo 1: Ancora una cosa.
Dialogo 2: Già che ci sono, Le chiedo anche un'altra cosa.
Dialogo 3: E, senta, forse chiedo troppo, ma …

? Die Floskel im Dialog 3 ist am höflichsten.

8

	mi	**ti**	**gli / le**	**Le**	**ci**	**vi**
lo	me lo	te lo	glielo	Glielo	ce lo	ve lo
la	me la	te la	gliela	Gliela	ce la	ve la
li	me li	te li	glieli	Glieli	ce li	ve li
le	me le	te le	gliele	Gliele	ce le	ve le

9

a ve lo b me la c glieli d ce la e gliele f te lo g glielo

10

b Sì, se lo dimentica sempre.
c No, non se la mette.
d Sì, ce lo ricordiamo.
e Sì, me lo ricordo.
f No, non me lo chiedo mai.

11

a purché b Sebbene c Nel caso che d in modo che e a meno che non f Nonostante

12

a avete b ho c abbia d ho e possa f inizi

13 Mündliche Übungen

A

Wandeln Sie nun folgende Sätze um, indem Sie das indirekte Objekt durch ein unbetontes indirektes Objektpronomen ersetzen.

1 Adesso racconto una storia ai bambini.
Adesso gli racconto una storia.
2 Porta una bibita a noi?
Ci porta una bibita?
3 Va bene se regalo un maglione a Mariella?
Va bene se le regalo un maglione?
4 Spedisco al mio dottore questi documenti per mail.
Gli spedisco questi documenti per mail.
5 Mostri alla signora la strada?
Le mostri la strada?
6 A te non ha detto ancora nessuno la verità?
Non ti ha detto ancora nessuno la verità?

B

Nun wandeln Sie weitere Sätze um, indem Sie ebenfalls das direkte Objekt durch das passende direkte Objektpronomen ersetzen.

7 Mi fai un piacere?
Me lo fai?
8 Adesso Le spiego le mie idee.
Adesso Gliele spiego.
9 Ci ridate il pallone?
Ce lo ridate?

10 Se vuole, Le presto la bicicletta.
Se vuole, Gliela presto.
11 Vi ricordate i racconti dei vostri nonni?
Ve li ricordate?
12 Mi sono dimenticato il suo nome.
Me lo sono dimenticato.
13 Come ti immagini il tuo futuro?
Come te lo immagini?

C

Beantworten Sie jetzt folgende Fragen mithilfe der Angaben, die Sie im Anschluss hören. Verwenden Sie dabei stets die zusammengesetzten Objektpronomen.

14 Daniele, mi mandi il programma delle manifestazioni? sì
Sì, te lo mando.
15 Mi scusi, mi scrive anche il Suo numero di telefono? va bene
Va bene, Glielo scrivo.
16 Quando riporti le riviste alla biblioteca? domani
Gliele riporto domani.
17 Guido, ci daresti il tuo portatile per una sera? ma certo
Ma certo, ve lo do!
18 Silvio si è dimenticato l'indirizzo? eh sì, a quanto pare
Eh sì, a quanto pare se lo è dimenticato.
19 Mi spieghi cos'hai fatto ieri tutto il giorno? sì, dopo
Sì, dopo te lo spiego.
20 Per caso si ricorda quante persone si sono iscritte? no, purtroppo no
No, purtroppo non me lo ricordo.

D

Es geht nun mit dem *congiuntivo passato* weiter. Setzen Sie folgende Sätze vom *congiuntivo presente* in den *congiuntivo passato*.

21 È un peccato che Miriam faccia già le valigie.
È un peccato che Miriam abbia già fatto le valigie.
22 Non sono sicuro che facciano in tempo a passare per il centro.
Non sono sicuro che abbiano fatto in tempo a passare per il centro.
23 È meglio che tu sappia cos'è successo.
È meglio che tu abbia saputo cos'è successo.
24 È probabile che il tempo peggiori.
È probabile che il tempo sia peggiorato.
25 Ti pare che Edoardo soffra di disturbi gravi?
Ti pare che Edoardo abbia sofferto di disturbi gravi?
26 Può anche darsi che vi stanchiate.
Può anche darsi che vi siate stancati.

E

Vervollständigen Sie zum Schluss folgende Sätze mit den Wörtern, die Sie im Anschluss hören. Benutzen Sie dabei stets den *congiuntivo passato*.

27 Credo che ... — Maria / capire
Credo che Maria abbia capito.

28 Ho l'impressione che … — noi / sbagliarsi
Ho l'impressione che ci siamo sbagliati.

29 È proprio una sfortuna che … — il treno / arrivare in ritardo
È proprio una sfortuna che il treno sia arrivato in ritardo.

30 Non penso che … — mia moglie / arrabbiarsi
Non penso che mia moglie si sia arrabbiata.

31 Signor Rossi, spero proprio che … — Lei / riprendersi
Signor Rossi, spero proprio che Lei si sia ripreso.

32 È difficile che … — loro / rinunciare al viaggio
È difficile che loro abbiano rinunciato al viaggio.

14

posto auto = parcheggio per l'automobile
cucina abitabile = una cucina grande e spaziosa
doppi servizi = due bagni
cucinino = piccola cucina
angolo cottura = piccolo spazio dove si può cucinare

15

Die Nachsilbe *si* bedeutet „man": *si vende / si affitta*.

16

a falso b vero c falso d falso e vero f falso

17

a–3 b–6 c–2 d–5 e–7

18

a	annuncio *m*	Anzeige
b	immobiliare	Immobilien-
c	zona *f*	Gegend
d	riscaldamento *m*	Heizung
e	spese condominiali *fpl*	Betriebskosten (eines Hauses)
f	ristrutturare	renovieren
g	angolo cottura *m*	Kochnische
h	studio *m*	Arbeitszimmer

a	lavanderia *f*	Waschraum im Keller
b	arredare	möblieren, einrichten
c	stato *m*	Zustand
d	pavimento *m*	(Fuß-)Boden
e	marmo *m*	Marmor
f	aria condizionata *f*	Klimaanlage
g	divano letto *m*	Schlafcouch
h	lavatrice *f*	Waschmaschine

19

un appartamento di quattro stanze	=	quadrilocale
una casa di campagna	=	rustico
una casa per una famiglia	=	villino unifamiliare
con molti servizi pubblici	=	ben servito

20

pianoterra	=	pianterreno	indipendente	=	autonomo
soggiorno	=	salone	camera/stanza	=	locale

21

a–6 b–4 c–5 d–1 e–2 f–3

22

b Me la mandi?
c Gliele devo comprare? / Devo comprargliele?
d Ce la vuoi mostrare? / Vuoi mostrarcela?
e Gliel'ho scritta.
f Glielo puoi prendere tu? / Puoi prenderglielo tu?
g Signora, mi dispiace, ma Glielo devo vietare. / Signora, mi dispiace, ma devo vietarGlielo.

23

a Glielo do.
b Te la regala.
c Glielo dice.
d Ce lo porti?
e Glieli mostro.
f Me le racconta?

24

a sia successo b sia passato c arrivi d sia smesso e abbia dovuto f ascolti

25

			B				C			L
		S	O	G	G	I	O	R	N	O
			N				N			C
C	U	C	I	N	A		T			A
			F				R			L
			I				A			E
			C				T			
		B	O	L	L	E	T	T	A	
							O			

26

Testo della registrazione

Sig. Bini:	Buongiorno. In cosa posso esserLe utile?
Lei:	Buongiorno. Sarei interessato ad affittare un appartamento per l'estate. Ne ho parlato ieri al telefono con la Sua collega. Spero che Gliel'abbia detto.
Sig. Bini:	Purtroppo non ha potuto dirmelo, perché oggi è ammalata. Allora, come lo vorrebbe l'appartamento?
Lei:	Per me è importante che sia tranquillo, ma non troppo isolato, e anche luminoso.
Sig. Bini:	Va bene. E a che piano le andrebbe bene?
Lei:	Possibilmente al primo piano.
Sig. Bini:	D'accordo. E ha qualche richiesta particolare?
Lei:	Sì, senta, forse chiedo troppo, ma sarebbe possibile portare animali?
Sig. Bini:	Dunque, dipende dall'appartamento: in alcuni sì, in altri no.
Lei:	E ancora una cosa. Quanto verrebbe l'affitto?
Sig. Bini:	Allora, dai 500 ai 700 euro alla settimana, a seconda dell'appartamento.
Lei:	Dovrei pagare in anticipo?
Sig. Bini:	Beh, sì, innanzitutto dovrebbe versare una cauzione alla firma del contratto e poi l'affitto della prima settimana all'inizio del soggiorno.
Lei:	Va bene. E sarebbe possibile darci un'occhiata prima di affittarlo?
Sig. Bini:	Certo. Intanto Le mostro qualche foto e poi ne riparliamo.

Unità 7

1

e – Imperfetto di *stare* + gerundio

? stavo andando, stavi andando, stava andando, stavamo andando, stavate andando, stavano andando

2

a falso   b falso   c vero   d vero   e falso   f vero   g vero   h falso

Testo della registrazione

Vigile:	Per favore, ci lascia passare? Mi scusi, eh? Buongiorno. Di chi sono queste macchine?
Signore:	Sono nostre.
Signora:	Vi abbiamo chiamati noi.
Vigile:	Allora, cos'è successo?
Signora:	Guardi, è successo che io ero ferma all'incrocio e stavo aspettando di svoltare a sinistra quando il signore mi ha tamponato con la sua auto.
Signore:	No, guardi, non per contraddirLa, ma le cose sono andate un po' diversamente. È Lei che ha frenato di colpo mentre io stavo arrivando da dietro.
Vigile:	E Lei per quale motivo ha frenato?
Signora:	Come ho detto prima, io volevo girare a sinistra. Poi mi sono accorta che stava arrivando un camion e allora mi sono fermata per dargli la precedenza.
Vigile:	E Lei non ha visto che la signora si era fermata?
Signore:	Senta, non avendo visto nessun veicolo che veniva in questa direzione, ho pensato che la signora avrebbe subito girato a sinistra. E invece no! Si è fermata all'improvviso senza motivo!
Vigile:	Ma non si era accorto del camion?
Signore:	Certo che me n'ero accorto, ma sarà stato a mezzo chilometro di distanza! Non c'era nessun bisogno di fermarsi.
Signora:	Ma come sarebbe a dire "nessun bisogno"?! Non vorrà mica negare che stava arrivando un camion?
Signore:	E infatti non lo nego. Dico solo che Lei avrebbe avuto tutto il tempo di svoltare.
Signora:	Guardi, io per la strada preferisco essere prudente. E guidando così non avevo ancora avuto un incidente in vita mia. Guardi adesso che danno! Mannaggia!
Signore:	A parte il fatto che neanch'io avevo mai avuto un incidente prima, non può mica fare quello che Le pare, non è mica a casa Sua. Deve pur rispettare le regole della strada.
Signora:	E infatti io le regole le rispetto molto più di Lei! Per questo mi ero fermata.
Signore:	Questa è bella! Non ho neanche avuto il tempo di frenare!
Signora:	Come mai non l'ha avuto? Perché guidava troppo veloce! È colpa Sua! Non lo sa che qui c'è un limite di 50 all'ora?
Signore:	Intanto si calmi che non c'è nessun bisogno di gridare. Ecco, io sarò andato al massimo a quaranta all'ora.
Signora:	Ma non mi faccia ridere!
Vigile:	È vero quello che dice la signora, che Lei stava andando troppo veloce?
Signore:	Ma La prego! Stavo andando a una velocità … come dire … "giusta" per poter arrivare al lavoro in tempo. Sa, è l'ora di punta e a volte bisogna restare in coda per un bel pezzo.
Vigile:	Va bene, va bene, abbiamo capito. Adesso noi facciamo i nostri rilievi e poi Voi potete andare. Mi fa vedere i Suoi documenti? E anche i Suoi, per cortesia. E intanto mettete anche una bella firma qui …

3

a	lasciar passare	vorbeilassen
b	fermo	(hier:) stehend
c	svoltare	abbiegen
d	contraddire qn.	jmdm. widersprechen
e	frenare	bremsen
f	di colpo	plötzlich
g	accorgersi di qn./qc.	jmdn./etw. bemerken
h	camion *m*	Lastkraftwagen
i	fermarsi	anhalten

a	motivo *m*	Grund
b	distanza *f*	Entfernung
c	bisogno *m*	(hier:) Bedarf
d	negare	abstreiten, verneinen
e	prudente	vorsichtig
f	danno *m*	Schaden
g	Mannaggia!	Verdammt!
h	A parte il fatto che …	Abgesehen davon, dass …

a	rispettare	befolgen
b	colpa *f*	Schuld
c	limite *m*	Begrenzung
d	calmarsi	sich beruhigen
e	gridare	schreien
f	ora di punta *f*	Stoßzeit
g	coda *f*	Stau
h	pezzo *m*	(hier:) Weile
i	firma *f*	Unterschrift

4

bei mir zu Hause	=	a casa mia	Es ist meine Sache.	=	Sono affari miei.
dank mir	=	per merito mio	für mich (allein)	=	per conto mio
Es ist meine Schuld!	=	È colpa mia!	in meinem Leben	=	in vita mia
meinerseits	=	da parte mia	eigenwillig	=	di testa mia

? Der Spruch *Si faccia gli affari / i fatti Suoi!* heißt „Kümmern Sie sich doch um Ihre eigenen Angelegenheiten!". *Non sono affari/fatti Suoi!* bedeutet hingegen soviel wie „Das geht Sie gar nichts an".

5

a–2 b–3 c–1

Testo della registrazione

1

Ero appena uscito dall'ufficio e stavo facendo la solita strada per tornare a casa dal lavoro. Ero ancora in centro città, nel punto in cui c'è una curva e subito dopo, a una cinquantina di metri, un semaforo. Passata la curva, ho visto che il semaforo era giallo e ho accelerato per poter superare l'incrocio in tempo. Arrivato ormai a pochi metri dall'incrocio, ho però pensato che non ce l'avrei fatta e allora ho frenato di colpo. Purtroppo l'autista della macchina dietro di me non se l'aspettava e così mi ha tamponato in pieno.

2

Ero fermo all'incrocio tra via Verdi e via Bellini e stavo per girare a sinistra. Dall'altra parte della strada c'era una Fiat Punto che aveva messo la freccia per svoltare a destra. Siccome da destra e da sinistra non arrivavano altre macchine, ho deciso di procedere fino al centro dell'incrocio per poi dare la precedenza alla Punto. In quel momento mi sono accorto che l'autista della Punto aveva tolto la freccia e voleva proseguire dritto. Ho frenato ma purtroppo non è bastato.

3

Stavo percorrendo la statale nr. 13 in direzione Vicenza, in un punto dove il limite di velocità è di 90 all'ora. Davanti a me c'era una macchina che sarà andata a 50, al massimo a 60 all'ora. Visto che avevo un appuntamento importante e non volevo fare tardi, ho pensato di sorpassarla. La strada era libera, anche se avevo visto che c'era una curva a due-trecento metri. Proprio nel momento in cui stavo facendo il sorpasso ho visto uscire dalla curva un'altra macchina che procedeva velocemente verso di me. Mi sono spaventato e ho cercato subito di rientrare a destra. Non ho più guardato dov'era l'auto che volevo sorpassare e così l'ho urtata sul lato sinistro.

6

a Non per contraddirLa, ma … / … le cose sono andate un po' diversamente.
Alternativen: 2, 3

b Ma come sarebbe a dire "…"? / Non vorrà mica negare che …?
Alternativen: 2, 5. Alternative 3 wäre an der Stelle wohl zu höflich.

c Questa è bella! / Ma non mi faccia ridere!
Alternativen: 1, 3

? Die Ausdrücke 1–3 lauten in der Du-Form: *Ma fam**mi** il piacere! – Ma non far**mi** ridere! – Non **mi** prendere / prender**mi** in giro!*

7

… per così dire … / … come dire … / … cioè … / … diciamo così …

8

a Non vorrà **mica** negare che arrivava un camion?
b Non è **mica** a casa Sua!
c Come mi tratti?! Non sono **mica** un ragazzino!
d Non serve fermarsi: non siamo **mica** stanchi.
e Non sarai **mica** tu che mi fai questi scherzi?
f Non sono **mica** stato io a sporcare la parete!

9

a **Come mai** il distributore è chiuso oggi?
b **Per quale ragione** non hai mai tempo libero?
c **Per che motivo** non ha frenato all'incrocio?
d **Perché mai** i Carabinieri hanno voluto vedere i nostri documenti?

10

a–5 b–6 c–3 d–2 e–4 f–1

11

a Essendo già stati avvisati, non ci siamo meravigliati della notizia.
b Avendo visto il camion, mi sono fermata.
c Avendo avuto un problema con il riscaldamento, abbiamo deciso di chiamare l'idraulico.
d Non essendo ancora sicura su cosa fare, preferì guadagnare un po' di tempo.
e Non avendo trovato nessuna stanza libera, abbiamo dovuto dormire in macchina.
f Avendo il pomeriggio libero, sono andata a passeggiare con Luca.

12

a Avendo**la** b essendo**si** c avendo**ne** d essendo**ci** e essendo**ci** f Avendo**lo**

13

a per colpa sua b a casa tua/mia, da parte mia c affari Suoi d Per merito vostro
e per conto loro f in vita mia

14

a Non per contraddirLa, ma …
b Non vorrà mica negare che …
c Andavo a 100 (chilometri) all'ora.
d Non prendermi in giro!
e Macché! Non è mica vero!

15 Mündliche Übungen

A

Wandeln Sie das *gerundio presente* ins *gerundio passato* um.

1 Pur guadagnando molto, non hanno abbastanza soldi per una casa nuova.
Pur avendo guadagnato molto, non hanno abbastanza soldi per una casa nuova.

2 Non andando mai in vacanza, è un po' stanco.
Non essendo mai andato in vacanza, è un po' stanco.

3 Partecipando a un corso, so parlare in spagnolo molto meglio di prima.
Avendo partecipato a un corso, so parlare in spagnolo molto meglio di prima.

4 Pur migliorando, non si sente ancora in forma al cento per cento.
Pur essendo migliorato, non si sente ancora in forma al cento per cento.

5 Pur contribuendo al successo dell'iniziativa, non vuole essere pagata.
Pur avendo contribuito al successo dell'iniziativa, non vuole essere pagata.

6 Riparandovi non potete bagnarvi.
Essendovi riparati non potete bagnarvi.

B

Wandeln Sie nun folgende Sätze mithilfe des *gerundio passato* um. Falls nötig, stellen Sie die Konjunktion *pur* an den Satzanfang.

7 Visto che hai preso la pastiglia, ti è passato il mal di pancia?
Avendo preso la pastiglia, ti è passato il mal di pancia?

8 Anche se avevo frenato, non ho fatto in tempo a fermarmi.
Pur avendo frenato, non ho fatto in tempo a fermarmi.

9 Anche se abbiamo visto l'incidente, non sapremmo descriverlo.
Pur avendo visto l'incidente, non sapremmo descriverlo.

10 Siccome si era appena ripreso da una malattia, non è venuto a fare jogging con me.
Essendosi appena ripreso da una malattia, non è venuto a fare jogging con me.

11 Siccome si era stancata di stare a casa, è uscita a fare due passi.
Essendosi stancata di stare a casa, è uscita a fare due passi.

12 Anche se ci siamo lamentati, non abbiamo ricevuto nessuna informazione.
Pur essendoci lamentati, non abbiamo ricevuto nessuna informazione.

13 Siccome ho fatto una bella crociera, mi sento molto meglio.
Avendo fatto una bella crociera, mi sento molto meglio.

17

d Il direttore vuole far capire a Massimo che è bene mettere in discussione le proprie idee sul mondo.

18

fare il furbo	=	schlau sein
fare apposta	=	absichtlich tun

19

b Il professore di inglese, **la cui** bravura è nota, lascerà la scuola.
c Giuseppe, **la cui** moglie è altoatesina, parla il tedesco.
d L'autista, **il cui** errore ha provocato l'incidente, dovrà pagare i danni.
e Come si chiama quella tua amica, **i cui** fratelli sono in America?
f Il sig. Luzi, **le cui** figlie lavorano con me, è malato.

20

b È un collega, **di cui** tutti ammirano la passione per il lavoro.
c È uno scrittore, **di cui** ho a casa tutti i libri.
d Quel signore, **di cui** ho salutato la figlia, è il sindaco della città.
e È un grave problema, **di cui** si nega ancora l'esistenza.
f Quello è il vicino di casa, **di cui** ho conosciuto la moglie.

21

b Prima di andare bevete ancora un caffè con noi!
c Dopo aver incontrato Gianni al mercato l'ho invitato a casa mia.
d –
e –
f È meglio se ci mettiamo la giacca prima di uscire.
g Dopo aver guardato il telegiornale si è messo a dormire.

22

b Dopo essersi trasferita a Roma ha iniziato a conoscere nuova gente.
c Dopo essersi addormentato al volante è uscito di strada.
d Dopo essersi messi in fila hanno notato qualcosa di strano.
e Dopo essersi stancate di fare il bagno le mie figlie sono tornate sulla spiaggia.
f Dopo essersi ricordati del nostro anniversario i nostri nipoti ci hanno fatto gli auguri.
g Dopo essersi fatto male Guglielmo ha smesso di fare sport.

23 Mündliche Übung

Wandeln Sie nun folgende Sätze um und verwenden Sie dabei *prima di* bzw. *dopo* und den Infinitiv.

1 Dopo che hai pulito la casa potresti lavare anche la macchina.
Dopo aver pulito la casa potresti lavare anche la macchina.

2 Dopo che ha tolto il sugo dal fuoco deve aggiungerci il pepe.
Dopo aver tolto il sugo dal fuoco deve aggiungerci il pepe.

3 Ci penserò bene prima che mi sposi!
Ci penserò bene prima di sposarmi!

4 Prima che chiediamo informazioni proviamo a guardare la cartina.
Prima di chiedere informazioni proviamo a guardare la cartina.

5 Sono andati nel loro ristorante preferito dopo che sono stati all'opera.
Sono andati nel loro ristorante preferito dopo essere stati all'opera.

24

Testo della registrazione

Signore: Mannaggia! Guardi un po' che danno!

Sagen Sie: Aber hatten Sie nicht gemerkt, dass ich stand?

Lei: Ma non si era accorto che ero fermo?
Signore: Questa è bella! Ma se ha frenato di colpo!

Sagen Sie: Schauen Sie, es ist nicht so gelaufen. Ich stand schon seit einer Weile.

Lei: Guardi che non è andata così. Io ero fermo già da un pezzo.
Signore: Ah sì? E perché era fermo così senza motivo?

Sagen Sie: Da es einen Stau gab, musste ich anhalten.

Lei: Siccome c'era una coda, ho dovuto fermarmi.
Signore: Ma quale coda? Io non vedo nessuna coda?!

Sagen Sie: Vorher gab es den Stau. Wieso haben Sie ihn nicht gesehen?

Lei: Prima c'era la coda. Come mai non l'ha vista?
Signore: Ma che ne so … L'ha vista solo Lei la coda …

Sagen Sie: Was soll das heißen „nur ich habe ihn gesehen"?

Lei: Come sarebbe a dire "l'ho vista solo io?"

Sagen Sie: Schauen Sie, was für ein Schaden jetzt … nur durch Ihre Schuld!

Lei: Guardi che danno adesso … solo per colpa Sua!
Signore: E va be' … e ora che facciamo?

Sagen Sie: Meiner Meinung nach ist es besser, die Polizei zu rufen.

Lei: Secondo me è meglio chiamare la polizia.

Unità 8

2

a vero b vero c falso d vero e falso f vero

3

a–2, 3 b–1, 4

Testo della registrazione

Claudio:	È stata veramente una serata splendida e la cena era squisita!
Lucia:	Ma lo sai che sei proprio brava a far da mangiare?
Claudio:	Eh sì, sei davvero un'ottima cuoca!
Anna:	Oh, grazie, ma adesso non esagerate. Ma … volete ancora un po' di dolce? Lucia, Claudio, ve ne posso dare ancora un po'?
Lucia:	No, grazie, per me basta così.
Anna:	Su, non fate complimenti, prendetene ancora una fettina!
Claudio:	Grazie, ma anch'io non ce la faccio più.
Antonio:	Io invece me ne prendo ancora un pochino.
Anna:	Proprio tu che non dovresti mangiarne! E poi dice che vuole mettersi a dieta!
Antonio:	E dai! Si vive una volta sola!
Anna:	Sì, questo lo dici sempre … anche quest'estate dai tuoi. Sapete, quest'anno abbiamo festeggiato le nostre nozze d'argento con la famiglia di Antonio, in Calabria.
Lucia:	Le nozze d'argento? Congratulazioni! Non lo sapevamo …
Anna:	Eh sì, il tempo passa …
Claudio:	Dite un po': come ci si sente dopo venticinque anni di matrimonio?
Antonio:	Cosa vuoi, dopo tanti anni non si può non andare d'accordo … Ognuno ha le sue manie, ma con il tempo ci si abitua …
Anna:	A lui per esempio piace farmi arrabbiare ogni tanto, ma poi mi passa. Comunque, dai suoi è stata una gran bella festa: si è mangiato, bevuto …
Antonio:	Ti ricordi cosa abbiamo mangiato?
Anna:	Come no? Gli involtini di melanzane con i tagliolini. Come li fa tua madre non li fa nessuno.
Antonio:	E poi i dolcetti alle mandorle … hmmm, deliziosi! E il pecorino … che bontà!
Anna:	Sì, ma che porzioni! Alla fine non ne potevo proprio più.
Antonio:	Sì, sì, ma abbiamo mangiato veramente bene.
Lucia:	E poi come avete festeggiato?
Anna:	Beh, dopo cena si sono aperti i regali e la sera si è andati tutti insieme in spiaggia, dove si è suonato e ballato fino a tardi. Antonio lo hanno fatto anche cantare!
Antonio:	E, senti, mi passi un po' di panna cotta?
Anna:	Anche la panna cotta vuoi? No, guarda, per te non ce n'è proprio più!
Antonio:	Ma se non l'ho neanche assaggiata!
Anna:	Sì, ma con tutto quello che ti sei già mangiato!
Antonio:	E dai! Solo un pochino …

Claudio:	Uh, mammia mia, si è fatto proprio tardi. Forse è meglio se ce ne andiamo.
Lucia:	Sì, hai ragione. Sennò perdiamo l'ultimo autobus. Anna, Antonio, ancora molte grazie per l'invito. È stato un pensiero molto carino da parte vostra.
Anna:	Figuratevi, è stato un piacere. Se volete, vi possiamo accompagnare.
Lucia:	No, non c'è bisogno che vi disturbiate. Se ci sbrighiamo, ce la facciamo.
Antonio:	Tornate a trovarci, mi raccomando!

4

a	squisito	vorzüglich
b	cuoco/a *m/f*	Koch/Köchin
c	esagerare	übertreiben
d	fare complimenti	sich zieren, Umstände machen
e	fettina *f*	Scheibchen
f	farcela	es schaffen
g	mettersi a dieta	sich auf Diät setzen
h	nozze d'argento *fpl*	silberne Hochzeit

a	mania *f*	Marotte
b	abituarsi a qn./qc.	sich an jmdn./etw. gewöhnen
c	involtino *m*	Roulade
d	melanzana *f*	Aubergine
e	dolcetto *m*	Kleingebäck
f	mandorla *f*	Mandel
g	delizioso	köstlich
h	pecorino *m*	Schafskäse

a	porzione *f*	Portion
b	non poterne più	nicht mehr können
c	passare	(hier:) reichen
d	assaggiare	kosten, probieren
e	accompagnare	begleiten
f	disturbarsi	sich stören lassen, sich Umstände machen
g	sbrigarsi	sich beeilen

? Der Ausdruck *Congratulazioni!* bedeutet „(Herzlichen) Glückwunsch!".

5

a visita, piacere b storie c pena d impressione e domanda f notizia

fare visita a qn.	=	jmdn. besuchen
fare piacere a qn.	=	jmdn. erfreuen
fare storie	=	sich anstellen
fare pena a qn.	=	jmdm. leidtun
fare impressione a qn.	=	jmdn. beeindrucken
fare domanda	=	den Antrag stellen
fare notizia	=	Aufsehen erregen

6

1–e, 2–j, 3–l, 4–a, 5–c, 6–d, 7–f, 8–g, 9–b, 10–h, 11–k, 12–i

7

a Prego, accomodatevi! b Permesso? c Grazie, ma non dovevate! d È pronto! Venite a tavola?
e Alla nostra! f Grazie (ancora) per l'invito. g Sono io a ringraziare voi per essere venuti!

8

squisita / a far da / ottima cuoca / ve ne posso / complimenti / ce la faccio
li fa / nessuno / deliziosi / bontà / non ne / proprio più / veramente

? Mit dem Ausdruck *Complimenti!* kann man allgemein ein Kompliment aussprechen.

9

Claudio: È stata veramente una serata splendida e la cena era squisita!
Lucia: Ma lo sai che sei proprio brava a far da mangiare?
Claudio: Eh sì, sei davvero un'ottima cuoca!
…
Anna: Come no? Gli involtini di melanzane con i tagliolini. Come li fa tua madre non li fa nessuno.
Antonio: E poi i dolcetti alle mandorle … hmmm, deliziosi! E il pecorino … che bontà!
Anna: Sì, ma che porzioni! Alla fine non ne potevo proprio più.
Antonio: Sì, sì, ma abbiamo mangiato veramente bene.

10

Si è recitata una poesia.
Si sono cucinati dei piatti tipici.
Si è guardato un film.
Si è telefonato agli amici.
Si è rimasti svegli fino a tardi.
Si è giocato a tombola.
Si sono cantate delle canzoni popolari.
Si è andati in spiaggia.
Si è nuotato in mare.

11

a ci si mette b ci si abitua c ci si incontra d ci si allena e ci si rilassa

12 Mündliche Übungen

A

Setzen Sie folgende Sätze ins *passato prossimo*. Behalten Sie dabei die *si*-Form bei.

1 Prenotando in Internet si evitano molte spese.
Prenotando in Internet si sono evitate molte spese.

2 Ai nostri clienti si offrono numerosi vantaggi.
Ai nostri clienti si sono offerti numerosi vantaggi.

3 In crociera si partecipa a una gara di canto.
In crociera si è partecipato a una gara di canto.

4 In questo rustico si ristrutturano tre stanze.
In questo rustico si sono ristrutturate tre stanze.

5 Ascoltando quella canzone si prova una forte emozione.
Ascoltando quella canzone si è provata una forte emozione.

6 Ballando insieme si diventa amici in fretta.
Ballando insieme si è diventati amici in fretta.

7 Per via del freddo si rinuncia a una passeggiata all'aperto.
Per via del freddo si è rinunciato a una passeggiata all'aperto.

B

Bilden Sie nun Sätze mithilfe der vorgegebenen Wörter. Benutzen Sie dabei die *si*-Form im *passato prossimo*.

8 l'anno scorso – trasferirsi a Milano
L'anno scorso ci si è trasferiti a Milano.

9 sedersi a tavola – prima delle sette
Ci si è seduti a tavola prima delle sette.

10 con il tempo – abituarsi
Con il tempo ci si è abituati.

11 per la strada – fermarsi a fare un pic-nic
Per la strada ci si è fermati a fare un pic-nic.

12 dopo tanto tempo – rivedersi
Dopo tanto tempo ci si è rivisti.

13 finora – occuparsi di altro
Finora ci si è occupati di altro.

14 dopo cena – sbrigarsi per poter prendere l'autobus
Dopo cena ci si è sbrigati per poter prendere l'autobus.

14

a, d, e, g

15

a Al cinema mi sono addormentato: quel film **era proprio noioso**!
b Sono davvero contento: **non ci sono stati problemi**.
c Non invidio il mio capo: è lui che adesso **deve risolvere il problema**.
d Sono stanco delle tue bugie! È ora di **parlare apertamente**!
e Forse è meglio non discutere di queste cose: **ci sono già tante cose di cui parlare**.
f Purtroppo i biglietti sono finiti e noi **non abbiamo avuto quello che volevamo**.

16

stabilire = festlegen, beschließen   contenere = enthalten

17

a fai chiamare b fai vedere c ha fatto/farà diventare d Ho fatto uscire e far(e) ridere
f ha fatto/fa/farà fare

18

b La sera si bevono un'intera bottiglia.
c Si è già letto/a tutto il libro.
d Ci facciamo una bella passeggiata?
e Vi siete mangiati/e tutto il budino?
f Ti guardi un film con me?
g Adesso mi voglio gustare la serata / voglio gustarmi la serata.

19

b Se n'è preso uno.
c Te ne compri uno?
d Ve ne siete bevuti una?
e Ce ne guardiamo uno?
f Se n'è letto uno.
g Ve ne fate un'altra?

20

a si sono iniziati b si è diventati c si sono fatti d si è negata e si sono fatte f si è cresciuti
g si è esagerato h ci si è salutati

21

b Se si è attivi, ci si mantiene in forma.
c Se si è nervosi, ci si arrabbia per poco.
d Se si è distratti, ci si dimentica dell'anniversario di matrimonio.
e Se si è ubriachi, ci si comporta come non si vorrebbe.
f Se si è ospiti, ci si accomoda a tavola quando lo dice il padrone di casa.
g Se si è appassionati, ci si interessa delle etichette dei vini.

22

Aufschnitt	affettati	Garnelen	gamberetti
Truthahnbrühe	brodo di tacchino	Sardellen	acciughe"
Fleischklößchen	polpette	Paprika(schoten)	peperoni
Schnitzel	cotoletta	Artischocken	carciofi
Kaninchen	coniglio	Obstsalat	macedonia

23 Mündliche Übung

Helfen Sie nun Antonios Mutter bei der Zubereitung der *involtini di melanzane con i tagliolini*. Sie will von Ihnen wissen, ob alle Zutaten zu Hause sind. Beantworten Sie ihre Fragen nach den Angaben im Buch.

1 Ci sono melanzane in cucina?
Sì, ce ne sono otto.

2 C'è olio d'oliva?
Sì, ce n'è una bottiglia.

3 Ci sono tagliolini a casa?
No, non ce ne sono.

4 E ci sono pomodori?
Sì, ce ne sono cinque.

5 E c'è anche un po' d'aglio?
Si, ce n'è tanto.

6 C'è parmigiano in frigo?
No, non ce n'è.

24

Testo della registrazione

Giuseppe: Allora, era buono?

Sagen Sie: Ja, das Abendessen war wirklich vorzüglich.

Lei: Sì, la cena era veramente squisita.
Giuseppe: Grazie, ma non esagerare.

Sagen Sie: Ich übertreibe nicht, du bist wirklich ein ausgezeichneter Koch.

Lei: Non sto esagerando. Sei veramente un ottimo cuoco.
Giuseppe: Beh, ti ringrazio. Ma, senti, vuoi ancora un po' di tiramisù?

Sagen Sie: Nein, danke, mir reicht es so.

Lei: No, grazie, basta così.
Giuseppe: E allora prenditi almeno un altro dolcetto.

Sagen Sie: Na gut, dann nehme ich mir noch eins davon.

Lei: E va bene, me ne prendo un altro.

Sagen Sie noch: Oh, es ist ganz schön spät geworden! Jetzt ist es besser, wenn ich gehe.

Lei: Uh, si è fatto proprio tardi! Adesso è meglio che vada.
Giuseppe: Come vuoi. Grazie di essere venuta.

Sagen Sie: Ich danke dir für die Einladung.

Lei: Sono io a ringraziare te per l'invito.

Unità 9

2

a vero b falso c falso d vero e vero f falso

3

a–3 b–2

Testo della registrazione

Ferdinando:	Pronto?
Roberta:	Pronto? Ferdinando? Ciao, sono io, Roberta. Senti, c'è Ale in casa?
Ferdinando:	Ah, ciao Roberta. No, Alessandra è uscita.
Roberta:	Mannaggia!
Ferdinando:	Ha detto che sarebbe tornata nel tardo pomeriggio. Devo dirle qualcosa?
Roberta:	No, il fatto è che è molto urgente.
Ferdinando:	Ma, scusa, hai provato a chiamarla sul cellulare?
Roberta:	Eccome! Le ho anche lasciato un messaggio ma … niente! Non si fa sentire.
Ferdinando:	Che stia magari guidando?
Roberta:	Mah, non so, non riesco a raggiungerla da un paio d'ore. Possibile che non ce la faccia a richiamarmi?
Ferdinando:	Ma di cosa si tratta?
Roberta:	Aldo Nove è in città, l'autore di "Amore mio infinito"!
Ferdinando:	Ah ah!?
Roberta:	Pensa che ci sarà un incontro con l'autore questo venerdì alla Libreria Centrale!
Ferdinando:	E allora?
Roberta:	Come "e allora"? Nove è uno dei nostri autori preferiti! Il suo ultimo romanzo poi è uno dei più belli che abbia mai letto. Parla di come cambia l'amore nelle diverse età della vita.
Ferdinando:	Ma pensa un po' …
Roberta:	È così emozionante e pieno di sentimento … Lui sì che ne capisce di queste cose …
Ferdinando:	Va bene, va bene, ma qual è il problema?
Roberta:	Volevo sapere se Ale si è liberata del suo impegno, in modo da prenotare il biglietto anche per lei. So che ci tiene tanto a sentir parlare Nove e non vuole rinunciarci. Ale dice sempre che leggere un buon libro è come incontrare un nuovo amore: ti apre il cuore e ti fa vedere le cose in modo diverso.
Ferdinando:	Sì, va be', lasciamo perdere … Insomma, non sai se può venire.
Roberta:	Proprio così. Ale mi ha detto che venerdì sera ci sarebbe una riunione della sua associazione di volontariato ma che avrebbe fatto di tutto per spostarla. Mi ha anche promesso che mi avrebbe richiamata per confermarmelo.
Ferdinando:	Beh, guarda, di preciso non ti so dire niente, però l'ho sentita che si è data tanto da fare in questi giorni per via di questa riunione …
Roberta:	Magari potesse venire!
Ferdinando:	Roberta? Scusa se ti interrompo, ma Ale sta rientrando proprio adesso. Ale! C'è Roberta al telefono! Eccola, te la passo, eh?

Alessandra:	Pronto? Robi?
Roberta:	Ale! Sono ore che ti cerco! Allora, puoi venire venerdì?
Alessandra:	Roberta, se sapessi cosa non ho fatto per rinviare la riunione …
Roberta:	Vuoi dire che non vieni?
Alessandra:	Sì che vengo! Ce l'ho fatta!!
Roberta:	Che bello!!

4

a	tardo	spät (*Adjektiv*)
b	urgente	dringend
c	messaggio *m*	Nachricht
d	farsi sentire	sich melden
e	raggiungere	erreichen
f	richiamare	zurückrufen
g	magari	vielleicht; etwa
h	trattarsi di qc.	um etw. gehen, sich um etw. handeln

a	romanzo *m*	Roman
b	emozionante	bewegend, spannend
c	sentimento *m*	Gefühl
d	liberarsi di qc.	von etw. frei werden
e	impegno *m*	Verpflichtung
f	lasciar perdere	es sein lassen
g	volontariato *m*	ehrenamtliche Tätigkeit
h	spostare	verschieben (*auch zeitlich*)

a	promettere	versprechen
b	di preciso	genau (*Adverb*)
c	darsi da fare	sich Mühe geben
d	Magari …!	Schön wär's …!
e	interrompere	unterbrechen
f	passare	(hier:) geben, verbinden (*am Telefon*)
g	rinviare	verschieben (*zeitlich*)

5

a–2 b–1 c–1 d–2

6

Das Gespräch 5 verläuft nach dem dargestellten Muster. Den Text der Telefongespräche können Sie lesen, nachdem Sie die Übung 7 gemacht haben.

7

1

Luca:	Pronto?
Katia:	Pronto? Sono Katia. C'è Giovanni?
Luca:	No, Giovanni purtroppo è uscito. Ha detto che avrebbe **fatto tardi**. Vuoi che **ti faccia** richiamare quando torna?
Katia:	No, grazie, non importa. Provo a chiamarlo **sul cellulare**.
Luca:	Va bene, ciao.
Katia:	Ciao.

2

Segretaria:	Pronto?
Dott. Zandonà:	Pronto? Sono il Dott. Zandonà. **Potrei** parlare con il Dott. Raffa?
Segretaria:	Sì, attenda **in linea**, per cortesia. ... Mi dispiace, ma il dottore è **occupato**. Devo riferirgli qualcosa?
Dott. Zandonà:	No, senta, è una questione che devo discutere con lui **personalmente**. Quando posso **trovarlo**?
Segretaria:	Beh, può **riprovare** tra un'oretta, ma non Le posso assicurare che sia libero. Altrimenti, se mi lascia il Suo numero, La faccio richiamare.
Dott. Zandonà:	Grazie, ma non è necessario. Riproverò in giornata o altrimenti vedrò il Dott. Raffa al più tardi domani sera a una cena di lavoro.
Segretaria:	D'accordo, come preferisce. Arrivederci.
Dott. Zandonà:	ArrivederLa.

3

Luisa:	Pronto?
Walter:	Ciao, ti **disturbo** in questo momento?
Luisa:	Ma, scusi, chi parla?
Walter:	Sono io, Walter.
Luisa:	Guardi che ha **sbagliato** numero.
Walter:	Ah, mi scusi.
Luisa:	Non fa niente.

4

Sig.ra Turri:	Pronto?
Federico:	Buongiorno, signora Turri. Sono Antonio. Mi può passare Davide?
Sig.ra Turri:	Certo, **te lo passo** subito. Un attimo.
Federico:	Grazie.

5

Michele:	Pronto? Sono Michele. Posso parlare con Mirko?
Valentina:	Ah, ciao Michele! Mirko purtroppo non è in casa. Dovrebbe rientrare a momenti. **Devo dirgli** qualcosa?
Michele:	Sì, gli potresti dire di chiamare Rosanna quando torna? E che se non la trova a casa la dovrebbe **cercare** sul cellulare, perché è urgente.
Valentina:	Va bene, gli scrivo un **biglietto**.
Michele:	Grazie mille, ciao!
Valentina:	Ciao!

6

Giulio Tozzi:	Pronto? Sono Giulio Tozzi. Potrei parlare con il Dott. Siderno?
Segretaria:	No, mi dispiace, ma il Dott. Siderno in questo momento sta facendo una telefonata importante.
Giulio Tozzi:	Può **fargli avere** un messaggio?
Segretaria:	Certo, mi dica.
Giulio Tozzi:	Allora, **gli dica che** … Anzi no, forse è meglio che mi dia un colpo di telefono lui.
Segretaria:	Va bene, mi può **lasciare** un recapito telefonico, per favore?
Giulio Tozzi:	Il mio numero **veramente ce l'ha già**.
Segretaria:	Va bene, allora glielo dico.
Giulio Tozzi:	Grazie e arrivederci.
Segretaria:	Arrivederci.

8

presentarsi:	Sono …
chiedere di parlare con qualcuno:	C'è …? / Potrei parlare con …? / Mi può passare …?
chiedere chi è che telefona:	Chi parla?
chiedere a chi telefona di aspettare:	Attenda in linea. / Un attimo.
dire che la persona cercata non c'è:	Putroppo è uscito. / Purtroppo non è in casa.
… o non può rispondere al telefono:	… è occupato.
chiedere quando la si può trovare:	Quando posso trovarlo?
offrire aiuto a chi telefona:	Vuoi che ti faccia richiamare? / Devo riferirgli/dirgli qualcosa?
chiedere di lasciare un messaggio:	Può fargli avere un messaggio?
dire che c'è un errore:	(Guardi che) Ha sbagliato numero.

9

Un mese fa ho incontrato Rossella. Ha detto che **stava** benissimo e che **aveva** appena **fatto** una cura alle terme di Saturnia. Gliel'**aveva prescritta** il suo dottore perché non **si era sentita** molto bene nei mesi prima. **Aveva avuto** mal di schiena e **aveva fatto** fatica a fare sport. Ma in quel momento le **era passato** tutto. **Avrebbe** tanto **voluto** ricominciare subito a correre e a nuotare ma il dottore le **aveva detto** che **era** meglio aspettare ancora un po'. Due settimane dopo le **avrebbe fatto** una visita e poi **avrebbe deciso** il da farsi.

10

essere: fossi, fossi, fosse, fossimo, foste, fossero
dare: dessi, dessi, desse, dessimo, deste, dessero
fare: facessi, facessi, facesse, facessimo, faceste, facessero
stare: stessi, stessi, stesse, stessimo, steste, stessero

11

a stia b sapessi c ci sia d si sia dimenticato e poteste

12

b È l'insegnante più preparato che (loro) abbiano mai avuto.
c È la vacanza più rilassante che (noi) abbiamo mai fatto.
d È la persona più arrogante che io abbia mai conosciuto.
e Qual è il film più divertente che tu abbia mai visto?
f Qual è il libro più interessante che (voi) abbiate mai letto?

? Möglich wäre der *congiuntivo presente* in den Sätzen b und d: *È … che (loro) abbiano. / È … che io conosca.*

13 Mündliche Übungen

A

Wandeln Sie folgende Sätze in die indirekte Rede um. Verwenden Sie dabei das Verb, das Sie im Anschluss hören, und konjugieren Sie es in der 3. Person Singular des *indicativo presente*.

1 Farò di tutto per prevenire questo problema. — affermare
Afferma che farà di tutto per prevenire questo problema.
2 Ha telefonato il Dott. Silvestri? — domandare
Domanda se ha telefonato il Dott. Silvestri.
3 I miei genitori mi hanno invitato a pranzo. — dire
Dice che i suoi genitori lo hanno invitato a pranzo.
4 Se ci sbrighiamo ce la facciamo. — pensare
Pensa che se si sbrigano ce la fanno.
5 Da bambino non avevo molti amici. — raccontare
Racconta che da bambino non aveva molti amici.
6 Avete assistito all'incidente? — chiedere
Chiede se abbiamo assistito all'incidente.

B

Wandeln Sie folgende Sätze in die indirekte Rede um. Beginnen Sie Ihre Sätze mit dem Verb, das Sie im Anschluss hören, und konjugieren Sie es in der 3. Person Singular des *passato prossimo*.
Vorsicht: Sie berichten über Gespräche, die Sie vor einem Monat geführt hatten.

7 Ho appena letto l'ultimo romanzo di Scarpa. dire
Ha detto che aveva appena letto l'ultimo romanzo di Scarpa.

8 Non ho mai usato una lavatrice. raccontare
Ha raccontato che non aveva mai usato una lavatrice.

9 Richiamerò mia figlia il prima possibile. promettere
Ha promesso che avrebbe richiamato sua figlia il prima possibile.

10 Disturbo chi sta dormendo? domandare
Ha domandato se disturbava chi stava dormendo.

11 Voglio visitare un vigneto e una cantina. spiegare
Ha spiegato che voleva visitare un vigneto e una cantina.

12 Quando viene il mio turno? chiedere
Ha chiesto quando veniva il suo turno.

C

Bilden Sie nun Sätze mit *Magari …!* Verwenden Sie dabei die vorgegebenen Wörter.

13 Mattia – venire a prendermi in stazione
Magari Mattia venisse a prendermi in stazione!

14 io / sbagliarsi
Magari io mi sbagliassi!

15 capitare a me
Magari capitasse a me!

16 passarmi il mal di testa
Magari mi passasse il mal di testa!

17 l'Italia – vincere la partita
Magari l'Italia vincesse la partita!

18 il negozio – essere aperto
Magari il negozio fosse aperto!

19 fare bel tempo
Magari facesse bel tempo!

16

Italo Svevo, La coscienza di Zeno	4
Italo Calvino, Il barone rampante	1
Umberto Eco, Il nome della rosa	5
Carlo Collodi, Le avventure di Pinocchio	6
Giacomo Leopardi, Canti	2
Alessandro Manzoni, I promessi sposi	3

17

c, d, f

18

avventura *f*	=	Abenteuer
opera *f*	=	Werk

19

a saggio b (romanzo) giallo c romanzo rosa d manuale e libro di fantascienza

20

a–1, 3 b–2, 3 c–1 d–1, 2

21

a Pronto? Sono Herbert. Potrei parlare con Giuliano, per favore?
b Il fatto è che è molto urgente.
c Hai già provato a chiamarlo sul/al cellulare?
d Ha sbagliato numero.
e Di cosa si stratta?
f Vuole lasciare un messaggio?
g Magari potesse venire!
h Se sapessi che cosa non ho fatto …

22

Moira mi disse che sarebbe venuta volentieri al ristorante con **me**, ma che purtroppo **quel giorno** aveva da fare. **Una settimana prima** era stata in biblioteca e aveva letto l'annuncio di un concorso di poesia. Avrebbe tanto voluto iscriversi, ma il termine per l'iscrizione era appena **due giorni dopo**. Così **il giorno prima** aveva abbozzato un testo, **quella/la sera** lo avrebbe fatto vedere a **suo** marito e poi **il giorno dopo** lo avrebbe migliorato. **Quel** concorso **lì** la stava facendo impazzire da una settimana!"

23

Hans mi disse che **stava cercando** casa in Italia. **Due settimane dopo sarebbe partito** per la Liguria con **sua** moglie e **avrebbe dato** un'occhiata a qualche villetta. **Avevano** già **fissato** un appuntamento con un'agenzia immobiliare. Da piccolo andava sempre lì in vacanza con i **suoi** genitori e così **gli era rimasta** la passione per quella terra. **Avrebbe** tanto **voluto** vivere in una casa vicino al mare, però ci **volevano** molti soldi e non **sapeva** se **sarebbe stato** possibile realizzare **quel** sogno."

24

Testo della registrazione

Sagen Sie: Hallo?

Lei: Pronto?
Gianluca: Pronto? Buonasera. Sono Gianluca. Potrei parlare con Suo figlio?

Sagen Sie: Es tut mir leid, aber mein Sohn ist nicht zu Hause.

Lei: Mi dispiace, ma mio figlio non è in casa.
Gianluca: Sa quando torna?

Sagen Sie: Er hat gesagt, dass er sich verspäten würde. Soll ich ihm etwas sagen?

Lei: Ha detto che avrebbe fatto tardi. Devo dirgli qualcosa?
Gianluca: No, grazie, non importa. Proverò sul telefonino. Spero comunque di non aver disturbato.

Sagen Sie: Nein, nein, ich war nur dabei, ein Buch zu lesen.

Lei: No, no, stavo solo leggendo un libro.
Gianluca: Ah sì? E che libro stava leggendo?

Sagen Sie: Ein Sachbuch von Umberto Galimberti.

Lei: Un saggio di Umberto Galimberti.
Gianluca: E di cosa tratta?

Sagen Sie: Es handelt von der Liebe.

Lei: Tratta dell'amore.
Gianluca: Ah, un bel tema! Hmmm, lo legge per un qualche motivo particolare?

Sagen Sie: Nein, nein, nichts Besonderes. Es ist nur so, dass mich das Thema interessiert.

Lei: No, no, niente di particolare. È solo che il tema mi interessa.
Gianluca: Va be', non si sa mai … Comunque, grazie ancora e arrivederci!

Unità 10

2

a falso b vero c falso d vero e vero f falso g vero

Testo della registrazione

Michele: Allora, Giulio, che mi racconti? Che fai di bello adesso che non lavori più?
Giulio: Ma, cosa vuoi, le solite cose: sbrigo i lavori di casa, faccio le parole crociate, guardo la televisione …
Michele: Ma come? Non fai nient'altro? E io pensavo che tu avessi un mucchio di passatempi …
Giulio: Cosa vuoi che faccia ancora alla mia età?
Michele: Alla tua età, alla tua età … La giovinezza non ha età, diceva Picasso. Sai dove l'ho imparato?
Giulio: Dove?
Michele: All'Università della Terza Età.
Giulio: Ecco, vedi che anche tu sei andato al posto giusto.
Michele: Sì, ma perlomeno io impiego il mio tempo in modo intelligente. Da quando sono in pensione posso finalmente dedicarmi alle mie passioni: storia dell'arte, filosofia, pittura …
Giulio: Guarda, contento tu … Io non ci capisco un'acca di queste cose.
Michele: Eppure sono convinto che ci sarebbe qualche corso che fa anche per te. Guarda, se avessi saputo che ne avremmo parlato, ti avrei portato il programma.
Giulio: Sì, ma io non sono più in grado di mettermi a studiare. Non ho più la freschezza di un tempo.
Michele: Ci risiamo! È tutta questione di abitudine invece: basta porsi degli obiettivi chiari e impegnarsi un po' per cercare di raggiungerli. Guarda, adesso io mi sono messo in testa di imparare anche lo spagnolo.
Giulio: Pure lo spagnolo stai studiando!? E come te la cavi?
Michele: Beh, da italiano ovviamente capisco abbastanza bene, però ho ancora delle difficoltà a esprimermi.
Giulio: E come fai a farti capire quando vai in Spagna?
Michele: Un po' mi arrangio e poi gli spagnoli sono persone molto disponibili. Sono loro che tante volte mi aiutano a trovare le parole che cerco.
Giulio: Insomma, sei pieno di cose da fare.
Michele: Eh, già. E ti assicuro che ne farei ancora di più se solo avessi tempo.
Giulio: Non mi dire che ora hai persino problemi di stress?
Michele: Vedi, frequento dai due ai tre corsi alla settimana. Poi leggo anche dei libri a casa e ogni tanto mi ritrovo con gli altri studenti per discutere delle lezioni. Ah, ecco, anche questo sarebbe per te un buon motivo per venire ai corsi!
Giulio: Cosa vuoi dire?
Michele: Voglio dire che potresti anche conoscere un po' di gente. Di donne, intendo.
Giulio: Ma Michele …
Michele: E non ricominciare con questa storia dell'età! Aspetta, ti faccio vedere una foto di una nostra gita a Ravenna. Guarda qui sul telefonino. Ecco, vedi, questa è Federica, questa è Silvia, nella fila dietro ci sono Tatiana, Monica e questo sono io.
Giulio: Ah … però! Sei in buona compagnia, vedo.

Michele:	Caro il mio Giulio, i corsi sono frequentati per la maggior parte da donne. Allora, che mi dici adesso?
Giulio:	Beh, se le cose stanno così … potrei anche farci un pensierino …
Michele:	Ecco, lo sapevo! Così mi piace!
Giulio:	Dicevi che hai il programma, giusto? …

3

a	sbrigare	erledigen
b	parole crociate *fpl*	Kreuzworträtsel
c	passatempo *m*	Hobby, Zeitvertreib
d	giovinezza *f*	Jugend(zeit)
e	perlomeno	zumindest
f	impiegare	einsetzen
g	pensione *f*	Ruhestand
h	dedicarsi a qn./qc.	sich jmdm./etw. widmen

a	passione *f*	Leidenschaft
b	pittura *f*	Malerei
c	convincere	überzeugen
d	essere in grado di fare qc.	in der Lage sein, etw. zu tun
e	abitudine *f*	Gewohnheit
f	porsi degli obiettivi	sich Ziele setzen
g	impegnarsi	sich bemühen
h	pure	(hier:) auch, ebenfalls

a	cavarsela	sich durchschlagen
b	ovviamente	selbstverständlich (*Adverb*)
c	arrangiarsi	sich behelfen
d	disponibile	(hier:) hilfsbereit
e	persino	sogar
f	ritrovarsi con qn.	sich mit jmdm. zusammenfinden
g	fila *f*	(hier:) Reihe
h	per la maggior parte	vorwiegend

4

a–2 b–1 c–1 d–2

5

livello principianti: Il francese lo sto imparando da poco. / Mi faccio capire alla meno peggio. / Non so una parola di cinese. / So dire solo poche parole, non di più. / So di avere ancora molto da imparare. / Non so ancora parlare il russo ma mi piacerebbe impararlo.
livello intermedio/avanzato: L'inglese l'ho imparato bene. / Riesco quasi sempre a farmi capire. / Faccio ancora qualche errore. / Il tedesco lo parlo già abbastanza bene. / Capisco quasi tutto ma faccio ancora fatica a esprimermi. / Me la cavo abbastanza bene.

7

a E io credevo che Filippo fosse un ragazzo intelligente: da un po' di tempo invece non fa altro che *dire cose strane*.
b Bell'amico che sei! Io *ho fatto tutto il possibile* per te e tu non mi ringrazi neanche!
c Non per essere pignoli, però con lui è meglio *fare chiarezza*.
d Siamo partiti *di corsa* appena abbiamo ricevuto la vostra telefonata.
e Oggi il bambino ha *fatto una grande confusione* perché non voleva proprio saperne di mangiare il minestrone.
f Sarà anche una brava cantante ma come attrice *non vale niente*.
g Ecco, in questo libro trovi la storia dell'antica Roma *dall'inizio alla fine*.

8

a Antoine de Saint-Exupéry b William Shakespeare c Oscar Wilde d proverbio italiano
e Albert Einstein f Cicerone g proverbio cinese

9

tu	avessi ispirato	io	mi fossi arrabbiato
io	avessi sorriso	voi	aveste punito
loro	avessero contraddetto	noi	avessimo versato
voi	aveste superato	loro	avessero influenzato
Lei	si fosse sbrigata	lui	fosse piaciuto
noi	fossimo diventate	tu	ti fossi lamentata

10

a abbiate insegnato b avesse fatto c avessi cucinato d abbia provato e si sia rotto f avessero capito

? Der *congiuntivo imperfetto* wäre in den Sätzen b (*facesse apposta*), c (*cucinassi*) und f (*capissero*) möglich. Er wäre bei Gleichzeitigkeit erforderlich.

11

Se fossi un astronauta, farei un viaggio sulla luna.
Se fossi un assaggiatore, mi gusterei i miei cibi preferiti.
Se fossi uno scrittore, scriverei un libro in tutte le lingue.
Se fossi un inventore, costruirei la macchina del tempo.
Se fossi un regista, girerei un film sulla mia vita.
Se fossi un capo di Stato, mi impegnerei per la pace nel mondo.

? Se fossi stato un astronauta, avrei fatto un viaggio sulla luna.
Se fossi stato un assaggiatore, mi sarei gustato i miei cibi preferiti.
Se fossi stato uno scrittore, avrei scritto un libro in tutte le lingue.
Se fossi stato un inventore, avrei costruito la macchina del tempo.
Se fossi stato un regista, avrei girato un film sulla mia vita.
Se fossi stato un capo di Stato, mi sarei impegnato per la pace nel mondo.

12

a–2 b–4 c–3 d–6 e–1 f–5

13

a sarebbe b si fosse trattato c Avremmo reagito d fosse e avessimo avuto f mi fossi espresso/a g fosse rimasto

14 Mündliche Übung

Setzen Sie folgende Sätze in die Vergangenheit. Verwenden Sie dabei den *imperfetto* und den *congiuntivo trapassato*.

1 Penso che gli abbia fatto piacere.
Pensavo che gli avesse fatto piacere.
2 Ti sembra che abbia partecipato molta gente all'incontro?
Ti sembrava che avesse partecipato molta gente all'incontro?
3 Ti pare che si siano abituati alla vita in una grande città?
Ti pareva che si fossero abituati alla vita in una grande città?
4 È importante per lui che abbia già trovato casa.
Era importante per lui che avesse già trovato casa.
5 Speriamo che voi non vi siate preoccupati.
Speravamo che voi non vi foste preoccupati.
6 Hanno l'impressione che io non abbia voluto rispondere alle loro domande.
Avevano l'impressione che io non avessi voluto rispondere alle loro domande.

17

c Nonostante la velocità di apprendimento di una lingua straniera diminuisca con l'aumentare del livello, è possibile continuare a fare dei buoni progressi.

18

b Guardare il telegiornale può servire a imparare una lingua soprattutto se si conoscono già le notizie che vengono date.

19

continuamente = ständig, laufend (*Adverb*)
effettivamente = in der Tat, tatsächlich

20

a seguente b ubbidienti c rinfrescante d amante e contenenti f conducente

21

a fosse successo b partissero c fossi dimagrito d tornasse / fosse tornato e rimanesse / fosse rimasta f avessi detto

22

a avremmo potuto b ci fosse c avessero fatto d avremmo scoperto e fossero f avremmo saputo

23

b Se il giornale pubblicasse la notizia, sarebbe uno scandalo.
c Andrei dal dottore se continuassi ad avere la febbre.
d Se non mi ascoltassi, saresti sempre in mezzo ai guai.
e Se ti stancassi a stare a casa tutto il giorno, dovresti trovarti un hobby.
f Ti accompagnerei volentieri dal dentista se non fossi occupato.
g Se i nostri figli andassero a vivere da soli, imparerebbero ad arrangiarsi.

24

b Se fosse capitata un'urgenza, avremmo dovuto interrompere la riunione.
c Non avrei impiegato tutto questo tempo se qualcuno mi avesse aiutato.
d Non avresti speso così tanti soldi al ristorante se avessi imparato a cucinare.
e Se avessi accettato la sua proposta, avrei rinunciato ai miei progetti per il futuro.
f Avremmo evitato la coda se avessimo preso la scorciatoia.
g Se non avessi dovuto lavare la macchina, avrei letto un buon libro.

25 Mündliche Übungen

A

Formulieren Sie nun potenzielle Bedingungssätze in der 1. Person Singular.
Verwenden Sie dabei den *congiuntivo imperfetto* und den *condizionale presente*.

1 essere ricco / fare un viaggio intorno al mondo
Se fossi ricco, farei un viaggio intorno al mondo.
2 avere tempo / rimettere finalmente in ordine la mia casa
Se avessi tempo, rimetterei finalmente in ordine la mia casa.
3 parlare il portoghese / andare a vivere in Portogallo
Se parlassi il portoghese, andrei a vivere in Portogallo.
4 farcela / correre la maratona di Roma
Se ce la facessi, correrei la maratona di Roma.
5 potere / restare a letto tutta la mattina
Se potessi, resterei a letto tutta la mattina.
6 tornare indietro / comportarsi diversamente
Se tornassi indietro, mi comporterei diversamente.

B

Formulieren Sie nun irreale Bedingungssätze in der 1. Person Singular. Verwenden Sie dabei den *congiuntivo trapassato* und den *condizionale passato*.

7 saperlo prima / prendere una decisione diversa
Se lo avessi saputo prima, avrei preso una decisione diversa.

8 potere / smettere di lavorare anche prima
Se avessi potuto, avrei smesso di lavorare anche prima.

9 volere / andarsene da ore
Se avessi voluto, me ne sarei andato da ore.

10 arrivare in tempo / non perdere la prima parte dello spettacolo
Se fossi arrivato in tempo, non avrei perso la prima parte dello spettacolo.

11 immaginare il motivo / reagire in un altro modo
Se avessi immaginato il motivo, avrei reagito in un altro modo.

12 lamentarsi / forse ottenere qualche risultato
Se mi fossi lamentato, forse avrei ottenuto qualche risultato.

26

Testo della registrazione

Federico: E allora? Cosa fai di bello adesso che non lavori più?

Sagen Sie: Nun, ich habe viele Hobbys. Ich besuche einen Kochkurs und einen Russischkurs und bin auch dabei, malen zu lernen.

Lei: Beh, ho molti passatempi. Frequento un corso di cucina e un corso di russo e sto anche imparando a dipingere.

Federico: Però! Parli anche il russo? E come te la cavi?

Sagen Sie: Für mich ist es eine schwierige Sprache. Ich kann es schon ziemlich gut sprechen, aber ich mache noch Fehler.

Lei: Per me è una lingua difficile. Lo parlo già abbastanza bene, ma faccio ancora degli errori.

Federico: Sei piena di cose da fare, insomma.

Sagen Sie: So ist es. Und ich würde noch mehr tun, wenn ich nur die Zeit hätte.

Lei: Eh, già. E ne farei ancora di più, se solo avessi tempo.

Federico: Che cosa ti piacerebbe fare ancora?

Sagen Sie: Ich würde gerne mein Italienisch in Italien perfektionieren.

Lei: Mi piacerebbe perfezionare il mio italiano in Italia.

Fügen Sie hinzu: Wenn ich gekonnt hätte, hätte ich mich zu einem Konversationskurs in der Toskana angemeldet.

Lei: Se avessi potuto, mi sarei iscritta a un corso di conversazione in Toscana.

Federico: Va be', dai. Lo farai un'altra volta. E comunque guarda che l'italiano lo parli già benissimo!

Die Zahl gibt die *Unità* an, in der das Wort zum ersten Mal erscheint. Die Übersetzungen beziehen sich stets auf den Kontext, in dem die Wörter und Ausdrücke im Buch erscheinen. Das Geschlecht der Substantive ist mit *m* (maskulin, männlich) und *f* (feminin, weiblich), eine Mehrzahlform mit *pl* (Plural) angegeben. Die Tilde (~) steht jeweils für den Haupteintrag. Nach dem Pfeil → wird bei den Grundformen der Verben das unregelmäßige *participio passato* angegeben.

A

a buon mercato günstig 6
a cielo aperto unter freiem Himmel 2
a digiuno nüchtern 2
A dire il vero … Um die Wahrheit zu sagen … 7
a maggior ragione erst recht 10
a meno che (non) es sei denn 6
a meraviglia wunderbar *(Adverb)* 4
a mio modo di vedere wie ich das sehe 5
a parte getrennt 6
A parte il fatto che … Abgesehen davon, dass … 7
a posto in Ordnung 3
a proposito (di) apropos 1
a quanto pare wie es aussieht; anscheinend 1
a seconda di (je) nach; gemäß 2
a stomaco vuoto mit leerem Magen 2
a sua volta seinerseits 4
a sufficienza genügend 6
a trecentosessanta gradi (etwa:) vollkommen 5
a(d) un tratto plötzlich, auf einmal 7
abbigliamento *m* Kleidung 1
abitabile bewohnbar 6
abituarsi a qn./qc. sich an jmdn./etw. gewöhnen 8
abitudine *f* Gewohnheit 10
acca *f* h *(Buchstabe)* 10
acca, non capirci un'~ nur Bahnhof verstehen 10
accedere a qc. auf etw. zugreifen 10
accelerare Gas geben, beschleunigen 7
Accidenti! Donnerwetter! 6
acciuga *f* Sardelle 8
accomodarsi Platz nehmen 6
accompagnare begleiten 8
accontentare zufriedenstellen 1
accorgersi (→ accorto) **di qn./qc.** jmdn./etw. bemerken 7
adatto a/per geeignet für 2
Addirittura! Das gibt's doch nicht! 1
addormentarsi einschlafen 1
afa *f* Hitze 1
affari, Non sono ~ Suoi! Das geht Sie gar nichts an! 7
affari, Si faccia gli ~ Suoi! Kümmern Sie sich doch um Ihre eigenen Angelegenheiten! 7
affari, Sono ~ miei! Es ist meine Sache! 7
affascinante faszinierend 3
affascinare faszinieren 2
affermare behaupten 9
affettato *m* Aufschnitt 8
affittare (ver)mieten 6
affitto *m* Miete 6
agenzia (di) viaggi *f* Reisebüro 5
agenzia immobiliare *f* Immobilienbüro 9
aggiungere (→ aggiunto) hinzufügen, dazutun 2
aglio *m* Knoblauch 8
agriturismo *m* Bauernhof, wo man Urlaub machen kann 5
ai piedi di zu Fuße 2
aiuto, con l'~ di mithilfe von 2
al cento per cento hundertprozentig 1
al giorno d'oggi heutzutage 4
al massimo höchstens 2
al mio/tuo … posto an meiner/deiner … Stelle 3
al più presto so bald wie möglich 2
al più tardi spätestens 9
album *m* Album 1
alcuni/e einige 1
alcuno (*nach*: senza) jeglich, irgendein 2
alimentare, allergia ~ *f* Lebensmittelallergie 2
all'aperto im Freien 5
all'estero im/ins Ausland 5
all'improvviso plötzlich 4
alla fine zum Schluss 3

allargarsi sich vergrößern 4
allegato beigelegt 6
allegro fröhlich 4
allergia alimentare *f* Lebensmittelallergie 2
allora also, dann; damals 1
almeno mindestens 1
alto *m* Höhe 9
altoparlante *m* Lautsprecher 3
altrimenti ansonsten 2
Altro che …! Von wegen …! 5
amante *m/f* Liebhaber/in 10
ambientale Umwelt- 1
ambientare qc. in qc. etw. in etw. spielen lassen 9
ambiente *m* Umwelt 1
amicizia, fare ~ con qn. mit jmdm. Freundschaft schließen 1
ammalarsi krank werden 4
ammalato krank 6
ammirare bewundern 7
amore *m* Liebe 9
analisi *f* Untersuchung; Analyse 2
Andalusia *f* Andalusien 7
andare (tutto) liscio come l'olio glatt laufen 8
andare a finire ausgehen, abgehen 1
andare a gonfie vele sehr gut gehen/ vorankommen 5
andare a vivere insieme (a qn.) (mit jmdm.) zusammenziehen 4
andare avanti weitergehen 2
andare controcorrente gegen den Strom schwimmen 5
andare in giro herumgehen 5
andare in porto zu einem guten Ende kommen 5
andare incontro a qn./qc. jmdm./etw. entgegengehen 4
andare matto per qn./qc. nach jmdm./etw. verrückt sein 1
andare per la propria strada den eigenen Weg gehen 4
andare via vergehen; weggehen 2
angolo *m* Ecke 6
angolo cottura *m* Kochnische 6
animale *m* Tier 6
anniversario *m* Jahrestag 7
anno, compiere gli ~i Geburtstag haben 4
annoiarsi sich langweilen 1
annuncio *m* Anzeige 6
anticipo, in ~ im Voraus 6
antico antik, altertümlich 1
antipasto *m* Vorspeise 1
antipatico unsympathisch 4
antivirus *m* Antivirenprogramm 3
anzi im Gegenteil; besser noch 2
apertamente offen *(Adverb)* 8
aperto, all'~ im Freien 5
appena eben, gerade erst; sobald; knapp 1
apposta, fare ~ absichtlich tun 7
appunto gerade 3
arachide *f* Erdnuss 2
argomento *m* Thema 10
aria condizionata *f* Klimaanlage 6
aria di campagna *f* Landluft 5
arrabbiarsi sich ärgern 1
arrangiarsi sich behelfen 10
arredare möblieren, einrichten 6
arricchire (-isc-) bereichern 8
arrivo *m* Ankunft 1
arrogante arrogant 4
arte *f* Kunst 5
articolo *m* Artikel 3
artigiano *m* Handwerker 4
asciugarsi trocken werden 1
asciutto trocken 1
ascoltare qn. jmdm. zuhören; auf jmdn. hören 1
ascolto *m* Zuhören 10
aspettare il proprio turno warten, bis man an der Reihe ist 7
aspettarsi qc. sich etw. erwarten, mit etw. rechnen 7
assaggiare kosten, probieren 8
assaggiatore *m* Verkoster 10
assicurare versichern 6
assieme zusammen 1
assistere (→ assistito) **a qc.** bei etw. anwesend sein 7
assistere qn. jmdn. betreuen 5
associazione *f* Verein 8

assolutamente unbedingt, absolut, völlig *(Adverb)* 5
assumere (→ assunto) einnehmen 2
astronauta *m/f* Astronaut/in 10
attendere (→ atteso) **qn./qc.** auf jmdn./etw. warten 9
attento, stare ~ a qn./qc. auf jmdn./etw. aufpassen 5
attenzione *f* Aufmerksamkeit 4
attenzione, fare ~ a qn./qc. auf jmdn./etw. aufpassen 1
attesa, in ~ wartend 7
attico *m* Dachterrassenwohnung 6
attimo *m* Augenblick 3
attività *f* Aktivität, Tätigkeit 1
attivo aktiv 2
attore *m* Schauspieler 2
attrice *f* Schauspielerin 2
attuale jetzig, aktuell 9
augurare wünschen 2
Auguri! Glückwunsch! 6
auguri, fare gli ~ a qn. per qc. jmdm. zu etw. gratulieren 7
augurio *m* Glückwunsch 2
aula *f* Hörsaal 3
aumentare zunehmen 10
autista *m/f* Fahrer/in 7
autobiografico autobiographisch 9
automaticamente automatisch *(Adverb)* 3
autonomo autonom, unabhängig 6
autore *m* Autor 9
Avanti! Auf geht's! 5
avanti, andare ~ weitergehen 2
avere in comune gemeinsam haben 4
avere in mano la patata bollente (etwa:) ein heißes Eisen anpacken 8
avere l'imbarazzo della scelta die Qual der Wahl haben 5
avere luogo stattfinden 5
avere qc. in contrario etw. dagegen haben 6
avere ragione recht haben 1
avvenimento *m* Ereignis 10
avvenire (→ avvenuto) sich ereignen, stattfinden 2
avventura *f* Abenteuer 9
avverbio *m* Adverb 3
avvicinarsi a qn./qc. sich jmdm./etw. nähern 3
avvisare qn. jmdm. Bescheid geben 1
azienda agricola *f* landwirtschaftlicher Betrieb 8

B

bagnarsi nass werden 1
bagnato nass 1
balcone *m* Balkon 6
ballo *m* Tanz 1
ballo, corso di ~ Tanzkurs 5
barca *f* Boot 1
barone *m* Baron 9
base, in ~ a aufgrund, nach, gemäß 8
basso niedrig 2
basso *m* unterer Teil 3
Basta che … Es reicht, wenn …; Nur, wenn … 5
bastare (aus)reichen 7
bellezza *f* Schönheit 2
ben nicht weniger als 1
ben servito gut angeschlossen 6
bene, fare ~ guttun 5
bevanda *f* Getränk 2
bevibile trinkbar 5
bibita *f* Getränk 6
bici(cletta) *f* Fahrrad 1
bidè *m* Bidet 6
biglietto *m* Zettel 9
bilancio *m* Bilanz 4
biscotto *m* Keks 8
Bisogna … Man muss … 5
bisogno *m* Bedarf, Bedürfnis 2
bocca, rimanere a ~ asciutta leer ausgehen 8
bollente kochend, heiß 8
bolletta *f* Rechnung (für Strom, Wasser, Telefon …) 6
bonifico *m* Überweisung 6
bontà *f* Wohlgeschmack, Vorzüglichkeit 8
bosco *m* Wald 5
bravo tüchtig, fähig 4
breve kurz, knapp 5
breve, Per farla ~ … Um es kurz zu machen … 1
brindare anstoßen 8
brindisi, fare un ~ einen Toast aussprechen 8
brodo di tacchino *m* Truthahnbrühe 8

bugia *f* Lüge 8
Buona fortuna! Viel Glück! 6
buone maniere *fpl* gute Manieren 7

C

cabina *f* Kabine 5
cadere fallen 10
calcio *m* Fußball 2
calcolabile berechenbar, kalkulierbar 5
calcolare abwägen, berücksichtigen 5
calendario *m* Kalender; Plan 1
calma, con ~ in Ruhe 2
calmarsi sich beruhigen 7
calzature, negozio di ~ *m* Schuhgeschäft 6
cambiare, tanto per ~ nur so zur Abwechslung; (*ironisch*) wie immer 1
camera da letto *f* Schlafzimmer 6
camera dei bambini *f* Kinderzimmer 6
cameretta *f* Kinderzimmer 6
camicia *f* Hemd 6
camion *m* Lastkraftwagen 7
campagna *f* Land 5
campo *m* Gebiet; Acker, Feld 1
cancellare löschen 3
cantante *m/f* Sänger/in 10
cantina *f* Keller; Weinkellerei 4
canto *m* Gesang 5
canzone *f* Lied 4
capace fähig 5
capacità *f* Fähigkeit 10
capitale *f* Hauptstadt 5
capitare passieren, vorkommen 3
capo *m* Chef 8
capolavoro *m* Meisterwerk 9
cappotto *m* Mantel 4
carattere *m* Charakter, Wesensart 4
carciofo *m* Artischocke 8
carino hübsch 4
carne, esserci tanta ~ al fuoco (etwa:) viele Eisen im Feuer haben 8
carriera *f* Karriere 4
carta *f* Papier; Spielkarte 3
cartello *m* Schild 3
cartina *f* Landkarte 5
casa, cercare ~ eine Wohnung suchen 9
casa, padrone di ~ *m* Gastgeber 8
caso, in ogni ~ in jedem Fall 4
caso, nel ~ che im Falle, dass 6
caso, per ~ zufällig 3
Caspita! Donnerwetter! 6
categoria *f* Kategorie 8
causa *f* Ursache 3
cauzione *f* Kaution 6
cavallo *m* Pferd 5
cavarsela sich durchschlagen 10
cavo *m* Kabel 3
cellulare *m* Handy 9
centinaio *m* (*pl:* **centinaia**) etwa hundert 1
cento, al ~ per ~ hundertprozentig 1
centrale zentral 3
centralizzato zentralisiert, Zentral- 6
centro benessere *m* Wellnesscenter 5
cercare casa eine Wohnung suchen 9
cercare di fare qc. versuchen, etw. zu tun 3
cercare per mari e per monti überall suchen 5
certo sicher; gewiss 2
Che fine ha fatto? Was ist aus … geworden? 4
Che tipo di …? Was für (ein/e) …? 2
chiacchiere, due/quattro ~ kleiner Schwatz 1
chiacchierone/a *m/f* Schwätzer/in 4
chiarezza *f* Klarheit 10
chiesa *f* Kirche 1
chissà wer weiß 4
ci damit, darauf, darüber usw. 3
ci fu es gab 1
Ci mancherebbe (altro)! Das fehlte gerade noch! 7
Ci risiamo! Schon wieder! 10
cibo *m* Nahrung, Speise 4
cielo, a ~ aperto unter freiem Himmel 2
ciò das, dies 10
cioè das heißt, nämlich 7
circolazione *f* Kreislauf 8
città d'arte *f* Kunststadt 1
classe *f* Schulklasse 4
classico (d'autore) *m* Klassiker 9
classificare eingruppieren, einordnen 8
classificazione *f* Klassifikation 8
clic, fare doppio ~ doppelklicken 3
cliccare klicken 3

cliente *m/f* Kunde/Kundin 1
clima *m* Klima 1
coda *f* Stau; Schlange 7
coda, fare la ~ Schlange stehen; im Stau stehen 7
coda, mettersi in ~ sich anstellen 7
cognato/a *m/f* Schwager/Schwägerin 4
coincidenza *f* Zufall 1
collega *m/f* Kollege/Kollegin 1
collegamento *m* Verbindung 3
collegato verbunden 6
collina *f* Hügel 5
colore, farne di tutti i ~i es bunt treiben 4
colpa *f* Schuld 7
colpire (-isc-) beeindrucken; treffen 7
colpo di sole *m* Sonnenstich 2
come dire … wie soll ich sagen … 7
Come mai …? Warum …?, Wieso …? 7
commerciale geschäftlich, gewerblich 6
commettere (→ commesso) begehen 10
commovente rührend 4
comodità *f* Bequemlichkeit 4
compagnia, in ~ mit jmdm. zusammen 5
compagno/a *m/f* Kamerad/in 4
competente kompetent 5
compiere gli anni Geburtstag haben 4
compito (per casa) *m* Hausaufgabe 4
compleanno *m* Geburtstag 4
completamente vollständig *(Adverb)* 6
completo vollständig 5
Complimenti! Mein Kompliment! 6
complimenti, fare ~ sich zieren, Umstände machen 8
comporre (→ composto) komponieren 2
comportarsi sich verhalten 7
compreso inbegriffen 6
compressa *f* Tablette 2
comune *m* Gemeinde 1
comune, avere in ~ gemeinsam haben 4
comunicare kommunizieren 10
comunque jedenfalls 1
comunque sia wie dem auch sei 4
con calma in Ruhe 2
con l'aiuto di mithilfe von 2
concorrenza *f* Konkurrenz 2
conducente *m/f* Fahrer/in 10
condurre (→ condotto) führen 10
conferenza *f* Konferenz, Vortrag 8
confermare bestätigen 7
Congratulazioni! Herzlichen Glückwunsch! 8
coniglio *m* Kaninchen 8
coniugazione *f* Konjugation 10
conoscenza *f* Bekanntschaft; Kenntnis 5
consapevole bewusst 7
consentire erlauben, ermöglichen 3
considerare betrachten; berücksichtigen, bedenken 3
consigliare empfehlen, raten 2
consiglio *m* Ratschlag, Empfehlung 3
consumatore *m* Verbraucher 8
contadino/a *m* Bauer/Bäuerin 4
contanti *mpl* Bargeld 6
contare zählen 4
contare su qn./qc. auf jmdn./etw. zählen 3
contattare kontaktieren 3
contatto *m* Kontakt, Verbindung 4
contemporaneo zeitgenössisch 9
contenente -haltig 10
contenere enthalten 8
contento froh, zufrieden 8
contesto *m* Kontext, Zusammenhang 10
continuamente ständig, laufend *(Adverb)* 10
continuare weitermachen; fortsetzen 4
conto *m* Konto 6
conto, per ~ mio für mich (allein) 7
conto, rendersi ~ di qc. etw. bemerken 10
contorno *m* Beilage 2
contraddire (→ contraddetto) **qn.** jmdm. widersprechen 5
contrario *m* Gegenteil 8
contrario, avere qc. in ~ etw. dagegen haben 6
contratto *m* Vertrag 6
contribuire (-isc-) **a qc.** zu etw. beitragen 2
contro gegen 1
controcorrente, andare ~ gegen den Strom schwimmen 5
controllare kontrollieren, überprüfen 2
controllo, sotto ~ medico unter ärztlicher Aufsicht 2

convenire (→ convenuto) sich lohnen, besser sein 3
conversazione *f* Gespräch, Konversation 8
convincere (→ convinto) überzeugen 3
corpo *m* Körper 5
correggere (→ corretto) korrigieren 10
correre (→ corso) laufen 9
correre rischi Risiken eingehen 2
corridoio *m* Flur 6
corso di ballo *m* Tanzkurs 5
corso di nuoto *m* Schwimmkurs 5
cosa, da ~ nasce ~ (etwa:) eins zieht das andere nach sich 4
così, per ~ dire sozusagen 7
cosiddetto sogenannter/e/es 3
costo *m* Kosten 10
costruire (-isc-) (auf)bauen, errichten 2
cotoletta *f* Schnitzel 8
creare un ponte eine Brücke schlagen 4
credibile glaubhaft 5
crescente wachsend 4
crescere (→ cresciuto) wachsen 10
crisi *f* Krise 9
critico kritisch 3
crociera *f* Kreuzfahrt 5
cucchiaio *m* Löffel 2
cucina *f* Küche; Kochherd 6
cucinare kochen 8
cucinino *m* Kochnische 6
culturale kulturell, Kultur- 5
cuoco/a *m/f* Koch/Köchin 8
cuore, di ~ von Herzen, aufrichtig 7
cuore, stare a ~ a qn. jmdm. am Herzen liegen 3
cuore, nel ~ della notte mitten in der Nacht 1
cura *f* Behandlung 2
curarsi sich kurieren 2
curiosità *f* Kuriosität, Merkwürdigkeit 8
curioso neugierig 4
curva *f* Kurve 7

D

d'altra parte andererseits 2
da cosa nasce cosa (etwa:) eins zieht das andere nach sich 4
da parte mia meinerseits 7
da sogno traumhaft 5
da solo/a allein 5
Dai! Komm! 8
dalla a alla z von A bis Z 10
dalle parti di in der Gegend von 1
danno *m* Schaden 7
danza *f* Tanz 9
dappertutto überall 7
dare i numeri spinnen 10
dare ragione a qn. jmdm. recht geben 5
dare un'occhiata a qc. einen Blick auf etw. werfen 6
darsi da fare sich Mühe geben 9
davanti vorne; vor 7
davvero wirklich 1
debole schwach 2
decennio *m* Jahrzehnt 2
decidere (→ deciso) entscheiden 2
decisamente echt, wirklich *(Adverb)* 4
decisione *f* Entscheidung 5
dedicarsi a qn./qc. sich jmdm./etw. widmen 10
degustazione *f* (Wein-)Probe 8
delicato heikel 3
delizioso entzückend; köstlich 6
democratico demokratisch 3
denaro *m* Geld 6
dentistico zahnärztlich 6
dentro hinein; drinnen 1
dépliant *m* Prospekt 5
descrivere (→ descritto) beschreiben 7
desiderare wünschen 3
desiderio *m* Wunsch 5
desideroso di qc. nach etw. verlangend, etw. wünschend 2
di colpo plötzlich 7
di corsa ganz schnell 1
di cuore von Herzen, aufrichtig 7
di fronte a gegenüber 1
di preciso genau *(Adverb)* 9
di seguito im Folgenden 10
di sicuro mit Sicherheit 1
di testa mia/tua ... eigenwillig 7
di troppo zu viel 9
dieta, mettersi a ~ sich auf Diät setzen 8
dietro hinten; (da)hinter 7

difetto *m* Fehler, Macke 7
differenza *f* Unterschied 1
difficoltà *f* Schwierigkeit 2
diffusione *f* Verbreitung 2
digerire (-isc-) verdauen 2
digestione *f* Verdauung 2
digitale digital 3
digiuno, a ~ nüchtern 2
dimenticarsi vergessen 4
diminuire (-isc-) geringer werden, (sich) verkleinern 10
dimostrare beweisen 7
dintorni *mpl* Umgebung 5
dipendere (→ dipeso) **da qn./qc.** an jmdm./etw. liegen; von jmdm./etw. abhängen 3
dipingere (→ dipinto) malen 2
dire (→ detto) **pane al pane e vino al vino** offen reden 8
dire, A ~ il vero … Um die Wahrheit zu sagen … 7
dire, modo di ~ *m* Redensart 8
dire, per così ~ sozusagen 7
direttamente unmittelbar, direkt *(Adverb)* 3
direttore *m* Chef, Leiter 1
direzione *f* Richtung 7
discoteca *f* Diskothek 4
discussione, essere fuori ~ außer Frage stehen 3
discussione, mettere in ~ in Frage stellen 7
discutere (→ discusso) **di/su qc.** über etw. diskutieren 5
discutibile streitig 5
disponibile hilfsbereit; verfügbar 10
distanza *f* Entfernung 7
distinguere (→ distinto) unterscheiden 3
disturbare stören 9
disturbarsi sich stören lassen, sich Umstände machen 8
disturbo *m* Beschwerden 2
divano letto *m* Schlafcouch 6
diventare werden 2
diversamente anders 5
diverso verschieden, unterschiedlich 1
diverso, qualcosa di ~ etwas anderes 5
divertimento *m* Spaß 5
divertirsi Spaß haben 3
dizionario *m* Wörterbuch 10
documento *m* Datei; Unterlage 3
dolcetto *m* Kleingebäck 8
domanda, fare ~ den Antrag stellen 8
dubbio *m* Zweifel 4
durante während *(+ Substantiv)* 4
durata *f* Länge, Dauer 4

E

È tutta questione di … Es ist alles eine Frage des/der … 10
eccezionale außerordentlich; wunderbar 1
Eccome! Und wie! 5
economia *f* Wirtschaft 3
economico wirtschaftlich; günstig 9
edicola *f* Zeitungskiosk 3
edizione *f* Ausgabe 9
educativo erzieherisch 1
effettivamente in der Tat, tatsächlich 10
efficace wirksam 10
egoista *(m/f)* Egoist/in; egoistisch 4
eliminare beseitigen, eliminieren 10
emozionante bewegend, spannend 9
emozione *f* Gefühl, Emotion 5
entrarci con qc. es mit etw. zu tun haben 3
entro bis; binnen 4
episodio *m* Episode, Vorfall 4
eppure trotzdem, dennoch 1
errore *m* Fehler 1
esagerare übertreiben 8
esame *m* Prüfung, Klausur 2
esattamente genau *(Adverb)* 3
esatto exakt, genau 3
escursione *f* Ausflug 1
esempio, dare il buon ~ mit gutem Beispiel vorangehen 7
esistenza *f* Existenz 7
esistere (→ esistito) existieren, bestehen, da sein 2
esperienza *f* Erfahrung 3
esperto *(m)* Experte; erfahren 3
espressione *f* Ausdruck 5
esprimere (→ espresso) äußern, ausdrücken 5
esprimersi sich äußern, sich ausdrücken 3

esserci tanta carne al fuoco (etwa:) viele Eisen im Feuer haben 8
essere (→ stato) **a portata di mano** zur Hand sein 5
essere del posto vom Ort sein 3
essere di fretta es eilig haben 5
essere fuori discussione außer Frage stehen 3
essere giù niedergeschlagen sein 2
essere in alto mare noch weit vom Ziel entfernt sein 5
essere in grado di fare qc. in der Lage sein, etw. zu tun 10
essere insieme a qn. mit jmdm. liiert sein 4
essere ora di fare qc. an der Zeit sein, etw. zu tun 5
essere pratico di qc. sich mit etw. auskennen 3
essere una pizza langweilig sein 8
est *m* Osten 1
estendersi (→ esteso) sich ausbreiten 4
estero, all'~ im/ins Ausland 5
età *f* Alter 4
etichetta *f* Etikett 8
eventualmente eventuell (*Adverb*) 6
evidente offenbar, offensichtlich 10
evitare (ver)meiden 7

F

fa vor (*bei Zeitangaben*) 3
facilitare erleichtern 8
famoso berühmt 1
fango *m* Fango, Schlamm 2
fantascienza *f* Science-Fiction 9
fantasia *f* Fantasie 9
fantastico fantastisch, traumhaft 6
far(e) (→ fatto) **parte di qc.** zu etw. dazugehören 2
farcela es schaffen 8
fare a qn. gli auguri per qc. jmdm. zu etw. gratulieren 7
fare amicizia con qn. mit jmdm. Freundschaft schließen 1
fare apposta absichtlich tun 7
fare attenzione a qn./qc. auf jmdn./etw. aufpassen 1
fare bene guttun 5
fare complimenti sich zieren, Umstände machen 8
fare di tutto alles Mögliche tun 6
fare domanda den Antrag stellen 8
fare doppio clic doppelklicken 3
fare fatica a fare qc. Mühe haben, etw. zu tun 2
fare il furbo schlau sein 7
fare impressione a qn. jmdn. beeindrucken 8
fare in tempo a fare qc. es rechtzeitig schaffen, etw. zu tun 2
fare la coda Schlange stehen; im Stau stehen 7
fare la fila Schlange stehen 7
fare le valigie einpacken 5
fare notizia Aufsehen erregen 8
fare pena a qn. jmdm. leidtun 8
fare piacere a qn. jmdn. freuen 8
fare riferimento a qc. auf etw. Bezug nehmen 10
fare storie sich anstellen 8
fare un brindisi einen Toast aussprechen 8
fare un pensierino su qc. mit etw. liebäugeln 10
fare un quarantotto (etwa:) Krach schlagen 10
fare visita a qn. jmdn. besuchen 8
fare, darsi da ~ sich Mühe geben 9
farmacista *m/f* Apotheker/in 2
farne di tutti i colori es bunt treiben 4
farsi in quattro per qn. sich für jmdn. ein Bein ausreißen 10
farsi male sich wehtun 2
farsi sentire sich melden 9
farsi tardi spät werden 5
fatica, fare ~ a fare qc. Mühe haben, etw. zu tun 2
fatti, Non sono ~ Suoi! Das geht Sie gar nichts an! 7
fatti, Si faccia i ~ Suoi! Kümmern Sie sich doch um Ihre eigenen Angelegenheiten! 7
fatto *m* Tatsache 9
fatto su misura maßgeschneidert 5
fatto, A parte il ~ che ... Abgesehen davon, dass ... 7
fattore *m* Faktor 10
favorire (-isc-) begünstigen, fördern 7
febbre *f* Fieber 2
fenomeno *m* Phänomen 10

ferie *fpl* Ferien, Urlaub 4
ferirsi (-isc-) sich verletzen 2
fermarsi (an)halten; sich aufhalten 1
fermo stehend 7
festivo, giorno ~ *m* Feiertag 1
fettina *f* Scheibchen 8
Figuratevi! Stellt euch vor! 8
Figurati! Stell dir vor! 6
fila *f* Schlange; Reihe 7
fila, fare la ~ Schlange stehen 7
fila, mettersi in ~ sich anstellen 7
file [Aussprache: fail] *m* Datei 3
filosofia *f* Philosophie 10
filosofico philosophisch 9
finale End-, abschließend 6
finale *m* Finale, Ende 9
finalmente endlich *(Adverb)* 1
fine, alla ~ zum Schluss 3
fine, Che ~ ha fatto? Was ist aus … geworden? 4
finire, andare a ~ ausgehen, abgehen 1
finora bisher 8
firma *f* Unterschrift; Unterzeichnung 6
firmare unterschreiben 6
fissare festlegen, vereinbaren 2
fondamentale fundamental, wesentlich 9
forma *f* Form 2
forma, in ~ di als; in Gestalt von 4
forma, mantenersi in ~ sich in Form halten 5
formare bilden, formen 2
fornello *m* Kochherd 6
forte stark 1
fortuna *f* Glück 6
fortuna, per ~ zum Glück 6
frattempo, nel ~ inzwischen 4
freccia *f* Blinker 7
freddo *m* Kälte 8
frenare bremsen 7
frequentare qn./qc. mit jmdm. Umgang haben; etw. besuchen 2
frequente häufig 10
freschezza *f* Frische 10
fretta, essere di ~ es eilig haben 5
fretta, in ~ in Eile, rasch 2
fronte, di ~ a gegenüber 7
frustrante frustrierend 10
fu, ci ~ es gab 1
fumare rauchen 5
fumetti *mpl* Comics 9
fungo *m* Pilz 6
funzionare funktionieren 2
funzione *f* Funktion 3
fuoco *m* Feuer; Herd 7
fuoco, esserci tanta carne al ~ (etwa:) viele Eisen im Feuer haben 8
furbo, fare il ~ schlau sein 7
futuro *m* Zukunft 6

G

gamberetto *m* Garnele 8
gara *f* Wettbewerb 5
garanzia *f* Garantie 3
geloso eifersüchtig 4
generale, in ~ im Allgemeinen 2
generazione *f* Generation 4
genere, in ~ im Regelfall 2
genero *m* Schwiegersohn 4
generoso großzügig 4
gentile freundlich, nett 2
Già che ci sono … Da ich schon mal dabei bin … 6
giallo, (romanzo) ~ *m* Krimi 7
giardino *m* Garten 6
giocattolo *m* Spielzeug 4
gioco di gruppo *m* Gruppenspiel 5
giorno festivo *m* Feiertag 1
giorno, al ~ d'oggi heutzutage 4
giovanotto *m* junger Mann 4
giovinezza *f* Jugend(zeit) 10
girare drehen; herumgehen 2
giro *m* Rundgang, Spaziergang 5
giro, andare in ~ herumgehen 5
giro, nel ~ di im Laufe (von) … 6
giro, prendere in ~ auf den Arm nehmen 7
gita *f* Ausflug 1
giù, essere/sentirsi ~ niedergeschlagen sein; sich niedergeschlagen fühlen 2
giungere, è giunto il momento die Zeit ist gekommen 3
giusto richtig 3
gocce *fpl* Tropfen 2

godere (di) qc. etw. genießen 2
grado, a trecentosessanta ~i (etwa:) vollkommen 5
grado, essere in ~ di fare qc. in der Lage sein, etw. zu tun 10
grammatica *f* Grammatik 10
grammaticale grammatisch 10
grande *m/f* Erwachsene/r 10
gratuitamente kostenlos *(Adverb)* 10
grave ernst(haft) 2
grazie a qn./qc. dank jmdm./etw. 2
gridare schreien 7
gruppo, gioco di ~ Gruppenspiel 5
guadagnare verdienen; gewinnen 7
guardare a qc. auf etw. blicken 4
guarigione *f* Genesung 2
guarire (-isc-) genesen 2
guida turistica *m* Fremdenführer 1
guidare fahren 7
gustare (aus)kosten 1
gusto *m* Geschmack 5

I

ideale ideal 5
idromassaggio *m* Unterwassermassage 5
il prima possibile so bald wie möglich 9
illustrato illustriert 9
imbarazzo, avere l'~ della scelta die Qual der Wahl haben 5
imbevibile nicht trinkbar 5
immaginarsi sich vorstellen 4
immaginazione *f* Vorstellungskraft 10
immagine *f* Image 2
immangiabile nicht essbar 5
immaturo unreif 5
immobiliare Immobilien- 6
immobiliare, agenzia ~ *f* Immobilienbüro 9
imparare a memoria auswendig lernen 10
impaziente ungeduldig 5
impegnarsi sich bemühen 10
impegno *m* Verpflichtung 9
impensabile undenkbar 5
imperdibile nicht zu verpassen 5
impiegare verbringen; einsetzen; brauchen *(Zeit)* 10
importanza *f* Wichtigkeit, Bedeutung 4
impraticabile undurchführbar 5
impressione *f* Eindruck 5
impressione, fare ~ a qn. jmdn. beeindrucken 8
imprevedibile unvorhersehbar 5
improbabile unwahrscheinlich 5
improvviso, all'~ plötzlich 4
in in, trendy 4
in anticipo im Voraus 6
in attesa wartend 7
in base a aufgrund, nach, gemäß 8
in compagnia mit jmdm. zusammen 5
in forma di als; in Gestalt von 4
in fretta in Eile, rasch 2
in generale im Allgemeinen 2
in genere im Regelfall 10
in modo che sodass, damit 6
in modo da sodass, damit 9
in ogni caso in jedem Fall 4
in parte zum Teil 10
in particolare insbesondere 2
in pieno voll und ganz 7
in quattro e quattr'otto (etwa:) im Handumdrehen, im Nu 10
in realtà in Wirklichkeit, tatsächlich 4
in tempo rechtzeitig 3
in tutto insgesamt 4
incalcolabile unberechenbar, unkalkulierbar 5
incapace unfähig 5
incerto unsicher 5
incidente *m* Unfall 2
incolto ungebildet 5
incompetente inkompetent 5
incompleto unvollständig 5
incontro *m* Treffen, Begegnung 1
incontro, andare ~ a qn./qc. jmdm./etw. entgegengehen 4
incredibile unglaublich 5
incrocio *m* Kreuzung 7
indicare angeben 2
indietro, tornare ~ zurückkehren 10
indimenticabile unvergesslich 5
indipendente unabhängig; Einzel- 6
indipendenza *f* Unabhängigkeit 3
indirizzo (Internet) *m* (Internet-)Adresse 3

indiscutibile unbestreitbar 5
indovinare (er)raten 7
inesperto unerfahren 5
infatti in der Tat, tatsächlich 5
infelice unglücklich 5
inferiore unterer/e/es 6
infine schließlich, zum Schluss 2
infinito unendlich 9
influenzare beeinflussen 8
informare informieren 2
informarsi sich informieren 3
informatica *f* Informatik 3
ingegnere *m* Ingenieur 4
ingegneria *f* Ingenieurwesen 6
ingiusto ungerecht 5
ingresso *m* Eingang; Eintritt; Diele, Vorraum 1
iniziare a fare qc. anfangen/beginnen, etw. zu tun 1
iniziativa *f* Initiative 4
innamorarsi di qn. sich in jmdn. verlieben 4
innamorato verliebt 5
innanzitutto zuallererst 6
inquinamento *m* Umweltverschmutzung 1
insegnante *m/f* Lehrer/in 2
insegnare unterrichten; beibringen 1
inserire (-isc-) einfügen 3
insieme, andare a vivere ~ (a qn.) (mit jmdm.) zusammenziehen 4
insieme, mettersi ~ a/con qn. sich mit jmdm. liieren 4
insieme, stare/essere ~ a qn. mit jmdm. liiert sein 4
insistere (→ insistito) **per qc.** auf etw. drängen 1
insolito ungewöhnlich 5
insomma kurz und gut 1
inspiegabile unerklärlich 5
installare installieren 3
intanto inzwischen 6
intellettuale *m/f* Intellektuelle/r 9
intendersi (→ inteso) **con qn.** sich mit jmdm. verstehen 4
intendersi di qc. sich mit etw. auskennen 3
interessarsi di qc. sich für etw. interessieren 1
interessato a qn./qc. an jmdm./etw. interessiert 6
interiore innerlich 9
Internet, navigare in ~ im Internet surfen 3
intero ganz, gesamt, vollständig 3
interrompere (→ interrotto) unterbrechen 9
intervista *f* Interview 4
intervistare interviewen 4
intorno a qc. um etw. herum 2
intransitivo intransitiv 2
inutile unnütz 5
inviare senden, schicken 3
invidiare beneiden 3
invito *m* Einladung 1
invivibile unerträglich, nicht auszuhalten 5
involtino *m* Roulade 8
ipotesi, nella migliore delle ~ im Idealfall 2
irrazionale unvernünftig 5
irrealizzabile unrealisierbar 5
irregolare unregelmäßig 5
iscritto/a *m/f* Angemeldete/r 4
iscriversi (→ iscritto) sich anmelden 4
iscrizione *f* Anmeldung 9
isola *f* Insel 1
isolato abgeschieden 6
ispirare inspirieren, beeinflussen 9
itinerario *m* Route 5

L

lago *m* (der) See 1
lamentarsi di qn./qc. sich über jmdn./etw. beschweren 1
lasciar(e) passare vorbeilassen 7
lasciar(e) perdere es sein lassen 9
lasciare liegen lassen 1
lasciarsi sich trennen 4
lato *m* Seite 7
lavanderia *f* Waschraum 6
lavandino *m* Waschbecken 6
lavatrice *f* Waschmaschine 6
lavello *m* Spülbecken 6
lavoro di casa *f* Hausarbeit 10
legge *f* Gesetz 8
leggero leicht 2
letterario literarisch 9
letteratura *f* Literatur 9
lettore *m* Leser 10

lettore CD/DVD *m* CD-/DVD-Laufwerk 3
lettura *f* Lektüre 9
lì dort 1
liberarsi di qc. von etw. frei werden 9
libertà *f* Freiheit 3
libreria *f* Buchhandlung 9
liceo *m* Gymnasium 4
limite *m* Begrenzung 7
linea *f* Leitung 9
link *m* Link 3
lista *f* Liste 1
litigare streiten 6
litigio *m* Streit 9
livello *m* Level, Niveau 10
locale *m* Lokal; Zimmer *(bei Wohnungsanzeigen)* 4
località *f* Ortschaft 2
lontano entfernt, fern 4
lotteria *f* Lotterie 10
luce *f* Licht; Strom 6
luminoso hell 6
lungomare *m* Strandpromenade 6
luogo *m* Ort(schaft) 1
luogo, avere ~ stattfinden 5

M

Ma dai! Ach komm! 1
Ma mi faccia il piacere! Aber ich bitte Sie! 7
Macché! Ach was! 7
macchia *f* Fleck 8
macchina del tempo *f* Zeitmaschine 10
macedonia *f* Obstsalat 8
madrelingua *(m/f)* Muttersprache; Muttersprachler/in; muttersprachlich 10
magari vielleicht; etwa 9
Magari …! Schön wär's …! 9
maggior parte *f* Großteil 4
maggiore größer 1
maglia *f* Pullover 2
mal di gola *m* Halsschmerzen 4
mal di schiena *m* Rückenschmerzen 5
malato krank 7
malattia *f* Krankheit 2
male, farsi ~ sich wehtun 2
male, meno ~ che … zum Glück … 3
maleducato ungezogen 7
man mano che … während; in dem Maße, wie … 10
mandorla *f* Mandel 8
mangiabile essbar, genießbar 5
mania *f* Marotte 8
manifestazione *f* Veranstaltung 3
Mannaggia! Verdammt! 7
mano, essere a portata di ~ zur Hand sein 5
mansarda *f* Dachzimmer; Dachgeschosswohnung 4
mantenere behalten 10
mantenersi in forma sich in Form halten 5
manuale *m* Lehrbuch 9
maratona *f* Marathon 10
mare, cercare per ~i e per monti überall suchen 5
mare, essere in alto ~ noch weit vom Ziel entfernt sein 5
marmo *m* Marmor 6
massimo größter/e/es 1
massimo, al ~ höchstens 2
matematica *f* Mathematik 1
matrimonio *m* Heirat, Hochzeit 4
matto, andare ~ per qn./qc. nach jmdm./etw. verrückt sein 1
maturo reif 4
meccanismo *m* Mechanismus 7
medicina *f* Medizin 4
medicinale *m* Medikament 3
Medioevo *m* Mittelalter 9
meglio besser *(Adverb)* 1
mela *f* Apfel 3
melanzana *f* Aubergine 8
memoria *f* Gedächtnis 4
memoria, imparare a ~ auswendig lernen 10
memorie *fpl* Memoiren 9
meno male che … zum Glück … 3
meno, a ~ che (non) es sei denn 6
meno, o ~ oder auch nicht 8
mente, venire in ~ a qn. jmdm. einfallen 6
mentre während 1
meraviglia, a ~ wunderbar *(Adverb)* 4
meravigliarsi di qc. sich über etw. wundern 7
meraviglioso wunderschön 1

mercato *m* Markt 8
mercato, a buon ~ günstig 6
meridionale südlich, Süd- 1
merito *m* Verdienst, Vorzug 3
merito, per ~ mio/tuo … dank mir/dir … 7
messaggio *m* Nachricht 9
meta *f* Reiseziel 2
metodo *m* Methode 10
metro quadrato *m* Quadratmeter 6
metterci brauchen *(bei Zeitangaben)* 3
mettere (→ messo) **i puntini sulle i** etw. klarstellen 10
mettere in discussione in Frage stellen 7
mettersi a dieta sich auf Diät setzen 8
mettersi a fare qc. beginnen, etw. zu tun 1
mettersi in coda sich anstellen 7
mettersi in fila sich anstellen 7
mettersi in testa di fare qc. sich in den Kopf setzen, etw. zu tun 10
mettersi insieme a/con qn. sich mit jmdm. liieren 4
Mi raccomando! (etwa:) Pass auf!, Nicht vergessen! 2
mica, non … ~ doch … nicht 7
migliaio *m* (*pl:* **migliaia**) etwa tausend 2
migliorare besser werden; verbessern 2
migliore besser 1
minacciare (be)drohen 4
minestrone *m* Gemüsesuppe 2
minimo mindester/e/es 1
minore kleiner 1
misterioso rätselhaft 9
misura, fatto su ~ maßgeschneidert 5
mite mild 1
mobile *m* Möbel(stück) 6
modalità *f* Art und Weise, Modalität 8
modello *m* Vorbild, Muster 7
moderno modern 9
modo *m* Art und Weise 3
modo di dire *m* Redensart 8
modo di vedere, a mio ~ wie ich das sehe 5
modo, in ~ che sodass, damit 6
modo, in ~ da sodass, damit 9
momento, è giunto il ~ die Zeit ist gekommen 3
Mondiale *m* Weltmeisterschaft 3
mondo *m* Welt 1
monitor *m* Bildschirm 3
monolocale *m* Einzimmerwohnung 6
monte, cercare per mari e per ~i überall suchen 5
morte *f* Tod 9
mostra *f* Ausstellung 5
motivo *m* Grund 4
motore *m* Motor 3
motore di ricerca *m* Suchmaschine 3
mouse *m* Maus 3
movimento *m* Bewegung 2
mucchio *m* Haufen 10
muoversi (→ mosso) sich bewegen 5

N

nascere (→ nato) sich ergeben 7
nascondere (→ nascosto) verbergen; verstecken 7
natura *f* Natur 1
naturale Natur- 5
naturalmente natürlich *(Adverb)* 1
nausea *f* Übelkeit 2
navigare in Internet im Internet surfen 3
ne damit, darüber, davon usw. 3
nebbia *f* Nebel 1
necessario notwendig 2
negare abstreiten, verneinen 7
negozio di calzature *m* Schuhgeschäft 6
nel caso che im Falle, dass 6
nel cuore della notte mitten in der Nacht 1
nel frattempo inzwischen 4
nel giro di … im Laufe (von) … 6
nella migliore delle ipotesi im Idealfall 2
neppure, non … ~ nicht einmal 9
nervoso nervös 8
nevicare schneien 1
nient'altro nichts anderes 10
niente, Non fa ~. Es macht nichts. 9
nipote *m/f* Enkel/in; Neffe, Nichte 1
noioso langweilig 5
non … mica doch … nicht 5
non … neanche nicht einmal 10
non … neppure nicht einmal 9
non capirci un'acca nur Bahnhof verstehen 10

Non ci credo! Ich glaube es nicht! 1
Non fa niente. Es macht nichts. 9
Non importa. Das macht nichts. 6
non poterne più nicht mehr können 8
Non sono affari Suoi! Das geht Sie gar nichts an! 7
Non ti dico … Ich kann dir … gar nicht schildern. 1
non vedere (→ visto) **l'ora** kaum erwarten können 1
nonostante obwohl 6
nord *m* Norden 1
nostalgia *f* Nostalgie 4
notare (be)merken 7
notizia *f* Nachricht 7
notizia, fare ~ Aufsehen erregen 8
noto bekannt 7
notte, nel cuore della ~ mitten in der Nacht 1
novità *f* Neuigkeit 6
nozze d'argento *fpl* silberne Hochzeit 8
nudo nackt 4
numero *m* Ausgabe 6
numeroso zahlreich; groß *(Familie)* 4
nuora *f* Schwiegertochter 4
nuotare schwimmen 1
nuoto, corso di ~ *m* Schwimmkurs 5
nuovamente erneut, nochmals 4
nuvoloso bewölkt 1

O

o meno oder auch nicht 8
oasi naturale *f* „Naturoase", Naturschutzgebiet 1
obiettivo, porsi (→ posto) **degli ~i** sich Ziele setzen 10
occasione *f* Gelegenheit 5
occhiata, dare un'~ a qc. einen Blick auf etw. werfen 6
occidentale westlich, West- 1
occuparsi di qc. sich mit etw. befassen; sich um etw. kümmern 3
occupato beschäftigt 9
odiare hassen 9
offrire (→ offerto) (an)bieten 2
oggigiorno heutzutage 2
ogni tanto manchmal, ab und zu 1
ognuno jeder/e/es 4
olio, andare (tutto) liscio come l'~ glatt laufen 8
oltre a außer, neben 2
ombrello *m* Regenschirm 1
ombrellone *m* Sonnenschirm 5
opera *f* Oper; Werk 1
operazione *f* Operation 7
opinione pubblica *f* öffentliche Meinung 3
opportunità *f* Chance, Gelegenheit 3
ora di punta *f* Stoßzeit 7
ora, essere ~ di fare qc. an der Zeit sein, etw. zu tun 5
ora, non vedere l'~ di es kaum erwarten können 5
ordinare ordnen 7
ordine, rimettere in ~ wieder in Ordnung bringen 10
oretta *f* Stündchen 9
organizzare organisieren 1
organizzazione *f* Organisation 5
orientale östlich, Ost- 1
originale Original- 10
origine *f* Herkunft 2
osservazione *f* Anmerkung, Einwand 7
ottenere erlangen, erzielen 7
ottimista optimistisch 7
ottimo sehr gut 1
ovest *m* Westen 1
ovviamente selbstverständlich *(Adverb)* 10

P

pacchetto *m* Paket 1
pacco *m* Paket 2
pace *f* Frieden 10
padrone di casa *m* Gastgeber 8
palestra *f* Turnhalle, Fitnesscenter 5
pallone *m* Ball 6
pane, dire ~ al ~ e vino al vino offen reden 8
panificio *m* Bäckerei 6
paradiso *m* Paradies 5
parente *m/f* Verwandte/r 4
parere (→ parso) scheinen, aussehen; meinen, glauben 5
parere *m* Meinung, Ansicht 5

parete *f* Wand 1
parlare, sentir ~ di qn./qc. von jmdm./etw. hören 1
parmigiano *m* Parmesan 8
parole crociate *fpl* Kreuzworträtsel 10
parte *f* Teil 1
parte, a ~ getrennt 6
parte, A ~ il fatto che … Abgesehen davon, dass … 7
parte, d'altra ~ andererseits 2
parte, da ~ mia meinerseits 7
parte, dalle ~i di in der Gegend von 1
parte, fare ~ di qc. zu etw. dazugehören 2
parte, in ~ zum Teil 10
parte, la maggior ~ *f* Großteil 4
parte, per la maggior ~ vorwiegend 10
partecipare a qc. an etw. teilnehmen 1
particolare besonderer/e/es 3
particolare, in ~ insbesondere 2
particolarmente besonders 2
partita *f* Spiel, Partie 2
passare vergehen, vorübergehen; reichen; geben, verbinden *(am Telefon)* 1
passare a prendere qn. jmdn. abholen 5
passare, lasciar ~ vorbeilassen 7
passatempo *m* Hobby, Zeitvertreib 10
passeggero *m* Fahrgast 5
passeggiare spazieren gehen 5
passione *f* Leidenschaft 7
passivo *(m)* Passiv; passiv 2
passo *m* Schritt 3
passo, fare due ~i ein paar Schritte gehen 7
password *f* Passwort 3
pastiglia *f* Tablette 2
pasto *m* Mahlzeit 2
patata, avere in mano la ~ bollente (etwa:) ein heißes Eisen anfassen/anpacken 8
pavimento *m* (Fuß-)Boden 6
paziente *m/f* Patient/in 9
pazzesco verrückt, unglaublich 9
Peccato (È un ~)! (Es ist) Schade! 5
pecorino *m* Schafskäse 8
pedale *m* Pedal 3
peggio schlechter, schlimmer *(Adverb)* 1
peggiorare schlechter werden; verschlechtern 2
peggiore schlechter, schlimmer 1
pelle *f* Haut 2
pena, fare ~ a qn. jmdm. leidtun 8
penisola *f* Halbinsel 2
pensierino, fare un ~ su qc. mit etw. liebäugeln 10
pensiero *m* Gedanke 8
pensione *f* Ruhestand 10
peperone *m* Paprika(schote) 8
per caso zufällig 3
per così dire sozusagen 7
Per farla breve … Um es kurz zu machen … 1
per fortuna zum Glück 6
per la maggior parte vorwiegend 10
per merito mio/tuo … dank mir/dir … 7
per via di qc. wegen etw. 8
Perbacco! Donnerwetter! 6
perché damit 6
Perché mai …? Warum nur …? 7
percorrere (→ percorso) zurücklegen 7
perdere, lasciar ~ es sein lassen 9
perdersi (→ perso) **di vista** sich aus den Augen verlieren 4
perfettamente vollkommen *(Adverb)* 5
perfezionare perfektionieren 10
pericolo *m* Gefahr 10
periferia *f* Vorstadt; Stadtrand 6
perlomeno zumindest 10
Permesso? Darf ich? *(beim Betreten eines Zimmers)* 8
permettere (→ permesso) erlauben 6
permettersi sich leisten 10
Però! He!, Wow! 6
persino sogar 10
personale persönlich 3
personale *m* Personal 5
personalmente persönlich *(Adverb)* 9
pescatore *m* Fischer 4
pessimo sehr schlecht, sehr schlimm 1
pezzo *m* Weile 7
piacere *m* Freude, Genuss; Gefallen 1
piacere, fare ~ a qn. jmdn. freuen 8
piacere, Ma mi faccia il ~! Aber ich bitte Sie! 7
piaceri della tavola *mpl* Tafelfreuden 1
pian piano allmählich, langsam 4

piano *m* Stockwerk; Plan 6
piano(forte) *m* Klavier 2
pianoterra *m* Erdgeschoss 6
pianterreno *m* Erdgeschoss 6
piantina *f* Stadtplan 1
piedi, ai ~ di zu Fuße 2
pieno, in ~ voll und ganz 7
pigro faul 5
pittura *f* Malerei 10
piuttosto eher, lieber 5
pizza, essere una ~ langweilig sein 8
pizzico *m* Prise 2
poesia *f* Gedicht, Poesie 9
poeta *m* Dichter 4
politica *f* Politik 4
polpetta *f* Fleischklößchen 8
ponte, creare un ~ eine Brücke schlagen 4
popolare populär; volkstümlich 2
porsi (→ posto) **degli obiettivi** sich Ziele setzen 10
portata, essere a ~ di mano zur Hand sein 5
portatile *m* Laptop 3
porto *m* Hafen 2
porto, andare in ~ zu einem guten Ende kommen 5
porzione *f* Portion 8
positivo positiv 4
possibile, il prima ~ so bald wie möglich 9
possibile, tutto il ~ alles Mögliche 3
posta elettronica *f* E-Mail 3
postino *m* Briefträger 3
posto, a ~ in Ordnung 3
posto, al mio/tuo … ~ an meiner/deiner … Stelle 3
posto, essere del ~ vom Ort sein 3
poterne, non ~ più nicht mehr können 8
povero arm 4
pratica *f* Routine, Übung 10
praticabile durchführbar 5
praticare ausüben; durchführen 5
pratico erfahren, routiniert; praktisch 3
pratico, essere ~ di qc. sich mit etw. auskennen 3
precedenza *f* Vorfahrt 7
pregare bitten 7
pregiato wertvoll 8
pregiudizio *m* Vorurteil 7
premio Nobel *m* Nobelpreis 4
prendere (→ preso) **il nome da qc.** von etw. seinen Namen herleiten 2
prendere il sole sich sonnen 5
prendere in giro auf den Arm nehmen 7
prendere, passare a ~ qn. jmdn. abholen 5
preoccuparsi di/per qc. sich um etw. Sorgen machen 1
preparare vor-, zubereiten 2
preparato gut vorbereitet 9
preposizione *f* Präposition, Verhältniswort 2
prescrivere (→ prescritto) verschreiben 2
presentarsi erscheinen 10
presente anwesend, vorhanden 2
presidente *m* Präsident, Vorsitzender 2
pressione *f* Blutdruck 2
prestare ausleihen 6
presto, al più ~ so bald wie möglich 2
pretendere (→ preteso) verlangen, fordern 10
prevedere (→ previsto) vorhersehen 5
prevedibile vorhersehbar 5
prevenire (→ prevenuto) vorbeugen 8
prezioso wertvoll 10
prigione *f* Gefängnis 4
prima che bevor 6
prima, il ~ possibile so bald wie möglich 9
principale Haupt- 2
principalmente hauptsächlich *(Adverb)* 2
probabile wahrscheinlich 5
procedere vorangehen 7
procurarsi sich besorgen, sich verschaffen 10
prodotto *m* Produkt 1
produrre (→ prodotto) herstellen 8
produzione *f* Herstellung 8
professore *m* Professor 1
progettare entwerfen, planen 2
progetto *m* Projekt 4
programma *m* Programm *(auch am PC)* 3
progredire (-isc-) Fortschritte machen 10
progresso *m* Fortschritt 6
promettere (→ promesso) versprechen 9
pronto prompt; bereit 2
pronto soccorso *m* Notaufnahme 2

pronuncia *f* Aussprache 10
proposito, a ~ (di) apropos 1
proposta *f* Vorschlag 1
proprio eigen 5
proprio wirklich, tatsächlich, genau *(Adverb)* 1
proseguire weitergehen 7
protagonista *m/f* Protagonist/in 4
proteggere (→ protetto) (be)schützen 1
provare (an)probieren; testen; empfinden, fühlen 3
provare a fare qc. versuchen, etw. zu tun 3
provider *m* Provider, Internet-Anbieter 3
prudente vorsichtig 7
prudenza *f* Vorsicht 2
psicanalista *m/f* Psychoanalytiker/in 9
psicologico psychologisch 7
pubblicare veröffentlichen 4
pulire (-isc-) putzen 2
punire (-isc-) (be)strafen 4
puntino, mettere i ~i sulle i etw. klarstellen 10
punto di vista *m* Gesichtspunkt 3
punto *m* Stelle; Punkt 5
puntuale pünktlich 6
Può darsi che … Es kann (gut) sein, dass … 5
purché nur … wenn 6
pure ruhig; doch; auch, ebenfalls 2

Q

quadrilocale *m* Vierzimmerwohnung 6
qualcosa di diverso etwas anderes 5
qualità *f* Qualität 3
qualsiasi irgendein, jede(r) beliebige 5
qualunque irgendein, jede(r) beliebige 5
quantità *f* Anzahl, Menge 3
quarantotto, fare un ~ (etwa:) Krach schlagen 10
quartiere *m* Viertel 1
quattro, farsi in ~ per qn. sich für jmdn. ein Bein ausreißen 10
quattro, in ~ e quattr'otto (etwa:) im Handumdrehen, im Nu 10
questione *f* Angelegenheit 3
questione, È tutta ~ di … Es ist alles eine Frage des/der … 10
qui hier 1

R

raccontare erzählen 1
racconto *m* Erzählung 4
raggiungere (→ raggiunto) erreichen 9
ragione *f* Grund 7
ragione, a maggior ~ erst recht 10
ragione, avere ~ recht haben 4
ragione, dare ~ a qn. jmdm. recht geben 5
rapidamente schnell *(Adverb)* 3
rapporto *m* Verhältnis 7
reagire (-isc-) **a qc.** auf etw. reagieren 7
realizzabile realisierbar 5
realtà, in ~ in Wirklichkeit, tatsächlich 4
regalo *m* Geschenk 1
regione *f* Region 1
regista *m/f* Regisseur/in 10
regola *f* Regel 7
regolare regelmäßig 5
regolarmente regelmäßig *(Adverb)* 8
rendere (→ reso) werden lassen, machen 3
rendersi conto di qc. etw. bemerken 10
resistere (→ resistito) **a qn./qc.** jmdm./etw. widerstehen 1
respirare atmen 2
resto *m* Wechselgeld 6
rete *f* Netz 3
reumatismo *m* Rheumatismus 2
riaprire (→ riaperto) wieder (er)öffnen/aufmachen 2
ricchezza *f* Reichtum 4
ricco reich 2
ricerca *f* Untersuchung 8
ricevere bekommen, erhalten 1
richiamare zurückrufen 9
richiesta *f* Anfrage, Anliegen 6
ricominciare wieder anfangen/beginnen 2
riconoscere (→ riconosciuto) wiedererkennen 1
ricordare qn./qc. sich an jmdn./etw. erinnern 1
ricordarsi di qn./qc. sich an jmdn./etw. erinnern 4
ridere (→ riso) lachen 7
rientrare zurück-, heimkommen; zurückkehren 1
riferimento, fare ~ a qc. auf etw. Bezug nehmen 10

riferire (-isc-) **qc. a qn.** jmdm. etw. ausrichten 9
riferirsi (-isc-) **a qn./qc.** sich auf jmdn./etw. beziehen 8
riflessione *f* Überlegung 9
riga *f* Zeile 1
riguardare betreffen 1
rilassante entspannend 9
rilassarsi sich entspannen 1
rimanere (→ rimasto) bleiben 1
rimanere a bocca asciutta leer ausgehen 8
rimanere soddisfatto di qn./qc. zufrieden mit jmdm./etw. sein 1
rimettere (→ rimesso) **in ordine** wieder in Ordnung bringen 10
rimettersi da qc. sich von etw. erholen 2
rinfrescante erfrischend 10
rinunciare a qc. auf etw. verzichten 5
rinviare verschieben *(zeitlich)* 9
riordinare aufräumen 2
riparare reparieren 3
ripararsi sich schützen, sich flüchten 1
ripetere wiederholen 5
riportare zurückbringen 6
riposarsi sich ausruhen 3
ripostiglio *m* Abstellkammer 6
riprendersi (→ ripreso) **da qc.** sich von etw. erholen 2
riprovare nochmal versuchen 9
riscaldamento *m* Heizung 6
rischi, correre ~ Risiken eingehen 2
rischio *m* Risiko 2
rispettare befolgen, beachten 7
ristrutturare renovieren 6
ristrutturazione *f* Renovierung 8
risultato *m* Ergebnis 8
ritardo *m* Verspätung 3
ritratto *m* Porträt 4
ritrovarsi con qn. sich mit jmdm. zusammenfinden 10
riunione *f* Sitzung 2
riuscire a fare qc. es schaffen, etw. zu tun 1
riva *f* Ufer 1
rivedere (→ rivisto) wiedersehen 8
rivista *f* Zeitschrift 3
rivolgersi (→ rivolto) **a qn.** sich an jmdn. wenden 3
romanzo *m* Roman 9
romanzo giallo *m* Krimi 7
romanzo rosa *m* Liebesroman 9
rovesciare verschütten 8
rubare rauben, stehlen 6
rumore *m* Lärm 1
ruolo *m* Rolle 3
rustico *m* Bauernhaus 6

S

sabbia *f* Sand 2
saggio *m* Sachbuch 9
salone *m* Wohnzimmer, Salon 6
salone di bellezza *m* Schönheitssalon 5
salotto *m* Wohnzimmer 6
salute *f* Gesundheit 1
Salute! Gesundheit! 6
salute, scoppiare di ~ vor Gesundheit strotzen 2
salvare retten; speichern *(am PC)* 3
sangue *m* Blut 4
sano gesund 5
sapore *m* Geschmack 1
sbagliare sich irren 5
sbagliarsi sich irren 4
sbrigare erledigen 10
sbrigarsi sich beeilen 8
scandalo *m* Skandal 4
scappare eilen, (weg)laufen 1
scaricare herunterladen 3
scegliere (→ scelto) (aus)wählen 2
scelta *f* (Aus)Wahl 3
scelta, avere l'imbarazzo della ~ die Qual der Wahl haben 5
scendere (→ sceso) aussteigen 1
schermo *m* Bildschirm 3
scherzare scherzen, spaßen 5
schiena, mal di ~ *m* Rückenschmerzen 5
scienza *f* Wissenschaft 2
sciogliere (→ sciolto) auflösen 2
sciroppo *m* Sirup 2
scoppiare ausbrechen 1
scoppiare di salute vor Gesundheit strotzen 2

scoprire (→ scoperto) entdecken 3
scorso vergangen, vorig 2
scritto schriftlich 2
scrittore *m* Schriftsteller 1
scrittrice *f* Schriftstellerin 2
scrivere (→ scritto) schreiben 2
scusarsi sich entschuldigen 7
sebbene obwohl 6
secondo me/te … meiner/deiner … Meinung nach 3
secondo qn./qc. laut jmdm./etw. 1
sedere sitzen 1
sedersi sich setzen 3
seduto gesessen, sitzend 8
segretaria *f* Sekretärin 3
segreteria *f* Sekretariat 2
seguente folgend 4
seguire (be)folgen 3
selezionare auswählen 3
sembrare scheinen; aussehen 1
semi- halb- 6
semplicemente einfach *(Adverb)* 1
sennò ansonsten 1
sensibile sensibel 4
senso *m* Sinn 10
sentimento *m* Gefühl 9
sentir parlare di qn./qc. von jmdm./etw. hören 1
sentire, farsi ~ sich melden 9
sentirsi giù sich niedergeschlagen fühlen 2
senza ohne 2
senz'altro auf jeden Fall, sicher 7
sereno heiter 1
seriamente ernst(haft) *(Adverb)* 1
serio ernst(haft) 1
serio, sul ~ im Ernst 1
servire brauchen, nötig sein 3
servire a qc. zu etw. dienen; nützen 2
servirsi di qc. etw. benutzen, sich etw. bedienen 3
servito, ben ~ gut angeschlossen 6
servizio *m* Dienst(leistung) 3
settentrionale nördlich, Nord- 1
sfortuna *f* Pech, Unglück 5
sforzo *m* Anstrengung, Mühe 5

Si faccia gli affari Suoi! Kümmern Sie sich doch um Ihre eigenen Angelegenheiten! 7
Si figuri! Stellen Sie sich vor! 6
sicuramente mit Sicherheit 3
sicuro sicher 2
sicuro, di ~ mit Sicherheit 1
simbolo *m* Symbol 3
simile ähnlich 2
sincero ehrlich 4
sindaco *m* Bürgermeister 7
sinonimo *m* Synonym 6
sito (Internet) *m* Website 3
smettere (→ smesso) **di fare qc.** aufhören, etw. zu tun 1
società *f* Gesellschaft 3
soddisfatto, rimanere ~ di qn./qc. zufrieden mit jmdm./etw. sein
soffrire (→ sofferto) **di qc.** unter etw. leiden 2
soggiorno *m* Wohnzimmer; Aufenthalt 6
sogno *m* Traum 9
sogno, da ~ traumhaft 5
soldato *m* Soldat 4
sole, prendere il ~ sich sonnen 3
solito gewöhnlich, üblich 3
solito, di ~ für gewöhnlich 1
soluzione *f* Lösung 5
Sono affari miei! Es ist meine Sache! 7
sopportare ertragen, aushalten 4
soprattutto vor allem 2
sorpassare überholen 7
sorpasso *m* Überholmanöver 7
sorprendente überraschend 9
sorpresa *f* Überraschung 1
sorridere (→ sorriso) lächeln 4
sorriso *m* Lächeln 4
sostanza *f* Stoff 8
sostenibile nachhaltig 1
sotto controllo medico unter ärztlicher Aufsicht 2
spalla *f* Schulter 2
spaventarsi erschrecken 7
spazio *m* Raum, Platz 6
spazioso geräumig 6
speciale besonderer/e/es, speziell 5
specialista *m/f* Spezialist/in 2

specialmente insbesondere 8
specie, una ~ di eine Art von 2
spedire (-isc-) senden, schicken 3
spesa *f* Ausgabe; Einkauf 3
spese condominiali *fpl* Betriebskosten *(eines Hauses)* 6
spettacolo *m* Schauspiel, Vorstellung 6
spiaggia *f* Strand 1
spiegabile erklärbar 5
spiegare erklären 1
spirito critico *m* kritischer Geist 7
splendido herrlich 1
sporcare schmutzig machen 7
sportivo sportlich, Sport- 5
sposarsi (con qn.) (jmdn.) heiraten 3
spostare verschieben *(auch zeitlich)* 9
squisito vorzüglich 8
stabilire (-isc-) festlegen, beschließen 8
stamattina heute Morgen 3
stancarsi müde werden 5
stanco morto todmüde 3
stare a cuore a qn. jmdm. am Herzen liegen 3
stare a qn. an jmdm. liegen 3
stare attento a qn./qc. auf jmdn./etw. aufpassen 5
stare insieme a qn. mit jmdm. liiert sein 4
statale *f* Staatsstraße 7
stato *m* Zustand 6
stesso selbst, selber/e/es 5
stomaco, a ~ vuoto mit leerem Magen 2
storia *f* Geschichte 1
storia, fare ~e sich anstellen 8
storico geschichtlich, historisch 5
strada, andare per la propria ~ den eigenen Weg gehen 4
strano seltsam 1
straordinario außergewöhnlich 3
strategia *f* Strategie 10
stress *m* Stress 4
strumento *m* Instrument 10
studente *m* Student 1
studio *m* Studium, Lernen; Arbeitszimmer; Praxis 6
stupendo wundervoll, wunderbar 1
Su! Los! Auf! 1
succedere (→ successo) passieren 1
successo *m* Erfolg 2
sud *m* Süden 1
sufficiente ausreichend, genügend 10
sufficienza, a ~ genügend 6
sugo *m* Soße 7
sul serio im Ernst 1
suoceri *mpl* Schwiegereltern 4
suocero/a *m/f* Schwiegervater/-mutter 4
suonare läuten, klingeln; spielen *(Instrument)* 2
superare überqueren; überstehen 7
superiore oberer/e/es 6
superstizione *f* Aberglaube 8
supporre (→ supposto) vermuten 5
sveglio wach 8
svolgere (→ svolto) ausführen; ausüben 2
svolgersi sich abspielen 9
svoltare abbiegen 7

T

tagliolini *mpl* dünne Bandnudeln 8
tamponare auffahren 7
tanto per cambiare nur so zur Abwechslung; *(ironisch)* wie immer 1
tardi, al più ~ spätestens 9
tardi, farsi ~ spät werden 5
tardo spät *(Adjektiv)* 9
tastiera *f* Tastatur 3
tasto *m* Taste 3
tavola, piaceri della ~ *mpl* Tafelfreuden 1
teatrale Theater- 9
tecnico (*m*) Techniker; technisch 4
tecnologia *f* Technologie 4
telegiornale *m* Fernsehnachrichten, Tagesschau 10
televisivo Fernseh- 10
televisore *m* Fernsehgerät 4
tema *m* Thema 1
tempo, fare in ~ a fare qc. es rechtzeitig schaffen, etw. zu tun 2
tempo, in ~ rechtzeitig 3
tempo, macchina del ~ Zeitmaschine 10
tempo, un ~ einst, früher 4
temporale *m* Gewitter 1
tenda *f* Vorhang 2

tendere (→ teso) **a qc.** zu etw. neigen 7
tenerci a qn./qc. Wert auf jmdn./etw. legen 3
tenere (be)halten 2
tenere conto di qc. etw. berücksichtigen 7
terapeutico therapeutisch 2
terapia *f* Therapie 1
termale thermal 2
terme *fpl* Thermen 3
terra *f* Land 9
terrazza *f* Terrasse 6
tesi *f* These 8
testa, di ~ mia/tua … eigenwillig 7
testa, mettersi in ~ di fare qc. sich in den Kopf setzen, etw. zu tun 10
testo *m* Text 9
timido schüchtern 4
tipo *m* Art, Sorte; Typ 2
tipo, Che ~ di …? Was für (ein/e) …? 2
tornare zurückkommen, -kehren 1
tornare indietro zurückkehren *(auch zeitlich)* 10
torta *f* Torte 3
torto *m* Unrecht 7
tosse *f* Husten 2
tovaglia *f* Tischdecke 8
tra zwischen, unter 1
tradizione *f* Tradition 4
traduzione *f* Übersetzung 9
traghetto *m* Fähre 1
tramonto *m* Sonnenuntergang 5
tranne außer, bis auf 5
tranquillità *f* Ruhe 5
tranquillo ruhig 6
transitivo transitiv 2
trascorrere (→ trascorso) verbringen 1
trasferirsi (-isc-) umziehen 4
trasmissione *f* Sendung 10
trattare behandeln 7
trattarsi di qn./qc. sich um jmdn./etw. handeln 2
tratto, a(d) un ~ plötzlich, auf einmal 7
tremendo furchtbar, schrecklich 1
troppo, di ~ zu viel 9
trovare, venire a ~ qn. zu jmdm. zu Besuch kommen 3
trovarsi sich befinden 3
turismo *m* Tourismus 2
turista *m/f* Tourist/in 2
turno, aspettare il proprio ~ warten, bis man an der Reihe ist 7
tutto il possibile alles Mögliche 3
tutto, fare di ~ alles Mögliche tun 6
tutto, in ~ insgesamt 4

U

ubbidiente gehorsam 10
un tempo einst, früher 4
una serie di eine Reihe von 9
una volta einmal; einst, früher 4
unico einzig(artig) 5
unifamiliare Einfamilien- 6
unire (-isc-) verbinden 4
universale allgemein, universell 4
università *f* Universität 4
uovo *m* (*pl.:* **uova** *f*) Ei 4
urgente dringend 9
uso *m* Gebrauch 6
utile nützlich 5

V

valere (→ valso) wert sein 10
valere la pena sich lohnen 4
valigie, fare le ~ einpacken 5
vanitoso eitel 4
vantaggio *m* Vorteil 2
vasca da bagno *f* Badewanne 6
vedere, a mio modo di ~ wie ich das sehe 5
vela, andare a gonfie ~e sehr gut gehen/ vorankommen 5
velocità *f* Geschwindigkeit 7
vena *f* Vene 4
vendicarsi di qn./qc. sich an jmdm./für etw. rächen 9
vendita *f* Verkauf 1
venire (→ venuto) **a trovare qn.** zu jmdm. zu Besuch kommen 3
venire in mente a qn. jmdm. einfallen 6
ventina, una ~ (di) etwa zwanzig 2
veramente wirklich *(Adverb)* 1
verbo *m* Verb 2
vergognarsi sich schämen 7

verità *f* Wahrheit 5
vero, A dire il ~ … Um die Wahrheit zu sagen … 7
versare abführen, einzahlen 6
versione *f* Fassung 9
verso zu, gegenüber 4
verso *m* Vers 9
vestito *m* Anzug; Kleid 6
via, andare ~ vergehen; weggehen 2
vicinanze, nelle ~ in der Nähe 6
vicino/a (di casa) *m* Nachbar/in 4
video *m* Video 4
vietare verbieten 6
vigile (urbano) *m* Verkehrspolizist 7
vigneto *m* Weinberg 8
villaggio turistico *m* Feriendorf 5
villetta *f* Einfamilienhaus *(meist mit Garten)* 9
villino *m* kleines Haus 6
vincere (→ vinto) gewinnen 3
vino, dire pane al pane e ~ al ~ offen reden 8
virus *m* Virus 3
visita *f* Besichtigung; Untersuchung 2
visita, fare ~ a qn. jmdn. besuchen 8
visitare besuchen, besichtigen; untersuchen 1
vista *f* Ausblick 6
vista, perdersi di ~ sich aus den Augen verlieren 4
visto che da; in Anbetracht der Tatsache, dass … 7
vitamina *f* Vitamine 10
vivace lebhaft 4
vivente lebend 1
vivere, andare a ~ insieme (a qn.) (mit jmdm.) zusammenziehen 4
vivibile angenehm, erträglich 5
vocabolario *m* Wortschatz 10
vocabolo *m* Vokabel 10
volerci nötig sein, brauchen 3
volo *m* Flug 3
volontariato *m* ehrenamtliche Tätigkeit 9
volta, a sua ~ seinerseits 4
volta, una ~ einmal; einst, früher 4
voto *m* Note 4
vulcanico vulkanisch 2
vulcano *m* Vulkan 2

W

water *m* Wasserklosett 6

Z

zona *f* Gegend 1

Quellenverzeichnis

Coverfotos:	Paar © getty images/Cultura; Hintergrund © irisblende.de
S. 7:	großes Foto © iStockphoto/AlbanyPictures, kleines Foto © panthermedia/Peter Eckert
S. 8:	© panthermedia/Peter Eckert
S. 10:	oben © fotolia/ Timurock und tiliagraphics, unten © iStockphoto/jbarkway
S. 11:	© iStockphoto/PhillDanze
S. 17:	© iStockphoto/duncanecampbell
S. 19:	© iStockphoto/ onfilm
S. 21:	großes Foto © Shotshop/Danstar
S. 26:	© fotolia/ Sergiogen
S. 28:	© Digitalstock/ ArTo
S. 30:	© Digitalstock/ W. Garn
S. 33:	© Digitalstock/ L. Habauer
S. 35:	großes Foto © fotolia/ WavebreakMediaMicro, kleines Foto © iStockphoto/ muzsy
S. 36:	© iStockphoto/muzsy
S. 38:	© iStockphoto/Dino Ablakovic
S. 40:	© panthermedia/ Edite Artmann
S. 43:	© iStockphoto/Leo Stanners
S. 45:	© fotolia/ft_photography
S. 46:	© fotolia/ DX
S. 49:	© großes Foto © panthermedia/Monkeybusiness Images, kleines Foto © panthermedia/ Erwin Wodicka
S. 50:	© panthermedia/ Erwin Wodicka
S. 53:	© fotolia/laurent hamels
S. 54:	von oben: © panthermedia/Monkeybusiness Images, © iStockphoto/cristianl, © iStockphoto/SteveLuker
S. 57:	© fotolia/Andrejs Pidjass
S. 58:	mit freundlicher Genehmigung von www.memoro.org, Text „Il bagno proibito“ von Maria Cristiani
S. 59:	mit freundlicher Genehmigung von www.memoro.org
S. 60:	© fotolia/Sebastiano Fancellu
S. 63:	großes Foto © iStockphoto/forestpath, kleines Foto © fotolia/Olaf Schirmer
S. 64:	© fotolia/ Olaf Schirmer
S. 66:	© iStockphoto/fsachs78
S. 71:	© iStockphoto/fredfroese
S. 72:	© iStockphoto/QShot
S. 75:	© iStockphoto
S. 77:	© panthermedia/Michael Neininger ((kleines Foto und S. 78)
S. 84:	© panthermedia/Federico Belotti
S. 91:	großes Foto © iStockphoto/ CrazyD, kleines Foto © fotolia/ Sebastiano Fancellu
S. 92:	© fotolia/Sebastiano Fancellu
S. 94:	© fotolia/ Vladimir Mucibabic
S. 96:	© fotolia/ Alaska-Tom
S. 98:	© iStockphoto/ AlbanyPictures
S. 101:	© iStockphoto/George Clerk
S. 103:	© panthermedia/ Lars H.
S. 106:	großes Foto © fotolia/ goodluz, kleines Foto © iStockphoto/ fpari
S. 107:	© iStockphoto/ fpari
S. 109:	© fotolia/ SCPixBit
S. 111:	© fotolia/ Patrizia Tilly
S. 112:	© fotolia/ Peter Zurek
S. 113:	© fotolia/ Franco Oberto
S. 114:	© fotolia/ PANORAMO
S. 119:	© fotolia/ goodluz (kleines Foto und S. 120)
S. 127:	© fotolia/ anna
S. 132:	© iStockphoto/ MichaelDeLeon
S. 133:	großes Foto © Digital Vision, kleines Foto © fotolia/ Gelati
S. 134:	© fotolia/ Gelati
S. 143:	© fotolia/ Walter Luger
S. 145:	© panthermedia/ Monkeybusiness Images
S. 147:	© Shotshop/Manfred Baumann
Guido Meier:	S. 15, 21 (kleines Foto), 22, 25, 77 (großes Foto), 81, 86, 87, 88, 118, 119 (großes Foto), 123, 129, 130, 138